1950年代的西藏

年輕時候的第十四世達賴喇嘛。

1950年代的西藏風光。

山峰綿延成牆，護守著西藏高原。

通往學校的路上。

藏人了解，用微笑經常能表達更多，尤勝於言語。

喇嘛們正在誦經。

喇嘛樂師，為黃教（即格魯教派）成員。在布達拉宮的宮殿上。

布達拉宮一景。

1959 拉薩！

達賴喇嘛如何出走

李江琳——著

歸根結底，所有人的希望，不過是為了心靈的和平。
我的希望在於西藏人民的勇氣，在於人類心中仍然存在對真理
和正義的愛；我的信仰在於佛祖的慈悲。

　　　　　　——第十四世達賴喇嘛丹增嘉措，《我的土地，我的人民》

1950年代初西藏噶廈政府四噶倫。（左起：魯康娃、夏格巴、阿沛‧阿旺晉美、南色林）

中央人民政府代表外事幫辦處與西藏外交局合併儀式。（約攝於1952-1953年）

1950年代初，達賴喇嘛一家在亞谿莊園合影。（左一：達賴喇嘛的姊姊次仁卓瑪；左二：達賴喇嘛的母親德吉次仁；中坐者：達賴喇嘛；右二：警衛團長、達賴喇嘛的姊夫朋措扎西；右三：阿里仁波切丹增秋杰）

1956年10月5日《西藏鏡報》刊登的一幅畫，描繪理塘寺遭到轟炸的情況。原圖英文說明：「他們使用現代武器殺死了我們好幾千熱愛自由、勇敢、武器不足的康巴人，並且摧毀了寺院。世界抗議在歐洲和西亞的壓迫，卻對西藏保持沉默。」

藏軍第一代本，即達賴喇嘛的
姊夫、警衛團長朋措扎西。

1956年，達賴喇嘛訪問印度時與尼赫魯和周恩來合影。

1956年訪問印度期間，與兩位經師合影。（左：林仁波切；右：赤江仁波切）

左為基巧堪布噶章・洛桑仁增。

達賴喇嘛的經師林仁
波切。

基巧堪布噶章・洛桑仁增。

中共西藏軍區政委、「拉薩戰役」
指揮者譚冠三。

中共西藏軍區司令張國華。

藏軍第二代本（扎什軍團）。

噶倫堡的藏文報紙《西藏鏡報》。

達賴喇嘛的副經師赤江仁波切。

紅軍長征路過馬爾康地區時，留給藏民
「信教自由」的承諾。

紅軍長征路過阿壩地
區時留下的標語。

藏軍軍官，中坐者為庫松代本朋措扎西。

1940年代拉薩帕廓街上的攤販。（達賴喇嘛私人辦公室提供）

1940年代拉薩帕廓街上的賣花
女。（達蘭薩拉西藏圖書檔案館
提供）

第十四世達賴喇嘛往中國內陸的旅程。

推薦序

今年（2010）美東的初春雨水極多，我們驅車前往紐約，一陣陣的傾盆大雨使我們難以認路，但「交通定位器」的清晰聲音指引我們下一個路口要行駛的方向，就這樣我們來到了「漢藏學生友誼之橋」的會場。3月，我應邀在紐約參加了一次漢藏學生發起並組織的研討會；會上我認識了很多朋友，還認識了李江琳女士，李女士和我都是大會發言人。會上聽了各位發言者的精彩演講，使我非常感動，特別是李女士的發言使我意外，我原以為她作為一位漢族學者，自然會站在中國政府的立場上來談論西藏問題，而她的發言恰恰相反，沒想到她的發言會那麼條理分明、客觀事實，而且還引用了很多來自中國官方的資料，來說明西藏問題的來源和發展。看得出來她真是付出了心血，並擺脫了中國官方宣傳的枷鎖，進行認真的研究來闡述真實的歷史，這點讓我感到非常意外。

會後我主動找她，繼續交談，因而對李江琳女士有了更多的了解。得知她以前從事圖書館工作，近幾年來她研究西藏問題，特別是西藏三區1950-1959年的歷史，不難看出她確實下了很大的功夫。她告訴我，正在寫一本關於1959年「拉薩事件」的書，請我為這本書作序，我欣然接受了她的要求。

李江琳女士收集大量資料闡述1950年代在三藏高原所發生事件，她的書裡也寫到了青海「平叛」的一些情況，青海是我的家鄉，是我理所當然要關心的地方。我最近出版了自己的回憶錄[1]，也寫了一些當時家鄉所發生的情況。我的書是根據我自己的經歷來寫的，也就是說真實地反映了親自耳聞目睹、親身經歷的情景。李女士書中是以史料為依據來證明事實的。

1　Lobsang Tubten Jigme Gyatso, 2010. *Surviving the dragon: a Tibetan lama's account of 40 years under Chinese rule*. [Emmaus, Pa.]: Rodale.

李江琳女士出生在共產黨的幹部家庭，從小接受共產黨的教育，在過去很長一段時間裡，我想她肯定自然而然的相信中國政府的宣傳，除了政府的宣傳，對西藏和達賴喇嘛，她可能一無所知。由於工作和生活環境的機緣，她對西藏問題產生了興趣，通過調查研究，對歷史產生了不同的看法。李女士多年的研究和確鑿的事實，使她做了一個90度的轉彎。這使我想到毛澤東的私人醫生李志綏先生──一個成長在國外的華僑，以愛國的熱誠跟隨毛澤東從事新中國的建設事業，他開始對毛澤東五體投地，敬佩之極，成為新中國的「御醫」他當然感到自豪。但是，多年親眼目睹毛澤東的私人生活和殘酷無情的政治鬥爭，他對毛澤東產生了截然相反的看法，並寫了那本馳名中外的《毛澤東的私人醫生》一書，這本書使我們對毛澤東的生活和政治內幕有了更多的了解。在這點上李江琳女士在西藏問題上的深入研究、她所做的刻苦努力和最終產生的思想變化都有同樣的意義。

為了讓人們真正了解歷史和1950年代在藏地發生的真實情況，這本書能提供來自中共官方出版的資料，以及漢藏雙方親歷者的第一手資料，其內容很有說服力。服務政權的宣傳和單一的紅色口號是沒有說服力的。我們需要面對歷史，尊重事實。真正了解西藏問題，才能知道應該怎樣解決西藏問題；中國政府如能真正反省歷史，才能癒合民族間的傷痕；真正的和諧來自於真誠。

李江琳女士的書讓我想起一件往事。1980年代初，中國開始實行改革開放，許多冤假錯案得到平反，特赦國民黨將領，無罪釋放1958年「平叛擴大化」時被捕的藏人和蒙古人。就這樣，塔爾寺的很多高僧大德在獄中沒有圓寂的都平反回寺了，我們家族就有很多人同樣得益。我可憐的父親不知受了多少折磨和侮辱，老人往生的地點、時間我們至今也無法得知，但當時我還是感激共產黨的「平反昭雪」政策。

過了幾年後我有機會跟一位叫馬海霖的朋友（他的名字怎麼寫我記不清了）聊天，才得知這些所謂「平反昭雪」的來龍去脈，平反得來真是不易啊。馬海霖當時是青海省委統戰部的幹部，後來當過青海省伊斯蘭教協會秘書長。他告訴我，1970年代末和1980年代初，扎喜旺徐[2]多次到中央，要求

對1958年青海地區的「平叛」平反。扎喜旺徐是藏人裡最早加入紅軍，跟紅軍長征的「紅小鬼」之一，也是第一批來青海的藏族領導之一，所以他親眼目睹了1958年青海「平叛」的情況，後來他常常要求中央對「平叛」徹底平反。馬海霖有機會跟扎喜旺徐去北京參加過一些高層級的會議。扎喜旺徐每次進京開會都會找一些中央領導人，要求他們對青海「平叛」徹底平反。扎喜旺徐每次都反映青海「平叛」的錯誤，「平叛」給當地少數民族帶來的災難，特別是對藏族同胞的摧殘傷害，「平叛」必須平反，否則黨的信譽無法恢復，工作也無法開展。馬海霖說，當時從中央到地方，對平反「平叛」都有非常大的阻力，特別是省一級領導，因為當時下命令鎮壓所謂叛亂，和參與槍戰的州縣一級領導，現在已經提升到省級了，平反「平叛」對他們的職務、利益和榮譽都有著直接的影響，所以他們不肯承認自己的錯誤，也不願意平反「平叛」。他們堅持說「平叛」是正確的，「擴大化」恐怕有過錯，最多只能承認這一點。

但扎喜旺徐堅持徹底平反「平叛」。他下了九牛二虎之力，到處收集資料，尋找一切機會為徹底平反「平叛」做最後的努力。又有一次進京開會，一天傍晚，扎喜旺徐繞道而行，故意去「碰見」散步的鄧小平。鄧小平可能看在當年長征的藏族紅小鬼的情分上，給了他很大的面子，單獨召見談話，並點頭同意徹底平反「平叛」，以便開展民族區域落實政策的工作，恢復黨的榮譽。

扎喜旺徐回來之後，手捧鄧小平的「聖旨」，避開省裡的種種抗拒和干擾，並調來各州縣的檔案，在省委召開了一個特別的秘密會議。在戒備森嚴的情況下開啟了那些封存的檔案，馬海霖也有機會看到了這些文件，說這些檔案使他目瞪口呆，說當時的血腥鎮壓，真是對少數民族血債累累，言詞無法表達。就這樣才有了當時的平反昭雪，「平叛」被宣布無罪，一些家庭得

2　扎喜旺徐（1913-2003），西康瞻化，即現四川甘孜藏族自治州新龍縣人。1935年加入紅軍，並隨紅軍去延安。曾任青海省副省長，並先後當選第一、二、三、四、五、六、七屆全國人大代表，第六、七屆全國人大常委會委員，第四、五屆全國政協委員。1958年在反「地方民族主義」期間遭到批判，撤銷省委常委、副省長職務，恢復職務後於1964年再次受到撤銷副省長的處分。1979年起任青海省委副書記、人大主任、政協主席、顧委副主任。

到了一點經濟賠償，「反革命」亡靈也允許超度了。我問馬海霖那些檔案現在還能不能看到？他說除非太陽從西面出來，恐怕老百姓難能一見。馬海霖說，青海的「平叛」能夠得到平反，都是扎喜旺徐一個人的功勞。馬海霖作為我的一位回族朋友，對扎喜旺徐這位藏族老人他多麼敬佩啊！

　　看到李江琳女士書中提供的資料，我有同樣的感受。了解歷史不是為了增加仇恨，而是為了解真正的事實，掌握真實的歷史才能對西藏問題有正確的理解。服務政權的宣傳和無理的謾罵攻擊是站不住腳的，從1950年代到現在，中國政府在不同的時代以不同的口徑污蔑和謾罵達賴喇嘛，50年過去了，這未能使西藏問題得到解決，藏人心中的精神領袖也沒有被其他人來取代。我們必須了解歷史，了解在這半個多世紀在西藏三區到底發生了什麼事，真正了解藏人的感受，才能幫助我們跨越藏漢民族間仇視敵對的鴻溝，真正建立藏漢民族的和解和友誼。

青海塔爾寺住持

阿嘉・洛桑圖旦

2010年3月

前言

（一）

　　2008年10月的一個夜晚，10點多的時候，我終於到了錫金首都崗托。

　　這天一大早，我從尼泊爾東南部，一個靠近邊境的小城出發，乘計程車去印度。汽車穿過平坦的山谷，翻過一道山梁，到了邊境才知道，那是個只供當地人來往的小關卡，外國人不准通行。汽車只好掉頭下山，返回山谷。到了另一處邊卡，我背著攝影包，拉著小行李箱，從一座破舊大門的這邊走到那邊，就從尼泊爾進入印度。一到那邊就遇到一輛錫金來的計程車，司機正要返回崗托。他先把我載到邊境辦公室。一名印度職員坐在老舊櫃檯後面，翻開笨重登記簿，抄下護照號碼等等，我簽上名，就算合法入境了。我走到等在樹下的計程車旁邊，把行李箱扔進車廂，裝著筆記本、答錄機、照相機、攝影機和護照的背包放在身邊，對司機說：「走吧。」那時已是下午4點多。

　　約兩小時後，汽車穿過印度平原邊緣，進入喜馬拉雅山區。天已全黑，車燈劃破濃濃的黑夜，照著彎曲狹窄的公路，黝黑的山上偶爾可見一簇簇燈火，或孤懸山側，或深藏谷底。天空藍得深邃，半輪月亮在山前山後忽隱忽現。我坐在司機旁邊，疲憊地望著濃黑的山影。那天我在路上顛簸了近14個小時。

　　錫金之行是我對西藏流亡史研究的一部分。近幾年來，每年我都從紐約飛到印度，從北方到南方，從德里到加德滿都，從達蘭薩拉到崗托，尋訪西藏難民定居點，傾聽和記錄第一代流亡藏人的人生故事。就這樣，在喜馬拉雅山南青稞收穫的季節裡，崗托流亡藏人社區會議廳的二樓陽臺上，我這個前中國人民解放軍第四野戰軍南下工作團成員的後代，坐在81歲的前僧人兼

「康巴叛匪」洛桑老人面前，聽他回憶往昔。他對往事的敘述，使我對「拉薩事件」原有的認知產生了懷疑。這也是一種機緣吧，如果沒有錫金之行，就不會有這本書。

1959年3月10日，拉薩數萬民眾包圍達賴喇嘛的夏宮羅布林卡，阻止他按照原定計畫前往西藏軍區司令部觀看文藝演出。隨後民眾集會遊行，喊出了要求解放軍撤出西藏，要求西藏獨立的口號。那天在拉薩發生的事，史稱「1959年拉薩事件」。此後，民眾與中共西藏工委、解放軍之間的敵意越來越強烈，戰爭一觸即發。在形勢高度緊張的情況下，未滿24歲的西藏政教領袖、時任全國人大常委會副委員長、西藏自治區籌委會主任的第十四世達賴喇嘛丹增嘉措率領家人，和噶廈政府部分主要官員，於17日深夜離開羅布林卡，經過兩周跋涉，翻越喜馬拉雅山，前往印度尋求政治庇護。

達賴喇嘛出走48小時後，駐藏解放軍和西藏工委領導下的機關民兵，出動了強大砲火，對甲波日（藥王山）、羅布林卡、布達拉宮、大昭寺、小昭寺等地點發動猛烈攻擊，將拉薩事件演變為「拉薩戰役」。在過去幾十年中，發生在拉薩的戰事一直被稱為「1959年西藏平叛」。

但是，無論是組織和下令「平叛」的中共和中國政府，還是後來官方或非官方的出版物，都沒有公開過1959年3月拉薩事件的詳情。3月10日那天，拉薩民眾為什麼包圍羅布林卡？噶廈政府和達賴喇嘛是否策劃了「拉薩事件」？藏人為什麼要集會抗議？在此以前發生了什麼，是什麼引發了藏人和西藏工委及解放軍的對立？解放軍又是如何「平叛」的？雙方各有多少傷亡？流血是不是真的無法避免？「拉薩戰役」以後又發生了什麼？這些問題，中國官方或非官方的出版物從未正面回答。所謂「1959年西藏平叛」一直是只有宣傳，沒有史實；只有結論，沒有證據。

1959年3月達賴喇嘛出走事件，海內外有多個版本流傳。在中國有「民間版」和「官方版」兩個主要版本，稱之為「野史」和「正史」亦無不可。「民間版」即「讓路說」：當年達賴喇嘛出走印度，是毛澤東放走的。「官方版」則是「劫持說」，這個說法首見於1959年3月28日發布的《新華社關於西藏叛亂事件的公報》：「這些反動分子……在三月十七日悍然將達賴喇嘛

劫出拉薩。」儘管達賴喇嘛隨即發表聲明公開否認，但官方一直堅持這個說法。這兩個版本至今還在流傳。

我在中學就知道了「讓路說」。一位父親是「軍幹」的同學繪聲繪色地告訴我，當年，拉薩的解放軍將軍（他不知道將軍名叫譚冠三）得知達賴喇嘛「倉皇逃竄」，急電毛澤東，請示要不要把他抓回來，或者乾脆派飛機去把他炸死？同學模仿電影裡標準的「領袖姿勢」，左手叉腰，右臂豪邁地一揮：「毛主席說：『你把神抓來以後怎麼辦？讓他走吧！』」因此解放軍非但沒有追擊，而且還主動讓出一條路，達賴喇嘛因此得以順利進入印度。我似懂非懂，不明白「神」為什麼要出走，而且連毛主席都拿那位「神」沒轍，既不能抓，又不能打，只好給他讓路？但從未懷疑過這個說法。

在崗托，我把這個傳說告訴老游擊隊員洛桑。

「沒追？」洛桑老人挽起褲腿，指著膝蓋上的疤痕對我說：「當年我就是護送達賴喇嘛的後衛，跟解放軍打過好幾次仗，還受了傷。看，子彈從這邊打進來，從那邊穿出去！」

洛桑老人的敘述使我迷惑。難道達賴喇嘛的出走，是一次精心策劃的秘密行動，而非「正史」堅持的「劫持說」？我一直毫不懷疑的「讓路說」，難道只是民間傳說，而非史實？

（二）

回到紐約後，我找來各種中外資料，試圖弄清楚，1959年3月達賴喇嘛的出走究竟是怎麼回事。可是，這些資料常常互相矛盾，有時候甚至自相矛盾。而且，這個看似簡單的問題很快變成一連串問題：為什麼達賴喇嘛是1959年出走，而不是1951年或是1956年出走？為什麼拉薩民眾在1959年3月10日幾乎傾城而出，阻止達賴喇嘛去軍區司令部觀看演出，而在1954年，達賴喇嘛赴京訪問時，拉薩民眾並沒有採取如此激烈的行動？

本書試圖尋找答案的是，拉薩事件和拉薩戰役到底發生了什麼？為什麼會發生這一切？我在研究中發現，拉薩藏人對西藏工委和解放軍的敵視，源自於1956-1958年中共在西藏周邊四省藏區的暴力土改，以及以「宗教改革」

為名的宗教迫害活動。毛澤東和中共中央早已對「總決戰」有所策劃，目標是掃除在西藏搞土改的障礙，從而找到藉口，打破「十七條協議」中「不改變西藏現狀」的約束，放手把在內地的土改等社會改造推行於西藏。毛澤東和中共中央早就想「打」，而且想「大打」。1959年3月的拉薩藏人集會抗議，給了中共西藏工委和軍區一個開打的理由。由於中共方面經過長期策劃，早已具備了「打」的條件，急欲「總決戰」，再加上當時在拉薩主持工委工作的譚冠三將軍先斬後奏，擅自下達開打命令，促使解放軍和民兵在拉薩狂轟濫炸，在藏人的聖城進行了一場慘烈大屠殺。

　　有關1959年3月的拉薩事件，五十年來的中外敘述，總體來說有兩個「藍本」。海外藍本主要是達賴喇嘛的兩部自傳，中國藍本主要是前噶倫阿沛・阿旺晉美的一篇回憶文章，即1988年發表於《中國藏學》上的一篇短文，這篇短文後來擴展為〈談1959年「3月10日」事件真相〉這篇廣為流傳的文章[1]。這兩個「藍本」都沒有講述「拉薩事件」的完整過程。1959年3月17日，達賴喇嘛離開夏宮羅布林卡之後，逃亡路上拉薩發生的事，他是後來才聽到報告的；那時他當然也不了解中共的意圖和部署，因此，達賴喇嘛自傳側重於「拉薩事件」中他所經歷的那部分。阿沛・阿旺晉美的回憶文章相當簡單，只談到3月10日那一天發生的事。但是，3月10日那天他先是在工委，後來直接去了軍區，並不了解羅布林卡裡面的情況。因此，那篇文章遠非完整的事件經過。

　　對這個問題的研究，比我原先想像的複雜得多。我原以為1959年3月的「拉薩事件」是「西藏問題」的起點，研究之後才明白，它其實是一連串事件的終點。要理解1959年的「拉薩事件」，必須從1956年的四川藏區開始，循著事件發展的軌跡，到1957年的雲南藏區，再到1958年的甘肅和青海藏區，最後才是1959年的拉薩。只有了解了1956-1958年，周邊四省藏區所發生的一系列重大事件之後，才能理解1959年3月10日拉薩市民的憤怒和恐慌。

　　為此，在講述1959年「拉薩事件」之前，本書用了相當篇幅，先對四川

1　見《見證百年西藏》（下），頁172-179。

和青海「民主改革」的基本內容和方法，以及藏民暴動的原因，做了一些梳理。對這段歷史的研究，也使得我幾年來在印度和尼泊爾西藏難民定居點進行的許多採訪有了安放之處。當我把歷史的碎片盡可能拼成比較完整的畫面之後，那些故事就不再是支離破碎的個人回憶，它們構成了藏民族集體記憶的一部分。那些小人物的命運，為大時代做了鮮明的注解。他們的經歷，使得歷史不僅僅是一串事件和一堆資料的組合。

有一個使我長久迷惑的問題是，「拉薩事件」發生之前，1956-1958年，中共出動野戰軍在中國西南、西北鎮壓藏民暴動，為此不僅調動了步兵，還調動了空軍、騎兵、砲兵，事實上是一次相當規模的內戰，為什麼國際社會一無所知？直到近年來印度方面有些資料解密，才部分回答了這個問題。1956年11月，達賴喇嘛和班禪喇嘛去印度參加釋迦牟尼2500年誕辰慶典，在此期間，周恩來與賀龍也訪問印度。在印度，周恩來、尼赫魯、達賴喇嘛之間分別進行了幾次會談。會談的內容一直沒有公開發表。

周恩來與尼赫魯數次秘密會談的內容，後來收錄在英文版《尼赫魯著作選輯》第二輯第36冊中。周恩來與尼赫魯1956年的會談，對1957-1959年西藏三區發生的事有很大的意義，因此，我把1956年新德里的幾方會談也作為拉薩事件的背景之一，在本書中略微講述。美國中央情報局對四水六崗衛教軍的秘密支持，已經是公開的史實，但是CIA對「拉薩事件」以及達賴喇嘛的出走是否有直接關係，本書根據最近幾年來出版的英文和藏文資料，做了一些說明。

（三）

1949年以來，中共軍隊進入城市鎮壓民眾抗爭的事件，迄今發生過兩次，一次是1959年的拉薩，另一次是1989年的北京。中共處理這兩個事件的方式有很多相似之處。到目前為止，對1959年拉薩事件的研究非常少，一方面是因為資料有限，另一方面是因為「高度敏感」。

在研究的過程中，我參考了中文、英文和藏文資料，除了很少部分的「內部資料」外，大多數中文資料是公開資料。對「拉薩戰役」的全過程，

我對比了兩方參戰人員的回憶錄，盡可能對一些關鍵因素，如雙方的兵力和武器對比，兩方的決策過程，達賴喇嘛出走過程中「四水六崗衛教軍」，和CIA所起到的作用等做一些梳理。「拉薩戰役」中有多個作戰點，被砲轟的地點多達17處，但最主要的有5個，即甲波日（藥王山）、大昭寺、小昭寺、羅布林卡和布達拉宮，有關這5個作戰點的具體情況，我採訪了當時在這幾個地點作戰的藏人，或者找到雙方的回憶錄加以比較，一方面是為了釐清史實，另一方面是為了對「拉薩戰役」有更全面的理解。

一個關鍵問題是，1959年的「拉薩事件」是不是「西藏上層反動分子有預謀、有計畫、有步驟」地進行的「叛亂」？迄今為止，公開和內部的資料都沒有提出支持這一結論的確鑿證據。公開資料中隱去了許多內部資料中提到的重要內容，而且不同時期的出版物中相互矛盾。各方面的資料表明，當時在拉薩發生的，是一個多種因素促成的突發事件，這個事件很快失控，在3月10日到17日這關鍵一周裡，噶廈政府基本已經癱瘓，拉薩陷於無政府狀態，達賴喇嘛也無法控制局面；一個由少數中下層官員和民眾組成的，類似於「協調小組」的臨時機構，取代了噶廈政府發布命令。在此期間，噶廈政府的三名噶倫、基巧堪布、達賴喇嘛的侍從長帕拉，以及警衛團長朋措扎西在秘密安排達賴喇嘛的逃亡，中方則秘密進行軍事部署，並且做出政治和宣傳上的安排，準備實施計畫已久的「總決戰」。

「劫持說」來源於1959年3月20日毛澤東給西藏工委的電報，指示工委對外宣傳達賴喇嘛是被劫持的；至於「讓路說」，到目前為止公開的資料中，並沒有強有力的證據，證明達賴喇嘛一行是被有意放走的。《西藏平叛紀實》中對達賴喇嘛一行出走的判斷，關鍵細節與真實情況完全不符，本書對此有詳細說明。

（四）

在本書的研究和寫作過程中，我有幸得到多方協助和支持。在此，我謙卑地頂禮達賴喇嘛尊者，感謝尊者在周末的休息時間裡，用了近5小時的時間，對我詳細敘述那段往事。尊者的三位秘書——吉美仁增先生、才嘉先

生，和丹增達拉先生，放棄了周末的休息來擔任翻譯。尊者的弟弟阿里仁波切，以及丹巴索巴先生和強巴丹增喇嘛，在訪談過程中提供了許多重要線索和細節。此後，阿里仁波切三次接受我的採訪，耐心回答了我提出的各種問題。丹巴索巴先生和西藏流亡政府前噶倫，達賴喇嘛尊者派往西藏的第一代表團成員居欽圖丹先生不在意我一次次打擾，有時只是為了核對和證實某些細節。在美國首都華盛頓，尊者的代表洛第嘉日先生百忙之中抽空回答了我的許多問題。

感謝阿嘉仁波切在旅行途中為本書作序。阿嘉仁波切是那段歷史的親歷者，也是見證人。他的英文版自傳提供了重要史料，無論是對西藏歷史和西藏問題研究者，還是對西藏現代史有興趣的人來說，阿嘉仁波切的自傳都是一本不可不讀的書。

我特別感謝幾位漢藏朋友給我的幫助。格桑堅贊和帕巴次仁為我提供了許多資料。桑杰嘉在我研究的過程中，給了我不可缺少的幫助。大多數採訪由桑杰口譯，採訪之後，全部錄音必須重新翻譯整理成文字稿。有好幾個月的時間裡，桑杰一直協助我做這件繁瑣費時的工作。桑杰還為我翻譯了許多藏文資料。沒有桑杰的努力，一些歷史細節將會模糊不清。在本書的寫作過程中，我的朋友丁一夫先生和唐丹鴻女士給了我許多建議。沒有他們的幫助，這本書會大為失色。

感謝以下受訪者告訴我他們的人生經歷：洛桑、赤列朋措、次仁卓嘎、次仁卓瑪、卓瑪諾布、格桑‧嘉妥倉、洛桑貢保、洛桑益西、洛桑夏加、扎楚阿旺、東堯‧嘉噶倉，還有一百多位散布在印度和尼泊爾各定居點的流亡藏人，他們的名字我無法在此一一列舉。

我知道，他們接受我的採訪，就要揭開十分沉重的回憶。講述的過程中，他們不得不再次經歷幾十年來深藏內心的痛苦。尼泊爾加瓦拉克爾西藏難民手工藝中心的扎央老人，用平靜的語氣告訴我，她和家鄉的幾個家庭怎樣從德格逃到拉薩，在拉薩無法停留，又逃往山南，在山南仍然無法安居，只好逃往尼泊爾。每天，婦女和老弱在前面逃，青壯男子在後面掩護。夜晚降臨的時候，前面的婦女老弱停下來壘灶煮茶，等待後面掩護的男人歸來。每天，婦女們默默數著，歸來的男人少了幾個，哪家的男人沒能回來。直到

最後逃入尼泊爾，只剩下了幾個男人。其他的男人都在路上被打死了。

在加德滿都大佛塔下面的一家甜茶館裡，1998年離開西藏的康巴人強巴對我講述了他的一生。從康巴暴動、大飢荒到文革，強巴經歷了在「民主改革」的名義下，一個普通藏人經歷過的所有苦難。我感謝他為我重新開啟這關閉多年的記憶大門，我能看出重新回憶和講述對他是何等痛苦。

80多歲的前僧人洛桑貢保始終無法對我詳述一個細節，即他的兩個同為僧侶的哥哥在逃亡路上被解放軍打死的經過。說到這些的時候，他眼睛泛紅，語不成聲，手裡的念珠簌簌顫抖。雖然已經過去了半個多世紀，我仍然能感受他的痛楚。當他把埋藏在心裡50多年的記憶交給我時，我深知這個交付的分量。

正是扎央、強巴、洛桑貢保，以及我在14個西藏難民定居點中採集的數百個普通人的故事，教會我從另一個角度理解那段歷史。對於藏民族來說，這段歷史依然活著，依然痛著。

就在我埋頭研究的時候，2008年3月，「拉薩事件」再次爆發。這是近50年來拉薩發生的第三次暴動。暴動的過程中，一名拉薩青年高喊：「我們是你們49年前殺死的人，我們又回來了！」這句話帶給我強烈的震撼。有多少中國人知道，這句話中隱含的痛楚？

這句話還告訴我們：我們不能迴避歷史。我們必須重新審視1959年的事件，換一個角度去考察，把宣傳和史實分開，弄清楚1959年3月，拉薩到底發生了什麼。否則我們永遠不會理解藏民族的傷痛，也永遠無法理解為什麼每隔20年左右，西藏就會出現暴動。

古人有言：「以史為鑒。」鑒，鏡也。站在歷史這面鏡子前，不僅可以看到過去和現在，也可以看到未來。我想，作為漢人，我們應該把歷史這面鏡子擦乾淨，把因宣傳、迴避、懦弱和虛幻的榮耀之需，塗抹在歷史這面鏡子上的污垢擦掉，把幾十年來沉積在史實真相之上的塵埃抹去，讓我們和我們的子孫後代都能看清楚，過去到底發生了什麼。只有做到了這些，我們才能說，我們想要辨善惡，我們能夠知對錯；只有這樣，我們才能直接面對我們內心向善的本性。

此書，就是我所做的一點小小的努力。我謙卑地以此求教於讀者，希望
以此書拋磚引玉，希望有更多的親歷者說出他們的經歷，留下他們的記憶，
希望有更多的史實資料問世。我將非常高興地糾正此書中的錯漏之處。

目次

引子

「解放軍包圍了理塘寺，附近幾個村子裡的人，還有好多僧人都躲在大經堂裡。有上萬人……」

我放下筆：「上萬人？不可能吧？」

「他們就是這樣說的，」來自理塘的格西洛桑端起茶杯，喝了一口奶茶。「幾百個解放軍端著槍，站在大經堂前面。軍官命令士兵在大經堂門口澆汽油，說叛匪不投降，就把他們統統燒死。」

這家印度茶館建在山邊，像一角飛簷探向山谷。喜馬拉雅山南的初冬，午後的陽光依然熾熱，在簡陋的木桌上灑下一道明亮的光。格西洛桑拉下肩上的絳紅袈裟，頂在頭上遮擋太陽。我拿起玻璃杯，檸檬茶已經涼了。

「這時候，雍若本突然回來了。」

「雍若本！」我立刻放下杯子，抓起筆，「毛埡土司？」

「對。先前雍若本已經從寺院後面突圍，帶著十幾個人，跑到了山後。」格西洛桑放下茶杯，用手比劃出一個弧形，表示「繞道」。我想起照片上的長青春科爾寺，典型的藏式寺廟建築群，背倚一帶渾圓碧綠的山。

「後來趕上來的人告訴他，說解放軍要放火燒掉大經堂。雍若本馬上帶了幾個人趕回來，說他投降，要那個軍官放掉民眾。對了，那個軍官，他跟一般人不一樣，」格西洛桑伸出手，張開五指，「他的手指頭之間有膜，像鳥的爪子。」

我望著格西洛桑展開的手掌，想像手指之間的膜──歷史就這樣成了傳說。

「雍若本帶著三枝槍──一枝步槍，兩枝手槍。他先交步槍，」格西洛桑做出雙手托槍至頭頂的動作，「就這樣，交給軍官，然後從懷裡掏出一枝手槍交出去。軍官命人把他帶走。就在這時候，雍若本突然彎下腰，從靴筒裡刷一下抽出另一把手槍，朝軍官開火。聽說那個軍官是團長。」

格西洛桑口中的毛埡土司故事，與我聽過的其他版本略有不同。不過故事的結局是一樣的：在場的解放軍亂槍齊發，毛埡土司身中無數發子彈，倒在大經堂前。是年，「雍若本」25歲。

　　「格西啦，」我問，「你什麼時候聽說這個故事的？」

　　「1996年，」格西洛桑回答，「我回去探親的時候，在家鄉聽說的。」

　　毛埡草原位於四川省甘孜藏族自治州南部。毛埡土司世系來自青海巴顏喀喇山，遷徙康區後，世襲七代。故事裡的「雍若本」為末代毛埡土司。藏文版《理塘歷史記錄》第二冊中，對毛埡土司之死，有更接近真實的紀錄。

　　關於第七代毛埡土司，《甘孜州志·大事記》中有如下記載：「（1956年）3月30日，解放軍某部圍殲據守理塘喇嘛寺的叛亂武裝，擊斃匪首毛埡土司所隆旺吉，理塘縣城解圍。」

　　40年後，毛埡土司的故事還在他的家鄉流傳。那個在經堂裡取下護身符，放在佛像前，誓與寺院共存亡的年輕人，在他族人的集體記憶裡，是一位救民於危難的孤膽英雄。

第一章　地平線上的風暴

（一）

　　色達，地處青藏高原東南緣，平均海拔4,127米，該地最大的市鎮名叫色柯，距原西康省省會康定444公里，距四川省會成都680公里。

　　色達地高天寒，冬長夏短，最低溫度為零下36.3度，全境以草原為主，因此，色達歷來為藏民游牧之地。各朝各代，色達草原名義上雖有歸屬，時屬「多康」，時屬川邊，時屬西康，但歷代均未設政管理。牧民虔信佛教，與西藏噶廈政府只有宗教上的聯繫，而無行政上的隸屬。

　　與世隔絕的高寒之地，單門獨戶放牧難以生存，於是牧民聚族而居，自然形成一個個部落。世世代代逐水草而居的游牧生活，使色達諸部落形成了獨特的社會形態和風俗習慣。各部落有自己的首領、法規、武裝、帳房寺院，一個部落相當於一個大家庭，部落內部紛爭由頭人處理，部落之間的紛爭由寺院大喇嘛調解。色達諸部落游離於漢藏兩方統治之外，世為「化外自由之民」。

　　直至西元1952年。

　　是年8月16日，「西康省藏族自治區人民政府工作團」進入色達，宣布該地「和平解放」。對於色達諸部落的藏民而言，「解放」是一個莫名其妙的辭彙，對他們並無意義。色達的牧人並不知道草原之外的事情，在他們的日常生活中，部落和寺院休戚相關，「康定」十分遙遠，「成都」已是天邊，「北京」聞所未聞。在色達牧人的意識裡，佛教裡的「須彌山」是遠比現實中的「北京」更為實際，也更為真切的存在。

　　然而，「北京」畢竟不是神話。在20世紀中葉的中國，「山」雖然高，「皇帝」並不遠。北京發生的事，決定著色達草原上，那些「化外」牧民的

命運。

　　1955年11月9日，設立於北京的國務院批准色達建縣。「色達工作團」變為「色達縣人民政府」，色達草原成為四川甘孜藏族自治州最後成立的縣。當時，成立於1928年的西康省已經撤銷，色達草原的牧人，糊裡糊塗地成了中共四川省委書記李井泉所「牧」之民。兩個月後，色達草原的「化外自由之民」被槍桿子驅趕著，以「一天等於20年」的速度，跨過幾個世紀，躍入社會主義。

　　1956年2月15日，色達草原上，修他部落大頭人，時任色達縣人民政府縣長、四川省人大代表的阿須‧仁真頓珠起事，「抗拒社會主義改造」，率眾包圍土改工作組，要求他們撤離，事件演化為當地牧民的武裝暴動。在中國的官方歷史中，這一事件被稱為「康巴武裝叛亂的第一槍」。

　　那時，四川省委書記李井泉和部落頭人仁真頓珠都未必知道，他們合力推倒了第一塊骨牌。這行骨牌在青藏高原的邊緣繞行，在川、滇、甘、青一塊塊倒下，震盪出一場局部戰爭；3年後，最後一塊骨牌將在聖城拉薩倒下，引爆慘烈的「拉薩戰役」，成為那年舉世矚目的國際大事。

　　拉薩的槍砲聲沉寂之後，事情並未完結。此後的幾十年中，這一排倒下的骨牌將改變世界文化版圖，並持續不斷地吸引各國民眾的關注與同情。

　　色達草原的槍聲，至今仍在歷史深處沖激震盪。

（二）

　　在這一切的背後，有一個色達草原上的牧民和頭人們所知不多的大背景。

　　20世紀四〇年代末，中共取得內戰勝利，成立中華人民共和國。乘暴力革命成功之勢，中共立即發起了一連串全國性的政治、經濟、文化運動，旨在按照中共的意識形態，對中國社會開展全方位的改造。「土改」、「鎮反」、「統購統銷」、「破除迷信」、「三反五反」、「反右」、「合作化」等運動，涵蓋了中國社會的各個方面，影響到每一個家庭與個人。暴力革命餘威未盡，這些運動幾乎無一不是暴力行為，只是程度上略有高低。借

助這些運動，中共不僅在全國範圍內壓制了不同意見，製造了深植人心的恐懼，把紅軍時期就已形成的「殘酷鬥爭，無情打擊」這種政治行為模式，從黨內推行到了黨外；更重要的是，通過這些政治運動，以及「糧油統購統銷」政策，共產黨成功地建立了一個新型的「大一統」體制。

「大一統」並不稀奇，中國歷朝歷代都處在某種程度的「大一統」之中。但是，由中共建立的「大一統」，與傳統皇權下的「大一統」並不相同。歷代皇帝只要做到「普天之下，莫非王土」也就滿足了，「王土」之上，仍然允許不同的社會形態、生活方式，和宗教信仰存在。清朝統治廣袤疆土的方式是一種「二元體制」，一是高度中央集權的漢地漢人體系，另一是處於邊疆的滿蒙藏回體系。後一體系不歸前面漢人體系的中央政府直接管轄，清政府也不干涉這些民族的宗教信仰和生活方式。這種二元體制，「不但在中國歷史上絕無僅有，在世界歷史上也罕見相似的個例。」[1]

因此，在1949年之前，中國的社會形態是相當多元的，民族地區還保留了高度的自治。1949年之後，中共建立的是一個以「階級鬥爭」理論為基礎，以「共產主義」為終極理想，極權專制的「紅色大一統」。這個「紅色大一統」壟斷了「王土」上的一切，大到社會結構、經濟管理、意識形態、政治觀念，小至人們的言說書寫、穿衣打扮，莫不被納入其中。「紅色大一統」體制無遠弗屆，有如天羅地網，全體民眾從腦到胃都被牢牢地控制。與它不相符合的一切，都必須「削足適履」，所有的差別都被人為地消滅，因而形成極權國家的特色之一：思想和行為的高度同一性。

在中國內地，中共通過暴力完成土改，摧毀了原有的鄉村自治，在數百萬原土地擁有者的鮮血和屍骨上，建立起遍布各地的鄉村基層組織和政權機構，實現了行政上的「大一統」；1953年強制推行「統購統銷」和「工商業社會主義改造」，完成了經濟上的「大一統」；「反右」製造了意識形態上的「大一統」。臨近「大躍進」時，「紅色大一統」的建構已近完成，必須被「削足」從而「適履」的地區，只剩下被西方學者稱為「帝國邊緣」的邊遠地帶。這些邊遠地帶大多是信奉佛教、伊斯蘭教、薩滿教等宗教的少數民

1　許倬雲，《萬古江河》，上海文藝出版社，頁266。

族地區，為了建黨建政的順利進行，以「統戰」的名義，暫時還保留著傳統的部落制和莊園制。

把這些地區納入「紅色大一統」的框架，是用同樣的方式進行的。上述所有運動，甚至連「除四害」運動，少數民族地區無一倖免。為了削弱宗教對民眾的影響，在這些地區還開展了「有神論」和「無神論」的大辯論，以及針對少數民族黨員、幹部和「民族宗教上層人士」的「反對地方民族主義」運動。中共歷史上，凡有「運動」無不「擴大化」，慣常的方式是先「打擊」，後「平反」，在少數民族地區發動的運動，同樣如此。

一次次血淋淋的運動，終於造就了全社會深植人心的恐懼。僥倖逃脫的官員們，人人學會了自我保護的「官場哲學」：執行任務必須層層加碼，匯報問題務必層層減輕。因此，中南海的咳嗽傳到邊地，往往放大成地震；而邊地民眾痛楚的呼喊則被層層弱化，終至消音。正是這樣的體制，不僅導致數以千萬計的人民在風調雨順的和平時期活活餓死，也逼得成千上萬只有土槍刀劍斧頭的藏區農牧民不顧性命，起來抗爭。

色達草原的槍聲，就是在這樣的背景下響起的。「匪首」仁真頓珠不知道的是，這一切，始於1955年的北京。

1955年的北京，是個相當繁忙的年份。這一年做出的許多決策，對無數普通人來說，將是生死攸關；很大程度上也影響到整個國家的命運。

元旦剛過，中共中央發出指示，要求各地整頓和鞏固農業生產合作社。一個多月後，中共中央發出〈關於在少數民族地區進行農業社會主義改造問題的指示〉，並轉發廣西省委統戰部的報告，根據廣西在侗族自治區開展互助合作化運動中出現的問題，要求包括四川省和西康省在內的13個省和自治區謹慎小心，「用更多的時間和慎重穩進的方針逐步地實現社會主義改造」。該指示警告說，如果各地「企圖用漢族地區同樣的速度、同樣的方式去推動少數民族地區的互助合作運動，就勢必會發生急躁冒進的錯誤，造成工作的損失和困難，影響互助合作運動的健康發展，甚至可能發生群眾性的騷亂」[2]。

中共中央之所以提出這一警告，是因為廣西侗族自治區開展「互助合作

化運動」的過程中，出現了一系列嚴重問題。當地土改剛結束，馬上開始合作化，還出現「直升社」，即未經土改直接辦合作社，民眾對此十分不滿，一些家庭為入社鬧離婚，女人抱著孩子跑回娘家，年輕人出工不幹活等等。這類「消極反抗」在內地也曾大量出現。「合作化」並非大多數農民的自發選擇，而是自上而下強行開展的。各民族情況不同，強行推動合作化，在一些地區可能會引發衝突，因此中央告誡各地步子不要太快，方法靈活一些，不要「硬趕漢區」。

5月，風向突轉，《人民日報》載文批判「胡風反革命集團」。7月，全國開展肅反運動。7月30日，第一屆全國人大第二次會議通過決議，西康省建制撤銷，其轄區併入四川。次日，在昔日的皇家園林中南海，來自各省市自治區的黨委書記們聚集懷仁堂，聽取毛澤東的報告。這個後來被收入《毛澤東選集》第五卷，題為「關於農業合作化的問題」的報告，開篇就訓斥「某些同志」在「新的社會主義群眾運動的高潮」就要到來的時候，「搖搖擺擺地走路」、「像一個小腳女人」。在懷仁堂的譏諷聲中，「一月警告」消之於無形。

10月，西康正式撤省。12月，四川省首屆人大三次會議通過「四川省甘孜藏族自治州農業地區民主改革實施辦法（草案）」等3個文件，對藏區土改做出具體規定，以便為「實行農業社會主義改造、開展合作化運動創造條件」[3]。

1956年1月，中共中央批准了這3個文件，同時指示，「惟關於藏族農業區喇嘛廟占有耕地的處理問題，為了對西藏不致發生不利影響，以及在宗教問題上不致陷入被動地位，還是以不動為宜」[4]。按照中共中央的設想，四川藏區的「和平改革」可以對西藏產生影響，促進西藏的改革順利進行，從四川取得的經驗，將來也可以用於西藏。

2　〈關於在少數民族地區進行農業社會主義改造問題的指示〉及附件，《民族宗教工作文件匯集1949-1959》，頁923-929。

3　《四川民族地區民主改革資料集》，頁89。

4　同上。

（三）

　　1956年2月28日，中央統戰部長李維漢在第五次全國統戰工作會議上的發言中說：「我們設想，在青海、甘肅，在四川，做出一個和平改造的榜樣，讓西藏地區的群眾、西藏地區的上層人物去看一看這個榜樣。如果他們覺得很好，回去也願意進行改革，這樣就加速了西藏的和平改造。」[5]

　　然而，在李維漢講話的時候，四川藏區的土改已經不是「和平改造」了。幾天前，甘孜色達已經「打響了第一槍」，2月28日，白玉縣藏民圍攻縣城；就在李維漢做報告的當天，新龍，即曾經與清軍大戰的川邊瞻對，「皮擦叛匪圍攻縣城」，下瞻區藏民包圍土改工作隊，雙方激戰，工作隊死亡12人，藏民死傷人數不詳[6]。

　　少數民族地區的土改並不是1956年才開始的。1954年10月，中央批發1953年7月全國統戰工作會議上通過的〈關於過去幾年內黨在少數民族中進行工作的主要經驗總結〉。這份文件中提到：「最近兩年來，全國大部分少數民族的農業區已經實行了土地改革。實行了或正在實行著土地改革的人口，約占少數民族農業人口的三分之二，現在只有不到三分之一人口的少數民族的農業區尚未進行。」[7]

　　四川阿壩藏族自治州早就開展了作為土改第一步驟的「減租減息」運動：

> 　　到一九五五年，整個馬爾康地區，除了有許多人還繼續給寺院當差、交租外，給土司頭人交租、還債的已經不多了，當差的面也比原來減少了約一半。相當多的娃子地位改變了，成為科巴或百姓，部分科巴也成為百姓。據一九五四年六月的統計，全州半農半牧區的地租減少了百分之八十以上。差役基本消除，一些土司、頭人、

5　《四川民族地區民主改革資料集》，頁78。

6　《甘孜州志》，頁49。

7　〈中央批發關於過去幾年內黨在少數民族中進行工作的主要經驗總結〉，《民族宗教工作文件匯集1949-1959》，頁1-33。

守備等，除了還能在自己所住寨子派一些差外，其他地方往往派不動了。娃子獲得解放的占百分之六十以上。大部分高利貸者，已不能收債了。寺院放債現象也顯著減少。所有這些，都削弱了封建剝削特權[8]。

但是，在那幾年裡，四川藏區為什麼沒有出現暴動，而是在1956年才發生暴動呢？

長期以來，在少數民族中進行的社會改造運動被稱為「民主改革」，看上去似乎在少數民族中進行的社會改造，與中國其他地區有所不同。但在這個報告中，李維漢一語道破：四川藏區叫「和平改造」，雲南叫做「和平協商民主改革」，但是，「總而言之，是搞土地改革」。而且，「所謂和平改造的對象都是剝削階級，不管他是奴隸主、農奴主、資本家，都是統治階級、剝削階級，包含貴族、土司、頭人、千百戶、活佛、阿訇、和尚、喇嘛，還有牧業主等等。」也就是說，在土改過程中，曾經作為統戰對象與中共「肝膽相照」的「民族宗教上層」將被一網打盡。

根據公開的文件，少數民族地區土改的具體方式一是教育說服，二是贖買，但在具體的實施中，完全是另外一回事。就在李維漢在北京做報告的同時，四川平武縣藏族自治區正在制定「民主改革實施辦法（草案）」。在該草案的說明中明確指出：「土地改革的基本內容就是沒收地主階級的土地，分配給無地少地的農民，因此地主的土地、森林、荒山、水源等應該沒收。」[9] 雖然「草案」中提到，超過當地一般水平的房屋（包括房內應有的家具）、耕牛、農具應該是徵收而非沒收，多餘的糧食必須賣出，並且要給「一定的代價」，但是並沒有規定「徵收」和「賣出」的價格標準，也沒有說，當事人是否可以不賣。

到了土改開始進行的時候，方式也同漢區一樣，由外來的「土改工作

8　《阿壩藏族自治州概況》，頁139。
9　《四川少數民族地區民主改革資料集》，頁162。

隊」結合少數本地人實施。1956年2月15日，中共四川平武縣委制定的〈關於在平武藏區進行土地改革的工作方案〉中，詳細規劃了在該縣進行土改的時間、步驟和方法。根據這份文件，平武藏區的土改在45天之內完成，具體分為「宣傳動員」、「劃分階級」、「沒收、徵收和分配」、「總結、建政」等四個步驟[10]。

根據這樣的規劃，先在民眾中選擇「積極分子」，把他們集中起來進行密集的宣傳培訓，提高他們的「階級意識」；繼而軟禁或逮捕上層人物，接下來「發動群眾」，「通過算細帳，進行挖窮根、吐苦水，開展訴苦運動」，具體方法是「先激發農民的個人仇恨，然後再逐步誘導為階級仇恨」[11]，然後劃分階級，在土改工作組和「積極分子」們的帶領和示範下，對「階級敵人」展開鬥爭：

> 1956年，批鬥會首先在甘孜地區展開……鼓動兒女揭發父母、僕人揭發雇主、農民和寺院的僧人揭發喇嘛和方丈。批鬥會上，二十、五十、甚至一百多人一起來毆打、折磨那些被批鬥者。有時害怕自己被折磨，一家人不得不自相攻擊，許多藏人都死於這些批鬥中[12]。

中央批准的甘孜藏區土改方案中，第31條是：「為保證民主改革的實行，在民主改革期間各縣應組織人民法庭。對於一切違抗或破壞民主改革的現行罪犯，依法予以審批及處理。必須嚴格禁止亂捕、亂打、亂殺及各種肉刑和變相肉刑。」[13]

「人民法庭」把審批和處理「現行罪犯」的權利下放到了縣級，於是，在新龍縣，批鬥幾個村民和一個喇嘛時：

---

10 〈關於在平武藏區進行土地改革的工作方案〉，《四川少數民族地區民主改革資料集》，頁144-152。

11 中共九龍縣工委，〈1956年九龍縣春耕前民主改革工作的具體安排〉，《四川少數民族地區民主改革資料集》，頁178-183。

12 阿媽阿德，《記憶的聲音》，頁90。

13 《四川少數民族地區民主改革資料集》，頁94。

一個女兵走到犯人那兒，告訴乞丐們要仔細觀察她是如何對付喇嘛的，之後他們要照著做。卡囊庫朔（喇嘛）被迫跪在地上，那個女兵從身後跪在他腿上，一手拿著繩子，勒著他的嘴，像對待牲口一樣，把頭猛往後一扯，往他臉上倒尿，逼他喝下去。卡囊庫朔不喝，就把尿潑了他一臉。

批鬥會繼續進行，跪在地上的犯人被迫面向公眾。一些鎮民看到卡囊庫朔被如此折磨，站起來高聲喊道：「我們的喇嘛做什麼了，你們這樣迫害他？」不由分說，士兵過來就把喊話的人帶走了，押上了卡車，關進了監獄[14]。

　　為了防止反抗，各地組織農協會和自衛隊，「等有力量後，對地富的槍枝子彈以借出的方式，達到槍換肩的目的。」與此同時，還開展「鎮反」，在規定時間內，「把該捕的捕起來」[15]。

　　1956年3月底，以土改為主要內容的「民主改革」剛剛開始一個多月，甘孜藏民就開始了武裝暴動。暴動地區達18個縣，參加者1萬5,000多人[16]。

　　1956年3月9日，中共中央書記處召開會議，討論四川甘孜州的改革問題。會議的結論是：「江東堅決改」。至於藏民對土改的反抗，則要「建築在大打上，仗越打得大，越打得徹底，越好，這條一點都不能放鬆」，而且「要會打，要打得狠，準備大打。」[17]

　　就在這時，陳毅元帥率領的中央代表團整裝待發，去拉薩參加「自治區籌備委員會成立大會」。

　　四川藏區處於戰爭狀態，數萬藏民逃往拉薩，其中還包括一些噶廈政府

---

14 阿媽阿德，《記憶的聲音》，頁90。
15 中共九龍縣工委，〈1956年九龍縣春耕前民主改革工作的具體安排〉，《四川少數民族地區民主改革資料集》，頁178-183。
16 見《甘孜州志‧大事記》，頁50。
17 《四川民族地區民主改革資料集》，頁28。

高層官員的親戚。難民把康區發生的事情帶到拉薩，各界大為震動，上層貴族和僧俗民眾緊張不安，懷疑中央代表團來意不善，對成立籌委會這件事開始冷淡，大會險些胎死腹中。中央駐藏代表張經武等人急忙「救場」，召集拉薩的上層人士開座談會說明情況，向寺院發放布施，勉強穩住了拉薩的局勢。

1956年4月16日，甘孜藏族自治州州長桑吉悅希[18]發表布告，抱怨「少數不明大義的分子，在人民政府和他們商量的時候，他們沒有提出不同的意見或有意見不來和政府商量，反而在國民黨殘餘匪特的操縱和挑撥下公然舉行叛亂」[19]。這時尚未把責任推給「西藏噶廈政府的反動上層人士」，怪罪的是「國民黨殘餘匪特」。然而，能夠「與政府商量」的人士都被控制或者被逮捕，誰能夠代表藏民去「和政府商量」？

次日，陳毅元帥率領中央政府代表團抵達拉薩。22日，西藏自治區籌委會成立。同日，《人民日報》發表社論，歡呼西藏自治區籌委會成立，稱之為「我國民族政策的偉大勝利」。就在一江之隔的四川藏區，土改演變成了戰爭，至少在那些地區民族政策事實上已經遭到嚴重失敗，《人民日報》卻隻字未提。

4月29日，一份報告送到毛澤東案頭。在拉薩的中央代表團報告說，據他們了解，拉薩方面認為，四川藏區發生的事件是由於「鬥爭上層、收槍、收稅和破壞宗教等四條原因引起的」[20]。毛澤東做出批示，要四川省委「按實情加以分析」。分析的結果不得而知，但是，既然中央書記處認為仗要大打，衝突自然嚴重升級，康區和安多的戰火越燒越烈，不久，戰火幾乎燃遍整個四川藏區，並逐漸向其他省份蔓延。

那年夏天，康區發生了「理塘寺事件」。歷史上，藏民械鬥時，寺院是他們最後的避難所。理塘發生戰鬥，附近村莊的民眾紛紛到俗稱「理塘寺」的長青春科爾寺躲避。解放軍包圍理塘寺，久攻不下，遂派飛機撒傳單，要僧俗民眾投降，未果，再次派來三架飛機對寺院掃射，並且投下數枚炸彈，

---

18 即天寶，時任甘孜藏族自治州州長。
19 〈四川省甘孜藏族自治州人民委員會布告〉，《四川民族地區民主改革資料集》，頁87-89。
20 《建國以來毛澤東文稿》，第6冊，頁113-114。

將第三世達賴喇嘛索南嘉措於西元1580年創建的名寺炸成廢墟，數百僧俗民眾傷亡[21]。長青春科爾寺是康區最大，也是最著名的寺廟之一。爆炸的聲浪猶如海嘯，在藏民中掀起軒然大波，造成強烈的心理衝擊。此舉非但沒有震懾民眾，反而觸發了更加激烈的反抗。

達賴喇嘛得到消息，大為震驚，向中央駐藏代表、西藏工委書記張經武提出抗議，要求中央說明康巴和安多地區究竟出了什麼事。張經武答應向北京匯報，但是沒有下文[22]。1955年底，「封疆大臣」張經武已經入選「大內」，被提拔為主席辦公室主任。也就是說，西藏的事，張經武無需通過其他管道，可以直接匯報最高領導層。毛澤東對西藏的一切，也可以直接找張經武了解。達賴喇嘛的抗議沒有下文，本身就頗有深意。

四川藏區暴動發生後不久，西藏方面曾派出一個小組去調查。6月，又派平措旺杰[23]去四川甘孜了解情況。平措旺杰在康定了解到，四川藏區「民主改革」準備不足，步子太快，而且並沒有與上層人士好好討論，聽取他們的意見和建議；漢族幹部有時候直接命令藏民「改革」。6月底，平措旺杰返回北京，向李維漢和烏蘭夫報告他所了解到的情況，並交給他們調查組的書面報告。報告的摘要後來呈交毛澤東和周恩來[24]。

7月24日，理塘寺的爆炸聲餘音未息，中央召集在北京的民族宗教上層人士開會。周恩來在會上做報告，在這個後來題為「穩步地實現少數民族地

21 理塘寺轟炸的具體日期不詳。《甘孜州志》中提到理塘縣城解圍是1956年3月底，但是沒有提到理塘寺被炸事件。1956年10月5日，噶倫堡的藏文版《西藏鏡報》刊登了這個消息，並且登了一幅手繪的圖畫，顯示理塘寺被轟炸的情景，但是沒有提到轟炸日期。貢保扎西回憶錄《四水六崗》中提到理塘寺轟炸發生在1956年6月。Patricia Cronin Marcello 於2003年初版的《達賴喇嘛傳》中提到，解放軍於1956年2月開始包圍理塘寺，轟炸日期是1956年6月1日，轟炸中死亡800人。但從上下文看來，此日期似有誤。詳見Marcello, *The Dalai Lama: A Biography*, p. 84。

22 達賴喇嘛尊者訪談，2009年6月30日。

23 平措旺杰（1922- ），巴塘人，最早的西藏共產黨員之一。1950年「十七條協議」談判期間，任中方藏語翻譯。1951年任18軍先遣部隊黨委委員，1956年西藏自治區籌備委員會成立後，任籌委會委員、副秘書長，並任中共西藏工委委員、籌委會辦公廳黨組書記、西藏工委統戰部副部長等職。1958年以「反革命嫌疑」罪入獄，1978年出獄。歷任第五、六、七屆全國人大代表，第五、六、七屆全國人大常委會委員、全國人民族委員會副主任委員，第八屆人大民委顧問。

24 Melvyn C. Goldstein, et al. *A Tibetan Revolutionary: the Political Life and Times of Bapa Phuntso Wangye*, pp. 209-210.

區的民主改革」的報告中，這些高層統戰對象們得到一系列承諾，其中第三條：「對藏區的寺廟應該採取更慎重的態度」[25]。他當然沒有告訴與會人士，所謂「慎重」的真正含義，根據中央書記處3月9日會議的精神，指的是「不使之跨得太快」[26]。

甘孜藏族自治州桑吉悅希州長簽署的布告給了牧業區一根「胡蘿蔔」，答應「農業地區實行民主改革的辦法，不適用於牧區。至於牧業地區將來如何向社會主義過渡，政府將充分照顧到牧業區的特點，允許人民群眾和上層人士從容考慮，大家商量好了才辦。」[27]

可惜為時已晚。「理塘事件」後，整個四川藏區農牧區的抗爭此起彼落。政府調來大批正規軍「平叛」，康巴人和安多人拚死抵抗。

1956年，四川少數民族地區暴動參加者達10萬餘人，8萬餘槍，波及43個縣，450多個鄉[28]。

四川給西藏提供了一個令民眾深深恐懼的榜樣。

兩年後，青海省委書記高峰在西北對藏民大開殺戒。此後，西藏僧俗民眾終於明白，他們已經別無出路。

25 《周恩來統一戰線文選》，頁323 328。
26 《四川少數民族地區民主改革資料集》，頁29。
27 同上，頁88。
28 〈新中國國防大事記 1955-1960〉，全民國防教育網，上海國防戰略研究所主辦。http://www.gf81.com.cn/second_link/gfls/5.html 根據《四川藏族人口》，1958年藏民總人數為686,234人，可供參考。

第二章　戰火燃過金沙江

（一）

　　1956年初，德格麥宿。

　　居欽圖丹腳步虛浮，慢慢走到經堂門口，剛要跨過門檻，眼前忽地一暗，有人擋在他面前。

　　「怎麼樣？」那人說，「這幾天，廟裡的泥菩薩沒給你東西吃？」

　　居欽圖丹抬起頭。說話人是個腰裡別著槍的工作隊幹部，他身邊站著幾個積極分子。

　　「你吃的、喝的是不是勞動人民給你的？說！」幹部盯著他。

　　居欽圖丹一聲不響。僵持了幾分鐘，他感到一陣暈眩。居欽圖丹吸了口氣，定定神，勉強點點頭。幹部側過身，讓他跨出經堂。在他身後，同樣的問題又一次提出。居欽圖丹和本地有名望的僧俗60多人被關在經堂裡，不准家人送飯送茶，已經關了快三天。幹部說，既然他們不肯關閉寺院，就要讓他們受受教育，在廟裡關上幾天，看看泥菩薩會不會給他們飯吃。

　　居欽圖丹裹緊皮袍，站在清冷的陽光下，望著坡下的山谷。青稞地埋在厚厚的雪氈下，流過村莊的河已經凍成一條銀線。山谷裡冷冷清清的，看不到一個人影。幾十座房屋零零散散，像一群被拋棄的孩子，在寒風中瑟縮。天空藍得凜厲，積雪的山巒潔白純淨，像仁波切講經時，四方趕來的信眾拋到法座前，落滿一地的哈達。居欽圖丹凝視眼前潔白中的一簇絳紅：宗薩寺。

　　宗薩寺始建於西元746年，初為苯教寺院。佛教廣弘藏地後，改為佛寺，先為寧瑪派，後為噶當派。元初，八思巴大師親自改為薩迦派。19世紀後半葉，第一世宗薩蔣揚欽哲仁波切與第一世蔣貢康楚仁波切，及第一世秋吉林

巴仁波切共同發起不分教派運動,即「利美運動」,提倡圓滿包容諸派,以開放之心,消除門派之別,開創一代宗風。宗薩寺因之成為康區最著名的寺院之一。宗薩佛學院為藏地著名學府,漢藏各地僧俗信眾紛紛慕名前來學法,寺內常住300-500名僧侶。

寺院保不住了,居欽圖丹想。他跟蹌著走下山坡。

麥宿窩在雀兒山南麓,世屬德格土司領地。該地海拔近4,000米,部落民眾世代以種植青稞和放牧為生。麥宿離德格100多公里,離康定近600公里,大多數人一生未曾離開山谷。民眾的日常生活離不開寺院,生老病死,嫁娶喪葬,都與寺院有關。寺院不僅是他們的精神寄託,遇到荒年災月,寺院也是借糧活命的去處。

1955年底,一支全副武裝的工作隊來到麥宿,住進索莫頗章[1]。在部落民眾驚疑的目光中,工作隊展開一系列令他們莫名其妙的活動。他們召集一些乞丐和處於社會邊緣的人開會,說他們窮是因為頭人和寺院的「剝削」,只有把「地主」、「富農」,和寺院的土地財產奪過來,他們才能過上好日子。工作組還要求大家繳槍,說現在已經解放了,國民黨反動派已經被消滅,土匪也沒有了,在黨的領導下,再也不會有土匪,也不會再有「打冤家」這樣的事情,槍已經沒用,應該交給政府。會上,工作隊的幹部說著一些人們從未聽過的詞,「革命」、「階級」、「反動」、「鬥爭」等等。大家不明白「革命」的意思,也弄不懂什麼是「階級」,但很快就知道了「鬥爭」是怎麼回事——就是把頭人和大喇嘛抓來,由工作隊員和「積極分子」們帶頭辱罵毆打,逼著他們承認自己有罪。

接著,比較富裕一點的人家土地、牧場、牲畜、房屋被沒收,槍也被沒收。藏在深山溝裡的麥宿並不富裕,居欽圖丹所屬的部落不到60戶人家,最富有的人家裡,除了牛馬房屋田地牧場,家中也沒有多少金銀細軟。

工作組盯上了宗薩寺。經過歷代擴充,到20世紀五〇年代,這座千年古寺擁有23座經堂,數百間房屋,寺內有人量佛經、醫學、文學、天文、曆

1　德格土司在麥宿設置的官寨。

算、工藝、美術等方面的典籍，以及歷代大師的著述。工作隊對這些自然毫無興趣，但是他們知道，寺內還藏有眾多金銀佛像佛塔，價值連城。

工作隊宣布喇嘛僧人是「剝削階級」，組織人把寺院包圍起來，將僧人逐出僧舍，清點他們的財產，值錢的東西統統沒收，大喇嘛和寺院管家跟部落裡的頭人一道抓起來，先是「鬥爭」，然後關進監獄。昔日香火鼎盛的寺院，如今桑煙不起，鼓號息音，只剩下一些年邁無依、無處可去的老僧。

這一切，幾年前在漢地同樣發生過。「土改」在漢地勢如破竹，不消幾年工夫，占全國耕地40%的土地再分配，並且沒收了不計其數的房屋、牲畜和私人財物，期間幾乎沒有遭到任何抵抗。土改過程中，成千上萬原土地所有者被殺害，整個地主鄉紳階層宣告消滅。土改完成之後，「合作化」運動隨即轟轟烈烈地展開，原先私人所有的土地經過短暫的過渡，以「合作化」的形式收歸國有。戶口制度和糧油統購統銷政策，將農民們牢牢綁縛在土地上，成為生產機器。這套「成功經驗」被參加過內地土改的工作隊原封不動搬到藏區。

但是，在德格麥宿，土改工作隊遭遇了康巴漢子。

康區處在漢藏交接處，藏人謂之「康」或「藏東」，漢人稱之為「川邊」。康巴男人性情耿直剛烈，豪放粗野，是個十分獨特的男性群體。在拉薩的貴族眼中，康巴漢子是一群土頭土腦，不懂禮儀，沒有教養的粗人；中國的史書則鄙夷地稱他們為「野番」。康巴男人驍勇好鬥，酷愛烈馬刀槍，男孩子從小就學會騎馬射擊，得到第一枝槍的那天，才算成了男子漢。這些頭上纏著紅布帶，滿面風霜，體型魁梧的男人粗獷散漫，桀驁不馴，有時候顯得匪氣十足，但他們同時又是虔誠的佛教徒。批鬥僧侶、摧毀寺廟在漢地同樣發生過，並沒有遭到民眾抵制；但是，康巴漢子們無法接受對他們信仰的侮辱，領頭侮辱喇嘛的工作組，被他們視為「佛法的敵人」。

村裡幾個血氣方剛的年輕人談起麥宿發生的這些事，又氣憤，又焦慮。神聖的宗薩寺朝不保夕，連大喇嘛都被抓起來了，接下來會輪到誰？大家覺得這樣下去，實在是生不如死。幾個20來歲的年輕人抓起刀劍，決定要反抗「佛法的敵人」：不打是死，打也是死，願意一同赴死的人，就一同幹吧！

1956年初春，麥宿發生武裝暴動。

拿著刀劍斧頭和少量槍枝的藏民包圍索莫頗章，截斷水源，要求工作隊撤出麥宿。斷水數日後，要工作組用一枝槍換一桶水。一枝槍吊下來，一桶水吊上去，七天後，工作隊答應離開麥宿。藏民收起刀劍，讓他們走出官寨。一照面，兩方當即刀槍相見，工作隊6人被打死。幾天後，大批解放軍開進，自由渙散的部落民不敵訓練有素的正規軍，拎著刀槍劍斧逃進山裡。

麥宿的部落民沒有像樣的武器，彈藥不足，也沒有統一指揮，甚至沒有明確的目標。大家呼朋喚友，形成自然的組合。有時候上百人，有時候十幾人，有時候三、五個人，按照自由散漫的天性，時打時跑。部落民不懂現代戰爭，從未聽說過什麼「游擊戰」，也不知道自己已經成了「叛匪」和「反動分子」。他們只知道見到小股的「漢人軍隊」就打冷槍，增援部隊來了，馬上逃跑。

（二）

就在麥宿的民眾躲進山林的時候，新龍縣上瞻地區，一個名叫多杰玉登的年輕女子換上男裝，跨上馬，帶領本部落數百民眾，將一座名叫「珠母宗」，也叫「雌龍堡」的城堡團團包圍。

這就是四川甘孜自治州新龍縣上瞻地區的藏民暴動。

新龍，藏名梁茹，古稱瞻對或瞻堆。傳說元初時，瞻對出了一位高僧，名叫喜繞降澤。有一回，他覲見元世祖忽必烈，世祖聽說他身懷絕技，要他顯露一手。喜繞降澤接過武官遞過來的鐵矛，順手擰了幾下，輕輕鬆鬆，將鐵矛挽成一個疙瘩。元世祖大為讚賞，封他為瞻對第一代土司，將整個瞻對地區交他管轄。至明代，土司家族分為兩支，居上、下瞻對。清末，瞻對建懷柔縣，民國時改縣名為瞻化。清道光28年，即西元1848年，工布朗結起事，該地為工布朗結所占。清同治4年，即西元1865年，工部朗結事敗。因瞻對地處邊遠，民風強悍，難以管治，清政府遂將該地交給達賴喇嘛管轄。西藏政府派軍隊駐瞻化，藏軍給養由當地供給。藏兵軍紀渙散，與當地民眾時有衝突。1932年，劉文輝擊敗藏軍，將瞻化劃入西康。1936年，中國工農紅軍進入瞻化，建立瞻化波巴政府，屬波巴人民共和國。1949年12月，西康省

主席劉文輝通電起義，次年7月，解放軍進入該地，宣布瞻化縣和平解放，並將瞻化縣易名為新龍縣。

由史可見，瞻對藏民與清軍、藏軍、國軍都發生過衝突。但是，1950-1956年初，除了部落之間曾有過幾次規模不大的械鬥之外，藏民與中共政府相安無事，並無爭端。1949-1950年，解放軍進入少數民族地區時，由於沒有任何民眾基礎，因而制定了「在一個相當時期內，我們的目標是求得民族間的和睦，而不是在那裡去發展階級鬥爭」的策略[2]。不過，「階級鬥爭」並不是不要發展，只是「不要在條件尚未成熟的時候，去人為地鼓動少數民族人民作反對其統治者的鬥爭。」[3]

中共在藏區建政之初，由於社會結構、語言、文化、風俗習慣的不同，各地工委無法直接與民眾接觸，施行任何政策都必須通過部落首領，或寺院的大喇嘛等「民族宗教上層人士」。因此，在最初的幾年裡，這些人士紛紛得到禮遇，被委以各種職務。上層人士的合作，對於中共接收和建立各級政權，起了很大的作用。中共的統戰政策頗有成效，多杰玉登的丈夫，瞻對頭人嘉日尼瑪，時任新龍縣長。

有了一定「基礎」之後，開展「階級鬥爭」勢在必然。只不過在少數民族地區，「階級鬥爭」易名為「民主改革」。

1956年1月，土改工作隊進駐新龍縣，開始「和平協商改革」。工作隊先進行宣傳發動，同時在軍隊的配合下收繳民間武器，然後由「積極分子」們帶頭，沒收財產，分糧分地，取消債務，劃分階級，廢除土司制度，批鬥頭人和喇嘛。與中國其他地方的土改相同，「劃分階級」的目的之一，是將原先的社會形態打亂，在民眾中製造分裂，以便「分而治之」。在少數民族地區「大力培養民族幹部」，也不過承襲了歷代「以夷制夷」之策。因此，「階級」的劃分並非嚴格按照當事人的經濟狀況，即所謂「剝削率」來確定，很多時候是根據當事人在民眾中的影響力。一些並不富裕的人被劃成「農奴主」，是因為他們能幹，有見識，得到民眾的尊重，有時候則純粹是

2　《四川民族地區民主改革資料集》，頁16。
3　同上。

為了完成上級制定的指標[4]。藏區土改時，四川省委原定劃為地主和富農的人數占人口7-8%，毛澤東指示減為3-5%。1956年，四川藏區總人口約為65萬8,000餘人。如果按照7.5%來定，則四川藏區的「地富」有49,350人；按照4%來定，則為26,320人[5]。但是，不管指標定為多少，都沒有任何實質依據，只是毛澤東在北京聽李維漢和廖志高的匯報時順口說的[6]。

雖然文件規定「地主的其他財產，依法予以保留」[7]，但在實施上，被劃分為「剝削階級」的人，包括一些「統戰對象」和「積極分子」，家裡稍微值點錢的東西都搜刮殆盡[8]。藏區的「民主改革」，實質上就是補上了「中國革命」中「打土豪、分田地」這一課。當時整個中國正處在「合作化」的高潮期間，四川藏區於是「後發先至」，直接進入社會主義。次年，阿壩州委書記賈生采總結說：「我州實現合作化的特點是速度快、時間短。農業區從民主改革結束到實現高級合作化僅兩年多時間。牧業區從民主改革到實現初級合作化僅半年多的時間。」[9]歷史將為他添補另一個事實：從槍砲轟鳴的「合作化」到慘絕人寰的「大飢荒」，也只不過一年多的時間。

導致新龍上瞻地區藏民暴動的直接起因，是因為在土改工作隊收繳民間槍枝時，發生的一件事。收繳槍枝不僅是為了防止「叛亂」，還有一個理由，當時中共在各地建立基層民兵組織，政府計畫用收繳的武器來武裝民兵，稱之為「槍換肩」，因此，槍枝彈藥非收不可，哪怕動用武力強奪。

一天，工作隊來到一個名叫居美的頭人家，要求他們交槍。居美當時在康定，家裡只有他的母親妻兒和一名老管家。他們告訴工作組槍被居美帶走了，家裡沒有武器。接下來發生的事，在當地民眾中引起極大的震動：居美一家老少，包括那名管家，全部被槍殺。這件事成為該地藏民暴動的導火

4　詳見《四川少數民族地區民主改革資料集》，頁42。
5　根據官方資料，1950年四川藏區人口總數為58萬，1958年為686,234人，1956年的人口資料為作者根據這兩個資料推算得出。詳見《四川藏族人口》，頁23-24。
6　《四川少數民族地區民主改革資料集》，頁42。李維漢時任中共中央統戰部部長，廖志高時任四川省委第三書記，省政協副主席。
7　「四川省甘孜藏族自治州農業地區民主改革實施辦法」，同上，頁97。
8　根據一名被挑選為「積極分子」，後來被劃為「農奴主」的新龍縣小頭人回憶，雖然他主動交出土地，但在他參加土改學習班期間，家裡所有值點錢的東西，包括一口大鍋和棉被都被沒收，甚至連借來的口糧都被沒收。這成為他參加暴動的直接原因。*Warriors of Tibet*, p. 109.
9　《四川少數民族地區民主改革資料集》，頁250。

線。新龍若干個部落的頭人秘密串聯，決定摒棄前嫌，聯合起來反抗。

　　1956年2月底至3月中旬，新龍縣農區發生暴動，參加者達2,787戶，3,972人；占當時該縣總農戶的70%，總人口的16.7%，其中頭人41人，宗教上層人士39人[10]，其餘都是普通民眾。換句話說，那些「叛匪」事實上就是「翻身農奴」，即中共依靠的「基本群眾」。

　　多杰玉登帶領幾百人，包圍土改工作隊住的珠母堡，切斷水源。古堡圍牆高大，易守難攻，藏民沒有重武器，雙方處於膠著狀態。僵持了近一個月之後，政府調動一個團的正規軍開進新龍，藏人撤進山裡。

　　土改引發的戰爭使得數萬民眾在自己的土地上成為難民。他們扶老攜幼，渡過金沙江，向衛藏逃亡，祈望得到他們年輕領袖達賴喇嘛的庇護。路途遙遠，山高水寒，許多人死在途中。到達拉薩後，一些人自去投親靠友，無處投奔的人們，在拉薩城外的荒地上搭起大小帳篷，安營紮寨，形成一個奇怪的難民營。

　　以拉薩為中心的西藏中部地區，和東部的康區，有複雜的歷史淵源。歷史上，西藏的中央政府拉薩和中國的中央政府，兩邊都把康區看成邊遠地區。拉薩和中國中央政府直接管轄區域的分界，就劃在康區。這條邊界時有變動，到解放軍入藏前，主要是以長江上游的金沙江為界。劃在金沙江以東的藏人區域，就是以前的西康省，西康撤省後劃歸四川。金沙江兩岸的康區藏人，在宗教上認同藏傳佛教，但是對拉薩的政令並不馴服。康巴人有自己的獨特認同意識，在方言、服飾，和文化習俗方面，也有別於拉薩為中心的藏人。所以有人認為，要不是共同的藏傳佛教信仰，康巴人很可能會演變成不同於藏人的另外一個民族。

　　歷史上的統治者，都知道康巴人是一個難以統治的人群。中國人把金沙江以東的康區稱為川邊，一直想把政令貫徹到那個地區，所謂「收回政權」。這個「收回」的說法十分誤導，因為那裡的行政權力原來從不屬於中央政府，而是屬於當地的康巴部落，即土司頭人，談不上「回」。而遠在內

10　《建國五十周年新龍之變化專輯》，頁54。

地的人們，始終對那個地區懵懵懂懂，不知道那個地區的民眾，是一個和漢人完全不同的民族。這種認知上的不同，是歷史上造成衝突的一個重要原因。

同時，以拉薩為中心的西藏中心地區，也把康巴看成令人頭疼的地方。康藏歷來不睦，近代曾發生過幾次糾紛，彼此信任不足。第十三世達賴喇嘛時期，噶廈政府曾有在康區建立本地軍隊，以代替噶廈派遣藏軍的想法，卻由於擔心會助長康藏對立，這個設想議而不決，後來不了了之[11]。1932年，巴塘人格桑澤仁提出「康人治康」的主張，希望實現某種形式的自治或獨立，擺脫南京和拉薩的控制，讓康巴人管理自己的事務。

不過，這只是藏民族內部區域差別的一個方面。如果站在西藏外部來看康藏，用西藏外部的社會來與之相比較，很容易看出藏民族內部的同一性。對康巴人來說，雖有反抗拉薩的一面，更有被拉薩吸引的一面。康巴人之宗教虔誠，相比拉薩有過之無不及。康區的高僧大德都曾到拉薩周圍的名寺追隨上師。即使是在金沙江以東地區，康巴人心理上的文化中心，首先還是拉薩而不是南京、北京。只要設身處地想像一下，就不難理解，對那裡的藏人來說，不管怎麼說，拉薩是自己人的地方，而南京、北京遠在天邊不說，語言、宗教、習俗等引致心理上的隔閡，無異於外國，這不是政治上或行政上的一紙轄區歸屬能夠消減的。當那裡的人們遇到危機的時候，特別是當這種危機是外族引起的時候，他們內部就會拋棄前嫌，一致對外。

因此，當「民主改革」迫使康巴人起而反抗，康區遍燃戰火時，原已和拉薩離心的康巴人別無出路，只能向拉薩求援。

理塘寺被圍期間，曾派人送信去拉薩求援。派去的人帶信返回，卻在途中被不知道哪一路的康巴人打死。對方從屍身上搜出一封信，拆開一看，悔之莫及，趕快遣人把信送到理塘寺。被圍困的僧俗民眾以為有救了，展開信一看，卻是噶廈政府的一番教訓，要他們忍耐，不要跟解放軍硬碰硬，以卵擊石。

---

11 達賴喇嘛尊者訪談，2009年5月27日。

這時候，噶廈和西藏中部地區的藏人，同康巴漢子的區別又凸顯出來。最主要的是，此刻兩者的處境和顧慮不一樣。由於「十七條協議」對中共的約束，拉薩附近還處於「西線無戰事」的狀態。噶廈明知自己沒有實力反抗入藏解放軍，一切希望只能寄託在「十七條協議」能夠得到切實貫徹，為此不願意發生任何激怒或惹惱解放軍的事情，也不願意讓解放軍得到藉口來插手西藏的事務，甚至動用武力。而且，金沙江以東地區，早已在政治上屬於四川省，在行政上已不歸拉薩管轄，噶廈政府連為康巴人的遭遇向北京請命的名分都沒有。對康巴人的任何實質性援助，都有可能涉嫌違背了行政管轄權，只會引火焚身。噶廈政府自顧不暇，最不希望看到的，就是康區的麻煩延伸到西藏中部地區來。

　　而康巴人的處境不一樣。雖然這個時候他們的藏民族自我意識空前強烈，但他們不在「十七條協議」的承諾之下，不受十七條保護。他們在政治上和行政上，隸屬於正在轟轟烈烈搞合作化的四川省。他們的危難已經沒有訴說的對象。行政上的上層，省政府和北京的中央政府，都不在他們這一邊。災難和危險來自東方，他們只能面向西方，向拉薩求援。在得不到援助的情況下，就向西逃亡。

　　好在，康巴漢子向西走，有他們熟悉的商路古道。

　　康巴漢子們有一個外人易於忽視的特性：他們善於經商。在拉薩有不少康巴人經營的生意，形成一個康巴商人圈子。這些商人無形中成為康區的代言人。1956年，在拉薩的康巴商人圈子裡，有一個頗有影響的理塘商人，名叫貢保扎西。貢保扎西一度也是「統戰對象」，還被選中參加內地參觀團。他是被取締的「人民議會」成員，也是「人民議會」向中央駐藏代表張經武遞交請願書的60名簽署人之一。康區戰事開始後，貢保扎西求見達賴喇嘛的侍從長帕拉，希望噶廈政府提供軍事援助。帕拉毫不猶豫，一口拒絕。

　　帕拉的拒絕出自對達賴喇嘛的保護。年輕的達賴喇嘛是各方注意的焦點，拉薩的安全全賴於中央和達賴喇嘛維持合作，即使是表面上的合作。只要這種合作仍然為中央認可，拉薩就還能維持太平無事。如果這種合作不再被中央認可，拉薩遭遇滅頂之災的時候就到了。所以，帕拉總是把此類求見擋在門外，盡力不讓達賴喇嘛陷於為難的境地。正是這種煞費苦心的考量，

在康區烽火四起的情況下，仍然一天天地維持著拉薩的相對平靜。

在噶廈政府那裡得不到實質性的支持，康巴人轉向印度噶倫堡[12]。由於資訊封閉，這些地區發生的事國際社會毫不知情，只有少量消息由商人和逃難者帶到噶倫堡。噶倫堡在歷史上一直有藏人居住，1951年之後，陸續有藏人流亡印度，居住在大吉嶺和噶倫堡，形成一個雖然不大，但很重要的藏人社區。1959年之前，噶倫堡的藏人社區是西藏與外部世界唯一的聯繫。噶倫堡有一份藏文報紙，叫《西藏鏡報》。該報雖然在歷史上赫赫有名，但只是一份慘澹經營的不定期小報，「發行量」最高時也不過數百份。「報館」是座極其簡陋的鐵皮小屋。我2008年到噶倫堡去採訪流亡藏人的時候，《西藏鏡報》已經關閉幾十年了，但鐵皮屋還在街邊，四周雜草叢生。

該報的創辦人兼主編名叫塔欽巴布，是個改信基督教的庫努人。來自藏區各地的消息傳到噶倫堡，時常出現在這份小報上。這些消息常常是傳言和真實的混合，許多細節難以證實，而且基本上是舊聞。理塘寺6月被炸的消息，10月才出現在《西藏鏡報》上，消息來源是「據最近從康區來的人說」。噶倫堡的那一小群各色藏人，對西藏的整體狀況並不很清楚，只有一點十分明確：在康巴和安多，民眾與中共軍隊發生了武裝衝突。

康區烽煙四起時，達賴喇嘛的大哥塔澤仁波切已經流亡美國。他的二哥嘉樂頓珠住在噶倫堡，過著散淡的日子。他經營一樁向拉薩出口印度茶葉和英國威士忌的生意。閒暇時，他帶著家人四處遊歷，出入噶倫堡和大吉嶺上流社會聚集的場所，還是當地網球冠軍。

拉薩的形勢跟康區不同，最初的幾年裡，西藏工委的主要任務不是發動群眾推翻封建統治，而是建立「愛國統一戰線」，同時在各地建立黨支部，發展基層黨員，選送聰明伶俐的貴族和平民子弟到北京學習，作為幹部儲備。後來重點宣傳的那些「尖銳鬥爭」，只是日後有意凸出的幾個小插曲。兩邊上層的關係其實是相當友好的。當時工委和軍區有內部分工，中共官員們各自分配了「重點統戰對象」，軍區參謀長兼後勤部長李覺的重點統戰對象是

---

12 印度北方城市，位於印度西孟加拉邦，靠近錫金和大吉嶺。噶倫堡在歷史上曾是印度北方重要商業中心，印度、西藏、不丹、錫金等地貨物集散地，也是民間往來交通要站。

噶倫索康和達賴喇嘛的副經師赤江仁波切。李覺時常「路過」赤江仁波切府邸,「順便」進去拜訪,聊天喝茶,還請赤江仁波切指點他學藏語,其目標顯然是意圖與赤江仁波切建立關係,通過他對年輕的達賴喇嘛施加影響[13]。

1956年之前,工委與噶廈政府之間的協調與合作也不像後來宣傳的那樣緊張。1953年修築公路期間,噶廈政府並沒有阻撓破壞,而且在拉薩、山南、工布等地區,沿公路施工線的48個宗和谿卡,以支烏拉的方式,調動了一萬多藏民加入。從1953年噶廈政府寫給某個宗政府的信中可以看到,當時噶廈政府對西藏前景的期望:

> ……現時,根據「協議」精神,兄弟民族之間的團結正在發展,中央亦負責修築康區至拉薩之間的公路。此間地方政府及全體僧俗民眾,認識到了此舉的利益所在,過去和現在盡力做我們地方應該協助做的事情。現在,康藏公路即將修通,自古以來的天塹即可變為通途,這對促進地區的發展和加深民族內部的團結,必將起到很大的推動作用,特別是佛上大恩主(達賴喇嘛)極力主張與祖國各兄弟民族團結一致。以康區為主的全體藏族在不久的將來與各民族互相信任,水乳相融,這也是符合毛主席和中央人民政府意願的[14]。

當時工委缺少的反倒是與下層民眾的「軍民魚水情」。短時間大批軍隊進駐拉薩,引起物價飛漲,給民眾帶來的影響遠遠超過對上層人士的影響。民眾對於「回到祖國大家庭」頗有疑問:

> 一般藏族人民不了解「協議」,不少人過去受帝國主義文化侵略的毒害,提出西藏文字是從印度學來的;佛教從印度傳來的;貴族子弟去印度上學交通便利;從印度運進「洋貨」,如上種種,為什麼

---

13 降邊嘉措,《李覺傳》,頁158-160。
14 〈就積極協助修築康藏公路一事西藏地方政府給ＸＸ宗並寺廟的通知〉,《西藏文史資料選輯》第九輯,頁127。

西藏人民不能算是印度民族的一部分[15]？

對民眾的這一疑問，工委宣傳部長樂于泓承認：「我看我們的幹部對上面的問題不是每一個人都能說清楚的。」

當時西藏工委與噶廈政府最大的衝突，是「人民會議」事件。該事件以司曹魯康娃和洛桑扎西被解職告終。對這一事件的處理方式，可見雙方對這一事件的看法有很大差異。幾十年來中方一直在宣傳這一勝利，卻忽略了這一事件當時對民眾和噶廈政府中、低層官員們產生的影響[16]。

民眾和噶廈中下層官員關於對貴族們相當不滿，認為那些上層貴族先是「出賣西藏」，後來又「幫助漢人架空達賴喇嘛」。這一切導致噶廈政府在相當程度上失去了民眾的信任，這也是1959年「拉薩事件」發生時，噶廈政府無法控制局面的原因之一。

但「人民會議」事件並沒有影響兩方上層的關係。中央花大力氣統戰西藏各級官員，甚至特為達賴喇嘛建立了一支歌舞團[17]。歌舞團不時到布達拉宮和羅布林卡做專場表演，為達賴喇嘛和貴族們提供娛樂，達賴喇嘛的「噶珠歌舞隊」還同軍區文工團聯歡。每逢節日，兩邊互相邀請，布達拉宮南捷寺的僧人表演藏戲，看臺上也不乏身穿解放軍軍服的中共高級觀眾。

兩方上層不時你來我往互相請客送禮，時任西藏工委辦公室主任、宣傳部長和新華社西藏分社社長的樂于泓在他的「進藏日記」中，記錄了大量與上層人士及其家屬的交往：

（按：1952年5月23日，慶祝「十七條協議」簽訂一周年）達賴的樂隊與我們文工團在一起練習合奏《東方紅》歌曲……晚上，西藏

---

15 〈進藏日記摘抄之三 （1952年5月3日—7月25日）〉，《西藏文史資料選輯》第九輯，頁72-103。

16 詳見〈八大孜仲、噶廈、三大寺代表與張代表、張司令就《關於撤銷兩司曹職務和取締「人民會議」不法活動問題》進行會商的備忘錄〉，《西藏文史資料選輯》第九輯，頁128-129。

17 降邊嘉措：「1953年，經中央批准，分別成立達賴文工團和班禪文工團。1959年『3．10』事件後，撤銷兩個文工團，合併成立西藏歌舞團。」《毛澤東與達賴班禪》，頁201。樂于泓進藏日記中也提到「班禪行轅文工隊」，詳見《西藏文史資料選輯》第九輯，頁85。

地方政府舉行慶祝宴會，宴會上充滿團結氣氛，大部分藏族官員喝得醉醺醺的。藏軍代本（團長）汝本（營長）同解放軍幹部互相敬酒、乾杯。

（1952年6月7日）下午，西藏軍區在宇妥宅院設宴，歡送班禪堪廳工作人員，我未參加晚會，歸途中遇上阿沛·阿旺晉美，他邀我去他家，和他全家人再去宇妥宅院，同張代表、張軍長、范副書記一起玩了一會。月色中信步回來。

（1952年7月2日）阿沛全家借桑頗的林卡請我們去玩，整整玩了一天，大家談笑風生，親密無間，席間互相殷勤勸飲，縱情逗樂，放聲歌唱至夜深方散，就像在自己家裡過節一樣[18]。

　　1956年夏，嘉樂頓珠的閒散生活戛然而止。從康區通過西藏輾轉傳到噶倫堡的消息，使他無法袖手旁觀。他感覺到，局勢到了這個地步，美國方面或許願意助藏人一臂之力，於是開始通過各種途徑，尋求美國的支持。
　　當然，尋求美國支持的還不僅是嘉樂頓珠。當時噶倫堡的藏人雖然不多，但分為幾大派系，情形頗為複雜。其中有中國政府暗中支持的「班禪系」，有與西藏老貴族們關係密切的「夏格巴系」，嘉樂頓珠和他的支持者們自成體系，錫金和不丹王室，以及與他們在西藏上層的親戚也形成了一個小圈子。「嘉樂頓珠系」中有不少年輕人，稱之為「少壯派」也未嘗不可；還有對拉薩和日喀則[19]都不信任的「康巴系」，其中的主要人物之一，是芒康大富商邦達倉三兄弟中的老二饒噶。
　　饒噶是1940年代藏人中親國民黨的噶倫堡「西藏革命黨」的創建人，1950年代成為前昌都解放委員會成員。邦達倉兄弟都主張「康人治康」，後來走

---

18 〈進藏日記摘抄之三 （1952年5月3日—7月25日）〉，《西藏文史資料選輯》第九輯，頁72-103。
19 根據西藏傳統，西藏地區分為以拉薩為中心的「衛」和以日喀則為中心的「藏」兩部分，漢人有時將之稱為「前藏」、「後藏」。達賴喇嘛住錫布達拉宮，班禪喇嘛住錫日喀則的扎西倫布寺。

的卻是不同的道路。在這三兄弟身上，典型地體現出問題的複雜性：這裡既有藏人內部的康藏矛盾，又有藏人和中國之間的民族矛盾，還有從中國引伸出來的，長久的國共政治鬥爭。三兄弟中的老三多吉可能更親共產黨，他是第二屆全國政協委員，一直留在西藏，老二卻稱病出走，定居噶倫堡。

這些小圈子之間彼此缺少信任，「康巴系」對以「夏格巴系」為代表的西藏老貴族階層多有不滿；不丹和錫金的公主、王子們只對社交和斂財有興趣；在南京接受現代教育，娶了漢族妻子的嘉樂頓珠被認為「親漢」。但最終有所作為的，還是「嘉樂頓珠系」和「康巴系」，雖然他們之間也不乏牴牾。

藏人內部的這種多元狀態，也反映了藏民族和西藏社會在外部世界現代化浪潮的衝擊下，漸漸地意識到自身正面臨千年未有之變局，必須做出因應。藏民族僧俗各界的精英，首先意識到，西藏社會必須變，於是向外部尋找改變的資源。他們只能從各自的條件出發，在外部世界尋找變革的榜樣和「老師」。有些人從英國人或印度人中尋找變革思路，另外一些人從先行一步的中國人中尋找改革榜樣。有些人和國民黨早有聯繫，另外一些人則從共產黨的理論中看到了希望。就這樣自然地形成了改革派中的各路派系。多派系的情況，消耗了藏民族內精英階層的能量，卻是當時不可避免的狀態。各派系的統合必須經歷一個過程，需要一段時間。這種情況，和清末民初中國社會的情況有點相似。可惜的是，由於歷史形成的封閉，藏人社會的現代化改革起步得更晚了一步。

1956年，噶倫堡的藏人圈中又增加了一些新來的逃亡者。9月13日，理塘嘉妥倉三兄弟到達噶倫堡。三兄弟中的老大叫旺堆，老二叫布崗，老三叫格桑。他們有個大名鼎鼎的舅舅，即富商貢保扎西。

康巴戰事爆發之後，嘉樂頓珠、饒噶和格桑嘉妥倉等人開始分頭與CIA秘密接觸[20]。

幾個月後，旺堆‧嘉妥倉將成為CIA訓練的第一批特工之一，他的弟弟格

---

20 格桑‧嘉妥倉訪談‧2009年5月10日；*George Patterson: Tibet in Revolt*, pp. 120-122.

桑則承擔了為舅舅傳遞資訊，購買武器、電臺等任務。格桑還有個來往不甚密切的同鄉，名叫阿塔諾布。這個出身貧寒的前理塘寺僧人，將在歷史上留下自己的痕跡。

　　而這一切，和年輕的達賴喇嘛並無關係，這些活動也不是噶廈所能組織。嘉樂頓珠的活動連達賴喇嘛也不了解底細。噶廈政府內有些官員當然可能和各路人馬有聯繫，對他們的活動略有所知，可是噶廈並不能控制他們。相反，噶廈希望這些活動不要惹麻煩，以免讓中國政府和解放軍得到在西藏中部動用武力的藉口。

（三）

　　嘉妥倉三兄弟到達噶倫堡的時候，新龍藏民的反抗已經被鎮壓。反抗者彈盡糧絕，很多人被俘或投降。不肯投降的人有些隱匿在山林裡，有些逃往拉薩。隨之而來的是大逮捕，大批藏民被關進監獄，其中包括一些曾為當「叛匪」的家人通風報信，或者偷偷上山送衣食的婦女。

　　在德格麥宿，居欽圖丹和他的夥伴們在森林裡已經躲藏了近8個月。整個夏天，他們在山林裡出沒，加上其他部落的人，漸漸形成一支鬆散的游擊隊，兩個當地漢子，一個名叫阿宗彭措，一個名叫阿孜仲，成為他們的領頭人。他們遇到機會就打一場小仗，多數只是小規模騷擾。

　　高原嚴酷的冬季將臨時，解放軍調入大批軍隊，拉開包圍圈，將他們躲藏的山林團團包圍，開始地毯式搜山。包圍圈漸漸縮小，最後，兩方終於短兵相接。這是一場毫無懸念的戰鬥，兩方不僅兵力懸殊，武器也不成對比。激戰中，阿宗彭措打完了最後一顆子彈，他扔下步槍抽出長刀。他的兩個兒子緊跟著他，父子三人舉刀衝下山坡，隨即被解放軍亂槍打死。此役中，阿孜仲父子也同時陣亡。居欽圖丹眼睜睜看著他們父子同生共死，肝膽俱裂。沒有了頭領的部落民兵立時亂作一團，眾人各自為陣，也各自決定自己的命運。他們有的投降，有的戰死，有的被俘，麥宿地區的自發反抗至此告終。

　　居欽圖丹和一群同伴寧願戰死，不肯投降。他們仗著地形熟悉，且戰且退，在槍林彈雨中拚死突圍。狂奔了不知多久，零散的人們漸漸聚攏。

夜幕降臨後，槍聲消失，森林恢復了原始的寧靜。月光下，突破包圍圈的部落民驚魂甫定，檢點人數，居然有近百人奇蹟般生還。接下來怎麼辦？何去何從？眾人一籌莫展。大家把目光投向居欽圖丹。

居欽圖丹也不知道該去哪裡。他不知道，在拉薩，一群理塘商人已經決定將自發的零星反抗力量組織起來，成立一支反抗軍。這支被稱為「四水六崗衛教軍」，以康巴人為主的民間武裝正在醞釀之中；他更不知道，未來的一天，他將成為歷史見證人，見證一場慘烈的大屠殺。雖然家鄉還有妻兒，但他知道，故土已無立足之地，他別無出路，只能別妻棄子，遠走他鄉。眾人也沒有別的選擇，紛紛表示願意隨他而去。

一個寒冷的冬日裡，25歲的康巴漢子居欽圖丹扛著老舊步槍，揣著所剩無幾的子彈，帶領他的夥伴們渡過金沙江，朝拉薩走去。

就在這時，21歲的達賴喇嘛、18歲的班禪喇嘛帶著各自的隨行人員，離開拉薩和日喀則前往印度，參加佛祖釋迦牟尼2500年誕辰的紀念活動。

第三章　風雲際會新德里

（一）

　　1956年11月20日，第十四世達賴喇嘛丹增嘉措率領隨行人員，乘汽車離開拉薩，前往亞東。隨行人員包括他的家人，兩位經師林仁波切和赤江仁波切，藏軍司令凱墨，以及索康和阿沛兩位噶倫。

　　這次出訪，達賴喇嘛內心十分急切。

　　達賴喇嘛並不是第一次走這條路。1951年1月，他剛剛親政時，做出的第一個決定就是去亞東。那時，昌都戰役[1] 剛剛結束，西藏門戶大開，大軍兵臨城下，噶廈和人民會議決定，為了安全起見，他必須去亞東避難。亞東離印度不遠，一旦情況危急，他可以隨時逃亡印度。那回去亞東，達賴喇嘛是在夜深人靜的時候，悄悄離開拉薩的，一路上他惴惴不安，不知道下一步該怎麼辦。

　　這次，情況大為改變。達賴喇嘛應邀前往印度，去參加佛祖釋迦牟尼誕辰2500周年慶典，取道錫金前往德里。

　　短短幾年裡，兩條從內地到拉薩的主要公路，即川藏公路和青藏公路，已經開通。在西藏當地，一個小型公路網已初步建成。從拉薩到亞東的路程，從原先的將近兩周縮短為兩天。

　　達賴喇嘛的這次印度之行，堪稱一波三折。

　　夏季裡，康巴戰火方酣，幾乎每天都有新消息傳到拉薩。那些消息不外乎某位高僧或頭人被捕，某地又打起來了，某座寺廟被毀一類，令達賴喇嘛

1　1950年10月6日至24日，解放軍與藏軍在昌都地區進行的戰爭。在這場戰役中，藏軍主力被殲滅。第十四世達賴喇嘛因此提前親政，隨即帶領噶廈、經師和家人前往亞東避難。

消沉沮喪。他知道，別說軍事力量，單憑人口數量，藏人也絕無勝算，戰爭只是以卵擊石。偶爾傳來某地藏人打了一場勝仗的消息，達賴喇嘛也高興不起來。戰爭沒有真正意義上的贏家，到頭來總是兩敗俱傷。而且，在達賴喇嘛看來，這是一場完全可以避免的戰爭。他並不反對改革，但是無法理解，共產黨的改革為什麼非要以暴力的方式來進行？

達賴喇嘛從小在宮殿裡生活，由貴族、僕從、上層大喇嘛環繞著長大，對藏人的生存狀況所知有限。雖然雜役們對他講述過許多底層民眾的故事，但那畢竟只是陳述，他對底層藏人的生存狀況並沒有直接體驗。1951年的亞東之行，給了達賴喇嘛一個機會，讓他看到了底層民眾的生存狀況。雖然貴為西藏的政教領袖，但他也是出身底層的農夫之子，他對民眾的貧窮感到震驚和難過。返回拉薩之後不久，未滿17歲的達賴喇嘛責成噶廈和基巧堪布研究出一個改革方案。噶廈隨即成立了改革局，開始對烏拉制度、稅收制度等一系列問題實行改革。那些改革雖然不是一帆風順，但是至少證明一點：真正意義上的「和平改造」並非不可行。

康區的戰事，讓達賴喇嘛憂心忡忡。雪域西藏被上天和人為地隔絕，游離在世界政治版圖之外。炸彈下轟然倒場的理塘寺大經堂，像一粒細沙落進大海，甚至在國際宗教界都沒有激起一絲漣漪。達賴喇嘛反覆同張經武等人交涉，要求中央制止對寺廟的損毀，停止用武力對付民眾，但顯然中央政府認為康區不是「西藏」，不在達賴喇嘛的管轄範圍之內，達賴喇嘛無權過問那裡發生的事，因此達賴喇嘛的交涉毫無結果。對於反對一切宗教信仰的共產黨幹部來說，寺廟是「封建堡壘」，必須徹底摧毀；抗拒暴力土改就是「反革命叛亂」，必須鐵腕鎮壓。達賴喇嘛孤立無援，一籌莫展。

就在這時，錫金王子頓珠南嘉來到拉薩，親自帶來印度瑪哈菩提學會的信，邀請他去印度，參加佛祖釋迦牟尼2500年誕辰慶典。

對西藏佛教徒來說，印度孕育了佛教，是神聖的土地。作為西藏的精神領袖，去印度朝聖，是不可抗拒的吸引；同時，這位親政只有5年，卻不得不面對藏民族千年未有之變局的政治領袖，也把印度看成化解西藏危機的唯一希望，因為印度與西藏有深厚的文化淵源，並且是通過非暴力獲得獨立的國家，且同中國關係良好。達賴喇嘛喜出望外，欣然接受邀請。

但是，要想成行，卻不那麼容易。1956年的西藏，理論上來說，達賴喇嘛是職務最高的領導人。他不僅是西藏自治區籌委會主任，還是全國人大副委員長，屬於「國家級領導」，而張經武、張國華、范明等人，均為地方級別領導，名義上是他的「下屬」。不過，根據毛澤東的指示，籌委會是「大權獨攬」，達賴喇嘛位高權不重，實質上只不過是「國家級統戰對象」，對他的統戰工作，由毛澤東和周恩來等人親自進行。因此，達賴喇嘛想要去印度，他並不能直接向中央請示，而是得先報告他名義上的下級，時任西藏工委副書記，並主持西藏自治區籌委會工作的范明將軍。

　　不幸的是，在拉薩的藏漢上層圈子裡，范明都不是一個受歡迎的人物。范明來自西北局，與西南局的張經武等人一開始就關係惡劣。在藏人圈子裡，他以傲慢無禮、軍紀鬆弛知名[2]。對於達賴喇嘛去印度這件事，他不假思索地拒絕。不過，事關重大，他也不敢擅自做主。報告從西藏轉到中央，放到了毛澤東的書桌上。恰在這時，藏地一波未平，一波又起。

　　1956年6月底，西藏工委向中央提交「關於西藏地區1956年至1960年五年規劃的初步意見」，就西藏土改提出一套方案。不到一個月後，昌都江達發生武裝暴動。原昌都解放委員會成員，江達頭人齊美工部抗拒「康巴模式」的土改，率眾上山打游擊，緊接著三大寺聯名上書，請求推遲「民主改革」。

　　8月18日，毛澤東給達賴喇嘛寫了一封信，承認「四川方面出了一些亂子」，雖然「主要是親帝國主義分子和國民黨殘餘分子在那裡煽動」，但「我們的工作也有缺點」。不過，他隻字未提怎樣處理和改正這些「缺點」，只是希望「西藏方面盡量避免出亂子」。他承認在西藏進行土改的時機尚未成熟，還安撫達賴喇嘛說：「我們大家對你很了解，相信你能把西藏的工作做好。」[3]

　　10月，「匈牙利事件」爆發，吸引了全世界的目光。

　　印度政府遲遲得不到達賴喇嘛是否參加佛祖誕辰慶典的答覆，於是通過

2　Melvyn C. Goldstein, et al., *A Tibetan Revolutionary: The Political Life and Times of Bapa Phuntso Wangye.* pp. 169-170.

3　《毛澤東西藏工作文選》，頁150。

外交管道，經由中國政府對達賴喇嘛發出正式邀請。印度的急切情有可原：藏傳佛教是佛教三大主要分支之一[4]，對喜馬拉雅山區的文化有重大影響。藏民虔信佛教，佛祖2500周年慶典，如果沒有佛教的領袖出席，那將是個不完整的慶典。本來由民間出面的邀請，上升為政府之間的外交交涉。

11月6日，張經武專程從北京返回拉薩，向達賴喇嘛傳達周恩來的指示，批准他去印度，同時通知他班禪喇嘛也將同行。張經武勸達賴喇嘛坐飛機去印度，避開陸路進入印度必經的噶倫堡，以免被「形形色色的人」包圍，順便還給他上了一堂有關匈牙利事件的政治課。年輕的達賴喇嘛對國際事務所知有限，聽得莫名其妙，不明白發生在匈牙利的事情跟他有何相干。

1956年11月20日，拉薩上萬名僧俗民眾舉行歡送儀式，歡送達賴喇嘛赴印度訪問，與兩年多前，民眾冒著傾盆大雨在拉薩河邊哭喊，送別達賴喇嘛內地之行成為對比。達賴喇嘛知道，他的印度之行，不僅是他，也是民眾的最後希望。達賴喇嘛和張經武分別在儀式上講話，然後，達賴喇嘛率領50多人的代表團離開拉薩。

達賴喇嘛沒有料到，此行標誌著他與中共「蜜月期」的結束。

（二）

11月21日，達賴喇嘛一行到達日喀則。4萬多民眾捧著哈達、鮮花和點燃的香來迎接，隊伍長達10里。班禪喇嘛與達賴喇嘛在日喀則相見。這是他們第三次見面。

次日，這兩位被毛澤東稱為「最年輕的國家領導人」一同離開日喀則。西藏軍區副司令陳明義親自送行，直送到錫金邊境。

喜馬拉雅，這道長長的山脈，將印度、錫金、尼泊爾、和西藏分隔。大山的皺褶裡，有許多天然通道，把山兩邊的人民連接起來。這些通道也是古老的商路，騾馬犛牛頸下的鈴聲清脆地響著，從古響到今，運送貨物的同時

---

4 即南傳佛教（亦稱小乘或上座部）、北傳佛教（亦稱大乘或漢傳）、金剛乘（亦稱大乘密教）。

也傳播文化，因此，喜馬拉雅山脈南北的人民，有深厚的文化親緣。錫金與西藏，除了文化親緣之外，還有更緊密的聯繫。錫金王室與西藏貴族世代聯姻，錫金國王帕爾登當時的王后，是西藏貴族宇妥家族之女。錫金與西藏之間也有一條千年古商道，這條商道的最高點，就是距離拉薩近500公里的乃堆拉山口。

從亞東到乃堆拉山口，行程52公里。公路尚未修到山頂，車開到山下，兩位喇嘛與送行的陳明義將軍道別，下車上馬，走向海拔4,500多米的山口。11月底，山口已經過了一年中的最佳通行時段，山上覆蓋著白茫茫的雪，山頂雲霧瀰漫。駝著行李的馬隊在積雪的山路上單行前進，達賴喇嘛身穿黃緞袍，頭戴黃帽，圍著紫紅色長圍巾，騎著一匹白馬，走在隊列中間。官員們的馬隊旁，兩行士兵扛著槍步行護衛。人馬踏著蜿蜒曲折的古道緩緩而行，他們的背景，是一眼望不到邊的喜馬拉雅。在蒼蒼青天、浩浩雪山的襯托下，隊伍顯得格外細瘦羸弱。

山頂上有座巨大的瑪尼堆，五色經幡在雲霧中飄揚。眾人紛紛拾起石塊放到瑪尼堆上，高喊一聲「拉嘉洛！」[5] 走過山的最高處，一行人越過邊境，進入錫金。前方的霧靄中現出一排人影，這是一支錫金政府派來的小小儀仗隊。在山口的那邊，儀仗隊奏起西藏和印度國歌。歡迎的人中有錫金王儲頓珠南嘉，印度駐錫金政治官員阿巴‧潘特和翻譯索南圖嘉卡茨。茫茫霧氣裡，達賴喇嘛翻身下馬，客人按照西藏禮儀，向主人敬獻哈達；主人按照印度禮儀，在客人的頸上掛一串大花環。達賴喇嘛手持一束鮮花，被眾人簇擁著走下山坡。

在山下的一個小村裡，達賴喇嘛得到一個意外的驚喜：他的兩個哥哥在那裡等他。年齡相差頗大的五兄弟聚少離多，這是他們的第一次團聚。

11月24日，達賴喇嘛和班禪喇嘛乘車54公里，到達錫金首都崗托，在那裡略事休息。第二天，他們離開崗托，分乘兩架飛機，抵達新德里。

我從紙袋裡取出光碟，小心地放進電腦。這是1956年達賴喇嘛和班禪喇

5　藏人的習俗，到達山的最高處時，要喊「拉嘉洛」，意為「諸神勝利」。

嘛訪問印度時，錫金政府拍攝的新聞報導。黑白螢幕上出現雪山獅子旗，然後響起斷斷續續的樂聲。失真的音樂聲裡，色彩不甚鮮明的彩色畫面徐徐展開。換上絳紅袈裟的達賴喇嘛坐在敞篷車後座，愉快地笑著，公路邊樹木繁茂，一片亞熱帶的景象。在西利古里[6]，達賴喇嘛登上飛機，站在舷梯上，對民眾揮手。新德里機場舉行了隆重的歡迎儀式，德高望重的佛學大師喜饒嘉措來到機場迎接。頭戴禮帽的西藏男人引頸眺望。捧著鮮花的印度兒童排成兩行，印度尼赫魯總理和副總統拉德克利斯南博士迎上前，賓主雙方互敬哈達。兒童們在貴賓走的路上拋灑鮮花瓣，一名錫克人將手裡的花環掛在班禪喇嘛頸上。兩位年輕喇嘛在印度總理的陪同下，從印度三軍儀仗隊中間走過。幾位裹著黃色袈裟的南亞佛教徒迎上前來⋯⋯。

那是1956年11月25日。從那天開始，他們展開了繁忙的訪問和朝拜活動。

在一批西藏和印度官員的陪同下，達賴喇嘛和班禪喇嘛走進一間華麗的大廳。這是印度總統府，兩位喇嘛去拜訪印度總統納金德拉·普拉薩德博士。伴隨畫面的印度音樂有種喜慶感，西藏官員們華麗的黃色官服和印度侍者鮮豔的大紅制服，使場面顯得更加喜慶。斑斕的色彩中，主客雙方的灰色印度式外衣和絳紅色袈裟顯得簡單莊重。尼赫魯總理沉穩老練，西藏官員們神情各異。18歲的班禪喇嘛和21歲的達賴喇嘛都是初出國門，他們的笑容略有點緊張，眼睛裡流露出好奇，目光不時睃出鏡頭，不知道被什麼事情或者東西吸引。他們去總統府拜會總統，有人端著碟子，在他們的手背上塗抹香膏。印度總理握著達賴喇嘛的手，一同走進華麗的大客廳。總理的女兒英迪拉坐在一邊，默默觀望。達賴喇嘛呈上贈送給印度總理的禮物：一幅唐卡、一尊佛像、一部經書，還有一把精美的大銀壺。

鏡頭突然一轉，熱熱鬧鬧的人群消失了。在一間大客廳裡，達賴喇嘛拜會尼赫魯。印度總理的笑容真誠親切。在所有的公開場合，他高規格接待達賴喇嘛，待之以元首之禮，不動聲色地表現他對西藏的支持。此刻，年輕的

---

6 印度西孟加拉邦城市，行政上隸屬大吉嶺區，為通往大吉嶺、錫金、不丹、尼泊爾等地的交通樞紐。

西藏政教領袖坐在他旁邊，轉過身，急切地望著年長他40多歲的世界著名政治家。那是一個晚輩注視長輩的目光，眼睛裡充滿期待。21歲的年輕人急需經驗豐富的長輩理解和指導。

我按下滑鼠，畫面靜止。

1956年11月26日，尼赫魯總理潦草地記下他與達賴喇嘛談話的主要內容[7]：

> 西藏被分成三個部分：（1）東部地區是武力解放的；（2）西藏中部在達賴喇嘛管轄之下；（3）藏[8]在班禪喇嘛管轄之下。原先這些地區均歸達賴喇嘛管轄，因此，達賴喇嘛的權力受到限制——目前正在準備建立西藏的地方自治——創立三個自治地區。
>
> 整個地區執行中國政府的命令。
>
> 中國人說西藏非常落後，要幫助（西藏）發展。
>
> 目前尚未有此意願，但將來有意收回寺院的土地——學校——新的教育機構——平等分配土地——因民眾反對而推遲。
>
> 國家權威應當以有信仰的人們為基礎，否則宗教會遭殃。
>
> 希望在印度。
>
> 東部地區仍有戰事。其他地區，包括拉薩，正在進行準備。
>
> 藏人沒有明確的想法。他們已經感到絕望，準備赴死。
>
> 國外的同情與支持——大多數人不認為他們能夠把中國人趕出去。
>
> 中國軍隊約12萬。
>
> 在北京與毛的談話——試圖將他（按：達賴喇嘛）轉化成共產主義者。
>
> 達賴喇嘛沒有全盤接受共產主義理念而且提出了一些反對意見。
>
> 尼赫魯：班禪喇嘛的看法？
>
> 達賴喇嘛：班禪喇嘛的班子因同中國友好，擴大了權力。

7　*Selected Works of Jawaharlal Nehru*, Second Series, Vol. 35, pp. 520-521.

8　「藏」即「後藏」。當時的西藏有三個並列的政權組織：(1)昌都解放委員會，管轄東部的昌都一帶；(2)噶廈政府，管轄以拉薩為中心的前藏地區；(3) 班禪堪布廳，管轄以日喀則為中心的後藏地區。但這三個機構都歸國務院和西藏自治區籌備委員會領導。

俄國人在西藏起了一些作用，除了印度、尼泊爾，以及不丹的某種形式之外，拉薩沒有外國代表。

隨後，尼赫魯吩咐印度外交部長沙畢瑪·巴特補錄他對達賴喇嘛說的話：

他（尼赫魯）告訴我（巴特），他忠告達賴喇嘛接受中國的宗主權[9]，並試圖確保最大限度的內部自治。假如他挑戰中國的宗主權，那麼中國將會試圖奪取整個西藏，這樣就會排除所有自治的想法。達賴喇嘛請求印度幫助。總理回答說，撇開其他的考慮，印度也沒有能力提供西藏任何有效的幫助；其他國家也沒有可能這樣做。達賴喇嘛不應反對土地改革。中國政府尚未開展此類改革，但在印度和其他發展程度較低的國家裡，土地改革是進步黨派政治訴求中的主要議題。達賴喇嘛本人應該領導這些改革。他應當走在民眾之前。西藏不可能再孤立於世界之外。總理的感覺是，達賴喇嘛仍然從西藏獨立的角度思考，並向印度尋求指導。

同尼赫魯總理談話後的第二天，達賴喇嘛和班禪喇嘛去甘地火化處，向聖雄甘地紀念碑敬獻花圈。達賴喇嘛把鮮花製成的花圈放在黑色大理石紀念碑上，展開一條哈達放在花圈旁，然後肅立碑前，低聲祈禱。他眉頭微蹙，面色凝重，眼睛裡流露出憂傷。自由與非暴力，兩者是否能夠並行？作為藏民族的精神領袖和政治領袖，他應該怎麼辦？在甘地紀念碑前，他對這個問題進行了最初的思考。

訪問繼續進行。神秘雪域的青年領袖第一次走向世界，本身就是一件富有深意的歷史事件，達賴喇嘛所到之處，總是吸引大群民眾。

他應邀在總理府做客。花園裡衣香鬢影，冠蓋雲集，各國外交使節，印

9　談話紀錄原文為英文，尼赫魯使用的詞是 Chinese suzerainty，見 *Selected Works of Jawaharlal Nehru*, Second Series, Vol. 35, pp. 520-521.

度社會上流人士談笑風生。一些在印度的藏人前來拜見。他們大多是在印度接受現代教育的貴族之後，男人穿著印度式禮服，女人的藏袍外罩時髦短外衣。他們向尼赫魯總理獻哈達，同他握手，帶給他的女兒英迪拉一大堆包裝精緻的禮物。見到他們的年輕領袖時，這些藏人卻中規中矩地頂禮跪拜，接受他的摸頂祝福。西藏官員穿著傳統官服，留著傳統髮式，戴著黑氈帽，一隻耳朵下面垂著長長的耳墜。他們剛剛走出本民族長期未變的歷史，正面對著不可知的未來。達賴喇嘛的背後，站著林仁波切和赤江仁波切，在他面前，是笑容可掬的印度總理和各國使節。西藏歷史的轉捩點真切地呈現在他面前。初出雪域的年輕人新奇地看著周遭的一切，還興致勃勃地騎著大象，在總理的花園裡轉了幾圈。

接著，鏡頭轉向一行長長的隊伍。那些皮膚粗糙，面容安詳，穿著「曲巴」，戴著各種飾物的農夫、商販、牧人扶老攜幼，目光裡含著深深的虔誠，躬身趨到兩位喇嘛面前，接受他們的摸頂祝福，在他們面前留下成堆的哈達、金銀首飾和現款，作為奉獻。

（三）

停機坪上，一個頭上繫著大紅蝴蝶結的女孩，一個留著1950年代流行髮式的男孩，各抱一大束玫瑰花站在人群前面，注視越來越近的飛機。

機艙門口出現一個熟悉的身影。掌聲響起，鏡頭拉近：中國總理周恩來。他笑容滿面，朝歡迎的人群招手，走向舷梯。在他身後，一位軍人走出艙門。穿著筆挺軍禮服的賀龍元帥，舉手朝人群行了個軍禮，然後跟在周恩來身後，走下舷梯。鏡頭切換：身穿紅衣的印度軍樂隊奏樂，兩位貴賓脖子上掛著十幾串花環，印度總理走在他們中間，中國駐印度大使和使館官員緊隨其後。他們的背後，兩個絳紅色的身影走入鏡頭。

1956年11月28日，中國國務院總理周恩來、國務院副總理賀龍訪問印度。機場上，印度總理尼赫魯發表熱情洋溢的歡迎辭，中國總理周恩來發表同樣熱情洋溢的答謝辭。那時候，中印正在「蜜月期」，中國總理所到之處，印度人民高呼「中國印度是兄弟！」

在產生了佛祖釋迦牟尼和聖雄甘地的國度，中國的一正一副、一文一武兩位總理，西藏的兩位青年領袖，獨立之後印度的第一任總理，風雲際會。

我按下滑鼠，歷史在這裡定格。

周恩來在印度的國事訪問中，要處理的一項重要事務，是勸說達賴喇嘛返回西藏。

如果達賴喇嘛留在印度，對中國的國際形象極其不利。中國正在「申聯」，在印度和蘇聯的支持下爭取加入聯合國，中共不希望在國際上留下「以大欺小，恃強凌弱」的形象，違背自己以「反對帝國主義」和「反對殖民主義」的姿態，爭取其他國家的同情和支援的目標；更何況「匈牙利事件」剛在國際上掀起軒然大波，此時再出現「達賴喇嘛政治避難」事件，無疑是火上添油，整個國際共運將灰頭土臉地輸掉一場宣傳戰。

從中國大陸來說，1956年也是一個多事之年。四川省的民族地區正在激戰，「反右傾」運動席捲全國，西藏局勢動盪不安，達賴喇嘛一旦留在印度，西藏會立刻大亂。自治區籌委會剛剛成立，基層政權網尚未建成，這時候達賴喇嘛和噶廈出走，無疑會加速亂局，減緩把西藏「改造為社會主義的西藏」之進度。但是，印度會在多大程度上支持達賴喇嘛，周恩來尚無把握。

歡迎儀式歡騰熱烈，在新德里「印度門」的廣場上，周恩來對民眾講話，達賴喇嘛站在他身旁。印度政要陪同中國貴賓觀看印度民間舞蹈和雜技，公開場合看來平靜友好，畫面之外卻是暗潮洶湧。

周恩來到達新德里的當天，與尼赫魯和達賴喇嘛各有一次談話。與達賴喇嘛的談話中，周恩來直截了當，要求達賴喇嘛盡快返回拉薩。達賴喇嘛答應回去，但是向周恩來提出了兩個問題，希望得到明確的答覆。他想知道，在康區和安多的土改過程中，到底發生了什麼事，導致幾萬人逃到衛藏？「共同綱領」、憲法和「十七條協議」中都規定保護寺廟、尊重信仰，可是為什麼政府在康區大批逮捕和殺害喇嘛，為什麼解放軍要用飛機大砲轟炸寺院[10]？

---

10 降邊嘉措，《毛澤東與達賴班禪》，頁187-188。

關於四川藏民暴動的原因，周恩來早就得到了報告，國務院總理不可能不了解實情和其中的來龍去脈。但是，對達賴喇嘛提出的問題，周恩來含糊其辭，沒有給予明確回答。

談話過後，兩位喇嘛開始在印度各地的訪問和朝聖活動。他們參觀印度國會、博物館，應邀在總統府午宴，參加各種座談會。正式訪問結束後，他們離開德里去參觀泰姬陵，然後去印度南方。與此同時，周恩來與賀龍也前往印度南方，到孟買和班加羅等城市訪問，參觀印度國防學院。12月9日，周恩來和賀龍結束在印度的國事訪問，前往緬甸。同日，達賴喇嘛和班禪喇嘛到達孟買，乘汽艇遊覽海港，參觀佛教石窟和寺院。在孟買訪問期間還出現了一個小插曲。孟買市政府在歡迎儀式上掛了雪山獅子旗，並且稱西藏為「國家」，中國對此表示不滿，後來周恩來直接向尼赫魯抱怨。

兩位喇嘛率領隨從人員，去四大聖地朝拜。在印度平原熾熱的陽光下，他們步履輕鬆地走著，睜大眼睛，四處張望，撫摸古老的壁畫和雕像，在聖地跪拜禮佛。他們參觀工廠、電影製片廠，和水電站。在鹿野苑，他們騎著裝飾華麗的大象，到佛祖第一次講經的穆耳甘迪柯提寺朝拜。他們在寺中朝拜釋迦牟尼舍利，為印度佛教協會創始人、錫蘭高僧達摩波爾的雕像揭幕，並對前來歡迎的一萬多民眾講話。在瓦拉納西，他們乘坐遊艇遊覽恆河，然後去佛祖涅槃處。從那裡，他們前往佛祖誕生地藍毗尼，在菩提樹下盤膝而坐，手握金剛鈴，長時間虔誠祈禱。一路上，達賴喇嘛神情輕鬆，專心致志於他的第一次朝聖之旅，似乎所有的煩惱都被拋在腦後。

12月27日，他們到達佛祖成道處菩提伽耶。在這裡，世間的煩惱終於又追上了他。達賴喇嘛得到通知，周恩來總理在歸國途中再次停留印度，要盡快見他，他必須即刻趕回新德里。達賴喇嘛立刻上了火車。到達德里時，中國駐印度大使潘自力已在車站等候。潘大使堅請達賴喇嘛坐他的車，從火車站直奔使館。達賴喇嘛的侍從們急忙登上另一輛車追上去。他們趕到大使館時，周恩來同達賴喇嘛的談話已經開始。

「他們在外面急得團團轉，不知道我是不是在裡面，怕我被綁架了。」半個多世紀後，達賴喇嘛在一次訪談中對我說，「不知道是誰想了個辦法。他們拿了件藏袍，請大使館的警衛送進去，說是給我的。我正在跟周恩來談

話，有人送來一件衣服，我莫名其妙，不知道是什麼意思。」達賴喇嘛說著，仰頭大笑[11]。

不過，當時的那場談話卻並不輕鬆。

大使館會議室裡，21歲的僧人孤零零地坐著，他的隨行官員和侍從都被擋在門外。他面前的三人不僅比他年長，比他更有經驗，而且分別是中國總理、元帥，和大使，彷彿象徵著對西藏的政治、軍事和外交處置。達賴喇嘛鼓起勇氣，坦陳他對「民主改革」的意見。他擔心中央將在西藏強制推行藏人無法接受的「改革」。周恩來對達賴喇嘛說，毛澤東已經決定將西藏的「民主改革」推遲6年。6年後是否改革，根據那時的情況，由達賴喇嘛決定。這就是後來稱之為「六年不改」的讓步政策。達賴喇嘛對此一承諾將信將疑。

關於康區發生的事，周恩來避重就輕，並沒有回答達賴喇嘛提出的問題，只談到對康區難民的處理方法。周恩來認為，最好的辦法是由中央政府和噶廈政府合作，勸那些人返鄉。周恩來不會不知道當年3月，中央書記處對康區土改所做的「邊打邊改」決定，但他隻字未提。

在這次談話中，周恩來對達賴喇嘛說：「如果萬一發生了叛亂，我們是一定不能允許的。……現在，我們還是盡量說服他們不要亂搞，我們絕不會在那裡挑起事件。」「我們不會挑起事件」，是一句耐人尋味的話。總理似乎承認，發生在其他地區的暴動，是始於「我們挑起的事件」[12]？

周恩來再次要求達賴喇嘛盡快返回西藏，並且要求他放棄噶倫堡之行，直接乘飛機去拉薩。他暗示達賴喇嘛，印度不會給他任何支持，也不會允許藏人在印度「製造麻煩」。他對達賴喇嘛說，對於「帝國主義在印度所進行的挑撥破壞活動」，他將提醒尼赫魯總理注意。周恩來明確地說，一旦西藏發生「叛亂」，一定會動用軍隊來「平定」。況且，班禪喇嘛已經決定不去噶倫堡了，達賴喇嘛單獨去，會給外界造成「不團結」的印象。

---

11 達賴喇嘛訪談，2009年6月28日。
12 《平息西藏叛亂》，頁110。

達賴喇嘛談到他對印度的看法：「印度的宗教信仰的力量比我們內地大得多，不管到任何地方均可見到此種力量。至於在工廠等方面，沒有什麼使人驚奇的地方。」[13]

至於是否去噶倫堡，他沒有做出最後決定。噶倫堡除了周恩來所說的「帝國主義分子」和「分裂分子」，還有數萬名魁首等待他去講經的民眾。

周恩來在出訪列國和歸國途中，兩次停留印度，都急切地要和年輕的達賴喇嘛密談，正是出於國內和黨內的緊張局勢。1955年和1956年這兩年裡，國內局勢變化多端，一方面是「城鄉社會主義改造」轟轟烈烈，農村合作化運動「掀起了高潮」，黨內則漸漸地形成了寧左勿右的風氣。另一方面是土改在少數民族地區激起的反抗越來越烈，特別是四川、青海省的藏民反抗，大有難以收拾的勢頭。如果這種民眾反抗驚動了世界，中共和解放軍就難以在西藏繼續扮演「仁義之師」，就會被全世界看成入侵的占領軍。

所以，毛澤東和中共最高層的對藏政策，不得不考量這樣的形勢，做出調整。毛澤東和中共的長遠目標並沒有改變，用軍事武力為後盾推進「民主改革」的大戰略也不會變，但是在什麼時候說什麼做什麼，卻是根據條件，可以由最高層靈活掌握的。早在1955年，毛澤東就曾下達密令，要西藏軍區做好「打」的準備。范明領導的情報系統滲透進了噶廈，甚至有情報人員在噶倫堡活動。范明經常密報中央，毛澤東完全了解噶廈和達賴喇嘛對康區「民主改革」的意見和抗議[14]。

就在達賴喇嘛動身前往印度的5天前，毛澤東在八屆二中全會上的講話中，提及達賴喇嘛訪問印度一事。毛澤東指示西藏工委和軍區「要估計到達賴可能不回國」，並要求他們開始備戰：「把堡壘修起來，把糧食、水多搞一點。」至於「親愛的達賴喇嘛」，毛澤東說：「跑掉一個達賴，我就傷心？再加九個，跑掉十個，我也不傷心。」[15]毛澤東的這番話，與他8月寫給達賴喇嘛的信，態度急轉直下。范明認為，正是他向毛澤東密報了達賴喇嘛

13 《平息西藏叛亂》，頁111。
14 當時西藏工委和軍區各有一個情報系統。范明兼任西藏工委情報工作委員會（情報工委）主任和統戰部長，李覺任軍區情報工作委員會書記，兩個情報部門各自向中央匯報情況。詳見降邊嘉措，《毛澤東與達賴班禪》，頁173。
15 《毛澤東西藏工作文選》，頁152-153。

的想法，導致毛澤東的態度轉變[16]。

范明所不知道的是，毛澤東的話，往往是可以多義解釋的。「跑掉十個，我也不傷心」的說法，恰恰表明，達賴喇嘛跑不跑，是一件大事。如果真的是跑掉十個都不傷心，毛澤東就不必在黨的全會上說這番狠話。也正因為毛澤東和周恩來都意識到，這個時候和達賴喇嘛破裂，會使中國政府陷於十分被動的境地，所以，講過這番狠話後，馬上派出訪的周恩來，在印度勸說達賴喇嘛，務必要讓達賴喇嘛回到拉薩。周恩來的這個使命，明顯地只能成功不能失敗，所以要在歸國途中再次緊急約談達賴喇嘛，承諾「六年不改」，如果藏人自己不願意，六年後還可以延後。為了促使達賴喇嘛打消留在印度的念頭，周恩來甚至說動尼赫魯一起來勸達賴喇嘛。為了得到尼赫魯的配合，周恩來在兩國總理的密談中，特地提到了雙方都很關心的邊界問題。

這是兩國之間歷史上遺留下來的非常敏感而棘手的問題。尼赫魯顯然是動心了。這正是周恩來所期望的。達賴喇嘛如果想滯留印度不歸，尼赫魯就會是主人。若主人表現不悅，勸達賴喇嘛回拉薩，達賴喇嘛就不可能不思量再三。

在新德里，賀龍曾親自到達賴喇嘛的住處，勸他返回拉薩。五十年後，達賴喇嘛在訪談中提到賀龍對他說的一句俗語：「雪山獅子雖然在雪山上是獅子，但是到了平地，會變成一條狗。」

談到這裡，達賴喇嘛笑著對我說：「所以，我有時候說，五十年過去了，我沒有變成狗，雪獅反而比在西藏時更有名望。」[17]

（四）

巴克拉大壩在印度北方的喜馬偕爾邦，印度河支流薩特萊杰河上游的巴克拉峽谷進口處。這座226米高的大壩及其配套工程，是印度綜合利用印度河

---

16 降邊嘉措，《毛澤東與達賴班禪》，頁173。
17 達賴喇嘛訪談，2009年6月30日。

東部支流水資源的骨幹水利樞紐。尼赫魯總理對巴克拉水利工程非常重視，在大壩修建期間，他曾去過工地十餘次。

不過，尼赫魯總理到那裡，並非只是為了解工程進度。

距離巴克拉水利工程工地不大遠的地方，有座神秘的花園。花園裡鮮花如錦，大樹灑下濃蔭，棕櫚帶來亞熱帶風情，碧綠的草坪伸展到薩特萊杰河邊。花園裡的主要建築是座寬敞的大房子，房前的石鋪小徑通向河沿。小徑頂端有座長方形小屋，坐在小屋裡，可以在習習涼風中欣賞河上風光。

這座花園建築，是尼赫魯總理接待貴賓之處。1954年，周恩來在這座花園裡做了幾天客，賓主在河邊的小屋裡相談甚歡。談話的結果，就是著名的「和平共處五項原則」[18]。

兩年後，1956年12月31日，周恩來又來到這裡。賓主一邊觀賞風景，一邊進行秘密會談。

談話從尼赫魯總理的美國之行開始。就在這次同中國總理周恩來秘密會談的兩周前，12月15日，尼赫魯總理訪問了美國，與美國總統艾森豪會談。1950年代，尼赫魯以「不結盟運動」領袖的身分，在某種程度上扮演「國際和事佬」的角色。1956年，尼赫魯正在中美兩國之間積極斡旋，爭取中國釋放關押的10名美國人。尼赫魯告訴周恩來他同艾森豪總統在蓋茨堡農場，有關中東問題的談話。接著，話題從埃及轉到匈牙利。尼赫魯告訴周恩來，艾森豪總統將「盡一切努力避免戰爭」，也就是說，美國不會武力支持匈牙利。

就這件國際大事，中印總理進行了一番頗有深意的對話[19]。那段對話是一場客氣的爭論，表現出兩國總理在一些基本原則上的分歧。

周恩來承認「我們不能說社會主義國家在發展過程中一切都做得很好」，但是，他認為「西方勢力在東歐進行的顛覆活動」，以及「失敗的地主和資本家」在西方國家支持下進行的顛覆活動，才是導致匈牙利局勢惡化

---

18 即中印兩國政府於1954年4月29日簽訂的「中印關於中國西藏地方和印度之間的通商及交通協定」之前言。該協議是1914年英印政府西藏噶廈政府在西姆拉會議上簽署的「印藏貿易協定」的續簽。

19 *Selected Works of Jawaharlal Nehru*, Vol. 36, pp. 587-603.

的原因。

　　尼赫魯對匈牙利事件的看法，與周恩來大相逕庭。他認為，雖然有一些外部顛覆分子，但並沒有構成主要威脅。匈牙利事件「主要是工人、學生和青年的民族起義。目標並不完全是要改變國內政體，而是要擺脫外國，即蘇聯的控制。……事實上，問題在於大多數匈牙利人民是否要維護他們的獨立。儘管有一些顛覆分子利用了形勢，提出一些口號，但那並不能忽略一個事實，即匈牙利發生了嚴重的全國起義。據報導，暴動中有兩萬五千人死亡。在布達佩斯那樣一個城市需要一千輛坦克，足可說明暴動的規模。」曾是印度獨立運動領袖之一的尼赫魯認為，匈牙利事件的關鍵在於「這個制度是不是強加給他們的。如果是強加的，那就意味著沒有民族自由。……大多數匈牙利人並不反對社會主義，但是他們要自己的人來治理國家，這種情緒非常強烈。」

　　匈牙利事件雖然是那年最轟動的國際大事，但那畢竟發生在歐洲，與兩位亞洲大國的總理並無直接關聯。他們的談話暗藏機鋒，顯然談的不僅僅是匈牙利。兩位老牌政治家的爭論中，一個絳紅色的身影若隱若現。

　　尼赫魯：

> ……匈牙利事件最不幸的部分，在我看來，是它傷害了歐洲和其他地區的社會主義事業，而且我們這些蘇聯的朋友中，很多人感到憂慮，很難將那裡發生的事情合理化。在民族主義和社會主義之間不幸存在著衝突。社會主義必須建築在民族主義之上，否則它將會被弱化。
>
> 現在，成百上千的匈牙利難民成為積極的反蘇宣傳員。
>
> 在歐洲國家裡也有好幾百人，他們急切希望事情得到解決。重要的是找到大多數匈牙利人能夠接受的方案。否則，這件事將對其他東歐國家產生不好的影響。波蘭也一樣，波蘭人對匈牙利人很同情。

　　周恩來：

……人民的民族主義和擺脫外國控制的願望有可能被用來反對革命。歷史已經證明了這點，而且納吉已經把政府推上了反革命的道路。……波蘭同樣如此，政府犯了某些錯誤，但是該國的領袖們能夠控制局勢。在中國，這樣的狀況不可能出現。但是一旦發生這樣的事，我們有足夠的力量來控制。等一下我將跟您談談西藏，在那裡，也有對我們不友善的國家，試圖進行顛覆活動，但是他們不會成功。……

尼赫魯：

……開槍不是解決辦法。沒有人懷疑蘇聯的力量，匈牙利人當然沒有能力抵抗蘇聯。但是單憑強大武力而沒有自由，社會主義能成功嗎？這是不是強迫的社會主義？這些確實是問題。匈牙利起義或許是被鎮壓下去了，但是那樣的方式不可能贏得匈牙利人民。唯一的途徑是通過友好合作。

周恩來：

是的，必須通過勸說來爭取群眾，如果群眾接受的話，社會主義才能勝利。這是一方面。但是要鎮壓外部，本來就是壓迫人民的反革命力量，軍事力量是必要的。反革命也有可能來自人民自身，或者從外面派遣，隱藏在群眾中間。……革命勝利後，軍事力量依然是必要的，用來保衛社會主義，抵抗外國侵略和內部顛覆。這是兩回事。

話不投機，於是兩人改變話題，討論了一陣中美關係。接著，周恩來話鋒一轉，談起西藏。他告訴尼赫魯說，噶倫堡有一萬多藏人，達賴喇嘛如果去噶倫堡，那些人一定會製造麻煩，試圖扣留達賴喇嘛。尼赫魯表示吃驚，說他不知道有那麼多藏人住在噶倫堡，不過很難確定那些說藏語的人是錫金

人、尼泊爾人還是藏人。他承認噶倫堡是個「間諜窩」，說不定間諜比本地人口還多。印度總理尼赫魯不會不知道，那個「間諜窩」裡，其實也隱藏了中共西藏工委情報處的間諜。

尼赫魯還表示，如果噶倫堡的藏人「製造麻煩」的話，印度政府不會坐視不管。他問周恩來擔心會出現什麼樣的問題？如果中國總理能夠提供他更具體的想法，印度很願意防止他所擔心的事情發生。周恩來含糊其辭，只說噶倫堡情況複雜，他很難說會出什麼事，但是他認為有兩種可能性：「（1）我們已經嚴肅地對達賴喇嘛談了這個情況。現在達賴喇嘛自然會去同他的官員們談，也許除了一些小的爭吵或者口頭爭執，不會出什麼事，他安全返回西藏。另一個是，（2）噶倫堡那邊有可能扣留達賴喇嘛。事實上，那裡的口號就是『別讓達賴喇嘛回去』。」[20]

周恩來對尼赫魯說，一旦出現這樣的情況，印度政府應予制止。

第二天，周恩來會見達賴喇嘛。在這次談話中，周恩來終於給了達賴喇嘛關於康區暴動和「理塘事件」的解釋：

> 西康有兩部分地區，一部分要求改革而先進行了改革的，那裡並沒有發生叛亂；另一部分地區是理塘等地，那裡並沒有改革，可是有些不了解情況的人起來鬧事，包圍了我們一個部隊，使幹部戰士幾天吃不上飯。為了保衛那個部隊，我們才派空軍去投糧。於是又發生了軍事衝突。現在我們已派人去做善後處理[21]。

這個解釋與事實並不相符。空軍不僅是去「投糧」的，還投了炸彈，這點周恩來避而不談。

同達賴喇嘛談話之後，尼赫魯與周恩來又進行了一輪會談。1957年1月1日，尼赫魯將會談內容整理出4個主題，43條重點，發給印度駐中國大使、印度駐錫金政治官員，以及印度外交部長。4個主題是：1.埃及與中東危機；

---

20 *Selected Works of Jawaharlal Nehru*, Vol. 36, pp. 610-616.
21 《平息西藏叛亂》，頁112-115。

2.匈牙利形勢；3.西藏；4.中美關係。43條重點的最後一條：這份文件必須被列為頂級機密[22]。

　　1957年1月2日，新德里。尼赫魯在機場送別周恩來。面對鏡頭，兩位總理熱情擁抱。嚴格說來，是印度總理熱情擁抱中國總理。他們的臉靠得很近，尼赫魯的笑容流露出發自內心的喜悅。周恩來頸上掛著大串花環，一臉難以解讀的微笑。此時的周恩來或許已經成竹在胸，西藏失去了唯一可能的盟友，而且不會得到世界任何一個國家的軍事支持。他們背後的暗影中，18歲的班禪喇嘛低垂雙目，臉上沒有表情。這張照片上看不到達賴喇嘛，彷彿暗示西藏的命運已經變成了兩個大國秘密交易中的籌碼。

　　周恩來圓滿結束在印度的國事訪問，返回北京。

　　1月22日，達賴喇嘛去噶倫堡。28日，班禪喇嘛一行乘飛機返回日喀則。1月31日，噶倫阿沛‧阿旺晉美先行返回拉薩。

　　在歷史的岔道上，每個人都做出了自己的選擇。

（五）

　　1957年1月2日，送別周恩來的同一天，尼赫魯會見達賴喇嘛。這次談話中，兩人也有一張合影。照片上，尼赫魯的微笑頗為勉強，達賴喇嘛的笑容有些緊張。他們坐在沙發上，保持適當的距離，眼睛望著不同的方向。

　　達賴喇嘛當時還不知道，三天前，從薩特萊杰河花園返回新德里的火車上，尼赫魯與周恩來繼續他們的秘密會談。周恩來告訴尼赫魯他與達賴喇嘛和班禪喇嘛分別談話的內容，並且告訴他說，在噶倫堡有人試圖扣留達賴喇嘛。如果出現這樣的情況，印度政府必須制止。接下來，周恩來簡短介紹西藏的歷史，然後，他提到麥克馬洪線。猝不及防地，尼赫魯得到一根像大棒一樣大的胡蘿蔔。周恩來對他說：

22　*Selected Works of Jawaharlal Nehru*, Vol. 36, pp. 610-616.

……麥克馬洪線——我的意思是說，我們一直不知道，直到最近才了解這件事。當時的中國政府，也就是說，那些北京的軍閥和國民黨自然是知道的。也許吳努[23]已經告訴閣下，我們研究了這個問題，雖然我們從未承認過這條線，然而，英國同西藏有個秘密條約，在西姆拉會議的時候宣布過。現在這已是既定事實，我們應該接受它。不過到目前為止，我們尚未諮詢西藏政府。我們上次有關西藏的條約裡[24]，西藏人要求我們拒絕接受這條線；但是我們跟他們說，這個問題應該暫時擱置。我相信印度獨立後，西藏政府曾立即就此事寫信給印度政府。不過現在我們認為，應該設法勸說並說服西藏人接受這條線。這個問題也同中緬邊界有關，等到達賴喇嘛返回拉薩後將會做出決定。因此，雖然這個問題尚未決定，而且對我們不公平，但是我們依然認為，沒有比接受這條線更好的辦法[25]。

「達賴喇嘛返回拉薩」這件事，突然跟中印邊界爭端扯上了關係，而且直接涉及印度的利益。尼赫魯心領神會。作為經驗豐富的政治家，他自然明白，天下沒有白吃的午餐，他當即給出了回報：

……有關西藏，我們的政策一向是同中國政府打交道，關於西藏的協議也是同中國政府簽署的。西藏是我們的近鄰，我們自然對西藏發生的事情有興趣，但是我們不會干涉。我們的興趣主要是從朝聖者的角度出發——不僅是佛教的朝聖者，還有印度教的朝聖者，對他們來說，凱拉什[26]和瑪旁雍錯[27]是聖地，是神居住的地方[28]。

---

23 吳努（1907-1995），緬甸總理。
24 原注：指關於印度同中國西藏地區貿易與交流協定。該協議於1954年4月29日在北京簽字。
25 *Selected Works of Jawaharlal Nehru*, Vol. 36, pp. 600-601.
26 即岡底斯山，亦稱岡仁波切，雅魯藏布江、印度河源頭獅泉河、恆河源頭象泉河與孔雀河均發源於此，為藏傳佛教和印度教共同的神山。
27 瑪旁雍錯湖距岡仁波切峰東南20公里，海拔4,588米，是世界最高淡水湖，為藏傳佛教和印度教共同的聖湖。
28 *Selected Works of Jawaharlal Nehru*, Vol. 36, p. 601.

兩國總理心裡都明白，中印之間尚有棘手的歷史遺留問題，主要就是不確定的邊界爭議。這個問題圍繞著所謂「麥克馬洪線」。1914年的西姆拉會議，西藏噶廈和英印政府草簽了承認麥克馬洪線的協議，而中國政府沒有簽署協議，此後也一直宣布不承認麥克馬洪線。可是，由於1951年前西藏處於事實上的獨立狀態，因此從1914年起，這條線就漸漸成為印度和西藏之間的實際邊界線。也就是說，在那幾十年裡，儘管噶廈政府始終認為麥克馬洪線以南的有些地方，比如達旺地區，歷來是屬於西藏的，應該明確歸還西藏，但是藏印之間畢竟是有一條兩邊都曾承認過的麥克馬洪線作為邊界線的，西藏政府不可能使用武力來解決遺存的邊界爭議。但是在解放軍入藏以後，由於中國不曾承認過麥克馬洪線，中印之間就又變成沒有雙方都認可的邊界線了。而且，現在印度將要面對的是擁有幾百萬大軍的中國。這支軍隊剛剛打下江山，鬥志十分旺盛。這是尼赫魯非常擔心的事情。所以，周恩來在談話中如此明確地承諾接受麥克馬洪線，對於尼赫魯來說，沒有比這更誘人的了。

　　尼赫魯沒有意識到，周恩來在這番話中留下了一個陷阱。

　　在這次會談的半年多前，西藏自治區籌備委員會已經成立。一個月前，尼赫魯會見達賴喇嘛的時候，達賴喇嘛明確告訴了他，噶廈政府、班禪堪布廳和昌都解放委員會都聽命於中央政府；而且在自治區籌委會成立之前幾年，噶廈政府外交局已經與工委外事幫辦處合併，噶廈政府不再擁有外交權，因此並不能決定是否接受麥克馬洪線。周恩來開給尼赫魯的，其實是一張無法兌現的空頭支票。

　　尼赫魯的政治和外交經驗來自長期與英國人的對抗，周恩來用「接受麥克馬洪線」這一尼赫魯求之不得的承諾，換來了尼赫魯的默契。尼赫魯要過幾年才會明白，他跟英國人打交道的經驗並不能適用於所有的外交對象。

　　1957年12月26日，尼赫魯在大吉嶺草書了一份備忘錄，發給印度外交部長。在這份文件中，尼赫魯寫道：

　　　　毫無疑問，西藏是處在中國軍事力量的強制性占領之下，而且相當
　　多數的西藏人反抗占領。與此同時，正如任何一個宗主國一樣，中

國政府急於減弱反抗，並且盡最大的可能去贏得藏人的好感。但是，即使沒能贏得好感，中國的控制和占領也將會繼續下去。我毫不懷疑任何中國政府，無論是共產主義還是非共產主義，都會採納這一基本政策，雖然他們施行這一政策的方式可能有所不同。只有在中國軟弱的時候，才無法強制施行。同時我相信，西藏人過去從未真正在主權上，甚至宗主權上與中國妥協[29]。

尼赫魯畢竟是老練的政治家，他明白「中國的基本政策將是漸漸吞併西藏，並且迫使西藏在政治和經濟事務上接受與中國一致的主要模式」。他也明白，中國對西藏的占領，除了共產主義理念之外，還有巨大的人口壓力。如果西藏的那些可供開墾的山谷適合移民的話，中國向西藏大規模移民，將是不可避免的。這時候，尼赫魯已經不再談「民族自由」了，他認為西藏的問題主要是「進步與落後」的衝突。他指示外交部長：

> 我們自然對西藏人非常友善，並且我們將繼續如此。但是，我們不能讓自己被拖進錯誤的路徑，錯誤不僅是從我們的角度，而且也是從西藏的角度來看。我們應該利用一切機會保持和發展與西藏文化一類的聯繫。然而，與此同時，我們應該小心，不要被我們對西藏的同情，或者被他們的壓力，推進一些錯誤的行動之中[30]。

此後幾年裡，尼赫魯嚴格控制任何有關西藏的資訊，禁止任何有關西藏三區暴動的消息見諸媒體。當時，印度是藏人與外界唯一的聯繫。西藏三區發生的事，一點一滴地流向印度，卻沒有消息傳出喜馬拉雅山外。美國政府雖然在1956年就已經知道了康區暴動的事，並且開始給予康巴人有限的支持，但那是絕密行動。蘇聯派專家幫助中共在西藏修建機場，在「四水六崗」與解放軍作戰的時候，蘇聯專家也曾在被藏人伏擊的車隊中。對西藏境

---

29 *Selected Works of Jawaharlal Nehru*, Vol. 40, p. 617.
30 *Selected Works of Jawaharlal Nehru*, Vol. 40, p. 620.

內發生的事，蘇聯當然不會不知道。但是，為了共同的利益，蘇聯保持沉默。

1959年拉薩事件爆發之前，西藏三區民眾的反抗，是中蘇美印四國共同保守的秘密。

（六）

達賴喇嘛在噶倫堡停留了幾天，住在十三世達賴喇嘛逃亡印度時住過的「不丹宮」裡。他在噶倫堡與他的兩位哥哥，以及其他流亡者討論了各種可能性。正如1951年那樣，達賴喇嘛又一次面臨幾種選擇。

夏格巴呈上一份請願書，歷數中共在康區和安多剝奪財產、毀壞寺廟的事實，懇求達賴喇嘛留在印度，通過國際社會的壓力，為西藏爭取獨立。

達賴喇嘛的二哥嘉樂頓珠告訴他，美國方面有意提供支持。但是，現有資料表明，美國承諾的支持十分有限。當時美國方面並不了解西藏的情況，因此，不可能有明確的計畫和建議。嘉樂頓珠也把美國方面的態度告訴了和達賴喇嘛一起出訪的噶倫們，阿沛·阿旺晉美當場表示，美國的這種承諾沒有具體措施，是根本靠不住的。阿沛認為美國不可能提供實質性的幫助，審時度勢之後，他決定獨自提前離開噶倫堡，返回拉薩。雖然其他噶倫對阿沛持有不悅看法，但達賴喇嘛始終是很器重阿沛的。

達賴喇嘛取決不下，於是通過乃穹神諭，請護法神定奪。神諭指示：「返回。」

達賴喇嘛決定經由錫金返回拉薩。由於大雪封山，達賴喇嘛一行在崗托滯留一個月。那段時間裡，中國大使館官員反覆催促他返藏。

1957年2月11日，中國駐印度大使潘自力報告中央，達賴喇嘛將於2月14日離開崗托，15日入境，沿途將在亞東等地講經，約在3月中旬返回拉薩[31]。

潘大使還報告說：

---

31 《平息西藏叛亂》，頁118-119；另據達賴喇嘛本人回憶，他們一行於1957年4月1日到達拉薩。

近來達賴多次表示，對西藏工作有很多意見，對西康問題不滿，對逃在印度的藏人表示同情和關懷，對魯康娃的意見很重視，據說有被復職的可能。他說他在返藏沿途除作宗教活動外要就地了解情況，藏人在西藏無說話的地方，講了也無用，事實上大家有很多意見。他回去後，不管張代表罵他、打他，都要提出來。他希望將來西藏能派慰問團去西康。他並且想親自去西康，如作好了，當地人民聽他的話，將來可以為建立「統一的大西藏自治區」這樣有好處。……達賴認為西藏現在只有依靠中央進行建設，因為西藏本身現在無力這樣做，但當建設好後，就可以像蘇聯十六個加盟國一樣建立「西藏國」。他認為漢人雖在西藏放布施、獻哈達，形式上尊重宗教，但由於本身不信仰宗教，就不能完全了解宗教的作用，因此在日常工作中總是將宗教放在最次要的地方。實際上宗教作用很大，應該大大提倡[32]。

　　從潘大使的匯報可以看出，那些年裡達賴喇嘛在西藏領導層中的真實地位。雖然身為西藏政教領袖和全國人大副委員長，他卻無法表達對西藏工作的意見，而且中央駐藏代表張經武顯然也聽不進不同的聲音。這份報告也表明，藏人對西康發生的事，並非毫不在意。中央政府在藏民族中使用兩套不同的政策，事實上是行不通的。

　　2月中旬，達賴喇嘛帶著隨從人員，心情沉重地走向西藏。1956年11月，他進入錫金時，班禪喇嘛與他同行，但幾個月前，班禪喇嘛已經乘坐印度首航西藏的飛機，返回日喀則。達賴喇嘛自己的隨行人員裡，也減少了幾個重要人物。與他關係最親密的三哥洛桑珊丹決定留下。在他離開印度前，噶廈政府按照傳統禮儀，派噶倫宇妥到印度來祈請達賴喇嘛返藏。在見到達賴喇嘛之後，宇妥卻告訴他西藏的形勢很不好，勸他不要回去。達賴喇嘛別無選擇，只能按計畫返回拉薩，而前來祈請的宇妥卻留在了印度。

32　《平息西藏叛亂》，頁118-119。

拉薩正在變成一個誰也不願待的地方，達賴喇嘛卻必須回去。

1957年2月25日，達賴喇嘛一行到達亞東。

與此同時，嘉樂頓珠與美國中央情報局的聯絡有了結果。中央情報局遠東部成立了一個「5412特別行動小組」，決定先為西藏培訓幾名特工，以便建立起聯絡管道。中情局駐印度的代表找到嘉樂頓珠，請他推薦人選。噶倫堡有的是願意大幹一場的康巴青年。嘉樂頓珠選擇了6名年輕的康巴漢子，其中包括26歲的旺堆．嘉妥倉和25歲的阿塔諾布。他們正在前往受訓地點的途中。

在距離拉薩不遠的堆龍德慶，西藏軍區政委譚冠三將軍和平措旺杰在等待達賴喇嘛。譚冠三告訴他，金沙江東岸的騷亂已經蔓延到西岸，建議他派噶瑪巴仁波切[33]，以及其他幾位有名望的大喇嘛去康區，勸說民眾放下武器[34]。

---

33 即第十六世噶瑪巴（亦稱大寶法王）讓瓊利佩多杰（1924-1981）。
34 達賴喇嘛訪談，2009年3月30日。

第四章　悲愴的青海湖

（一）

　　青藏高原的東北部，有一個高山環抱，形近橢圓的大湖。居住在那片土地上的藏人，稱這個大湖「措溫布」，意為「青色的海」。漢語稱之為「青海湖」，青海省因此湖得名。

　　青海位於塞外邊陲，數千年來處於漢文化圈之外。史書中留下一串與該地有關的名詞，如「西羌」、「吐谷渾」、「党項」、「角廝羅」、「和碩親王」、「羅卜藏丹津」等等，陌生而帶有「異域風情」。在漢文化史中，青海與「邊塞詩」密切相關。在尚無「中華民族」這一政治概念的歲月裡，漢、蒙、藏、撒拉、回等等許多大大小小的民族，各有族源和歷史，各有清晰而獨特的文化特性，說不同的語言，穿不同的服裝，服從不同的首領，崇拜不同的神祇，在那片土地上繁衍生息。這些民族或農耕或游牧，時而融合，時而征戰，很多時候比鄰而居，互不侵擾。那片塞外之地自古即為民族大舞臺，許多悲壯的歷史劇，在這片蒼涼的土地上展開。

　　唐代詩人李白的名詩〈關山月〉詠道：「漢下白登道，胡窺青海灣。」詩中之「胡」，即吐蕃。藏人是這片土地的「原住民」之一，曾是該地人口最多的民族。現代的青海藏民主要分布在青海環湖一帶，即現在的海南、黃南、海北、果洛、玉樹、海西等藏族自治州，居住面積達青海省總面積的97.2%，其中大多數為牧民。1958年之前，藏民沿襲部落制，共有幾百個大小部落，主要的部落有玉樹25族，三果洛的8大部落，環海8族，同仁12族，化隆上10族，湟中的申中6族，大通道廣慧寺5族，門源的仙米寺6族等等。這些部落由世襲的千百戶們掌管。部落各有武裝，各有寺院，各有法規。部落之間為爭奪草山，時常發生械鬥，有時兼併，有時分裂。現代的青海藏民大

多屬於「西藏三區」中的安多，其語言為藏語中的安多方言，被稱為「安多娃」，即安多人。

西元20世紀中葉，歷史發生突變。這個突變給那片塞外土地帶來了另一種含義。在漢民族的集體記憶裡，青海是成千上萬政治犯和思想犯的「勞改」和流放之地，被稱為「中國的古拉格」；在藏民族的集體記憶裡，青海是殺戮饑饉之地。1994年，青海省人口普查辦公室編寫了一本書，獻給西藏自治區成立三十周年。在這本名為《青海藏族人口》的官方出版物中，提供了以下一組人口資料[1]：

1950年，青海藏人總數為435,335人

1957年，青海藏人總數為513,415人

1964年，青海藏人總數為422,662人

在這本公開出版書中說：「1949年新中國成立，災難深重的藏族人民也掙脫了階級壓迫和民族壓迫的枷鎖，翻身當家做主。藏族社會一改停滯不前的狀況而一躍跨入社會主義社會……。」然而，僅據上述官方資料，「一躍跨入社會主義社會」之後，藏民人口不增反減：1964年，青海藏人不僅比1957年減少了近十萬人，甚至比1950年的人口還少了一萬多人。1958-1964這6年中，青海發生了什麼事，導致藏人的人口以平均每年一萬多的速度銳減，整整減少了19%？

我在訪談年輕一代的青海藏人時，他們口中常常出現一個年份：1958。斗轉星移，1958早已流逝，歷史的年輪已經增添了幾十環。但是，1958這個年份，凸顯在青海藏民的集體記憶裡，成為一圈歲月無法抹平，時光難以沖淡的血色年輪。

1958年，中共的民族政策出現了一個大轉折。

觸發這個轉折的，是1958年4月發生在十世班禪喇嘛故鄉，青海省循化撒拉族自治縣的藏民和撒拉人暴動，史稱「循化事件」。這個事件雖然只是

1　《青海藏族人口》，頁17。

一個地方性衝突，並且是當時諸多「反革命武裝叛亂事件」中的一個，但它對中共的民族政策產生了巨大影響。其處理模式也被各民族地區的官員們模仿，從某種意義上來說，1958年的「循化事件」，是1959年「拉薩事件」的先聲。

位於青海省東部的循化，是一個多民族地區，人口以信仰伊斯蘭教的撒拉族為主，還有藏、回、蒙、漢、東鄉、保安等民族。在當時的青海，循化是屬於「基礎」比較好的縣，該縣最早建立縣級政權，早在1952年，循化的11個鄉，除了4個藏民聚居鄉外，就已進行了土改，1954年成立撒拉族自治縣。

1955年，中南海大反「小腳女人」，青海省委書記高鋒從北京返回，馬上邁開大步奔向社會主義，訂出一系列高指標，各縣緊緊跟隨，循化縣高速實現了農業合作化，90%以上的農民一攬子入社。那時候，循化並沒有發生武裝衝突。

此後，北京開始強力推行合作化。1955年10月4日至11日，中共中央在北京召開七屆六中全會，通過了「關於農業合作化問題的決議」，要求到1958年春在全國大多數地方基本上普及初級農業生產合作社，實現半社會主義合作化。

暴力土改和強制推行「合作化」在四川引發的藏民暴動，使一些高層「統戰人士」不安。1956年6月，時任青海省副省長、全國政協第二屆常委委員的喜饒嘉措大師在第一屆全國人大三次會議上發言，對中共建言「在合作化高潮中要注意民族特點」；1957年7月，他再次對中共建言，希望「重視藏族地區特點，慎重進行社會改革」，並提出「試辦藏民牧業合作社更應『寧寬勿緊』」、「減免寺院和喇嘛的農牧業稅」等具體建議[2]，然而，在席捲全國的「合作化」風暴中，喜饒嘉措大師的話隨風而去，沒有產生絲毫影響。

「大躍進」的風潮和「反右」製造的恐懼，使得青海既不甘，也不敢落後於形勢，於是提出將「民主革命和社會主義革命兩步併作一步走」的口號，要「在社會主義革命的同時，徹底完成民主革命的任務」，至於完成

2　《四川民族地區民主改革資料集》，頁497-503。

「社會主義革命」的方法則不必拘泥，「哪個辦法革命徹底就用哪個辦法」[3]。

在1957年11月的青海省委二屆四次全委擴大會議中，將全省牧業地區分為三類，按照各地不同條件，分步開展合作化。不到半年，這個方案就改變了。1958年3月，青海省委副書記朱俠夫在中共青海省第二屆委員會第五次全會作總結報告，報告在批判右派分子，原青海省長孫作賓的同時，提出「積極廣泛的開展畜牧業生產高潮」，要求「五年內完成畜牧業的社會主義改造」，全省各地制定出具體指標，開始在牧區推行「社會主義改造」，強辦牧業合作社。這時候，「社會主義改造」在四川、雲南、甘肅藏區已經引發了藏民暴動，「共產風」如火上澆油，使更多的民眾加入暴亂，加劇了戰爭的火焰。1958年春，為了「防叛」，根據中央的指示，青海省委通知自治州和自治縣「採取開會學習等方式將民族宗教上層人士集中控制起來」[4]。

於是，循化溫都寺的加乃化仁波切等上層人士就被請到縣城去辦「學習班」。加乃化仁波切當時是循化縣副縣長，但對藏民來說，更重要的是，他是一位高僧。加乃化仁波切曾擔任過班禪喇嘛的老師，有很高名望，深受當地民眾敬仰。把加乃化仁波切控制起來，在歷來敬重佛、法、僧三寶的藏人中，引起的震動和憤怒可想而知。

當時循化縣有4個藏民鄉，其中噶楞、溫都和道幃為農業鄉，剛察為牧業鄉。三個農業鄉在1956年就已成立了高級社，因此，剛察鄉就成了「牧業合作化」的主要對象。剛察鄉還保留部落制度和一支100多人的部落武裝。1958年4月17日，剛察鄉牧主奴日洪布帶領民眾抗拒合作化，同時要求釋放加乃化仁波切，民眾扣押鄉黨支部書記，砍斷電線桿。第二天，抗議升級為武裝衝突，工作組組長被打死，一些人趁機搶劫鄉政府和商店。接著，撒拉族頭人也率領撒拉族民眾加入。4月24日，各族民眾共4,000多人在撒拉族頭人韓乙奴和阿訇韓乙四夫的帶領下包圍縣城，期間發生毆打幹部、搶劫商店等暴力行為。

4月25日拂曉，解放軍兩個團的兵力奉命渡過黃河，圍殲「叛匪」。其

3　〈為徹底完成青海省牧業區社會主義革命而鬥爭〉，《民族宗教工作文件匯集1949-1959》，頁1072。
4　達杰，《果洛見聞與回憶》，頁112-113。

時，韓乙奴和阿訇韓乙四夫得到解放軍調動的消息，已經在夜裡率領武裝人員逃走，被包圍的基本上是要求釋放加乃化仁波切的民眾。解放軍趕到後，不由分說立即開火。在沒有遭到抵抗的情況下，「戰鬥」持續了幾個小時。直到解放軍發覺「叛匪」們並不具備反擊能力，自動停火，才發覺死傷者基本上全是手無寸鐵的民眾。短短4小時內，「反革命武裝叛亂」勝利平息，民眾死傷719人，其中「擊斃」了435人。

戰事結束後，緊接著開展大搜捕，一個下午就「俘敵」2,499人，其中包括1,581名撒拉人、537名藏人、38名漢人，和343名回人[5]。

當日，加乃化仁波切得知消息，在「學習班」裡悲憤自殺。他後來被認定為「循化事件」的組織者，他的死是「畏罪自殺」，但是，關於他如何組織「叛亂」的詳情，至今沒有公布。

整個事件中，「我方」死傷17人，損失了價值90多萬元人民幣的財產和物資，包括糧食、油、現金等，200多間房屋受到不同程度損壞。

這就是著名的「循化反革命叛亂事件」。

「循化事件」涉及循化縣11個鄉的7個鄉（鎮），大半個縣捲入了這個為期一周的事件中。這7個鄉裡，只有剛察是沒有經過土改，原封不動保留部落制度的鄉；另有兩個鄉雖未經土改，但已於1956年直接實現了合作化；4個鄉（鎮）既經過土改，又實現了合作化。在暴動過程中，「不少地主、富農和富裕中農，乘機拉牲口、拿農具、解散合作社。」顯然，這個被定性為「反革命武裝叛亂」的事件，不僅有宗教和民族因素，也與民眾反對合作化有關，很大程度上，民眾是在發洩對合作化的不滿。

「循化事件」中還有一個因素：「叛區」68.4%的黨員和69.5%的團員參加了「叛亂」，其中，156名黨員、262團員參加了攻打縣城，占參與「叛亂」黨員的44.4%、團員的45.09%，有些黨團員不僅是「骨幹分子」，還「趁機搶劫國家財物」。

---

5 詳見降邊嘉措，《十世班禪大師傳記》，頁98-99；死傷資料引自〈關於循化匪亂情況和今後意見的報告〉，《民族宗教工作文件匯集1949-1959》，頁1037-1039；死亡數字引自〈青海省委關於循化撒拉族自治縣反革命武裝叛亂事件的教訓的報告〉，《民族宗教工作文件匯集1949-1959》，頁993-999。

5月2日，青海省副省長薛克明就「循化匪亂問題」向省委提交了一份匯報，詳細報告了「循化事件」的概況，死、捕、傷人數，以及對「參叛人員」的處置方案。這份「善後章程」除了將事件定為「以殘餘漏網的反革命分子為基礎，以敵偽軍官、敵偽行政人員和地主、富農分子為骨幹糾合而成」，並且是「有領導、有組織、有計畫」的「武裝反革命叛亂」之外，還對事件之後的處理作出11項規定。其中第二項「處理俘虜的政策和原則」中，制定了21條政策，對不同身分的人做出不同處理。處理最重的，是「寺院宗教人員」，這些人不僅「一個不放，判長期徒刑」，還要「作為活教材或畫成漫畫巡迴展覽，教育群眾」。在「今後如何打擊反革命」這一項中，明確提出：「在社會主義建設和社會主義改造時期，對反革命是從嚴的政策，不是從寬的政策。因此，要狠狠的打擊幾批。」而且，「這一工作不定指標，能打多少打多少。」[6]

潘朵拉的魔盒就此開啟。

（二）

正當循化一片風聲鶴唳的時候，以牧業為主的青海省海南州興海縣發生了武裝暴動。參加者達「2,340戶，9,820人和10座寺院的僧眾1,020人，共10,840人」[7]，興海縣1958年的總人口為16,572人，其中牧民為10,028人。也就是說，幾乎整個興海縣的牧民都成了「叛匪」，該縣成了「全叛區」。

興海藏民暴動的原因，官方解釋是：「反對中國共產黨的領導，反對社會主義制度，反對合作化運動。」但是，為什麼在1958年之前，這裡的藏民沒有「反對中國共產黨的領導，反對社會主義」呢？

1958年2月9日，在北京召開的第一屆全國人大民族委員會第五次擴大會議上，中央統戰部副部長、國家民委副主任汪鋒做了「關於在少數民族中進

---

6 〈關於循化匪亂情況和今後意見的報告〉，《民族宗教工作文件匯集1949-1959》，頁1037-1039。

7 《興海縣志》，頁346。

行整風和社會主義教育問題的報告」，明確提出「社教」是「整風和批評地方民族主義的鬥爭」。報告精神從北京傳到興海，就變成了一場逮捕和鬥爭民族宗教上層人士的運動。4月，興海縣開展「訴苦鬥爭」，「召開了130多次訴苦大會，6萬多人次參加，訴苦2萬多人次，所有牧主、頭人、宗教上層人物均被批鬥」，還把217名宗教人員關起來「集訓」[8]。與此同時，青海全省加快合作化運動。

1958年5月29日，《人民日報》發表題為「把總路線的紅旗插遍全國」的社論，整個中國被捲入「三面紅旗」的狂熱中。同月，青海省海南州宣布實現了「全州牧業合作化」，涵蓋全州86.03%的牧戶。

一個多月後，包括興海在內的海南州三個縣藏民武裝暴動，抗拒「合作化」。

公開的資料裡從未說明牧民為什麼抗拒合作化，然而，1959年5月30日，青海省委就牧區的各種問題發出了一連串指示。從其中「關於牧業區牲畜入社問題的指示」中可以看出，牧民為什麼不願意加入合作社：

> 公社化初期，我們對牧業區的經濟特點和處理牲畜入社問題的重要意義認識不足，不適當地採取了不分階層、不論牲畜多少，一律無代價入社的辦法，入社後又忽視了生產隊的所有制和「按勞分配」原則，加之牧業區大多數地區只經過幾個月初級合作化過程，個別地區剛辦起高級合作社就轉為人民公社，以致許多群眾誤認為「牲畜都成了公家的」，他們是給公家「當牧工」，因而不愛護牲畜，丟了不找，病了不治，死了不剝皮[9]。

由此可見，1958年牧民是「無代價」入社，即所有牲畜無償交給合作社「統一管理」，這無異於以「合作化」為理由的財產沒收。無論是「農業合作化」還是「牧業合作化」，一開始就不是農牧民的自發選擇，而是中共從

8　《興海縣志》，頁24。
9　〈關於牧業區牲畜入社問題的指示〉　《民族宗教工作文件匯集1949-1959》，頁1115-1118。

「蘇聯老大哥」那裡移植來的。除非強制推行，並沒有多少農牧民願意入社，更何況是「無代價入社」。

在後來的宣傳中，當時的青海牧民被描述成一無所有，過著「中世紀的奴隸生活」。但是，1955年官方所做的社會調查結果顯示，實際情況遠非如此。以興海縣上阿曲乎部落為例：1949年，該部落133戶中，「多畜戶」僅5戶，「貧苦牧民」53戶，最多的是「中等牧民」，占75戶。1955年，該部落人口增加到157戶，「多畜戶」12戶，「貧苦牧民」減少到50戶，「中等牧民」95戶。而且「貧苦牧民」和「中等牧民」的牲畜占有數還有所增加，「貧苦牧民」平均每人擁有3頭牛、6隻綿羊、2隻山羊[10]，也就是說，在「合作化」之前，該部落牧民們的經濟狀況呈健康的上升之勢。

1958年的「無代價入社」事實上是對所有人的財產剝奪，傷害了絕大多數人的利益，自然遭到絕大多數人的抵制。這一事實青海省委並非不了解。1959年青海省委第十二次擴大會議上，省委統戰部長冀春光批判以省委書記張國聲為首的「反黨集團」，其罪名之一就是「污蔑人民公社搞得群眾『傾家蕩產，妻離子散』」、「謾罵黨『給農民三刀子』，是『官逼民反，民不得不反』」[11]。

那幾年正是「一平二調」高潮時期，勞動力和產品隨意抽調，〈關於牧業區人民公社生產隊、小隊的管理體制和經營管理中幾個問題的指示〉中以一個牧業大隊為例，1959年1月到5月，即抽調57%的牧業勞力去進行農業生產，加上其他原因，「公社化以來即死亡大畜5,324頭，幼畜成活率僅38%。」完全體現不出任何「優越性」。國家控制糧食供應，同時牲畜都被「集體管理」，牧民沒有自留畜，他們的生活馬上成了問題，因此，他們自然會抵制合作化。然而，抗拒強行合作化的牧民卻成了「叛匪」，他們趕走本屬自己的牲畜，被當成「搶劫國家財產」，遭到殘酷鎮壓。

7月29日，解放軍步兵第402團進駐興海。正規軍跟牧民們打了5個月，

---

10 《青海省藏族蒙古族社會歷史調查》，頁19。
11 〈徹底肅清右傾機會主義分子張國聲同志在統戰工作上右傾投降主義的思想影響，堅決貫徹黨的統一戰線工作為社會主義服務的方針！〉《民族宗教工作文件匯集1949-1959》，頁428。

「至1958年底，殲滅叛匪6,898人，解放群眾6,630人」。冬季，解放軍撤出之後，這些被「解放」的「群眾」又一次上山。《興海縣志》如此記載：「縣邊沿牧業隊群眾又大量外逃，僅五龍、溫泉兩地從1958年12月至1959年5月外逃1,900餘人。」

「牧業隊群眾」為什麼大批外逃？1959年5月24日，負責青海省海南自治州「平叛」的軍事機構「海指」，即「海南平叛指揮部」，提交給中央一份報告，題為「關於更廣泛更深入地開展政治爭取工作的幾點意見」。在這份被毛澤東親筆批示為「馬克思主義的文件」中，海指提到了興海牧民「上山為匪」的原因：

> 再看興海情況，該縣從去年（1958年）部隊撤離至今年2月，曾爭取回來235名，但由於不能正確貫徹政策，亂加捕殺，給工作帶來嚴重惡果，如溫泉鄉將投誠分子逮捕判刑有10人，有名可查錯捕的4人，錯殺的5人，如麥黑浪部落頭人拉什則是縣委大洛書記寫信叫回的，拉什則回來時還帶50餘人歸降，但不久即被捕法辦；垮什科部落小頭人招降回來後，在解往大河壩途中被殺。目前由於揭發不夠，究竟全縣錯捕錯殺多少，尚無法查清，甚至殺人的人都找到，卻找不到負責人，事情雖過去半年，但由於有些群眾親眼看見殺人，有的被殺屍體被群眾挖出，因此影響極壞，叛匪也反映「共產黨說話不算數」拒不投降。……故自2月以來，還未爭取回來1人，相反群眾逃亡為匪者卻達千人[12]。

對招降和被捕的人濫殺只是原因之一。另一個原因是「統購統銷」造成的嚴重糧食短缺。

「合作化」不僅是為了消滅私有制，也為政府對農牧區進行掠奪性的高徵收提供了方便。1957年，興海縣糧食徵購數為總產量的57.31%，油脂占總產量的88.6%，徵購後每人平均糧食26.4公斤，每人平均油脂0.0018公斤；

---

12 《民族宗教工作文件匯集1949-1959》，頁1004-1005。

1958年，該縣糧食徵購量占總產量的35.94%，油脂占總產量83.5%，收購後每人平均糧食為78公斤，每人平均油脂為0.06公斤[13]，這就是一個牧民一年的口糧。理論上牧民以肉類和乳製品為主食，但是，他們的牲畜入社後成了「集體財產」，嚴禁宰殺。因此，青海部分藏區1958年就開始出現飢荒。根據海指的報告：

> 目前牧區糧食甚為緊張，加上管理不善，……如興海縣溫泉鄉群眾因糧不夠，吃去冬死去且已發臭的牛羊肉，生病、死亡甚多。雙龍溝拉毛德（女）打柴時，遇到6個叛匪問：投降殺不殺？她答：「回來沒吃的，不殺掉也要餓死。」該鄉去年11月至今已病死319人，占全鄉總人口的24.7%，群眾反映是餓死的（實際原因很多），對我不滿，從去年12月至今年5月10日，外逃為匪者165人。糧食問題反映甚為普遍，並已影響對敵爭取。據悉，省委原規定牧區口糧標準，每人每天半斤，但有些地區為求節約，減為5兩，加上管理不善，未積極找代食品，以致造成緊張[14]。

就在牧民已經到了以隔年死畜為食，導致人畜感染，一個鄉死亡近三分之一人口的時候，解放軍還在與民爭食。1958年「平叛」過程中，解放軍「收集」到的散畜並沒有交還民眾，而是集中起來，在興海縣辦了三個軍用牧場。「海指」的報告中當然沒有提到這一事實。

1958年底，青海牧區已經出現飢荒，牧民到了不得不以死畜充飢的地步，各級官員不僅隱瞞層層情況，還在大刮「浮誇風」。1959年1月9日，青海省委書記高峰在青海第二屆省委十次全體會議上作報告，這個題為「繼續克服右傾保守，鼓足幹勁為今年更大、更好、更全面的躍進而奮鬥」的報告中說：

---

13 根據《興海縣志》提供的人口數、糧食、油脂徵購數的計算。原始資料見《興海縣志》〈地理志〉第六章：〈經濟志〉第三節。
14 《民族宗教工作文件匯集1949-1959》，頁1006。

1958年是各項建設事業全面大躍進的一年，也是牧業區社會主義革命取得決定性勝利的一年。……糧食總產量達到22億斤，較1957年增長71.96%，增產的絕對數等於第一個五年計畫期間五年增產的糧食（5.38億）近一倍，一步越過黃河，……按現有人口計算，每人平均糧食近1千斤[15]。

實際情況是：1958年，興海縣糧食作物播種面積11,089畝，糧食總產量159萬公斤；平均畝產143.39，每人平均口糧一年不到100公斤，這還是徵購前的每人平均糧食量。

在這樣的情況下，民眾對「叛匪」的支持是完全可以理解的：

（興海）全縣大部生產隊均藏有通匪壞人，駐溫泉鄉的民騎連一出動，匪即知道，乘虛搶劫，等該連趕來，匪已逃去，因而6次撲空。群眾思想混亂，敵我不分，今年1月至5月15日，全縣外逃為匪者441人，……溫泉鄉俄馬溝3月16日搬帳房時，群眾有意將垮牛趕在前面，將660頭奶牛留在後面，被匪全部劫去。……自去年部隊撤離至今，全縣逃亡為匪已達千餘人。甚至有的群眾與匪同睡同住，也不報告匪蹤[16]。

1958年9月，興海縣的民眾就只能靠打野獸、挖蕨麻、挖野菜來解決「缺糧問題」了。就在這樣的情況下，牧民們還不得不讓出牧場，安置6,000名河南屯墾移民，因為中央統戰部副部長、國家民委副主任汪鋒已經把「要不要漢族幹部和漢族移民的問題」上升到了「很大程度上就是要不要社會主義、要不要民族繁榮的問題」。事實上，這些移民並沒有帶來「民族繁榮」，幾年後，屯墾農場紛紛撤銷。移民們不少因水土不服，缺少糧食，病餓而死，

---

15 高峰，〈繼續克服右傾保守、鼓足幹勁為今年更大、更好、更全面的躍進而奮鬥〉，《民族宗教工作文件匯集1949-1959》，頁310。
16 《民族宗教工作文件匯集1949-1959》，頁1003。

剩下的基本上返回原籍。留給當地農牧民嚴重的環境破壞。就在這年，興海縣還遵照上級指示，在全縣開展大煉鋼鐵。

1958年12月，溫泉鄉的牧民已經有近三分之一的人口病餓而死，剩下的只好外逃。僥倖逃出去的饑民被當成「叛匪」，被人民子弟兵「殲滅」。在毛澤東為「海指」的報告批示的時候，興海縣餓死和被「殲滅」的藏民達7,217人[17]，占總人口16,572人的43.5%。這個數字還不包括後來在「四反」運動中被捕的人數。

（三）

1958年6月29日，〈青海省委對全省鎮壓叛亂問題的指示〉這份文件送到毛澤東案頭。文件開篇就承認「青海地區的反革命武裝叛亂已經蔓延成為全局性的問題。全省牧業區共6個自治州，都或多或少地先後發生了叛亂。」[18]此時，青海暴動涉及6個自治州、24個縣（自治縣）、240個部落和307座寺院，人數達10萬多，也就是說，公開參加暴動的人數，占當時青海藏民總人口的五分之一。

看了這份報告，毛澤東提筆做出以下批示：「青海反動派叛亂，極好，勞動人民解放的機會就到來了。青海省委的方針是完全正確的。」諷刺的是，參加「叛亂」的，恰恰就是「勞動人民」。毛澤東的這個批示，無疑給了青海省委極大的鼓勵和直接的支持。

7月5日，青海省委將「循化事件」寫成一份報告上報中央。這就是題為「青海省委關於循化撒拉族自治縣反革命武裝叛亂事件的教訓的報告」的文件。這份報告的重點是「總結教訓」。四項「教訓」之首，是「階級矛盾仍

---

17 《興海縣志》，頁346：「至1960年末，在3年多的平叛鬥爭中，共交戰108次，殲滅叛匪8,609人，繳獲機槍2挺、衝鋒槍5枝、手槍30枝、各種步槍1613枝、火槍296枝、各類子彈45200發、刀具5269把、望遠鏡14具。」頁332：「1958-1960年，在打擊刑事犯罪活動中犯了擴大化錯誤，全縣逮捕各類人員697人，其中反革命占80%，主要罪行是『陰謀叛亂』。」

18 〈青海省委對全省鎮壓叛亂問題的指示〉以及毛澤東的批示，見《民族宗教工作文件匯集1949-1959》，頁989-992。

然是過渡時期的主要矛盾，全黨必須保持高度的政治警惕性，不斷地克服右傾麻痹思想，與一切階級敵人進行堅決的鬥爭」。而在民族地區，雖然「民族關係已經建立在社會主義經濟基礎上」，但社會主義改造與反改造的階級矛盾當然是主要矛盾，「那些只強調民族矛盾忽視階級鬥爭的資產階級民族觀點，是十分錯誤的，必須反對。」

這份報告還說到，另一個主要教訓，是黨團員與宗教的關係。「循化事件」暴露了一個嚴重問題，即「參加叛亂的黨、團員中，有78%的人在對待宗教問題上存在著極其糊塗的觀念，並且『護教』思想十分濃厚，甚至『捨黨不捨教』，『捨命不捨教』」。因此，「宗教問題確是少數民族黨、團員共產主義化的絆腳石，也是黨在少數民族地區扎根的主要思想障礙。」順理成章，第三個教訓就是「必須破除在宗教工作上的神秘思想，深入宗教寺院工作，徹底改造宗教人員的思想，插紅旗、拔白旗」，並提出「廣泛深入的發動群眾，開展大辯論和訴苦運動」，「通過在宗教人員中進行社會主義大辯論和反右派鬥爭，充分揭露、批評宗教上層的反動本質，夠上右派的要劃右派，並選擇其中最壞的分子登報揭露，占領宗教寺院陣地，把宗教旗幟掌握在宗教人員中的進步分子手裡。」最後，歸根結底，「必須繼續加強無產階級專政，徹底鎮壓反革命分子」[19]。

8月27日，中央做出批示，肯定了青海省委的這份報告，並將之批轉給包括西藏工委在內的各省市自治區黨委，要求「各有關地區的黨委對於少數民族黨員，需要經常注意加強階級教育和馬克思主義民族觀點教育，在有宗教信仰的少數民族黨員中，還應當加強無神論的教育，使他們劃清共產主義思想和民族主義思想、有神論和無神論的界限、確立共產主義的世界觀和人生觀，成為名副其實的共產主義者。」除此之外，批示首次提出「在階級社會裡，民族問題的實質是階級問題」的觀點，指示各民族地區黨委「在少數民族地區的工作中，應當結合當地條件，堅定不移地貫徹階級路線，要時刻記住：在階級社會裡，民族問題的實質是階級問題，不把握階級實質，是不能

---

19 〈青海省委關於循化撒拉族自治縣反革命武裝叛亂事件的教訓的報告〉，《民族宗教工作文件匯集1949-1959》，頁993-999。

夠徹底解決民族問題的。」

　　這一觀點無視民族之間的差異，用「階級鬥爭」觀念來解釋文化、宗教、歷史、風俗習慣等方面的不同而產生的衝突。此後，這一觀點為中共在少數民族地區大開殺戒提供了理論依據。這個批示無形中也肯定了青海省委必須在寺院中「插紅旗、拔白旗」的「教訓」，為旨在全面摧毀寺院的「宗教制度改革」運動提供了支持。

　　「循化事件」中，青海省委調動軍隊，對平民進行了一場大屠殺，分明闖下了大禍。但是，「變壞事為好事」不僅是中共一貫的策略，也是中共體制內各級官員的生存法則。只消給被屠殺的平民貼上「反革命」的標籤，把事情定為「你死我活的階級鬥爭」，屠殺就被合理化，涉及事件的官員就可保官位無虞。

　　從1958年6月29日〈青海省委對全省鎮壓叛亂問題的指示〉，經毛澤東批示，到7月5日青海省委就循化事件作出報告，8月27日中央做出批示，可以看出中共黨內的一種訊息流通模式。這種模式是在奪取全國政權的戰爭年代形成，並通過殘酷的黨內鬥爭和淘汰加以固定的。理解和揣測中央和上級的意圖，是下級官員的基本功課，下情上達必須根據這種理解和揣測來加以掌握。中央和上級在不能全面準確掌握社會實際情況，尤其是邊遠地區情況的時候，就只能做出模糊而空洞的指令，需要下級去嘗試，再根據下級嘗試後匯報的結果來調整，卻無法避免下級報喜不報憂，揣準了上面的一廂情願，掩蓋真相，投其所好。情報工作是中共在戰爭期間的強項，但是在中共奪取政權以後，下情上達和上情下達卻總是片面而扭曲的。於是，一旦最高層頭腦發熱，一個局部事件，就會放大成為全國性的災難。「循化事件」就是一個典型例子。

（四）

　　1958年12月18日，第十一次全國統戰工作在北京召開。會上，青海代表杜安華做了「關於青海省民族工作情況和今後意見的發言」，向大會報告說：「從（1958年）8月開始，到11月統計，全省859個喇嘛寺廟，有731個解

體：54,287名宗教人員，有24,613名還俗參加生產。」[20]

　　這就是對外稱為「反封建」的「宗教制度改革」運動。這場運動在1958年下半年席捲整個西藏周邊四省藏區。在甘肅省的甘南藏族自治州：「(1958年)10月20日，全州196座佛教寺院中，除保留拉卜楞寺院、禪定寺、黑錯（即合作）寺、郎木寺外，其餘192座全被廢除，其僧侶均被遣返原籍還俗。」[21] 四川阿壩1958年之前有320多座寺廟，「宗改」後剩下7座；甘孜州保留了27座寺院，其餘皆被關閉或摧毀。

　　在這場運動中被摧毀的，不僅是佛教寺院。《樂都縣志》有如下記載：「（1959年）9-12月，進行宗教制度改革，沒收了18座佛教寺院和5座清真寺院的財產，拍賣後的現金交縣財政，逮辦了宗教上層人士43名，其餘320名宗教職業者遣返回鄉參加農業生產。」[22] 而且：

> 18座寺院中，公社辦公占用2座，生產隊作飼養場的10座、洋芋加工廠的1座；5座清真寺中，作為縣博物館的1座，公社倉庫的1座，拆毀2座；4座天主堂中，作公社倉庫的2座，民辦醫院的1座。這次宗教制度改革中，逮捕管家3人，僧官7人，普通喇嘛11人；清真寺教長1人，滿拉2人，學董和鄉老13人，普通教徒5人；天主堂修女1人。送青年教徒到學校學習的12人，吸收參加工作的18人，自殺6人[23]。

　　這場名為「改革」實為毀滅的運動，並不單純是意識形態的衝突。1958年10月7日，汪鋒在「在喇嘛教問題座談會上的講話」中說：「宗教制度的改革是一場極其尖銳、極其複雜的階級鬥爭。」「改革的方法是放手發動群眾。在打擊反革命分子、反對壞人壞事、反對宗教特權剝削等口號下（可以不提改革宗教制度的口號），把寺外群眾和寺內的貧苦喇嘛一起發動起來，

20 杜安華，〈關於青海省民族工作情況和今後意見的發言〉，《民族宗教工作文件匯集1949-1959（上）》，頁468。
21 《甘南州志》，頁102。
22 《樂都縣志》，頁19。
23 同上，頁310。

造成兩面夾攻的聲勢浩大的改革宗教制度的群眾運動；同時，把反革命分子和民憤大的反動上層該逮捕的逮捕，該集訓的集訓，堅決揭掉蓋子。」[24]

青海省委認為：「……改革宗教制度，更具有『窮人』反對『富人』、『人民』反對『貴族』、『低等』人反對『高等』人的階級鬥爭性質。不堅決進行宗教制度改革，要徹底消滅牧主階級，取得社會主義革命的勝利是不可能的。」但是，在策略上「為了口號鮮明有力，群眾容易接受，對外沒有公開提宗教制度改革，而提出徹底肅清宗教寺院中的反革命分子，廢除宗教寺院的封建剝削和特權，這樣作，既策略，又達到宗教制度改革的目的，加速了社會主義革命。」[25]

「宗改」也不僅僅是一場政治運動。除了廢除寺廟的一切特權之外，還廢除了房地產所有權，將寺院擁有的土地、森林、牲畜、商業資金等財產悉數沒收。青海著名的塔爾寺在「宗改」過程中，「沒收處理金銀、現金、珠寶玉器、高檔衣物、日用品等物資20餘種，總值159.8萬元（1959年退回錯沒收財產總值53.5萬元）」[26]。

換言之，這場被稱為「宗教制度改革」的運動，事實上是一場針對寺院的「打土豪，分田地」運動。

至於憲法中的「宗教自由」，中央統戰部副部長、國家民委副主任汪鋒說：「為什麼提保護宗教信仰自由呢？這一條是不能丟的，這一條是我國憲法規定了的，有了這一條，就使反革命分子不能說我們消滅宗教，我們就主動……。」青海省委統戰部長冀春光更加直接了當：「我們一再強調全面貫徹宗教信仰自由政策，強調加強宗教工作只是為了爭取信教群眾和逐步限制以至最後消滅宗教。」[27]

這些文件和講話，清楚地表明了中共在對待宗教問題的目的和策略。中

---

24 〈汪鋒同志一九五八年十月七日在喇嘛教問題座談會上的講話〉，《民族宗教工作文件匯集1949-1959》，頁780-790。
25 〈為徹底完成青海省牧業區社會主義革命而鬥爭〉，《民族宗教工作文件匯集1949-1959》，頁1070。
26 《湟中縣志》，頁238。
27 〈徹底肅清右傾機會主義分子張國聲同志在統戰工作上右傾投降主義的思想影響，堅決貫徹黨的統一戰線工作為社會主義服務的方針！〉《民族宗教工作文件匯集1949-1959》，頁432。

共是一個有明確唯物主義理論作為意識形態基礎的政黨，這個政黨從一開始就有明確的方向，消滅宗教是其綱領中的一部分。現代憲政觀念中，尊重個人的信仰自由、思想自由的原則，從根本上與共產黨的綱領格格不入。但是，這個黨又明白，它所面對的是人類幾千年形成的精神領域，是大眾賴以生存的精神支柱。破壞宗教在任何時候都是不得人心的。於是，針對宗教的活動，需要殘酷才能奏效，因此，需要提高到對敵鬥爭的「高度」。從一開始就要把非政治的宗教機構和宗教人士政治化為「敵人」，這才可能下手。同時，對外宣布「宗教自由」，保護「正當的宗教活動」，其目的一是宣傳，二是反過來證明，受到鎮壓的宗教機構和人士，必是「反動」的，或是「不正當」的。

經過如此「改革」之後，西藏周邊四省藏區的寺院遭到全面摧毀。

於是，在20世紀中葉的中國，出現了歐洲中世紀式的全面宗教迫害，也出現了只有在極少數宗教極權國家才可能出現的情況：宗教活動成為被批鬥、抓捕、判刑的「反動行為」，民眾冒著生命危險，偷偷把祖傳的佛像、經書和法器藏起來，有的埋在地下，有的藏在山洞裡，有的沉入河中。點佛燈、轉瑪尼筒、煨桑、念經等都被嚴厲禁止。在幹部、「積極分子」和武裝民兵們虎視眈眈的監視下，民眾的宗教活動轉入地下。彼此信任的人們躲在帳房裡念經，派人在帳房外看守，遠遠看到幹部或民兵過來，趕快假裝幹活。還俗僧人連嘴唇微動，都被當作是默默念經，被抓來批鬥。

情況嚴重到甚至連「平叛」部隊也看不下去，出面為被鎮壓者「求情」的地步。「海指」的報告建議地方政府「公開群眾正當的宗教活動，尊重藏民風俗習慣」，「還俗阿卡[28]繼續念經者應予准許」，並且准許藏族婦女「將雙辮改為小辮，並佩戴飾物」。這份文件也證明，藏民暴動的原因，以及藏區的真實狀況，中央政府和毛澤東本人，絕非一無所知。

高壓之下，藏民拚死反抗，暴動此起彼落。戰事大致平息之後，各地為

---

28 阿卡，青海藏區使用的安多方言，指出家的僧人。

防止暴亂再起，隨即展開大規模抓捕，許多部落的全部成年男人被關進勞改農場，或被關起來「集訓」。他們的家屬成為被監控的「反屬」。

1958年，整個海南自治州「共處理各類人犯16,272人」，其中「集訓10,276人，逮捕6,451人」，另有455人情況不明[29]。

海南藏族自治州的同德縣，全縣反（叛）屬、還俗僧侶、釋放犯和「叛俘」的總數，高達該縣總人口的36%[30]。

黃南藏族自治州尖扎縣，只有昂拉、當順、加讓及尖扎灘地區藏民暴動，根據官方資料，公開參加者為618人，包括中共黨員25人、共青團員24人、鄉幹部1人、群眾398人、喇嘛2人。「參叛」人員占「叛區」總人口3,646中的16.90%，占全縣總人口21,310中的2.90%。「平叛」以「政治爭取」為主，爭取到「歸降」者596人。但在事後的「反叛」運動中，逮捕了2,074人，占「叛區」人口的56.9%，占全縣總人口的9.73%，其中包括「在職統戰人士40名、撤職9名、集訓117名、自殺5名。沒收被捕統戰人士存款38,500元」。被逮捕的人中，「在勞改中死亡的561人，占捕辦人數的27%」[31]。

果洛藏族自治州久治縣：「從1958年8月至1960年底逮捕關押1,050人，占當時全縣總人口的9.57%。其中，1958年捕辦802人，1959年捕辦116人，1960年捕辦132人。1962年貫徹中共中央西北局民族工作會議精神，清查捕辦的1,050人中，應釋放的862人，截止1963年7月15日已釋放258人，勞改農場通知死亡的346人，還有258人未通知。後來這項工作不了了之。」[32]也就是說，該縣總人口近10%的人被抓，其中82.1%的人是被錯抓的。被抓的人中，死亡率竟高達57.5%。

達賴喇嘛的出生地青海湟中縣：「1958年共逮捕判刑1,479人，其中死亡414人，致殘75人。」其中1,207人後來宣告無罪[33]。也就是說，81.6%人被錯

---

29 《海南州志》，頁32。
30 〈關於更廣泛更深入地開展政治爭取工作的幾點意見〉，《民族宗教工作文件匯集1949-1959》，頁1002-1007。
31 《尖扎縣志》，頁413、520。
32 達杰，《果洛見聞與回憶》，頁223。
33 《湟中縣志》，頁240。另外，1958年9月對伊斯蘭教的「改革」中，湟中縣85座清真寺，只保留5座，其餘全部關閉。

捕，被捕的人中28%死亡，5%致殘。

在青海玉樹藏族自治州，對藏民濫殺的結果，使該州出現了「無人村」和「寡婦村」，許多男童反穿羊皮襖躲在羊群裡，逃過一死[34]。

許多死者的家屬從未得到通知，無數個家庭中的父親、兒子、丈夫、兄弟就這樣在人間消失。這些人中還包括許多一度是「統戰對象」的「民族宗教上層人士」。在青海，根據中共中央的指示，僅僅是為了「防叛」，這些在共產黨建政期間曾「肝膽相照」，給予極大幫助，被委以各級政府職位的活佛和千百戶們就被以辦學習班或者開會的名義誘捕，秘密關起來「集訓」。這些神秘的「集訓班」是「秘密監獄」，還是「監獄中轉站」，至今不為人們所知，但是有確鑿的證據，曾有不少人在「集訓」期間死亡，死因不明[35]。被關進監獄的「民族宗教上層人士」中，包括「著名愛國人士」、曾任黃南藏族自治州州長、全國政協委員、全國民族事務委員會委員的隆務寺第七世夏日倉仁波切羅桑赤列隆朵嘉[36]。

在這些冰冷的數字背後，是成千上萬失去丈夫的女人，失去兒子的老人，失去父親的孩子。1958年「平叛鬥爭」的倖存者，很多將成為大飢荒的餓殍。「反對共產黨的領導，反對社會主義，反對合作化」使他們成為雙重意義上的「非我族類」。在那片被「階級鬥爭」魔咒鎮住的土地上，殺劫遍野，生命賤如草芥，沒有人注意塞外藏民的苦難。青海牧民與外界的聯繫比康區更少，在青海發生的大屠殺和大逮捕，外界更是一無所知。只有大山托出的「措溫布」，那片青色的湖，承接了那些老人、婦女和孩子的眼淚；只有世代養育他們的草原，見證了他們的悲傷。

措溫布，青色的湖，是中國最大的鹹水湖。

這就是1959年「拉薩事件」爆發之前，藏民族的生存狀況。當時，約占藏民人口50%的西藏周邊地區，許多地方依然處在戰爭狀態。青海已經「殲

---

34 Baba Phuntsonk Wangyal, *Witness to Tibet's History*, p. 45.

35 《果洛見聞與回憶》，頁112-113；《十世班禪大師傳記》，頁98。在各藏族自治州、縣志的「人物傳」和「糾正冤假錯案」資料中，提供了不少資料和個案。

36 第七世夏日倉仁波切於1958年6月16日被捕，1978年11月30日死於獄中，1980年10月4日平反。詳見《黃南州志》，頁1544。

滅」了8萬餘「叛匪」，並且「捕捉各種反壞分子3萬9千餘人」[37]，以此「掀起了社會主義革命的高潮」。在此期間，青海全省共進行「訴苦大會3萬餘次，參加鬥爭的群眾約有3百萬人次……面對面鬥爭了反革命分子、牧主、頭人和宗教上層的反革命分子5千餘人。」[38]有的地區被捕人數高達總人口的20%以上。

達賴喇嘛童年居住過的塔爾寺，有427人被「錯捕錯判」[39]，僧人大多數被遣散，塔爾寺被改成了「階級教育展覽館」。土改和「公社化」已近完成。一些地區正在「大煉鋼鐵」，辦食堂，推行「帳房街道化」。在一些藏區，工作隊以「移風易俗」的名義強制漢化，強迫藏民「褲子化」、「雙辮化」。以「支援國家建設」的名義，強迫民眾交出金銀珠寶飾物。針對寺院的「打土豪分田地」已經完成，藏區的寺院絕大多數被拆毀、占用或關閉，藏民的宗教崇拜轉入地下。部分地區出現飢荒。

這一切，都是以「民主改革」的名義進行的。

1959年初，周邊四省藏區已經被強行納入了政治、經濟、文化、社會的「紅色大一統」之中。雖然「在西藏地區，根據中央六年不改的方針，喇嘛教制度改革也暫時不搞」[40]，但其實大家心裡或多或少都猜測到，改革到達西藏地區，那只是時間問題。

在這一切背後，還有一個當時只有極少人知道的秘密：青海省海北藏族自治州海晏縣的金銀灘草原上，正在修建「原子城」。毛澤東擠進「核俱樂部」指日可待，於是更加有恃無恐，對青海藏民固然不會手軟，對西藏他也失去了「統戰」的耐心。

一萬多名世代居住在金銀灘草原上的蒙藏牧民被迫遷移。在得到遷移通知的第二天，牧民們不准放開拴著的牛和狗，來不及拆帳房，只帶上鍋碗等簡單生活用具，就在幹部和農墾民兵的押解下，踏上離鄉之路。時值秋末冬

---

37 〈為徹底完成青海省牧業區社會主義革命而鬥爭〉，《民族宗教工作文件匯集1949-1959》，頁1067。
38 同上。
39 《湟中縣志》，頁18。
40 同上。

初，高原氣候寒冷，搬遷路上，許多牧民凍餓而死[41]。

　　1958年8月18日，中共中央總書記鄧小平指示西藏軍區司令員張國華和副司令員鄧少東：要鞏固自己的陣地，維護交通，有把握的就打，沒有把握的就不打；讓他們（指叛亂分子）鬧大點，鬧得愈大，改革就愈徹底；解放軍不要輕易上陣，不要輕易把部隊拉上去；要提高警惕，生產時把槍放在旁邊[42]。

　　至此，西藏已是「紅海洋」中一座即將沉沒的孤島。聖城拉薩的命運，尚未展開，但已成定局。

---

41 為建造金銀灘原子彈基地強迫海晏牧民搬遷的詳情，見鐵莫爾，〈在庫庫淖爾以北〉，《西湖》
　　2007年第6期。
42 《解放西藏史》，頁346。

第五章　拉薩：不安的早春

（一）

　　如果一座城市也有心臟的話，那麼拉薩的心臟，就是古城中央那座金碧輝煌的廟宇——大昭寺。

　　大昭寺與紅山頂上的布達拉宮遙遙相望，金色的宮殿式屋頂，壯美的雙鹿法輪，精緻的圓柱法幢，在高原純淨的天空下，閃著千年不變的燦爛光芒。藏人稱為「覺康」或「祖拉康」的大昭寺，是雪域民族最神聖的地點。千百年來，無數虔誠的信徒一路磕著等身長頭，千里迢迢前往拉薩朝聖，他們最終的目的地，就是這座古老的寺院。

　　大昭寺由藏王松贊干布始建於西元七世紀，歷代多次修整擴建。大昭寺正殿供奉佛祖釋迦牟尼十二歲等身像，這尊由唐文成公主帶進西藏，被藏人敬稱為「覺仁波切」的佛像，是藏地最古老的佛像之一。

　　圍繞佛殿一周的380個轉經筒，被無數隻手推動著，世世代代，悠悠旋轉。時光在經筒上流淌，古往今來，千年猶如一瞬。

　　經筒旋轉著，將聖城拉薩旋入西元1959年，藏曆土豬年。

　　對於西藏的政教領袖，第十四世達賴喇嘛丹增嘉措來說，1959年有特殊意義。

　　這年是達賴喇嘛的「本命年」，7月6日，他將滿24歲。在許多民眾的心目中，達賴喇嘛的「本命年」具有強烈的象徵意義，他的吉凶禍福，關係到整個藏民族的命運。達賴喇嘛對自己的「本命年」並不在意。一件迫在眉睫的事情，幾乎占據了他的全部注意力：這年的傳召大法會期間，他將在大昭寺進行拉然巴格西學位考試。

自從幼時被認證為第十三世達賴喇嘛的轉世靈童，迎請到拉薩之後，沒過多久，達賴喇嘛就開始了嚴格的宗教訓練。16歲親政以來，無論是去內地參觀，還是去印度訪問，他的兩位經師——林仁波切和赤江仁波切都陪伴左右，適時給予佛學指導。政事雖然繁忙，達賴喇嘛的宗教修習未曾鬆懈。雖然貴為西藏的最高精神領袖，他也必須按照傳統的方式，在大昭寺的佛像前，面對眾多高僧和學者，與數位頂尖學者辯經，展示他的修習成果。他知道，沒有人會因為他的身分對他「放水」，他得像其他修習者一樣，憑自己的學識獲取這個最高佛學學位。在兩位經師的幫助下，達賴喇嘛緊張地準備著，如同歐美大學裡，即將面對本科頂尖學者答辯的博士候選人。

然而，此時，藏民族正處於歷史的大轉捩點。

西藏周邊四省發生的暴動，不可避免地波及西藏。1956年7月昌都發生暴動以來，西藏境內發生多起武裝衝突。1956年8月，昌都江達地區的游擊隊多次伏擊川藏公路段的道班和車隊，導致解放軍運送給養必須全副武裝地大規模行動才能進行。昌都地區發生暴動的原因，工委和中央並非不了解。根據《中共西藏黨史大事記》，1956年12月6日，西藏工委給中央發了一份請示報告：

> 報告認為：昌南（指昌都以南寧靜、左貢、鹽井等地區）發生的叛亂，顯然是江東江西（指金沙江）一部分上層分子（包括邦達多吉）對我改革不滿的一種反抗行為，但是已有為數很大的藏族人民群眾被裹脅進去，其性質是反動統治階級利用民族和宗教煽動起來的帶有民族性、群眾性的暴亂[1]。

不管怎樣解釋昌都地區發生的暴動，中共官員都不得不面對一個事實：中共的土改模式並沒有得到民眾的支持。

1958年，戰火已經燒到衛藏。昌都地區的暴動從江達宗發展到全區。整個西藏三區，除了達賴喇嘛和班禪喇嘛管轄的地區之外，其他地區均已燃起

---

1 《中共西藏黨史大事記》，頁70。

戰火。身為政教領袖，達賴喇嘛不得不面對他歷代前世未曾經歷過的一系列重大事件。這些事不僅耗費時間，有時也不免擾亂他的心緒。不僅康區和安多戰火正酣，在解放軍尚未完全控制的西藏山南地區，藏人和解放軍多次發生不同規模的戰鬥。

達賴喇嘛認為，這些過激做法都是由於中央不了解實際情況，他急欲向毛澤東直接報告。可是，此時他所信任的藏族幹部平措旺杰已經調到北京。平措旺杰的弟弟圖旺一度擔任過他的中文教師，也已調離拉薩。達賴喇嘛親自用藏文給毛澤東寫了兩封信，請工委轉交[2]，但沒有回音。

他不知道的是，毛澤東已經在黨內高層指示「西藏要準備對付那裡的可能的全面叛亂」，而且「亂子越大越好」。毛澤東和北京的領導層對西藏的局勢和未來走向，顯然持有完全不同於達賴喇嘛的看法，於是，達賴喇嘛寫給毛澤東的信如泥牛入海，無聲無息，就不難理解了。

（二）

1958年6月，高原短暫的夏季裡，37個部落的幾百條漢子聚集在離拉薩300多公里外的山南洛卡，一個名叫哲古的地方。3月16日，一片平坦的谷地上，這些曾經的農民、牧民、商販和僧侶有的扛著各自擁有的步槍、火槍、獵槍，有的手持刀劍，站成並不整齊的隊列。他們足蹬皮靴或氈靴，頭戴各式各樣的皮帽、氈帽、線帽，「曲巴」的兩條長袖纏在腰間，一如以往在田間牧場幹活時的模樣。隊列前方，一堆石塊支起高高的木桿，木桿頂端，一面黃色的旗幟在藍天下飄揚。

高原的風吹過山谷，展開象徵佛教的黃色旗幟，現出上面的圖案：兩把寶劍在旗幟的中央十字相交。雙劍一銳一鈍，銳劍頂端噴射火焰，鈍劍造型簡單古樸，這是西藏佛教藝術中常見的象徵：火劍代表文殊菩薩的智慧，鈍劍代表勇氣和力量。旗幟在浩蕩長風中翻捲，彷彿一張巨大的經幡，向藍天

2　達賴喇嘛訪談，2009年6月30日。

雪峰，草原山谷送出康巴漢子的誓言：他們決心以力量和智慧來保衛他們的信仰。雙劍的柄是象徵霹靂閃電的金剛杵。風吹旗捲，雙杵相擊，撞出無聲的巨響。

藏民族現代史上著名的民間武裝，「四水六崗衛教志願軍」正式成立[3]。

「貢保扎西從來沒想過他們會贏，」半個多世紀後，貢保扎西的外甥，年近80的格桑・嘉妥倉對我說。我在他面對曼哈頓的公寓裡，坐在餐廳的長桌邊，一邊採訪，一邊做筆記。客廳一角，掛著那面由一位無名唐卡畫師設計的四水六崗軍旗。

格桑拿出幾張泛黃的照片，放在我的錄音筆旁邊。我把手裡的圓珠筆放在餐桌上，拿起照片仔細端詳。一排穿著鼓鼓囊囊的藏袍，幾乎看不出一點軍人氣質的男人，對著鏡頭，露出帶著幾分靦腆的微笑。他們是一些失去家園的平民，走投無路之時，困獸猶鬥，做拚死一擊。

他們面對的那些訓練有素的正規軍，是一群穿上軍裝的農民、工匠、學生和手藝人，其中有很多是並無作戰經驗的新兵。毛澤東需要一支能夠在高原作戰的軍隊，「平叛」為他提供了難得的機會，於是這些年輕的士兵就被送上高原。還有一些軍校學員與他們同行，這些人是來觀摩和「體驗」戰爭的。

這正是歷史的大悲劇：「革命」和「階級鬥爭」把人異化成標籤，掩蓋了「占領」和「摧毀」的實質，兩個本屬同一階層的人群，被切割為兩個陣營，在雪域高原拚死廝殺。他們之間的慘烈戰爭，本來是完全可以避免的。

在西藏歷史上，「四水六崗」的成立還有另一重意義。這一事件標誌著藏地平民擺脫了上層貴族對政治事務的壟斷，起來決定自己族群的命運。「四水六崗」脫胎於康巴反抗武裝。以康巴人為主的四水六崗衛教軍，是康區民間「逼上梁山」的產物。當災難降臨他們家鄉的時候，他們曾求助於拉薩，求助於噶廈，卻沒有得到他們期盼的支持和幫助。拉薩的貴族還嫌棄他們，擔心他們的反抗會引火焚身。他們被迫拿起武器，以明知不可為而為之

3　四水六崗，藏語「曲西崗珠」。「四水」指黃河、金沙江、雅魯藏布和瀾滄江；「六崗」即色莫崗、擦瓦崗、瑪康崗、繡波崗、麻扎崗、木雅熱崗。「四水六崗」的狹義指康區，廣義則泛指整個西藏三區。

的勇氣，做慘絕的最後自救。

「四水六崗」還標誌著西藏三區中被認為最「親漢」的康巴人與漢人中央政府的決裂，從此以後，從清朝開始就被置於漢人中央政權統治下，一度希望「康人治康」的康巴人，又選擇了「回歸」西藏。現在他們徹底明白了，康巴人是藏民族的一部分，藏民族的命運就是康巴人的命運。日後，康巴人成為「自由西藏」運動中一支強悍的生力軍。他們中的許多人昔日曾跟著馬幫走向印度，他們的後代將帶著雪山獅子旗和黃色雙劍旗走向世界。

（三）

根據「十七條協議」，西藏部分地區和拉薩的行政權力還在噶廈政府手裡，工委有什麼意圖和想法，還必須通過噶廈來下達。工委也明白，拉薩的藏人，還只有噶廈政府能指揮得動。他們知道康藏之間有歷史上的恩怨，有現實利益的不同，雖然他們不敢信任噶廈政府，但是康藏矛盾仍然是可以利用的。

於是，西藏工委一口咬定噶廈政府暗地支持康巴暴動，要噶廈派藏軍去山南「剿匪」，並且發布通告，命令民眾不得與「土匪」聯繫，不得提供幫助。噶廈雖然對蜂擁而來的康巴人也感到頭疼，也按照工委的要求發表了通告，但是聽命於漢人，派藏軍去鎮壓康巴人，在他們看來無論如何都是說不過去的。噶廈立即以「武器不足」為理由推脫。張國華和譚冠三命令不動噶廈，就給達賴喇嘛施加壓力，先後面見達賴喇嘛，要達賴喇嘛下令讓藏軍上陣。

一邊是藏民族正在經歷的苦難，另一邊是中央政府的壓力，使達賴喇嘛內心極其痛苦。他左右為難，既不願讓藏人自相殘殺，又無法控制局勢，況且一旦藏軍去了山南，能不能回來還很難說，說不定會整體倒戈，反而加強反抗力量。噶廈決定先採取一個折衷辦法，派人去找康巴反抗力量的領頭人貢保扎西，勸他們放下武器，通過協商來解決問題。可是，康巴人本來就對噶廈政府不滿，認為他們與中方合作背叛西藏，之所以成立一支志願武裝，多少也是表明了對噶廈不抱希望。這個勸和團從一開始就成功希望不大。噶

廈派人去勸和，還得特地挑選人家願意搭理的人去。商量來商量去，有人提議說孜本朗色林跟康巴人關係不錯，因此噶廈派出一個五人小組，其中包括朗色林和堪穹圖登桑覺去山南。不料這個五人小組一去不返，加入了反抗武裝。

這一去不返，對藏人來說，十分合情合理。只要設身處地，站在藏人的位置想像一下就可以理解。這說明整個藏民族，上上下下，都同情康巴人的遭遇，同情他們被迫舉起反抗的大旗。這種同情不僅涵蓋了貴族，涵蓋了底層，也滲透到了噶廈政府內部，在官員們中間也很普遍。但是，從軍區和西藏工委的角度來看，這只說明噶廈政府的官員也和「叛亂」聲氣相通，說明噶廈也隨時可能參與「叛亂」。

康巴人的反抗是不是一種「叛亂」，取決於把什麼當作正統。對解放軍和中共西藏工委來說，北京的中央無疑是正統，反抗中央的意志並付諸於行動，無疑就是叛亂。但是，要生活在藏地的藏民也採取同樣的原則，事實上違反人們的實際生活經驗，難免強人所難。對於藏人來說，反叛達賴喇嘛和噶廈，才是「叛亂」。

1958年11月初，噶廈在羅布林卡召集僧俗官員和三大寺代表開會，討論中央的指示，以及如何平息事態，穩定西藏的局勢。西藏高層和噶廈政府的此類重要政務會議，歷來採取相當開放的議事方式，誰都可以發表意見，往往要經過冗長的議論，直到漸漸達成比較一致的看法。這種議事方式不是為追求效率而規定的，因此在出現困難議題的時候，達成決議非常困難。

另外，西藏工委1951年以來的統戰工作，在西藏已經取得了一定的成果，在相當程度上成功地分化了對手。噶廈政府中已經出現分裂，噶倫們成為兩派，彼此不再信任。噶倫阿沛·阿旺晉美被認為「親漢」，只要他在場，其他噶倫就不再說出真實想法和感受。中下級官員彼此意見不和，許多中下級官員們跟上層官員意見相左。連噶倫們閉門開會都小心翼翼，僧俗擴大會議更難暢所欲言，怕說的話被報告到軍區或工委去。會議後來分組討論。討論時，藏軍代表格桑瞻堆慷慨激昂地說了一番話，認為政府應該「養兵千日，用兵一時」，政府一聲令下，藏軍士兵們願意赴湯蹈火。一個名叫格桑的秘書說，如果擔心達賴喇嘛的安全，不妨請達賴喇嘛暫時離開拉薩。

後來這些並未形成決議的意見都成為「劫持說」和「陰謀論」的證據。

空談了十來天，最終結果是議而未決，對於如何安定局勢，既沒有商討出具體的辦法，也沒有形成可以執行的方案。各組對噶廈的工作提出了很多意見，呈給噶廈政府，之後就沒有下文了。而且，會議還暴露出噶廈政府內部的不同觀點。札薩和孜本以上的官員們主張謹慎小心地控制事態發展，四品以下的官員們則主張聯合起來抵抗[4]。後來的發展也證實了這點。抵抗的強烈衝動和願望，來自於社會底層。越往上越不願意動盪，越主張妥協忍讓。最後，會議做出一個決定：派代表團去北京，向中央表明態度，希望此舉能「消除中央對地方政府的誤會」[5]。這一決定說明，直到1958年底，西藏上層和噶廈政府對中央準備大打一場的戰略意圖還茫然無知。

會議還責成警衛營加強達賴喇嘛的安全保衛，命令警衛團催促休假人員盡快返回，把原先駐日喀則的警衛團士兵調回拉薩；加強羅布林卡警衛，門口增加守衛，內外日夜巡邏，強化軍事訓練，以便確保達賴喇嘛的安全。會開完後，一切照舊，噶廈政府繼續觀望，達賴喇嘛繼續準備考試。此後的一段時間裡，有些對噶廈政府的無所作為，對中方咄咄逼人都不滿的人，偷偷離開拉薩去山南，投奔了反抗武裝四水六崗，其中有幾百名藏軍士兵。四水六崗衛教志願軍迅速壯大。

（四）

丹巴索巴隨著朝佛的信眾，走進大昭寺。上班前，他照例先去拜佛。

快到藏曆年了，朝佛的民眾明顯增多。如往年一樣，許多民眾早早就從家鄉出發，專程趕到拉薩，參加一年一度的傳大昭。今年達賴喇嘛要在寺內辯經考試，許多僧人不想失去這個難得的機會，也從各地趕來。

---

4 色新·洛桑頓珠，〈有關我任警衛營長時（1959年）發生叛亂之事〉。《西藏文史資料選輯》（十七），頁135。根據中方資料，這個會議是在1958年11月2日到16日召開的，見《中共西藏黨史大事記》，頁83。另見 *Memories of Life in Lhasa Under the Chinese Rule*, p 21.
5 《中共西藏黨史大事記》，頁85。

丹巴索巴走進大殿，站在「覺仁波切」像前，雙手合十，頂禮三拜，然後退出佛殿，走上二樓。大昭寺不僅是一座寺院，也是噶廈政府機構所在地之一。從五世達賴喇嘛開始，「拉恰列空」，即噶廈政府財政部，就設在大昭寺內。丹巴索巴任職的改革局，也設在這裡。

改革局是在達賴喇嘛和噶廈政府接受「十七條協議」之後成立的一個新機構。1951年初，達賴喇嘛避難亞東，往返路上親見民生疾苦，決意對西藏的傳統制度進行改革。次年，17歲的達賴喇嘛授命噶廈和基巧堪布擬定改革方案。經過討論，噶廈決定成立一個機構，由噶倫阿沛·阿旺晉美和索康·旺清格列共同負責。改革局成立後，制定了7條方案，包括對烏拉制度，各宗的管理制度，政府稅收制度等實施改革。僧俗官員改為工資制，由政府發放薪俸，各宗的稅收帳目由改革局審理。改革方案中還包括將各谿卡的土地收回，分配給農民耕種一項，但是貴族們提出「要收回草原，就要連草原上的花一同收回」，即收回土地的同時，也收回欠政府的債務。由於這項改革牽涉面很廣，需要從長計議，因此議而未決[6]，先對烏拉制度、稅收制度、攤派、土地出租等方面做出改革，並於1954年初頒布公告[7]。

丹巴索巴是改革局職員，負責發放工資。他在自己的桌前坐下，雜役送來一杯茶，他一邊喝茶，一邊聽同事們議論。

「聽說嘉瓦仁波切[8]要去北京開第二屆人大，」一個年輕同事說。「有人說『宇妥大院』為了這件事，專門回了一趟拉薩。」

消息傳得真快，丹巴索巴想。「宇妥大院」指的是工委主任張經武，他的住處是原噶倫宇妥的莊園。在藏人口中，「宇妥大院」漸漸成了西藏工委的代稱。1955年以來，張經武被任命為主席辦公室主任，同時兼管西藏工作，冬季通常不在拉薩[9]。1958年4月，「反右」之風颳到遠在邊陲的西藏，

6　丹巴索巴訪談，2009年9月8日。有關改革局的詳情，見《西藏文史資料選輯》第九輯，頁20-26；《西藏文史資料選輯》第（十三輯）頁28。

7　詳見〈關於根據「協議」改革西藏社會制度的布告（抄本）〉，《西藏文史資料選輯》第九輯，頁137-141。

8　藏人對達賴喇嘛的敬稱。

9　達賴喇嘛1958年底得到通知，中央希望他參加全國人大第二次會議，達賴喇嘛當即同意。但是，根據達賴喇嘛回憶，通知他的是張經武；根據《中共西藏黨史大事記》，通知他的是譚冠三。

在這次運動中，西藏工委的內部鬥爭終於有了結果：工委副書記范明遭到整肅，成了「極右分子」，被開除黨籍。此後，張經武和張國華不在西藏時，由工委副書記譚冠三將軍負責日常工作。

拉薩是個保不了密的小城市，有點動靜很快就傳得沸沸揚揚。大昭寺地處市中心，不少上層人士在這一帶有產業，設在寺內的改革局，就成了一個方便的開會地點，無形中也成了新聞集散地。

「嘉瓦仁波切已經答應了？」另一個同事問道。

「聽說嘉瓦仁波切答應去開會，但是噶廈不大放心，」有人插嘴，「三大寺也很不情願。能不能去成還不知道。」

「什麼時候開會？」有人問。

「聽說還沒有定下來，」剛才插話的人回答。

「這樣的時局，」丹巴索巴說，「嘉瓦仁波切去北京，真不是時候。」他不由想到帕廓街附近，那幾座「漢人房子」的屋頂上，沙袋築起的工事。

窗外傳來經鈴聲。丹巴索巴情不自禁地往外看。院子裡，一小群康巴人正對著正殿磕頭。丹巴索巴心情複雜地看著他們。在拉薩人眼中，康巴人是有點兒土頭土腦的「鄉巴佬」，然而，當貴族們一籌莫展，無所作為的時候，卻是這些頭腦簡單、舉止粗魯的康巴人率先行動，使得拉薩人不由得對他們刮目相待。

大昭寺的經筒悠悠地轉著，清冽的經鈴聲，在寒冷的空氣裡迴盪。

（五）

西藏工委和拉薩的漢族幹部們，也能覺察拉薩民眾內心的緊張，面對藏人越來越明顯的敵意，他們的神經也繃得越來越緊。西藏工委和軍區自然不會對這樣的局面無動於衷。在最高當局直接部署下，西藏工委領導下的軍民各界都在悄悄地做準備。1958年11月8日，就在噶廈政府的官員們聚集羅布林卡開會時，拉薩機關民兵團正式成立。兩三個單位組成一個民兵營，各單位，包括商店、郵局、銀行、報社等分別成立民兵連和民兵排。民兵營有機槍和迫擊砲，退伍軍人組成的基幹民兵排，每人配備長槍或衝鋒槍、4顆手榴

彈。民兵隨即開始軍事訓練，並日夜站崗放哨[10]。

11月16日，即噶廈官員大會結束的當天，工委向中央報告，認為藏方派代表團赴京「其目的是籠絡上層分子，以便一致對付我們，同時推卸地方政府在平叛和治安問題上的責任，企圖拖我下水。」因此，工委打算採取的對策，「總方針是大力進行分化工作，他們要想達到統一，我們就要使其分化，他們要想推卸責任，我們就要把平叛和治安的責任全部交給他們，使其不能脫身。」相比噶廈和藏人一方情緒波動卻議而未決的狀態，中共西藏工委那種對敵鬥爭的姿態，更為老練。

一個月後，中共中央就此問題答覆西藏工委，認為噶廈政府沒有必要派代表團去北京。同時提出希望達賴喇嘛參加次年春天在北京召開的第二屆全國人大。達賴喇嘛當即同意[11]。這一答覆表明，中央並不想對拉薩民眾的不安和情緒做出安撫，但是仍然希望得到達賴喇嘛的合作。中央更重視的是達賴喇嘛和西藏上層的態度與動向，而並不怎麼在意底層民眾的不安與騷動。這種偏向，不能不說是拉薩局勢有後來走向的一個重要原因。各方都沒有想到，達賴喇嘛去北京開會這件事，放在當時極端緊張的氣氛下，將會產生什麼樣的後果。

12月，噶廈政府的一些中下層官員和藏軍中的一些如本、甲本[12]在大昭寺樓上的改革局開會。這個會議主要討論達賴喇嘛去北京參加全國第二屆人大會議的事。他們反對達賴喇嘛去北京，計畫向中央駐藏代表請願。這個會是背著上層官員召開的，與會者頭頂達賴喇嘛照片發誓，對這件事保密[13]。當然，拉薩沒有秘密可言，這件事很快就傳了出去，後來被說成是「密謀叛亂」的證據之一。

---

10 王起秀，〈親歷1959年西藏平叛〉，《百年潮》2008年10月號；另見《西藏革命回憶錄》第四輯，頁125。
11 《中共西藏黨史大事記》，頁85。
12 藏軍建制中的最高統領為「馬基」，即司令；馬基之下為「代本」，相當於團長；代本之下為「如木」，相當於營長；然後是甲本，相當於連長；丁本，相當於排長。
13 《中共西藏黨史大事記》，頁85；色新·洛桑頓珠回憶文章中談到秘密會議的具體內容。該文沒有提到中下層官員們曾「發誓保衛達賴喇嘛和西藏政教制度」；次仁夏加《龍在雪域》中對另一個與會者訪談中提到此事。《西藏革命史》頁119-120中說這次會議開了6天，索康、帕拉、功德林札薩等上層人士參加了這個會議，與色新·洛桑頓珠的回憶不符。索康等人參加的是1958年11月噶廈召開的僧俗官員擴大會議，那次會議由首席噶倫索康主持。

對拉薩市民來說，康區和安多發生的事情雖然驚心動魄，但多少有點距離感。

近年在拉薩發生的幾件事，使拉薩市民的不滿越來越表面化。先是「馬夫更桑事件」。按照慣例，噶廈政府在羅布林卡為達賴喇嘛修建新宮。一天，一個名叫更桑的馬夫，趕著馬車到拉薩河對岸，為建築工地去搬運石頭。在拉薩橋上，馬夫與守橋的解放軍士兵發生口角，馬夫舉鞭欲抽，士兵對他開槍，更桑傷重不治。張國華為此事專程去羅布林卡，向達賴喇嘛道歉[14]。

康區和安多發生武裝暴動後，拉薩的氣氛日趨緊張。雙方艱難的磨合基本停止，彼此之間本來就不多的信任急速降低，稍有摩擦，立刻升級。根據「十七條協議」，西藏軍隊應逐步改編為人民解放軍，1956年4月，解放軍授軍銜時，藏軍各代本也被授予解放軍軍銜，達賴喇嘛的姊夫、警衛團團長朋措扎西被授予上校軍銜。當時軍區跟藏軍之間的聯繫也比較緊密，還曾撥款為警衛團修建新營房。雖然接受了解放軍軍銜，但是由於藏軍官兵的抗拒，尚未進行整體改編。1957年，藏軍士兵和解放軍士兵之間發生了數次衝突。1957年10月，藏軍第二代本的三名士兵去搬運木材，路上與一名中方軍人發生衝突。軍人叫來增援，兩名藏兵被解放軍開槍打死。一名解放軍士兵去參觀布達拉宮，被藏軍警衛逮捕，據稱在他身上搜出武器。身懷武器去布達拉宮，在藏人看來，不僅是非常冒犯的舉動，而且是非常危險的[15]。這些零星事件，都使得拉薩藏人對工委和解放軍的信任降到最低點。雙方都感到，更大的衝突是早晚的事，誰也阻擋不了。

（六）

1959年1月，德格麥宿人居欽圖丹騎著馬，來到拉薩河邊。冬日的拉薩河谷空氣乾燥，河谷兩岸的山巒在陽光下呈現蒼涼的黃褐色。陽光雖然熱烈，

---

14 《西藏文史資料選輯》第四輯，頁33。
15 詳見Goldstein, Melvyn C., et al., *A Tibetan Revolutionary: The Political Life and Times of Bapa Phuntso Wangye*. p. 224.

卻並不溫暖，人馬的鼻息凝成一團團白霧。

居欽圖丹勒住馬，遙望雄踞紅山頂上的布達拉宮，深深吸了口氣。船夫看看十幾名人馬，放棄牛皮船，撐來渡口僅有的一條木船，以便載馬過河。居欽圖丹跳下馬，招呼追隨他的同伴們牽馬上船，木船緩緩朝對岸划去。蒼黃的山巒映在清澈的水面上，山影上重疊著幾個疲憊不堪的面影。時代的風霜化成細細的皺紋，刻在他們雖然年輕，但已歷盡劫波的臉上。

船夫一邊划船，一邊為他們指點：沙灘那頭，有很多樹的地方是達賴喇嘛的夏宮羅布林卡，羅布林卡東面的孜仲林卡如今是漢人的軍營，布達拉宮下面，離雪村不遠，是秀吉林卡，漢人的辦公室就在那裡。羅布林卡西面的諾多林卡也是漢人的兵營；拉薩河北岸的是老軍營，南岸的是新軍營；布達拉宮對面的小峰是甲波日，山頂上的寺院，就是大名鼎鼎的藏醫學院⋯⋯。

船到河中央，居欽圖丹手握韁繩，習慣性地朝四周環視，心裡不由猛地一沉：解放軍各軍營所在的位置呈包圍之勢，不僅卡住了拉薩城的出口，還將布達拉宮、羅布林卡和甲波日置於大砲的射程之內。特別是位於拉薩河南岸的「新軍營」，該地依山面水，占據拉薩河谷的咽喉要道，在那裡架設大砲，不需離開軍營，整個拉薩市內的所有建築都在砲火射程之內。一旦打仗，解放軍輕而易舉就能封鎖拉薩河谷，市民們無路可逃。

船到拉薩河北岸，居欽圖丹同12名同伴牽馬下船，各自翻身上馬，緩步走向拉薩城。

拉薩看來很平靜。城外的空地上，已經看不到由各地難民組成的帳篷城。1958年4月，工委在拉薩市進行「清理」，把那些為了逃避嚴酷的土改，從四川等地逃來的漢人統統遣返原籍，然後又在日喀則、江孜、亞東等地抓捕了400多人。隨後，工委派人到城外的「帳篷城」去登記調查康區和安多難民的身分。難民們一路逃到拉薩，已是驚弓之鳥，見中方的人來登記，害怕被遣返回家，馬上拔營而去，沒過多少天，帳篷城就消失得無影無蹤。難民們渡過拉薩河逃到山南，很多人加入了四水六崗衛教志願軍。

離開家鄉已經三年了，昔日25歲的年輕人已經年近30。三年來，居欽圖丹身經百戰，成了一個不屬於任何軍隊的老兵。跟隨他離開故土的近百名鄉親，大多已經戰死，通往聖城的路上，灑下一路血跡，留下一路屍骨。

1958年8月，中央軍委向空軍下達了「空中軍事打擊」的命令。當時解放軍的空軍尚無高原作戰經驗，讓空軍上陣，正好可以借「平叛」之機進行實戰練兵。他們並不缺少練兵目標。在戰爭影響下，青海牧民大批逃離，許多部落趕著牲畜，帶著帳房和寺院整體遷徙。他們並不願捲入戰爭，只想找到一個可以安居的地方。機翼下，游牧部落的帳篷和牲畜一覽無餘，他們的帳房寺院被當成「叛匪議事廳」，他們的妻兒成了「被裹脅的群眾」。牧民們沒見過飛機，正如100年多前的中國人沒見過「洋槍洋砲」。於是牧場成為殺戮場。空中勇士們朝他們傾瀉子彈，「只看到叛匪就像螞蟻群被開水澆了一下那樣，狼狽地四處逃竄，有的向河裡跑，有的向山下跑，有的向山上跑」，軍人們在機艙裡高喊「打得好」，卻沒有把握掃射的是不是「普通藏民」。上級只為他們進行了密集的「階級教育」，向他們展示密教修行用的人骨法器，告訴他們「奴隸主用奴隸的頭骨做碗」等等諸如此類流傳至今的假話，成功地激起了他們的「階級仇恨」，卻沒有告訴他們一些起碼的常識，比方說牧民是按照部落組織的；較大的部落通常有帳房寺院，部落紮營時，帳房寺院在中心，牧民的帳篷在寺院周邊；草原上放牧的牧人必須有槍，才能保護牲畜和家人。另一個民族的生活方式，超出了他們的知識範圍，也超出了他們的想像；他們是軍人，軍人的天職是服從命令，他們得到的命令是，凡帶槍，趕著牲畜的一群藏人，就是「叛匪」，格殺勿論[16]。

　　居欽圖丹和他的同伴們輾轉逃亡，不知道去過多少地方。一路上，他們遇到一個個被空軍和地面部隊聯合「殲滅」的部落。牛羊的血，婦女兒童老人的血，滋養著曾經養育他們的草原。

　　在扎溪卡，居欽圖丹和他的同伴們遠遠看到一個部落的營地。綠油油的草地上，搭著一頂頂帳篷，牛羊在帳篷附近低頭吃草，牧羊犬蹲在帳篷旁邊。久違的安詳，令這一小群逃亡者欣喜。戰爭彷彿只是一場噩夢，相互的廝殺只是夢境中的瞬間。他們策馬走向營地。牧羊犬衝過來，朝他們暴跳狂

---

16 江達三，〈74歲老飛行人員的博客〉。http://blog.sina.com.cn/s/blog_4bf5830401000ajh.html-type=v5_one&label=rela_prevarticle

吠，卻沒有人走出帳篷，攔住狗，向路過的人們合十問候。一群人跳下馬，居欽圖丹走進一頂帳篷，看到的情景令他終生難忘：那家的女主人，一個上了歲數的老阿媽，躺在地上一動不動，彷彿正在酣睡。他和同伴們走進另一頂帳篷，看到同樣的情景。死亡帶來異樣的安靜，戰爭凝固成康巴漢子們流不出眼淚的悲傷。居欽圖丹和他的夥伴們跨上馬，繼續前行。這是死亡與殺戮之旅，前有堵截，後有追兵，空中有轟炸，地面有步兵，他們有時躲藏，有時伏擊，有時奔逃，誰也不知道自己最終是否能夠到達聖城。

　　半個多世紀後，在達蘭薩拉，80多歲的居欽圖丹坐在他的小院裡，對我說：「我年輕的時候，也殺了一些人，那些人，那些漢兵，他們也有父母兄弟……。」喜馬拉雅山南的天空湛藍無雲，秋天的陽光熱烈地潑灑在他雪白的頭髮上。一株柚子樹上掛著尚未成熟的果子，他身旁的柏樹下，灌木結滿紅色和黃色的漿果，像一粒粒彩珠。

　　「有時候我會想，這都是為了什麼？」居欽圖丹沉默地看著房子的前廊。一隻瘦骨伶仃的狸貓臥在小門邊的矮牆上，眯著眼睛，享受午後的溫暖。一隻猴子從下面房子的石瓦屋頂上走過來，跳到柏樹上，在樹上一悠一躍，落到他家的屋頂上。我望著他，想像半個世紀之前那場慘烈的戰爭，那些埋葬在烈士陵園裡的士兵，那些沒有葬身之地的牧人，那些陳屍荒野的老人婦女兒童，沉默無言。

　　是啊，這都是為了什麼？可是，時光倒轉五十年，如果說，那些入藏的解放軍士兵，身為軍人，必須服從命令走上戰場，沒有別的選擇；那麼身為居欽圖丹這樣的藏人，家毀了，家鄉毀了，祖祖輩輩賴以生存的一切都毀了，眼看著他們這個民族就要毀了，他們還有別的選擇嗎？

　　居欽圖丹來到了拉薩。13個死裡逃生的部落民，帶著幾條老舊步槍，甚至算不上「散兵游勇」。他們在城郊的一個康巴舊識那裡臨時住下，把馬和槍留在住處，前去大昭寺拜佛。在「覺仁波切」前跪拜點燈後，幾個人先轉經筒，然後出門轉帕廓。

　　新來乍到的康巴人好奇地東張西望。戰爭雖然已經離拉薩不遠，但這裡彷彿是另一個世界。帕廓街上繁華依舊，小販們在街邊販賣各種貨物，尼泊爾人、印度人、喀什米爾人開的商店裡人進人出，貨架上陳列著各種舶來

品。裹著絳紅袈裟的僧侶來來往往，乞丐坐在路旁，老人一手拿著轉經筒，一手捏著念珠，慢慢地繞寺而行。居欽圖丹漸漸注意到，人們的神情裡有種難以言說的緊張。拉薩平靜得詭異，彷彿颶風之前短暫的安寧，亂雲在天邊翻滾，狂風在遠方咆哮，風暴正朝拉薩移動，不知何時將席捲聖城。

　　1959年1月22日，就在居欽圖丹和他的同伴們來到拉薩的時候，毛澤東向西藏工委下達指示：「在西藏地區，現在及今後幾年內，是敵我雙方爭奪群眾和鍛鍊武裝能力的時間。幾年之後，例如三、四年，五、六年，或者七、八年之後，總要來一次總決戰，才能徹底解決問題。西藏統治者原有兵力很弱，現在他們有了一支鬥志較強的萬人叛亂武裝，這是我們的嚴重敵人。但這並沒有什麼不好，反而是一件好事，因為有可能最後用戰爭解決問題。但是（一）必須在幾年中將基本群眾爭取過來，孤立反動派；（二）把我軍鍛鍊得很能打。這兩件事，都要在我軍同叛亂武裝的鬥爭中予以完成。」[17]也就是說，「總決戰」不僅是要「用戰爭來解決西藏問題」，還要「鍛鍊」出一支能在高原作戰的軍隊。

　　街上看不到穿軍裝的解放軍士兵。居欽圖丹不知道，那段時間裡，士兵們都在軍營裡進行「階級教育」，白天修工事，晚上練兵。砲兵已經做好作戰準備，交通壕已經挖到了拉薩河邊。軍區汽車十六團已經派出龐大車隊，運來數千方木材，各單位正在加緊修築明碉暗堡。

　　這時候，達賴喇嘛的注意力集中在即將開始的拉然巴格西考試上；噶廈還在爭論不休。藏軍第四代本駐紮在西藏軍區警衛營隔壁，對鄰居們的備戰居然毫無覺察。

　　居欽圖丹和他的夥伴們走到講經場，不由竦然一驚。街邊的一座大宅房頂上，有幾座沙袋和土坯堆築的工事，窗口也搭了小型掩體，黑洞洞的槍口正對著神聖的大昭寺[18]。

---

17 《解放西藏史》，頁350。
18 靠近大昭寺的亞谿桑頗府、吉兌府等，解放軍進入拉薩時就被中方買下，設立了各種機構。

第六章　布達拉宮的驅魔舞

（一）

　　緊張的氣氛似乎加快了時間的流速，一轉眼，土狗年就要過去了。藏曆12月29日，是除夕的前一天。這天是藏曆中的「古朵節」，也就是「驅鬼節」，俗稱「破九」。再過兩天就是「洛薩」，即藏曆新年。「破九」這天，藏區三區各地家家戶戶都要舉行儀式，驅鬼祛邪，驅趕妖魔鬼怪的同時，也驅走病痛、災難和厄運，乾乾淨淨地迎接新的一年到來，並以此祈望來年好運。

　　「驅鬼節」這天，民間有民間的儀式，寺院有寺院的儀式。民間的驅鬼儀式以家庭為主，祈望自己和全家平安；寺院的驅鬼儀式是一種宗教表達，祈求一方水土的平安興旺。

　　布達拉宮也有一套固定的「驅鬼節」儀式，其中最主要的部分，就是「古朵羌姆」。「羌姆」也叫「金剛舞」，或稱「金剛法舞」，是一種歷史悠久的面具舞，盛行於信仰藏傳佛教的地區。「羌姆」在不同的場合有不同的表演形式，表現不同的內容。在表現方法上，各教派的「金剛舞」略有不同，各寺院也有差異。作為西藏的象徵，布達拉宮的「古朵羌姆」自然意義重大，趕鬼驅邪不僅是為了達賴喇嘛本人的平安，也是為了西藏的福祉。金剛舞雖然已經普及到民間，但依然是一種獨特的密宗儀軌，其表現形式，角色、服裝、器樂、動作，乃至表演的時間，都有強烈的宗教涵義。金剛舞並不是普通意義上的娛樂，對於信眾而言，這種宗教性的舞蹈是一種開示，而且具備強大的法力，因此表演者必須是經過特別訓練的僧人，他們懂得佛教的基本理論，有一定程度的修為，對自己所扮演的角色以及表演的內容也有深刻的理解。

布達拉宮的金剛舞由南捷扎倉的僧人表演。南捷扎倉意為「尊勝僧院」，為第三世達賴喇嘛索南嘉措創建，原名「潘德勒謝林」，意為「利樂善言院」。第五世達賴喇嘛向尊勝佛母七尊頂禮，供養8名僧侶為達賴喇嘛誦經祈壽，並將該寺易名為南捷扎倉。第七世達賴喇嘛將僧人增加至75名，後陸續增加到174名。達賴喇嘛本人亦屬南捷寺僧，因此南捷寺也是歷代達賴喇嘛直屬寺院，由達賴喇嘛直接掌管。1959年，包括第十四世達賴喇嘛在內，南捷扎倉共有175名僧侶。這些僧侶為達賴喇嘛的各種佛事活動提供必要的協助，也接受「羌姆」訓練，在金剛舞中表演各種角色。據說布達拉宮的金剛驅魔舞要表演好幾天，一開始的幾天都是在布達拉宮東大殿裡秘密進行，只有藏曆12月29日這天才對民眾開放。

　　大約從1951年開始，布達拉宮每年舉辦「驅鬼節」的金剛舞時，都會邀請西藏工委領導人來觀看。「驅鬼節」是個帶有宗教意味的民間節日，布達拉宮趕鬼驅魔的金剛舞帶有民俗和藝術性質，早已成為藏地新年慶典活動之一，與單純的宗教崇拜儀式不同。工委領導人雖然是無神論者，但可以從民俗角度來觀看金剛舞。這不失為一種「公關」方式，工委方面也欣然接受。因此，邀請工委領導人到布達拉宮看驅鬼節金剛舞，逐漸成了慣例。1959年這一年，雖然拉薩城裡氣氛十分緊張，一切仍然照慣例來安排。

　　藏曆土狗年12月29日，即西元1959年2月7日午後，拉薩市內和周邊村莊的民眾絡繹不絕地朝布達拉宮走來。他們沿著長長的階梯拾級而上，匯集到德央夏廣場兩邊的長廊上。長廊底層簷下掛著一條帳幔，幾十米長的寬布上織出精緻的藍色卷雲紋和彩色護法神頭像，帳幔的五彩邊緣隨風飄蕩。南捷扎倉的僧樂師和念經的僧侶們坐在帳幔下，等待吉祥時刻的到來。

　　布達拉為梵語「普陀洛」的轉音，意為「持舟山」，被認為是觀音菩薩的淨土。宮殿由紅宮和白宮兩部分組成，白宮高七層，為歷代達賴喇嘛的寢宮和施政的地方，也是歷代攝政王，達賴喇嘛經師的寢室和辦公地點；達賴喇嘛的寢宮就在白宮頂層的日光殿。紅宮位於布達拉宮的中央，其中主要建築為歷代達賴喇嘛的靈塔和佛殿。白宮東側有座面積為1,600平方米的寬闊廣場，廣場兩邊各有一道黃色雙層長廊。這就是德央夏廣場，意為「東廣樂場」。每年的「古朵金剛舞」就在這座離地面70米高的廣場上舉行。廣場頂

頭是白宮的大門，大門上方有3層大窗子，達賴喇嘛、噶廈以及貴族們就在那裡觀看表演，民眾站在兩側的長廊上觀看。白宮正門口有三條並排的狹長木階，中央是達賴喇嘛專用階梯，其他人等從兩旁的階梯出入。

長廊底層，幾名僧人吹響搭在精緻木雕架上的長號。5米長的銅管號發出低沉雄渾的「嗚……嗚……」聲。號聲裡，幾十面羊皮法鼓急速敲響，大銅鈸擊出一聲驚雷。鼓號銅鈸聲中，一群藏語稱為「尹充帕」[1]的古裝武士衝進場中。武士們頭戴兩、三尺高的羽毛冠，身穿鐵片鎧甲，手持盾牌、長矛、刀劍和火槍，模擬古代戰爭的場面，相互砍殺，對空鳴槍，殺聲震天，為趕鬼驅邪的金剛舞營造氣氛。隨後天龍八部進場，諸神起舞，將觀眾的心神帶入聖界。

德格人居欽圖丹站在長廊上，抬頭注視白宮頂上的日光殿。窗子頂上的黃幔在清風裡飄揚。達賴喇嘛就在那扇大窗後面觀看「古朵羌姆」。居欽圖丹不知道，此時達賴喇嘛正在陪同兩位客人。

這年的「驅鬼節」，前來布達拉宮觀看表演的是軍區副司令鄧少東和工委秘書長郭錫蘭。達賴喇嘛熱情歡迎兩位客人，陪同他們一同觀看金剛舞。

銅鈸一震，武士們舞畢退場。長號轟鳴，法鼓聲如急雨。居欽圖丹和眾人轉頭朝白宮大門望去。

一隊頭戴各種面具，穿著織錦彩衣的僧人排著隊，沿著右邊的階梯，從白宮大門裡魚貫而出。在鐵棒喇嘛的帶領下，黑帽咒師、護法神、童子、葬主、守門人、「阿扎拉」、閻王、牛頭、鹿頭、骷髏等繞場一周。

在場的所有人都沒有料到，這是第十四世達賴喇嘛丹增嘉措在布達拉宮觀看的最後一場金剛舞。

（二）

土狗年的「破九」日，一文一武兩名中共高官坐在布達拉白宮頂層，居

1　藏文Zimchongpa，特指駐守在雪村的一支步兵，據傳為固始汗時代的士兵。達賴喇嘛出行時，他們負責搬運蒙古式帳篷；或在達賴喇嘛出行儀仗中執旗。

高臨下，注視德央夏廣場。鄧少東是湖北大悟縣人。「大悟」本為佛教術語，該縣以此為名，顯然與該地歷史上佛教興盛有關。湖北大悟有座名為「九龍禪寺」的名寺，一度香火鼎盛。不過，鄧少東19歲參加紅軍，20歲加入共產黨，很難設想他會對眼前的一切感興趣。

那時候，身為軍區副司令的鄧少東已經得到了毛澤東關於通過「總決戰」來「解決西藏問題」的指示，從1956年起，西藏軍區就已開始備戰。這時候，拉薩河南岸的新砲兵營地已經完成，交通壕已經挖到了河邊，正準備朝然馬崗渡口挖過去，以便控制拉薩與山南的交通，同時也掐住羅布林卡出入拉薩河谷的咽喉要道。但是，這些軍事部署尚屬秘密行動，表面上的「統戰」還在進行，鄧副司令還得坐在達賴喇嘛旁邊，公事公辦地應付這次活動[2]。

幾名彩衣童子簇擁著一個大頭娃娃模樣的角色，搖搖擺擺地進場。這個「大頭娃娃」藏語叫「哈香」，即漢語「和尚」的音譯，因此也被稱為「漢地和尚」。據說藏地第一寺桑耶寺建立時，曾有漢僧做過該寺祈神表演的施主，那位老和尚後來演化為羌姆表演中的一個角色，頭戴白胖大頭笑和尚面具，代表「施主」。「哈香」繞場一周，做了幾個簡單的動作，引起一片笑聲，為表演帶來節日的喜慶，舒緩了古裝武士舞激起的緊張氣氛。

「漢地和尚」搖搖擺擺地走到白宮門前的階梯下，坐在早已安放在一邊的椅子上。此後的表演中，「哈香」就以「施主」的身分，端坐觀望。

緊接著，場上出現6名「阿扎拉」。他們戴著高鼻深目、顏色不同的面具，身穿斑斕彩衣。「阿扎拉」是梵語「阿闍梨」的變音，象徵把佛教傳入藏地的印度和南亞僧人。他們跟隨大銅鈸的節奏起舞，舉臂彎腰頗有南亞風情。阿扎拉退下，一群鬼卒衝進廣場，呼喊高叫，亂蹦亂跳。喧嚷聲裡，四個骷髏呼嘯而入。骷髏面具咧著大嘴，帶著詭異的笑容，隨著銅鈸聲歡蹦亂跳。

對於兩位中共高官來說，這四個骷髏離奇古怪的舞蹈無非代表了他們前來改造的「野蠻落後文化」，他們既不了解，也不會尊重四骷髏的象徵：被稱為「四無量」的慈、悲、喜、捨這幾個佛教基本概念[3]。然而，就算他們了

2　《中共西藏黨史大事記》，頁87；軍事準備詳見《西藏革命回憶錄》第四輯，頁39。
3　對古朵羌姆各角色的象徵意義有不同解釋，此處資料來源為印度達蘭薩拉南捷寺。

解又如何？「慈悲」這一理念與他們所信仰的「階級鬥爭」觀念是衝突的，在他們的信念裡，這一切都必須被摧毀。舞蹈的僧人，觀看的民眾，樓下的噶倫，乃至坐在他們旁邊的達賴喇嘛，只有兩個選擇：或是「冷水煮青蛙」式的「和平改造」，或是「急火蒸螃蟹」式的暴力摧毀。無論哪種選擇，都必須是在中共主導下，在「階級鬥爭」的理論框架之內，以「一個階級消滅另一個階級」為目標。達賴喇嘛建立在慈悲理念上，希望維護各階層利益的改革方案，在他們看來，完全違背了「階級鬥爭」理念，絕對不可接受。

德央夏廣場上，象徵死亡的「葬主」出現在眾人眼前。「葬主」為掌管天葬、水葬、火葬地的神靈。面具為紅色，瞪眼呲牙，眉毛鬍鬚皆為火焰紋，雙眉倒立，鬚髮奮張，作忿怒相，頂綴五顆小骷髏。在驚天動地的銅鈸鼓號聲中，「葬主」踏著緩慢的舞步，一招一式，舉手投足，皆有冷森寒意。

這年的驅鬼節，整個西藏三區只有達賴喇嘛和班禪喇嘛轄區的寺院可以表演金剛舞。昌都解放委員會的轄區已經全面暴動，川、甘、滇、青四省，寺院已近全部摧毀。藏民族正在經歷比歷史上「朗達瑪滅佛」更徹底的災難。在朗達瑪滅佛期間，一些僧侶逃到康區，康巴人保存了藏傳佛教；而在二十世紀中葉的紅色浪潮中，他們無處可逃。

（三）

日光殿裡，達賴喇嘛和兩位客人一邊看金剛舞，一邊閒聊。話題從德央夏廣場的金剛舞談起，說到西藏軍區文工團。鄧少東順口說到，文工團最近從內地學習回來，帶回來一些新節目。

接下來的事情，就成了1959年「拉薩事件」中的幾個疑案之一。幾十年來，圍繞著三人這天的閒聊，以及到底是誰主動提出去軍區觀看演出，中藏兩方有不同說法。《中國藏學》1988年第2期中收錄了前西藏噶廈政府噶倫阿沛·阿旺晉美的一篇短文，題為「一九五九年『三月十日事件』的真相」。文章中關於去軍區司令部看演出的由來，是這樣說的：

1959年（藏曆土豬年）「破九跳神大會」時只有西藏軍區政委譚冠

三和副司令員鄧少東在拉薩，他們應邀前往布達拉宮。達賴喇嘛在他的臥室會見他們時主動提出：「聽說西藏軍區文工團在內地學習回來後演出的新節目很好，我想看一次，請你們給安排一下。」譚政委和鄧副司令員當即欣然應允，並告訴達賴喇嘛，這事很好辦，只要達賴喇嘛確定時間，軍區可以隨時派出文工團去羅布林卡為他演出專場。達賴喇嘛說，去羅布林卡不方便，那裡沒有舞臺和設備，就在軍區禮堂演出，他去看。事情就這樣說定了[4]。

根據這篇文章，去觀看演出的是譚冠三和鄧少東。回憶中沒有提及達賴喇嘛是如何知道軍區文工團從內地返回這件事的。

這篇短文後來被擴展成一篇長文，收錄在2003年出版的《見證百年西藏：西藏歷史見證人訪談錄》上冊中，題為「談1959年『3月10日』事件真相」。這篇文章對阿沛·阿旺晉美1988年的回憶做出了修正：

1959年「破九跳神舞大會」時只有西藏軍區政委譚冠三和副司令員鄧少東在拉薩。鄧少東和工委秘書長郭錫蘭應邀前往布達拉宮。達賴喇嘛在他的臥室會見他們時主動提出：「聽基巧堪布洛桑三旦說西藏文工團在內地學習回來後，演出的新節目很好，我想看一次，請你們給安排一下。」鄧副司令員當即欣然應允，並告訴達賴喇嘛，這事很好辦，只要達賴喇嘛確定時間，軍區隨時可以派出文工團去羅布林卡為他演出專場。達賴喇嘛說，羅布林卡不方便，那裡沒有舞臺和燈光等設備，就在軍區禮堂演出，他去看[5]。

這裡有一個明顯的錯誤：當時達賴喇嘛的基巧堪布[6]是一位名叫噶章·

4　阿沛·阿旺晉美，〈一九五九年「三月十日事件」的真相〉，《中國藏學》1988年第2期。轉引自「中國藏學網」。

5　阿沛·阿旺晉美，〈談1959年「3月10日」事件真相〉，《見證百年西藏：西藏歷史見證人訪談錄》（上），頁175。

6　藏文Chikyah Kenpo的音譯，達賴喇嘛近侍中的三品僧官。基巧堪布負責管理達賴喇嘛全體近侍人員，為達賴喇嘛的日常生活服務，接轉臣民向達賴喇嘛的稟奏等。

洛桑仁增的三品僧官，而洛桑三旦（亦譯為「洛桑珊丹」）是達賴喇嘛的三哥，1956年跟隨達賴喇嘛去印度訪問時留在印度未歸，後去美國，此時根本不在拉薩。基巧堪布是達賴喇嘛的隨身近侍，也是他身邊最高級別的僧官，他權力很大，達賴喇嘛參加的各種活動，主要由基巧堪布安排。身為噶倫的阿沛要單獨見達賴喇嘛，也得通過基巧堪布或者卓尼欽莫帕拉。照理說，阿沛不應該把二者弄混。而且，軍區大禮堂剛建成，達賴喇嘛從未去過，也沒看過文工團的新節目，怎麼會知道這些節目需要「舞臺和燈光等設備」？況且舞臺並不是問題，羅布林卡有戲臺，幾年來，軍區文工團在羅布林卡和布達拉宮均有過多次演出。

2008年，中共黨史出版社出版了一部《解放西藏史》。原中央軍委副主席兼國防部長遲浩田為該書作序。序言中透露，這部書「從策劃到成稿歷時6年，參加編委有80多人，大多是80歲以上的德高望重、身經百戰的老同志，其中省軍級以上領導60多人」[7]。以編委們的資歷和作序者的地位來看，這本書顯然是一部「官方正史」，其權威性毋庸置疑。

《解放西藏史》的編者顯然注意到了阿沛文章中出現的問題。有關達賴喇嘛、鄧少東、郭錫蘭那天在布達拉宮日光殿的閒談，該書基本採用了阿沛·阿旺晉美的原文，但是作了一點修改，將達賴喇嘛的話改成「聽說軍區文工團在內地學習回來後，演出的節目很好，我想看一次，請你們給安排一下」[8]，迴避了達賴喇嘛的「訊息來源」，並在下文中把阿沛文章中提到的「燈光」改成了「布景」，使得這個版本聽上去較為合理。

但是，西藏軍區政治部宣傳處中校幹事吉柚權於1993年出版的《白雪——解放西藏紀實》中，對此事卻另有說法：

> 鄧少東和郭錫蘭等人到達布達拉宮後，達賴喇嘛熱情的歡迎他們參加這次活動，並與他們親切交談。鄧少東對達賴介紹說軍區文工團最近從內地學習回來，吸取內地軍區的先進經驗，新編排了許多節

7　《解放西藏史》中序言的第二頁。
8　《解放西藏史》，頁354。

目，其目的當然是問達賴去不去看。

年輕的達賴喇嘛聽說文工團回來了，立即對鄧少東說他想去看一看
軍區文工團的演出。

鄧少東當場邀請達賴前去觀看並指導文工團演出[9]。

這一說法與阿沛・阿旺晉美文章中的說法正好相反，不是達賴喇嘛主動
要求去看演出，而是鄧少東主動邀請達賴喇嘛。

在《西藏平叛紀實》中，吉柚權又有所改變：

　　……鄧少東順便告訴達賴，文工團最近從內地學習回來，吸取內地
軍區的許多先進經驗，新編排了許多節目。

年輕的達賴喇嘛聽說文工團回來了，又新編排了許多新節目，很想
看一看。他多次看過文工團的演出，它對他是很有吸引力的。考慮
很久後對鄧少東說：「鄧副司令，文工團新編的節目編好了嗎？」

鄧少東一聽達賴喇嘛問話的語氣，馬上明白達賴的心意，立即回答
說：「編好啦，編好啦，已排練成熟，完全可以出臺啦。」

達賴說：「演出的時候我也去看一看，他們新編的節目。」

「好啊。」鄧少東立即回答說：「你什麼時候想看，他們就什麼時
候演，歡迎你光臨指導。」[10]

降邊嘉措於2008年出版的《毛澤東與達賴班禪》一書中，關於這次談
話，接近吉柚權的第二個說法：

　　鄧少東、郭錫蘭到布達拉宮，受到達賴喇嘛本人的熱情接待。他們
一面觀看跳神，一面親切交談，從西藏的跳神藝術談到軍區文工團
的表演，鄧少東無意中說文工團最近從內地學習回來，排了不少新

9　吉柚權，《白雪——解放西藏紀實》，頁483。
10　吉柚權，《西藏平叛紀實》，頁79。

節目。

達賴喇嘛說：「節目好嗎？演出時我也去看看。」

鄧少東立即說：「副委員長什麼時候想看，我們就什麼時候演
出。」[11]

當時在西藏軍區文工團當演員的羅良興回憶，藏曆除夕，即1959年2月8
日，西藏工委和西藏軍區領導人帶領文工團去布達拉宮，向達賴喇嘛拜年，
並且在德央夏廣場進行了一場演出，羅文中還引用了1959年2月8日《西藏日
報》對這場演出的報導。演出之後：

> ……洪流副主任也高興地向達賴喇嘛介紹了文工團，剛從朝鮮民主
> 主義共和國，以及祖國首都北京、東北、四川等地演出歸來。並說
> 我們在內地學習了不少兄弟民族的優秀節目，徵詢達賴大師是否願
> 看這些節目。達賴表示很想看。洪副主任說，這些節目需要燈光、
> 布景配合，效果才好。達賴當即說：「那我就到你們軍區禮堂去看
> 好了。」[12]

如果羅良興記憶準確的話，那麼邀請達賴喇嘛去軍區看演出的事，就完
全是中方主動。

達賴喇嘛本人證實，去軍區看文工團演出的事，是在「驅鬼節」那天閒
聊時隨口談到的，並非他正式提出要求或者中方正式發出邀請。他們三人閒
聊時，阿沛‧阿旺晉美和其他噶倫都不在場[13]。關於那天聊天的情況，由當
時的中方當事人鄧少東少將或郭錫蘭秘書長，或者他們帶來的藏語翻譯來敘
述，應該比阿沛更有權威。1988年鄧少東和郭錫蘭尚在世，但是有關那天邀

11 降邊嘉措，《毛澤東與達賴班禪》，頁200。

12 羅良興，〈一場特別的演出〉，《西藏革命回憶錄》第四輯，頁132-145。

13 達賴喇嘛訪談，2009年6月30日。關於邀請者，達賴喇嘛記憶有誤，在他的兩部自傳中，他先後
提到譚冠三、張經武，但張經武當時不在拉薩，中方資料中均提到當日去布達拉宮看金剛舞的是
鄧少東。達賴喇嘛姊夫、警衛團長朋措扎西的回憶錄中，也說是鄧少東。

請的情況，卻是由並未參加談話、也不在現場的前噶倫阿沛‧阿旺晉美來敘述，未免有點奇怪。

這時，距離傳召法會只有一周，達賴喇嘛考試在即，雖然說好了要去看演出，而且地點確定在新落成的軍區大禮堂，但是當時並沒有確定看演出的日期，達賴喇嘛只說在他考試之後。

邀請達賴喇嘛觀看文藝演出，到底誰主動提出，是誰發出邀請，這個看似瑣碎的問題之所以演化出後來的多個版本，甚至多年後需要由阿沛這位不在現場的藏人來寫文章「澄清」，正是因為這件事引起了拉薩藏人的猜疑。藏人對中方陰謀的猜疑，幾十年來始終沒有消除，而中方「平叛」的正當性，卻必須有一個前提，即「平叛」不是中方預先策劃好的，不存在主動的陰謀。所以，後來的寫作者雖然都不在現場，卻都要對「邀請」的細節作一番描述。這一番又一番的描述都是在「撇清」，目的是為了打消後人的猜疑，並且把「達賴喇嘛主動提出去軍區看演出」作為噶廈政府策劃「1959年3‧10事件」的證據之一。然而，從上述各方的回憶來看，到底是誰主動提出去軍區看演出這件事，並不是那麼清楚。

達賴喇嘛身為當事人，卻並沒有覺得誰邀請或者是不是主動邀請是個重要問題。在他的記憶裡，這似乎確實是一件小事。

無論在場這三人是怎樣說起去軍區觀看表演這事的，當時他們都沒有料到，這件事將成為引爆「拉薩事件」乃至「拉薩戰役」的導火線。到目前為止，並沒有證據表明雙方懷有某種「陰謀」，更有可能的是，兩方都有意借此機會緩和一下拉薩的緊張氣氛。

（四）

德央夏廣場兩旁的長廊上人山人海，民眾興致勃勃地看著場上的默劇。一個白髮蒼蒼的老者，正在用喜劇性的動作與一隻老虎周旋，引來陣陣笑聲。這段「老人打虎」是第十三世達賴喇嘛加入「古朵金剛舞」的，據說靈感來源於他在五臺山看到的情景。

戴著鹿頭和犛牛頭面具的僧人退場。幾名手持燃香的僧人，引導出16名

黑帽咒師。他們身穿寬袍長袖彩衣，頭戴寬邊尖頂黑帽，手持各種法器，組成一個圓環，踏著銅鈸的節奏，緩慢尊貴地起舞。黑帽咒師象徵大威德金剛的法力，也象徵佛教中的「十六空性」。藏密中，大威德金剛為文殊菩薩的忿怒相，以威猛的智慧之力袪除業障。舞蹈之後，黑帽咒師們圍繞著一個叫做「靈噶」的惡魔象徵，用鐵鏈將它鎖住，然後舉起手裡的金剛杵、刀劍斧頭，將「靈噶」砍成碎片，象徵以大威德金剛的法力擊魔驅邪。

客人下樓返回軍區，經過二樓時，順便告訴在那裡觀看「古朵金剛舞」的噶倫們，達賴喇嘛考試結束後，將去軍區觀看文工團的演出。並說具體時間未定，將與基巧堪布磋商。在場的噶倫們並沒有表示反對或疑慮[14]。

吉柚權在《西藏平叛紀實》中，對噶倫們得知此事後的反應有一段描述：

> 當時全部噶倫都在場，一聽達賴喇嘛要去軍區，都紛紛議論這個事情還是考慮一下再定為好。……會後，一致同意將達賴喇嘛要去軍區的事稟告兩位司曹，要求阻止達賴喇嘛到軍區看戲，他們覺得共產黨拉攏、收買達賴的心最有力的武器就是那幫又唱又跳的美女，年輕的達賴看過她們幾次演出後，對這個文工團已產生了很濃的興趣，擔心共產黨在這上面做文章。
>
> 這件事呈報給魯康娃後，他的意見完全和噶倫們相反，他當場拍板，同意達賴去軍區看演出。老謀深算的魯康娃撫摸著花白的鬍鬚不住地點頭，他認為實施叛亂的時機終於到了。一面派人和軍區聯繫達賴看演出的事，一面秘密策劃叛亂[15]。

作為西藏軍區政治部宣傳處幹事，吉柚權有機會接觸西藏軍區有關「平叛」的機密檔案，因此他的書中對中方的政治、軍事和宣傳部署，以及戰爭的情況有較為詳細的描述。《解放西藏史》中關於「平叛」的部分，有許多

---

14 達拉朋措扎西，《人生的經歷》第二冊。
15 吉柚權，《西藏平叛紀實》，頁80。

引自他的《西藏平叛紀實》。也就是說，吉柚權書中有關中方的資料得到「官方正史」的認可，有很高的可信度。

可是，當他寫到藏方的情況時，卻常常把想像當成史實。上述描述顯示，吉柚權對藏方當時的情況缺少基本了解。1952年「人民會議事件」之後，在中方的壓力下，兩司曹魯康娃和洛桑扎西於1952年4月被解職，達賴喇嘛沒有任命新的司曹。魯康娃本人已於1957年1月流亡印度[16]。1959年2月，噶廈政府根本沒有司曹這個職位，因此不可能出現噶倫們「一致同意將達賴喇嘛要去軍區的事稟告兩位司曹」，以及魯康娃「一面派人和軍區聯繫達賴看演出的事，一面秘密策劃叛亂」的情況。

而且，作者似乎暗示中共利用文工團對達賴喇嘛施展「美人計」，這也是不符合史實的，完全是憑空想像。迄今為止，漢藏兩方的資料中，都沒有顯示毛澤東有過這樣的意圖，也沒有顯示噶倫們有過這樣的疑慮。在這裡，作者不經意間顯示了自己漢文化的習慣性思路。

日落後，一群僧人抬著一人高、用糌粑和酥油製作的「多瑪」[17]，走下布達拉宮長長的臺階。布達拉宮外的空地上，燃起一堆青稞麥草。僧人們把「多瑪」投入草堆。頃刻間，糌粑上的酥油被大火融化，火上加油，烈焰騰空。僧人們高聲喊叫，驅趕邪魔。

去軍區看演出這件事，就這樣成為定局。當時所有的人都沒有意識到，「達賴喇嘛去軍區」這件事，將給噶廈政府下層官員和底層民眾帶來難以承受的心理衝擊。

---

16 《中共西藏黨史大事記》，頁41-42。
17 糌粑製作的供品，通常呈塔形，上貼精美的彩色酥油花。

第七章　槍口下的傳召法會

（一）

　　1959年2月14日，星期六。

　　雪山後出現淡淡的光。夜色漸漸消退，天空的深藍化作深灰，深灰轉為淺藍，一縷薄薄紅雲凝在山頂，等待上升的太陽。巍峨的布達拉宮在晨光裡一點一點地清晰。

　　5點，布達拉白宮頂層亮起燈光。侍者送來從甲波日山北側聖泉取來的水，供達賴喇嘛盥洗。接著，索本堪布[1]侍奉早餐。餐罷，達賴喇嘛走進佛堂，在佛像和護法神像前獻供，打坐誦經。

　　佛事畢，達賴喇嘛走進大殿。卓尼欽莫[2]帕拉‧土登維丹、經師林仁波切、副經師赤江仁波切和僧俗官員們已經到了。眾人按官階依次而立，四名孜本將玉璽金印等用黃緞包好，背在背上，等待吉時到來。南捷扎倉的僧人正在誦〈吉祥經〉，為達賴喇嘛消災。達賴喇嘛升座後，副索本堪布雙手捧著一把鑲嵌珍珠翡翠的大銀壺，步態從容走進殿堂。他左手托壺底，右手執壺柄，口裡咬著肩頭袈裟一角，頭側向一邊，走到達賴喇嘛面前，將銀茶壺交給正索本堪布，從自己懷中掏出茶碗。正索本堪布將茶倒入碗中，副索本一飲而盡，然後躬身將第二碗茶雙手捧上，獻給達賴喇嘛。膳房侍者為經師、噶倫等一眾官員敬茶。達賴喇嘛飲過茶，起身下座。卓尼欽莫帕拉接過侍者手上的哈達，掛在大殿的柱子上，又把另一條哈達放在達賴喇嘛的寶座上。

1　負責達賴喇嘛飲食的四品僧官，有正副兩人。
2　達賴喇嘛的侍從長，俗稱大管家，為負責達賴喇嘛日常事務的高階僧官。

此時，布達拉宮金頂上，響起雄渾的長號聲，佛樂隨之而起。號聲和樂聲在拉薩城上空迴盪，向拉薩民眾宣告吉時已至，達賴喇嘛即將離宮，移駕大昭寺，主持一年一度的傳召大法會。佛樂聲裡，拉薩市民紛紛走出家門，站在路邊，雙手合十，口裡喃喃念誦經文，等待達賴喇嘛的隊列經過[3]。

傳召大法會，藏語「默朗欽莫」，亦稱大祈願法會，由藏傳佛教格魯派創始人宗喀巴大師於西元1409年首倡，旨在聯絡藏傳佛教各教派同心協力振興佛法，嚴守戒律，並對民眾講經傳法，使佛法傳入民間。法會上籌集資金修繕大昭寺，並集資500兩黃金，為供奉在大昭寺中的「覺仁波切」，即文成公主帶來的釋迦牟尼12歲等身像，定製純金五佛冠。首次傳召大法會吸引一萬僧侶參加。此後每年藏曆正月初一至十五，在大昭寺舉辦大型法會遂成定制。

第五世達賴喇嘛時期，傳召大法會的內容和形式都有所改變。法會由正月初一日改為正月初三日，由十五日延長到二十一日。法會期間，三大寺僧人在大昭寺考拉然巴格西學位，每年錄取十六名；達賴喇嘛為民眾講經；格魯派六大寺之首，宗喀巴大師創建的甘丹寺法台，即黃教法王甘丹赤巴，也親臨大昭寺為僧侶說法。正月十五日為酥油燈節，亦稱「花燈節」，日落之後，帕廓街邊的木架上，擺滿各種佛像、人物、花木、飛禽走獸等形狀的酥油花，成千上萬盞酥油燈，把街道照得如同白晝。達賴喇嘛與噶廈政府各級官員按例前往觀賞花燈，與民同樂。法會時，政府和民眾都向僧侶發放布施。正月二十四日，法會接近尾聲。這天的主要活動為「默朗朵甲」，即「驅鬼」儀式。由甘丹赤巴主持一場法會，哲蚌寺和布達拉宮南捷扎倉僧眾誦經，然後古裝士兵一路鳴放火銃，將一座「朵瑪」送至拉薩河南岸焚燒。

傳召大法會緊隨藏曆新年，法會無形中也成為新年慶典的一部分。年深月久，傳召大法會成為拉薩一年一度的盛事。達賴喇嘛必須主持一系列法事和其他活動，因此在法會開始之前移居大昭寺，法會結束後才能返回。對於普通信眾而言，傳召大法會期間是最有可能見到達賴喇嘛，或聆聽他講經說法的時候。許多虔誠的僧俗民眾一步一拜，從各地跪拜至拉薩，參加傳召大

3　噶瑪曲央，〈達賴喇嘛的膳食機構〉，《西藏文史資料選輯》第八輯，頁94-127。

法會。每年的傳召法會前後,拉薩人口急劇膨脹,往往數倍於常住人口。

通常達賴喇嘛是在傳召法會開始數日,藏曆正月十五日前後才去大昭寺,但是這年的傳召大法會期間,他自己要考拉然巴格西學位,考試日期定於西曆2月21日,屆時他將在一批學富五車的高僧面前辯經,所以提前幾天起駕。

在眾人的簇擁下,達賴喇嘛走下布達拉宮。早已守候在門前的護衛僧、布達拉宮門官、羅布林卡馬官、16名轎夫、由藏軍如本和甲本擔任的32名拉轎牽夫,以及在出行隊列中負責接待和處理各種事務的官員們立即開始行動。卓尼欽莫背著達賴喇嘛到大昭寺跪拜佛祖時用的跪墊,森本堪布[4]頭頂達賴喇嘛的衣服,幾名助手頭頂達賴喇嘛的坐墊,送到黃緞大轎裡。達賴喇嘛踏著黃緞地毯,由基巧堪布和首席噶倫陪同,在宮門上轎。樂隊奏樂三次,眾轎夫腰板一挺,起轎。

拉薩全城飄起桑煙,整個城市籠罩在濃濃的香氣之中。佛樂聲裡,隊列走出布達拉宮,南捷寺眾僧列隊站在正門內外,手捧燃香,躬身送行。

(二)

來自德格麥宿的康巴漢子居欽圖丹站在路邊的人群中,目不轉睛望著紅山的方向。

一隊人馬沿著布達拉宮前方長長的通道蜿蜒而下,在白牆襯托下,隊列中高高的五色經幢顯得斑斕奪目。佛樂聲越來越近,排在路邊的民眾不分男女老少,不約而同合十躬身。

路中央用紅黃白三色土繪出巨大的吉祥八寶圖案,幾匹雪白的馬不疾不徐地走來,馬上的騎士肩扛虎皮仗,威風凜凜地開路,隨後一騎是身背弓箭的咒師。40名手執五彩經幢的僧人策馬走過。幾名僧官牽著馱香的馬匹。樂聲大作,20人組成的宮廷佛樂隊騎著馬,行進當中一路奏樂。幾匹馬馱著達

4　負責管理達賴喇嘛起居的四品僧官。

賴喇嘛的起坐臥具等日常生活用品，由官員們親自牽引，跟在樂隊後面。18名穿著華麗官服的俗官隊伍，數十騎六、七品僧官，數騎四品官員，藏軍眾代本，加上四品以上僧官，以及達賴喇嘛的近侍官員，包括索本堪布、森本堪布、曲本堪布[5]、卓尼欽莫、基巧堪布等走過後，兩排漢子身穿綠綢長袍，腰繫藍緞腰帶，袖口挽出白綢襯裡，頭戴大紅寬邊帽，足蹬長統藏靴，手執粗繩引轎而來。

人群稍稍後退，一些人匍匐在地，一些人伏地磕頭。居欽圖丹躬下腰，盡量抬眼，瞥見一頂孔雀翎毛大傘晃過，緊接著，身穿黃衣，腰束紅帶，頭戴紅帽的轎夫，抬著一頂黃色大轎走來。一頂黃綢大寶傘跟在轎邊，傘下方的綢幔在風中飄蕩。黃轎一閃而過，緊接著一匹白馬走來，騎在馬上的紅袍僧人右手挽韁，左手執寶傘，馬蹄得得，從他面前走過。

接下來是噶廈政府的高階官員，四大噶倫、孜康列空的四大孜本、譯倉列空的四大仲譯欽莫，達賴喇嘛的經師，甘丹赤巴，眾位呼圖克圖等等，按照前僧後俗、左僧右俗的排列，官階越高越接近達賴喇嘛的乘轎，眾人依次走過。

達賴喇嘛坐在轎子裡，心事重重地望著沿途低頭躬腰的民眾。自從解放軍進入拉薩以來，傳召大法會就成了令各方擔憂的事情。這段時間拉薩人口劇增，根據傳統，朗子轄，即拉薩市政府將關閉，拉薩市的治安和一般性的市政工作由哲蚌寺的鐵棒喇嘛接管。1958年以來，幾乎每天都有康巴和安多地區逃來的人，他們帶來各種各樣的消息，使得拉薩人心惶惶。由於山南戰事，解放軍往拉薩增兵，在大昭寺中方機構的房頂上修築工事，中藏雙方都處於緊張狀態，人人都有「遲早要出事」的感覺。

西藏當時有一套很奇怪的政權結構。1951年以來，噶廈統轄的地區被切割成三部分，各有一套相對獨立的行政班子，即以拉薩為中心的噶廈政府，以日喀則為中心的班禪堪布廳，以昌都為中心的昌都解放委員會。這三套政權組織統歸西藏自治區籌備委員會領導，但在內部事務上各自擁有一定權力。當然，這三套行政班子只是過渡時期的臨時安排。「十七條協議」隻字

5　負責達賴喇嘛宗教事務的四品僧官。

未提「共產黨進駐西藏」，只說到「人民解放軍進入西藏，鞏固國防」，因此中共進入西藏時，對外是以軍隊的名義出現的。由范明將軍率領入藏的「獨立支隊」，其實是一整套黨的組織，但卻是「地下黨」，直到1955年7月1日，也就是青藏和川藏兩條公路通車之後，才對外公開[6]，那時木已成舟。中共入藏後，隨即展開活動，發展黨員，建立基層黨組織。

1951年，西藏的黨員和黨組織是零，到1958年底，西藏的黨員總數達到4,186人，其中包括484名少數民族黨員，並建立了16個黨總支，236個黨支部，擁有一支8,967人的幹部隊伍，其中少數民族幹部2,767人[7]。到1959年初，中共在西藏的黨組織已經成型，只待時機成熟，有了適當的理由，就可以取代原有的政權體系，整體換班。

這樣的「雙重體系」使得拉薩的市政管理變得十分複雜。拉薩當時有兩套互不信任的政權體系，兩支彼此敵視的軍隊，使用銀元和藏銀兩種貨幣，甚至有兩種計時系統，中方人員根據北京的電臺對表，稱為「北京時間」，藏人根據「全印度廣播電臺」對表，稱之為「拉薩時間」，二者相差約兩小時。藏軍軍旗，即雪山獅子旗，尚未被禁，仍然在藏軍營房上飄揚。毛澤東1952年4月6日指示西藏工委「各種殘民害理的壞事讓他們去做」，工委認為治安管理是得罪人的事，責成噶廈政府負責拉薩市的治安。噶廈為此把駐在日喀則的第六代本調入拉薩，充當拉薩的警察團。第六代本的士兵在拉薩的幾個主要街口建有警察崗樓，可是交通要道，比如拉薩大橋，卻由解放軍把守。

傳召大法會期間，根據久遠的傳統，拉薩市的治安由哲蚌寺鐵棒喇嘛接管。「鐵棒喇嘛」有很高的執法權，1938年，鐵棒喇嘛甚至闖入尼泊爾領事館，將一名尼泊爾籍慣竊抓出來亂棒打死。可是，1959年1月，中央給西藏工委〈關於今後西藏工作的指示〉中強調：「鑒於西藏情況的複雜性，今後在方針政策和重大問題上，工委仍應特別注意堅持『大權獨攬』、集中領導的原則。」在這種形勢下，鐵棒喇嘛是否有權對違法的中方人士執法呢？這

6　詳見《中國共產黨西藏自治區組織史資料1950-1987》，頁19、36。
7　同上，頁67。

可是個問題。鐵棒喇嘛們向中方提出要求，如果有漢人違法的話，也要由他們執法，並要求登報將之公布於眾。中方則把這一要求視為對他們權威的挑釁，是一個「陰謀」。

從布達拉宮到大昭寺的出行方式，噶廈和達賴喇嘛也討論了很久。達賴喇嘛不想乘轎子，想坐汽車，但噶廈不同意。畢竟這是延續了幾百年的傳統，對於一個被占領的弱小民族來說，延續某些看似奢華的傳統，是一種維護尊嚴的方式。然而，這同時也意味著，達賴喇嘛將在解放軍的槍口下進入大昭寺。為了安全，藏軍向中方提出要求，要在帕廓街邊，已經修建了工事的中方樓頂上站崗，中方斷然拒絕。這使得負責安全的藏軍和官員們更加緊張。就在達賴喇嘛的隊列從布達拉宮去大昭寺的途中，發生了藏軍逮捕青藏公路管理局駐拉薩辦事處兩名工人的事件。這一事件中方照例認為是「故意挑釁」、是「製造緊張局面，挑撥破壞民族團結的陰謀」；藏方則稱這兩人攜帶武器，懷疑他們意圖「行刺達賴喇嘛」。坐在黃緞大轎裡的達賴喇嘛，此刻還不知道這件事。

儀仗經過宇妥橋，進入帕廓街。守候在大昭寺正門口的鐵棒喇嘛們橫著15尺長的木棒，將人群推到路邊。

羅布林卡的年輕職員圖丹格仲捧著燃香站在大昭寺門邊，等待隊列到來。圖丹格仲這年17歲，剛剛通過噶廈政府公務員考試，在羅布林卡得到一份工作。這年的傳召大法會期間，他將擔任香童。一名僧人抱著一卷地毯，將一段鋪在達賴喇嘛將要下轎的地方。來自各地的民眾身穿節日盛裝，捧著燃香、哈達、佛像，口念經文，恭敬地迎接。

達賴喇嘛下轎，僧人彎著腰，跟著達賴喇嘛的腳步後退，將黃地毯一直鋪到頂樓的寢室門口。

（三）

西元1959年2月21日，藏曆土豬年1月13日，達賴喇嘛在大昭寺，面對數千名僧人辯經考試，順利通過。

2月22日，藏曆1月14日，大昭寺舉行儀式，三大寺高僧、各教派代表，

以及噶廈官員等祝賀達賴喇嘛考取拉然巴格西學位。

2月23日，藏曆1月15日。一大早，大批僧俗民眾已經到了松曲熱[8]。負責警衛的庫松代本[9]朋措扎西憂心忡忡地走來，站在講經台前，朝廣場四周張望。

一些民眾站在廣場的香爐前，從隨身攜帶的袋子裡取出曬乾的香柏枝，大把大把地投進香爐。青煙從香爐頂端裊裊上升，廣場瀰漫著柏葉的清香。講經台的一角，有人在安裝擴音器。帕廓街上到處是長袍外罩彩條圍裙的婦女，長髮夾著紅線編成辮子，繞在頭上的康巴漢子，滿面風霜的牧人，歡蹦亂跳的孩子，還有許多裹著絳紅袈裟的僧侶。熙熙攘攘的人們彙成彩色人流，正朝松曲熱流淌。

這天達賴喇嘛有兩個重要活動：遵照傳統，上午他將在松曲熱為信眾們講《佛本生經》；這天也是酥油燈花節，入夜之後，達賴喇嘛和僧俗官員們將觀賞沿帕廓街擺放的酥油花。庫松代本朝廣場對面的桑頗府和吉兌府看去，不由雙眉緊蹙。

離松曲熱只有十幾米的桑珠頗章，是第七世達賴喇嘛家族的府邸。1951年，解放軍進入拉薩後，桑頗家族將這座老屋出售給駐藏軍隊，成為西藏貿易總公司所在地。1958年以來，這座房子的屋頂上修築了工事。沙袋堆起的工事與周遭的氣氛很不協調，屋頂上不時有武裝人員巡視，工事上黑洞洞的槍眼正對著大昭寺，令人十分不安。廣場上的民眾盡量不朝那邊張望，假裝一切如常，可是人人臉上都有掩飾不住的擔憂和焦慮，一些男人滿臉憤恨。

庫松代本注意到，槍口只要伸出槍眼，挪動一下位置，就可以瞄準講經台。一些臨街的窗口也堆了沙袋，留出了槍眼，雖然看不清楚，但可以想見，一定也有人躲在沙袋背後，一有動靜立刻就會開槍。講經台與中方機構之間沒有任何阻擋，達賴喇嘛完全暴露在槍口之下。傳召大法會期間，有許多逃離家鄉的安多人和康巴人來到拉薩，不少人 現在正在大昭寺內外，誰知道會出現什麼情況？一旦他們按捺不住有所動作，或者對方判斷失誤擦槍走

8　大昭寺南邊的廣場，為傳召大法會期間，歷代達賴喇嘛講經地點。
9　藏軍第一團代本。第一團為達賴喇嘛的警衛團，庫松代本即警衛團長。庫松代本朋措扎西是達賴喇嘛的姊夫。

火，總之，如果真的發生武裝衝突，中方士兵占據了極有利的地形，達賴喇嘛的講經台將置於交叉火力網中。

庫松代本轉身返回大昭寺。

正月十五日這天的活動是否應該照常進行，噶廈、庫松代本、基巧堪布和卓尼欽莫等人已經反覆商量了很久。達賴喇嘛和噶廈認為活動應該照常進行，以免造成恐慌和誤會，庫松代本和卓尼欽莫等人對此猶豫不決，趨向於取消活動。巡視場地之後，庫松代本向達賴喇嘛和噶倫們匯報，大家覺得這確實很危險。無論是誰先動手，一旦發生意外，達賴喇嘛都有可能遭受無妄之災。噶廈當即拍板：這天的活動取消。

在松曲熱等待聽經的民眾隨即得到通知：達賴喇嘛因連續兩天的密集活動，身體疲乏，略感不適，這天上午的法會和晚上觀賞酥油花的活動取消。民眾錯愕。大家不免議論紛紛，根據當時的狀況，人們很自然地懷疑，取消法會是因為達賴喇嘛的安全受到威脅。

1956年以後，在拉薩的漢藏雙方關係持續下降，至1959年初已經降到了冰點，本來就不多的信任幾乎蕩然無存，雙方都認為自己不得不從惡意的角度揣度對方。達賴喇嘛突然取消正月十五日的法會，引發民眾的猜疑，中方當然不會不知道。兩天後，前西藏工委統戰部長陳競波到大昭寺見達賴喇嘛，談了鐵棒喇嘛要求對違法的中方人員執法、兩個工人被抓，以及取消講經等事情。

陳競波的身分當時有點兒尷尬。1958年，西藏工委開展整風反右運動，整出來一個「范（明）白（雲峰）反黨集團」[10]，陳競波也受牽連，不僅被免職，還受了處分。來見達賴喇嘛的時候，他已是「帶罪之身」。

一頭栽進「陽謀」的經歷，在多大程度上影響到陳競波的判斷，使得他看什麼都覺得是「陰謀」，如今已經很難說清。談話的結果由西藏工委電告中央。從報告中可見，譚冠三等人似乎對拉薩民眾的感受毫無感覺，也不在乎下層民眾對他們的敵意，仍然按照一貫的「階級鬥爭」思維方式，把一切都推給「西藏反動上層」；達賴喇嘛也處於相當尷尬的地位，面對一系列指

---

10 白雲峰時任西藏工委組織部長。

控，他盡可能調和，試圖息事寧人，避免摩擦激化成更大的衝突，但是最終工委向中央報告時，仍然做出結論說「許多情況達賴和噶廈是清楚的，是事先或事後商量過的，證明是有預謀的。」[11]

（四）

1959年3月5日，藏曆土豬年1月25日，星期四。

延續幾百年的大昭寺傳召大法會結束，達賴喇嘛離開大昭寺，移駕羅布林卡。這個時候在場的藏人都沒有想到，這次傳召大法會以後，拉薩將有二十多年不再有傳召大法會。下一次傳召大法會要到1986年才舉行，由十世班禪大師主持。此後，1988年，大昭寺傳召大法會再度被禁。

乃穹神諭擇定的吉時來到，大昭寺的金頂上響起長號聲。佛樂聲裡，被稱為「其久杰巴」的達賴喇嘛大型出行儀仗從大昭寺出發。拉薩市民傾城而出。大昭寺到羅布林卡，長達四公里的路邊，排滿了僧俗民眾。他們當時都不會想到，這將是「其久杰巴」的最後一次展示。

從大昭寺到羅布林卡，達賴喇嘛是乘轎還是坐車，卓尼欽莫和庫松代本頗費了一番斟酌。考慮到達賴喇嘛的安全，他們一度提議乘汽車去羅布林卡。達賴喇嘛不同意，擔心突然改乘汽車，會引起民眾誤會，使得民眾更加恐慌，因此決定按照傳統，乘坐大轎。儀仗離開大昭寺，沿著帕廓街走向宇妥橋。經過松曲熱時，荷槍實彈的藏兵們高度緊張，舉槍對準樓房頂上的解放軍工事。達賴喇嘛坐在轎子裡，目睹這一情景，心中忐忑不安。

儀仗走出市中心，似乎離開了迫在眉睫的危險，可是路過軍區的時候，沿途警衛的藏軍又緊張起來。雖然距離甚遠，藏兵還是舉槍對準軍區的方向，快到羅布林卡，眾人才鬆了口氣。

節日過去了，達賴喇嘛必須回到日常事務中來。他的思緒落到一些必須盡快處理的事情上。

---

11 《平息西藏叛亂》，頁73。

他想起去北京參加第二屆全國人大的事。張經武曾告訴他，毛澤東將在第二屆全國人大辭去中華人民共和國主席職務，對於西藏來說，這將意味著什麼呢[12]？他很想借此機會去北京，當面向毛澤東報告西藏三區發生的一切，但二屆人大的具體日期尚未確定，時局如此緊張，屆時噶廈和拉薩民眾是否願意讓他去北京？

緊接著，他想到去軍區看演出的事。

「破九」那天，他曾答應鄧少東副司令，考試結束後去軍區看文工團的演出。四天前，工委統戰部副部長何祖蔭和處長李佐民去大昭寺見他，祝賀他考取拉然巴格西學位，同時詢問去軍區看演出的具體時間。達賴喇嘛回答說，藏曆二月初一、初二、初三日，即西曆3月10、11、12這幾天都行，具體日期和時間，請他們跟基巧堪布噶章·洛桑仁增協商[13]。

通往羅布林卡正門的路上桑煙四起，空氣裡瀰漫著柏葉的清香。煙霧裡，夏宮大門的宮殿式門樓，門前的石獅，站崗的士兵如同虛無縹緲的幻境。佛樂聲中，儀仗走進羅布林卡大門，隨從人員下馬，躬身排列，黃綢寶傘引導大轎，逕直走向黃牆圍繞的內院。

---

12 達賴喇嘛訪談，2009年6月30日。
13 達賴喇嘛自傳中只提到「兩名下級官員」，庫松代本朋措扎西的回憶錄中說，到大昭寺去見達賴喇嘛，詢問演出日期的是西藏軍區副司令陳明義。《解放西藏史》頁354中提到3月1日何祖蔭、李佐民去羅布林卡向達賴喇嘛詢問演出日期，但達賴喇嘛3月1日不在羅布林卡，他是3月5日從大昭寺返回羅布林卡的。

第八章 「達賴喇嘛不准帶警衛！」

（一）

1959年3月7日[1]，星期六。

這天下午，基巧堪布噶章‧洛桑仁增急匆匆來到達旦明久頗章[2]，向達賴喇嘛稟報剛接到的電話。軍區再次打電話催問看演出的日期，請達賴喇嘛決定哪天比較合適，好給軍區方面一個答覆。「已經催問過好幾次了，」噶章補充了一句。除了打電話，軍區方面還派人到羅布林卡來找過他，要求他盡快確定日期。

達賴喇嘛考取拉然巴格西學位後，還有一些例行的事情要做。按照慣例，達賴喇嘛要給日喀則班禪喇嘛駐錫的扎西倫布寺發放布施，還要去「阿塔杰三寺」[3]拜佛。傳召大法會剛結束，達賴喇嘛移駕羅布林卡才兩天，需要處理的事情很多，去軍區看演出不是當務之急，他還沒顧得上這件事。而且，達賴喇嘛出行並不是件簡單的事，照規矩，重要的活動必須先由乃穹神諭挑選吉日良辰，確定隨行人員，卓尼欽莫、噶廈和庫松代本必須商討安全保衛方面的事，一切安排停當之後，才能起駕。這次軍區方面催得很急，而且去軍區看表演並非十分重要的活動，達賴喇嘛告訴基巧堪布，日期可以定在藏曆二月一日，即西曆3月10日，也就是三天之後。至於隨行人員、禮儀、保安這類事情，基巧堪布和庫松代本自會按照慣例來安排，無須達賴喇嘛操心。

1　《西藏平叛紀實》中說是3月5日，統戰部副部長梁洪會見洛桑仁增，並把一個陪同人員名單交給他，似有誤。吉柚權，《西藏平叛紀實》，頁81。
2　第十四世達賴喇嘛在羅布林卡的寢宮，1956年落成，亦稱「新宮」。
3　即加查縣的阿里寺和塔波寺，桑日縣的頃科寺。

3月8日，星期日。

　　上午，基巧堪布噶章·洛桑仁增打電話通知軍區統戰部，達賴喇嘛定於3月10日下午拉薩時間1點，即北京時間下午3點，到軍區大禮堂去觀看演出。根據《西藏革命史》和《解放西藏史》的說法，次日，即3月9日，軍區統戰部處長李佐民專程到羅布林卡，把一份軍區接待達賴喇嘛的禮節、儀式和節目內容交給基巧堪布，並得到他的同意[4]。

　　但是，這兩部書都沒有提到，李佐民交給基巧堪布噶章·洛桑仁增的這份文件中，並沒有包括對達賴喇嘛隨行人員發出的邀請。這是因為2月7日，達賴喇嘛與鄧少東和郭錫蘭閒聊時，順便提到的邀請是對達賴喇嘛個人的邀請，按照慣例，達賴喇嘛參加這類活動時會帶一些隨行人員。至於帶什麼人同行，一般是由侍衛長帕拉和基巧堪布安排，呈交達賴喇嘛決定。但是，3月9日這天，軍區沒有通知噶章和侍衛長，越俎代庖邀請了噶廈政府四品以上的官員、達賴喇嘛的親屬，以及一些有名望的喇嘛，還讓統戰部通知他們務必參加。也許是一時疏忽，邀請名單中沒有包括卓尼欽莫帕拉。

　　在整個事件的發展過程中，有一個常常被人忽略的重要因素：這次邀請不是籌委會，而是西藏軍區發出的，演出地點是在軍區司令部裡面。假如這是在三、四年前，達賴喇嘛應邀去軍區司令部看一場文藝演出，或許不會引發民眾的不安和懷疑。但是，1959年3月，康區和安多許多大頭人和有名望的喇嘛被當地政府以開會、辦學習班、宴會等名義誘捕，在拉薩已經是路人皆知的事。在此之前，譚冠三在愛國婦女聯誼會的一次會議上說，「這段時間拉薩飛來了很多蒼蠅，是因為這裡有一塊爛肉，要趕走蒼蠅，就得先把爛肉處理掉」，這話在拉薩民眾中私下流傳，大家認為他說的「蒼蠅」指的是從康巴和安多逃來的人，「爛肉」指的是達賴喇嘛。「處理」的意思，不言而喻。

　　這時候，張經武和張國華都不在拉薩，工委的日常工作由譚冠三主持。譚冠三將軍此時是西藏最有權勢的人，不幸的是，他也是跟藏人關係最不好的人。在藏人的記憶裡，譚冠三性情暴躁，舉止粗魯，動不動就大發脾氣。

4　《解放西藏史》，頁355。

這天還發生了一件與邀請達賴喇嘛去軍區沒有直接關係，但是對事件後來的發展不無相關的事。3月8日是國際婦女節，拉薩青婦委（青年、婦女工作委員會）開慶祝會，譚冠三以青婦委書記的身分主持會議。當時在西藏的中共高官大多身兼數職，統攬黨政軍大權，但由譚冠三來擔任婦女工作委員會主任，顯然不是最佳選擇。搞農民運動出身的武夫領導拉薩的貴族夫人小姐，這天的會開成了鬧劇就不奇怪了。會場擠滿了心懷不滿的拉薩婦女，臺上的將軍則揮著拳頭，對台下的女人大喊大叫，聲稱康巴人要是不投降，解放軍不費吹灰之力就能把所有的寺院炸得粉碎。台下的婦女們聞言又驚又怒，不給將軍一點面子，馬上衝著他大喊大叫。將軍和婦女們語言不通，兩邊各嚷各的，翻譯面面相覷，翻也不是，不翻也不是，會場鬧成一團[5]。會議的主持者之一，茶仁札薩[6]的妻子仁欽卓瑪茶仁費了好大功夫，才使婦女們安靜下來。幾天後，一千多名拉薩婦女走上街頭，公開表達她們的憤怒。

（二）

3月9日，星期一。

清早，拉薩時間6點，即北京時間8點，一輛小車開到達賴喇嘛警衛營大門口。兩名幹部下車對哨兵說，他們要見庫松代本朋措扎西上校[7]。

朋措扎西剛起床，還沒來得及洗漱，聽說軍區有人來找他，想必是有急事，馬上請兩人進來。來人中有一位姓謝，與朋措扎西相識。他們說奉命來接他去軍區，商量達賴喇嘛次日去軍區司令部的有關安排。朋措扎西這時才聽說達賴喇嘛次日要去軍區的事。朋措扎西請他們稍候，說吃完早飯後跟他們一同去。對方說軍區領導在等，要他立刻就走。朋措扎西請他們先走一步，自己隨後就去。剛喝完一杯茶，兩人又來了。朋措扎西放下茶杯，跟他們一同去軍區。朋措扎西精通漢語，曾擔任「十七條協議」的藏方漢語翻

5　Richen Dolma Taring, *Daughter of Tibet*, p. 256.
6　吉美茶仁，亦譯「車仁」，錫金王室成員，其妻仁欽卓瑪茶仁是擦絨家族之女。
7　達拉朋措扎西，《人生的經歷》第二冊（藏文版）。

譯，還是達賴喇嘛學漢語的啟蒙老師，因此無須帶翻譯同行。

朋措扎西到達軍區司令部之後，副司令鄧少東和一位姓傅的參謀長[8] 已經等得不耐煩了。

此時的拉薩，噶廈和軍區還維持著表面上的合作，但是從軍區請朋措扎西去商量工作的風格上，不難想像，那時兩邊負責交涉的官員，心裡都不會舒暢。藏人一方，好歹都是噶廈的官員，這些官員講究等級品位，講究禮儀規矩。而軍區一方，清一色的軍人，中、低層軍官們的家眷大都不在拉薩，他們過著集體生活，幾乎可以一天二十四小時都在工作崗位上，習慣了軍隊化的效率和守時。時間觀念上的不同，在雙方一起辦事的時候，會出現無數小摩擦。當雙方心存芥蒂的時候，這種摩擦就會達到心急火燎的地步，繼而放大成大大小小的衝突。

朋措扎西剛坐下，參謀長開口說道：「明天看演出的事，我們不搞你們那一套。這次達賴喇嘛是來軍區，所以不能像去自治區開會那樣，帶著你的部下。」

他直截了當地告知朋措扎西，軍區已經研究了次日的保安問題，達賴喇嘛只能帶幾名侍從，不能帶警衛；警衛由軍區方面負責，而且沿途也不必派藏軍，如果需要的話，軍區會派解放軍去沿途保衛。

朋措扎西大為錯愕。達賴喇嘛不帶警衛出行，在藏人看來，是完全無法接受的。且不說這樣做違背了傳統，在當時那樣緊張的局勢下，讓達賴喇嘛隻身進入軍區司令部，根本無法想像。兩方為此開始爭論。

朋措扎西堅持按照慣常的做法，從羅布林卡到軍區的路上由藏軍負責警衛，以「防止反動分子破壞」。達賴喇嘛進入軍區時，至少要有10-20名警衛陪同。

參謀長則提出如果路上由藏軍安排警衛，只能安排到通往軍區的石橋邊，橋頭有解放軍站崗，民眾和藏軍都不得過橋。達賴喇嘛如果一定要帶警衛，最多只能帶兩三名，而且警衛不准帶槍。

8　藏文音譯，從發音中很難判斷是「傅參謀長」還是「副參謀長」，從上下文來看，可能是「傅參謀長」。

朋措扎西說，如果照這樣的安排，民眾會非常不滿。再說路上如果沒有保安人員，「反動分子說不定會製造麻煩」。他反覆強調，達賴喇嘛帶10-20名警衛，並不會給軍區帶來麻煩。言下之意是說，就算發生衝突，這20個警衛也起不了什麼作用。

事實上，達賴喇嘛的衛隊帶有儀仗隊的性質，要的是堂皇壯觀，達到儀式性的作用，而並不需要實際戰鬥力。在傳統西藏，雖然也有社會矛盾，也有犯罪和暴力，但是公開攻擊達賴喇嘛是不可想像的。達賴喇嘛出行一向是浩浩蕩蕩，前呼後擁，盡量滿足民眾瞻仰達賴喇嘛的願望，從未發生過有人乘機試圖傷害達賴喇嘛的事情，達賴喇嘛的衛隊也就從來沒有過在這種場合真槍實彈動武的經驗。所以，不許達賴喇嘛帶衛隊，藏人不僅會覺得達賴喇嘛單獨前往別人的地方不安全，而且有違傳統和禮儀，是對達賴喇嘛的輕慢和侮辱。這種做法是藏人完全不能理解，也無法接受的。只要對藏文化和藏地歷史有基本的知識和理解，不難明白這一點。可惜，那邊清一色的解放軍官兵，既不想去了解，也不打算遷就。

這時，鄧少東一錘定音。他對朋措扎西說，軍區是軍事重地，不是任何人都能進來的，進入軍區之後，達賴喇嘛的安全由解放軍負責，不會出問題。民眾不會不滿意的，鄧少東說，如果出了問題，「那只是個別反動分子的煽動」。他還告訴朋措扎西，軍區已經邀請了噶倫們來軍區，陪同達賴喇嘛觀看演出，他們每人只能帶一名侍從，而且也不准帶武器。鄧少東說罷起身，要朋措扎西去看達賴喇嘛休息的房間。好像事情就這樣定了。

朋措扎西跟著一名幹部去看達賴喇嘛休息的地方。幹部推開一扇房門，朋措扎西看到一間堆滿雜物的房間。對於達賴喇嘛來看演出這件事，軍區方面顯然尚未著手準備。朋措扎西覺得這一切有種說不出的怪異，心裡揣揣不安。

如果按照軍區的規定，那麼達賴喇嘛次日去軍區，只能有兩種方式。一種方式是由軍區派解放軍沿途警衛，同時派車去羅布林卡，把達賴喇嘛接到軍區去；另一種方式是沿途由藏軍布置警衛，藏方將達賴喇嘛護送到軍區司令部前面的橋頭，然後達賴喇嘛帶數名非武裝警衛或者侍從，通過石橋走進軍區司令部。無論哪種方式，藏人都無法接受。按照慣例，達賴喇嘛出行

時，有25名警衛，這些人的主要作用是儀仗，象徵達賴喇嘛的權威。1951年張經武進入拉薩時，噶廈政府也曾派25名藏兵前導。此時是否允許達賴喇嘛帶警衛，不僅事關達賴喇嘛的安全，也關係到達賴喇嘛的尊嚴。

朋措扎西十分明白，這樣的安排對藏人來說意味著什麼。他心慌意亂地返回羅布林卡。

在後來的發展中，「達賴喇嘛不准帶警衛」這件事成為「拉薩事件」的直接導火線。幾十什來，藏方關鍵決策者的回憶錄中，都提到當時聽說這件事給他們造成的衝擊，以及這一決定對「拉薩事件」所起到的催化作用。這件事是否確鑿無疑地發生過，將影響對1959年「拉薩事件」起因的解釋。事情看似微不足道，卻能在很大程度上影響後人對「拉薩事件」的看法。於是，「限制警衛進入軍區」一事到底是怎麼回事，到底是怎樣發生的，就成為以後幾十年裡研究者們關注的事情。

1980年代，在印度達蘭薩拉西藏流亡政府直屬的西藏檔案圖書館，一個專門小組開始對重要歷史人物進行錄音採訪，並將錄音整理成文字出版，即《口述歷史》系列。這個系列迄今已經出版了25本，其中第二輯《人生簡歷》就是時任達賴喇嘛侍從長帕拉・土登維丹的回憶錄。1992年，庫松代本朋措扎西在印度達蘭薩拉出版了一部回憶錄；這部回憶錄共三冊，其中第二冊詳細講述了1959年「拉薩事件」的起因，達賴喇嘛出走的決策過程，以及出走經過。

2005年，當時在達賴喇嘛私人辦公室任職的達熱多阿塔欽出版自傳《我的故事》，該書為《口述歷史》第十八輯，也詳細敘述了1959年「拉薩事件」和「拉薩戰役」發生的原因和經過。達熱・多阿塔欽當時是四品僧官，擔任達賴喇嘛的文書，「拉薩事件」期間，他是後來被中方稱為「羅布林卡叛亂指揮部」的主要成員之一。達熱不僅參加了在羅布林卡和雪村的「叛亂會議」，還直接參與了「拉薩戰役」中的甲波日，即藥王山之戰，他的回憶錄對於全面了解1959年「拉薩事件」的原因和過程，是極重要的資料。這些人都是1959年拉薩事件的親歷者和關鍵決策人，在他們的回憶中都強調了當時軍區對達賴喇嘛隨行警衛的限制，而且都清楚地說明了這種限制在他們精神上造成的衝擊，以及此事與「3月10日事件」的關聯。

1995年，西藏自治區政協文史資料研究委員會出版的《西藏文史資料選輯》（十七）中，收錄了前達賴喇嘛警衛團如本色新‧洛桑頓珠的一篇回憶文章[9]。這篇文章中談到3月9日，朋措扎西通知他次日派100名武裝士兵，「按照慣例布置在羅布林卡正門外的大道兩邊」；還談到朋措扎西告訴他，軍區不准許達賴喇嘛的隨行警衛進入軍區，即使少數警衛獲准進入也不得攜帶武器的事。色新‧洛桑頓珠的回憶文章，是對限制警衛事件的又一相當有力的證明。

　　但是，迄今為止中國官方出版的其他書籍和資料中，對這一關鍵情節均避而不談。無論是公開出版的《西藏革命史》、《西藏革命回憶錄》、《解放西藏史》，還是內部出版的《平息西藏叛亂》，隻字未提達賴喇嘛3月10日去軍區看演出時的警衛安排，也沒有提到3月9日上午在軍區司令部，鄧少東副司令與達賴喇嘛警衛團長朋措扎西的這番談話。但是這些資料也都沒有公開地提供證據予以否定。

　　唯一的例外，是阿沛‧阿旺晉美那篇後來成為拉薩事件「藍本」之一的回憶文章，其中說到：

> 有的國外藏胞寫這一段歷史時，又有這樣一種說法，說當時達賴喇嘛不去軍區觀看演出，是因為軍區提出，達賴喇嘛來軍區觀看演出時，除了可帶私人工作人員和少數警衛外，不再邀請其他隨行官員了。這是根本沒有的事。按照常規，當時達賴作為西藏的領袖，又是西藏自治區籌委會主任，外出參加活動怎麼可能不帶隨行官員和警衛人員？

　　這段話顯然會給讀者造成錯覺。事實上，需要質疑和確定的並非「達賴喇嘛不帶隨行官員和警衛」是不是可能發生，而是「軍區未經達賴喇嘛同意，自行邀請了噶廈政府官員」和規定「達賴喇嘛的武裝警衛不可進入軍

9　色新‧洛桑頓珠，〈原藏軍警衛團警衛營的建制及有關我任警衛營長時發生叛亂的情況〉。《西藏文史資料選輯》（十七），頁132-161。

區」這一事情有沒有發生過。阿沛‧阿旺晉美時任西藏軍區第一副司令員，軍銜中將，但他同時也是噶廈政府的噶倫之一，當然了解邀請達賴喇嘛的程序，以及達賴喇嘛出行的慣例。阿沛指出達賴喇嘛外出不可能不帶隨行官員和警衛人員，卻迴避了軍區是否未經達賴喇嘛同意自行邀請了噶廈政府官員，以及軍區是否提出了限制達賴喇嘛的警衛進入軍區這一要求。阿沛的說法只是否定了前面一種說法，卻對後面一種說法避而不談，給讀者造成阿沛也否定了後面一種說法的印象。其實，阿沛的說法雖然不錯，但並不能以此否定其他回憶者所提出的，軍區曾經要求限制達賴喇嘛的警衛進入軍區這一事實。而這才是實質性的問題。

《西藏革命史》中還有這樣一段話：

> 3月9日，即在噶章同意我接待達賴喇嘛的安排的同時，阿沛獲悉，噶倫柳霞‧土登塔巴、功德林札薩、帕拉副官長等人正陰謀策劃挾持達賴逃走，其步驟是先向達賴灌輸漢人要滅宗教、殺害活佛的謠言，力促他自動逃走，如不奏效，則在拉薩搞暴亂，利用我機關部隊自衛的機會，強制達賴逃走[10]。

這段話被《中共西藏黨史大事記》轉錄[11]，《解放西藏史》中也部分提及，但省略了細節[12]，但這三本書中都沒有提到這一重要資料的來源。阿沛的回憶文章中卻沒有這段話。降邊嘉措在《毛澤東與達賴班禪》中指出：「阿沛作為『3‧10』事件的歷史見證人之一，寫過不少回憶文章，敘述事件經過。但始終沒有談到這一重要情節。」[13]藏文資料，包括帕拉回憶錄也都沒有提到，噶廈政府曾經有過這樣一個計畫。

更奇怪的是，鄧少東與引發「拉薩事件」的幾件事有直接關係，對於達賴喇嘛警衛的安排，身為西藏軍區副司令，他即使沒有直接參與，至少不會

---

10 《西藏革命史》，頁122。
11 《中共西藏黨史大事記》，頁88。
12 《解放西藏史》，頁355。
13 降邊嘉措，《毛澤東與達賴班禪》，頁206。

不知情，可是在上述書籍中，無論是當時主持西藏工委工作的譚冠三，還是副司令鄧少東，都沒有撰文說明對達賴喇嘛警衛的安排，也沒有出面駁斥「有的國外藏胞」的說法，反而是由既沒有參與藏方決策，也沒有參與中方警衛安排的前噶倫阿沛‧阿旺晉美來「澄清真相」。

達賴喇嘛警衛營是在1917年，由第十三世達賴喇嘛建立的，成立時營部就設在羅布林卡。1951年之後，中央將駐防羅布林卡的藏軍第一代本改為「達賴警衛團」，經費由中央政府支付。1955年，解放軍實行軍銜制，警衛團長朋措扎西被授予中校軍銜；1956年，又被晉升為上校。當時達賴喇嘛已經是全國人大副委員長，屬於中央級領導人，他的警衛級別高於譚冠三，屬於「二級警衛」；譚冠三是地方軍區負責人，理論上來說，他無權決定達賴喇嘛是否帶警衛，或者帶多少名警衛。達賴喇嘛第一次去軍區，有關警衛的安排譚冠三不可能不知道，做出這個令藏人完全無法接受的安排，表面看來確實令人不解。1951年入藏的譚冠三，似乎對藏人的心理一無所知，難怪達賴喇嘛出走印度之後，國外有記者稱譚冠三為「遠東最糟糕的心理學家」。

然而，譚冠三是軍人，不是心理學家。他要顧及的不是藏人的感受和反應，而是他的軍營裡必須保守的秘密。

當時藏人並不知道，解放軍正在緊鑼密鼓地備戰。備戰從1956年就已經開始，到1959年初，拉薩的駐軍已經進入全面備戰的狀態。當時西藏工委對拉薩形勢的判斷是：噶廈政府將會全面叛亂。這一判斷是否符合事實姑且不論，但當時確實影響了中央的決策。其時駐在拉薩的解放軍人數只有三千左右，而四水六崗士氣正旺，打了好幾場勝仗，占據了山南大片地區，最近的小分隊已經駐紮在藏布江邊，離拉薩只有兩天左右的路程。1959年1月毛澤東給西藏工委的指示顯示，中央尚未下定立即進行「總決戰」的決心，況且調動軍隊尚需時日。面對幾萬懷有敵意的民眾，譚冠三並不想過早亮出底牌。當時司令部裡面正在修築明碉暗堡，挖戰壕，修坑道，譚冠三自然不想讓幾十名藏兵進去東張西望。

既然如此，為什麼鄧少東邀請達賴喇嘛去軍區看演出呢？從目前的資料看來，這個邀請並非「集體領導」的決策，而是當時鄧少東順口而出的話。但是既然達賴喇嘛已經接受了邀請，兩方都願意順水推舟緩和一下緊張氣

氛，因此都無意率先取消。在當時的情況下，不管是誰先取消，都會加劇對方的猜疑，加重緊張氣氛；當時兩方也都沒有想到，這個邀請恰恰成了催化劑，使得拉薩醞釀已久的危機猛烈爆發。

（三）

朋措扎西回到羅布林卡，向侍從長帕拉匯報了軍區方面對次日達賴喇嘛看演出的警衛安排。帕拉聽後覺得事態嚴重，兩人一同去見負責安排達賴喇嘛活動日程的基巧堪布。噶章‧洛桑仁增聽了朋措扎西的匯報，面色凝重，反覆詢問談話的細節，然後說事關重大，他無法承擔責任，必須面呈達賴喇嘛，三人遂去達賴喇嘛的寢宮達旦明久頗章。

基巧堪布向達賴喇嘛匯報這一情況，朋措扎西把整個經過從頭到尾敘述了一遍。聽完他們的話，達賴喇嘛低頭沉思。過了一會兒，他自言自語一般問：「不會有這麼嚴重吧？已經決定了明天去，不去能行嗎？」

三人向達賴喇嘛陳述他們對此事的看法，他們認為軍區不准帶警衛的要求非同尋常，對此他們深感疑慮。達賴喇嘛又想了想，不以為然地說：「不會有什麼事的，沒必要如此懷疑。」基巧堪布噶章‧洛桑仁增於是決定計畫不變，達賴喇嘛第二天準時到司令部，安全警衛一事繼續協商。

三人離開達旦明久頗章，分頭安排次日達賴喇嘛出行的事。朋措扎西去警衛營部召開緊急會議，對參加會議的如本和甲本們說明達賴喇嘛要去軍區看演出，屆時不能帶警衛的事，問大家怎麼辦。在場的軍官們認為，此事應該通知其他代本，朋措扎西同意這個建議，並說應該通知各代本第二天一早到警衛團部集中，因此派了一名排長到各軍營去送信，同時安排了100名士兵次日換上便衣，混在民眾裡[14]。

帕拉則派人去通知噶廈辦公室，要他們安排兩名孜仲[15]，第二天陪同達

---

14 這是根據朋措扎西回憶錄的說法。色新‧洛桑仁增的回憶文章略有出入。他提到朋措扎西交代他安排100名士兵，按照慣例排在羅布林卡門前的路兩旁。

15 孜仲，噶廈政府中的僧官。

第八章　「達賴喇嘛不准帶警衛！」　123

賴喇嘛去軍區看演出。堪穹[16]達熱‧多阿塔欽正要去參加「長淨」[17]，聽到帕拉的話，大吃一驚。他心神不定地完成儀軌，立刻出來找庫松代本朋措扎西，向他核實達賴喇嘛次日去軍區的事。朋措扎西正在跟他說早上在軍區的那番談話，來了兩名僧官，孜仲益西隆珠和孜仲巴什‧阿旺丹均。

聽了朋措扎西的話，巴什神色大變。六天前，他特地去乃穹寺請教神諭：「形勢如此緊張，應該採取何種行動保護達賴喇嘛和西藏政教？」乃穹作法後，坐在椅子上，鄭重宣布：「全知怙主不應出行。」這道神諭被記錄下來，蓋上乃穹大印。巴什隨即去大昭寺，把神諭交給帕拉，請他呈交達賴喇嘛。帕拉有沒有呈交不得而知，但在巴什的心目中，神諭和達賴喇嘛去軍區這兩件事之間，頓時有了某種聯繫。他緊接著又想起來，土豬年是達賴喇嘛的「本命年」，主凶。

他們三人異口同聲說這樣太危險，不能讓達賴喇嘛去軍區。正說著，堪穹洛桑堅贊走來。一聽說達賴喇嘛要去軍區司令部的消息，他也登時大驚失色。他們當即對朋措扎西說：「前段時間在安多，當地漢人官員用邀請的方式誘捕了多名大頭人和大喇嘛，而且達賴喇嘛得到邀請去北京開會的事，在拉薩民眾裡傳得沸沸揚揚。如果明天去漢人軍營，很難說會出什麼問題。我們現在就去找帕拉，跟他說不要讓達賴喇嘛明天去軍營。」

朋措扎西也很擔心。身為達賴喇嘛的警衛團長，他知道自己責任重大，對於不准帶警衛的事，他一直感到憂慮。幾個人分析了一陣，越想越覺得不對勁，當下找到帕拉，強烈要求取消達賴喇嘛次日的行程。帕拉說事關重大，他無法決定，要他們去找基巧堪布噶章‧洛桑仁增。

四人捧著哈達去向噶章陳情，要求取消達賴喇嘛的行程。噶章有點不耐煩：「這事已經決定了，哪能隨意改變？」幾個人一個勁兒懇求，說達賴喇嘛的安全關係到西藏民族的存亡，務請轉呈他們的意見。噶章答應再次去見達賴喇嘛，眾人遂散去，等待下一步的消息[18]。

---

16 昔日噶廈政府中的四品僧官。
17 梵文「布沙他」，為一種佛教儀式。月中定期，比丘、沙彌聚眾對說懺悔犯戒；在家徒眾受行齋戒，住淨戒中，長善淨惡的一種宗教儀軌。
18 達熱‧多阿塔欽，《我的故事》（藏文版）。

帕拉、噶章·洛桑仁增和朋措扎西再次去達旦明久頗章，轉達幾位孜仲的意見。達賴喇嘛回答說：「已經答應了明天去，怎麼能改？沒那麼危險。告訴他們不要擔心，不要驚慌失措，製造緊張氣氛。明天還是去的好。」

事情就這樣決定了。帕拉和噶章宣布了達賴喇嘛的決定。當天下午，堪穹達熱·多阿塔欽、孜仲益西隆珠和孜仲巴什·阿旺丹均得到消息：達賴喇嘛第二天的行程不變。保安將採用第二種方式，即沿途由藏軍布警，將達賴喇嘛護送到軍區司令部前面的橋頭，然後達賴喇嘛帶數名非武裝警衛，涌過石橋走進軍區司令部，那段路將實行交通管制，民眾不得靠近。

根據阿沛·阿旺晉美的回憶，這天下午3點左右，工委統戰部處長李佐民到他家裡，通知他達賴喇嘛次日將去軍區看演出，並轉告達賴喇嘛的話，要噶倫們次日直接去軍區等他，不必去羅布林卡。阿沛當下覺得不妥。照規矩，噶廈官員應該先到羅布林卡，然後隨同達賴喇嘛出行。他對李佐民表示，這段時間拉薩很亂，如此倉促地決定邀請達賴喇嘛去軍區看演出，弄不好會出事。李佐民回答說，這事已經定下了，無法改變。

達賴喇嘛的兩部自傳都沒有提到，他曾請李佐民轉告阿沛·阿旺晉美，次日不必來羅布林卡這件事，而且全體噶倫中，似乎只有阿沛一個人得到這個通知。工委統戰部處長李佐民給阿沛的通知是怎麼回事？如果確有其事，為什麼達賴喇嘛對阿沛的通知要通過李佐民來轉達？這完全不合禮儀和藏方辦事的程序。可是阿沛的回憶文章裡隨後又提到，幾小時後他又得到另一個通知，其內容正好與李佐民的話相反：代理噶倫柳霞·土登塔巴打電話給阿沛，要全體噶倫次日上午9點去羅布林卡集合，研究達賴喇嘛去軍區的方式，然後陪同達賴喇嘛前往。柳霞還叫他去首席噶倫索康·旺欽格列家，轉告此事[19]。

《西藏平叛紀實》中，關於3月10日噶倫們去羅布林卡的事，有如下解釋：

> 噶廈上層反動集團確定十日發起叛變後，十日早上以開會為名，把

---

19 阿沛·阿旺晉美·〈談1959年「3月10日」事件真相〉。《見證百年西藏》（下），頁172-179。

全部噶廈[20]召集到羅布林卡開會，借此機會將死跟共產黨的阿沛‧
阿旺晉美先殺掉，然後再叛亂。魯康娃和洛桑扎西決定這一行動計
畫之後，九日下午派人通知阿沛‧阿旺晉美，十日早上上班時到羅
布林卡開會，並做了暗殺布置[21]。

　　該書作者吉柚權沒有提供這一資料的來源，但有關「拉薩事件」的各方
資料中從未有過這一說法，阿沛‧阿旺晉美本人也從未提到過噶廈政府曾有
暗殺他的計畫。至於魯康娃和洛桑扎西，他們兩人早在1952年的「人民議
會」事件[22]之後就被解職，至此已有六、七年之久。1957年初魯康娃去印度
朝聖不歸，「拉薩事件」爆發時，魯康娃身在噶倫堡，根本不知道拉薩出了
事。這個說法實在太離奇，連《解放西藏史》都沒有採用。

　　這時候，拉薩民眾還不知道達賴喇嘛第二天要去軍區的事。益西隆珠和
巴什‧阿旺丹均一商量，決心無論如何要阻止達賴喇嘛去軍區。他們討論了
一陣，決定「發動群眾」，動用民眾的力量來阻擋達賴喇嘛。二人先去找參
加過「秘密會議」的政府低階官員，告知他們此事；然後巴什騎自行車離開
羅布林卡去布達拉宮，把消息傳給駐紮在雪村的士兵；益西隆珠則騎馬去拉
薩城區散布消息，並鼓動民眾第二天早上去羅布林卡。巴什還私自用政府的
印鑑，給哲蚌寺和色拉寺的管家寫信，通知他們達賴喇嘛次日要去軍區，要
求他們派一些僧人到羅布林卡來[23]。當時他們完全沒想到，他們這樣做，無
異於在已經乾透了的草堆上扔下一根劃著的火柴。

　　軍區邀請達賴喇嘛去看演出的消息一傳十、十傳百，迅速在拉薩傳開。

　　9日晚上，達熱‧多阿塔欽下班後回到住處，派人給他的朋友堪穹圖丹桑
波送去一封信，告知他達賴喇嘛次日要去軍區看演出的事，請他第二天一早
去羅布林卡，請求達賴喇嘛取消行程[24]。

---

20 原文如此。
21 吉柚權，《西藏平叛紀實》，頁82。
22 即1952年拉薩民間組織「人民議會」向中央駐藏代表張經武上書一事。
23 Tsering Shakya, *The Dragon in the Land of Snows*, pp. 188-193.
24 達熱‧多阿塔欽，《我的故事》。

與此同時，軍區忙著打電話、寫請帖，邀請僧俗上層人士次日去觀看演出。

　　德格麥宿人居欽圖丹住在拉薩東面，一個叫巴郎雪的地方。3月10日凌晨，居欽圖丹在睡夢中依稀聽到熙攘喧鬧聲。幾年逃亡中養成的警覺使他立刻清醒。居欽圖丹跳起來拉開房門，看到人們正在慌亂地往外跑，有人邊跑邊喊：「千萬不能讓嘉瓦仁波切去軍營！這很危險！去了就回不來了！」

　　漢人邀請達賴喇嘛去軍營?!

　　居欽圖丹腦子裡轟地一聲。他返身進屋，拽過藏袍胡亂往身上一裹，抓起步槍，衝進凜厲的夜色中[25]。

---

25 居欽圖丹訪談，2009年9月22日。

第九章 「西藏歷史上最緊張的一天」

（一）

　　清晨5點，達賴喇嘛從不安的睡眠中醒來。他起床漱洗，喝過侍者送來的
酥油茶，放下茶杯，走進他的專用佛堂。佛堂裡香煙繚繞，佛龕上擺著七隻
金銀小碗，裡面盛著供水。水用藏紅花浸泡過，色如金液，發出淡淡芳香。
佛像前點著酥油燈，小火苗映在水上，反射出璀璨的光。達賴喇嘛面朝佛像
頂禮三拜，跏趺而坐。他把現實的一切摒除在外，專注於誦經念咒，漸漸
地，他呼吸平穩，神態安詳，沉入一個純精神的世界之中。不知過了多久，
達賴喇嘛出定，活動一下身體，站起來輕輕走出佛堂。

　　這時，現實的憂慮又潛入腦中：這天下午他將不帶儀仗、不帶衛隊去軍
區司令部，觀看為他安排的專場演出。噶廈已經決定，從羅布林卡到軍區的
路上，將按照慣例安排藏軍警衛，但民眾不能走過通往軍區司令部的石橋。
這樣的出行完全違背了行之已久的傳統。達賴喇嘛想起基巧堪布和庫松代本
對他說的那番話。雖然他並不認為自己將會面臨危險，但不知道民眾對此會
有什麼樣的反應。達賴喇嘛心中有種揮之不去的憂慮。

　　達賴喇嘛憂心忡忡地走下樓，來到花園裡。三月的清晨空氣清冽，微風
祥和，草木綻出嫩芽，花園裡生機盎然。太陽剛剛照亮哲蚌寺後面的山峰，
寺廟的金頂在朝陽中閃光。近十年前，中國軍隊兵臨城下，乃穹護法決定他
必須提前親政時，星相師曾為他測算出，綠色是他的幸運色，因此他的經幡
是綠色的。此時，綠色經幡在晨風裡飄動，彷彿來自上天的安慰。達賴喇嘛
忘記了內心的不安，他接過一名園丁手裡的水桶和水瓢，親自動手為花木澆
水。除了修理鐘錶，園藝是他的另一項愛好。

　　就在這時，宮牆外傳來喧鬧聲。達賴喇嘛停止澆花，直起腰。牆外像是

有很多人在喊叫，但是聽不清喊什麼。他放下水桶，匆匆走回宮室，吩咐一名侍從出去看看[1]。

差不多就在這時候，在哲蚌寺，12歲的阿里仁波切丹增秋杰吃完早餐，正要開始讀經，管家掀開門簾走進來，對他說軍區有車來接他。車子已經停在大門外，請他即刻出門。阿里仁波切放下經書，走到大門外，看到幾輛汽車停在那裡。跟車來的軍人告訴他，達賴喇嘛要去司令部大禮堂看演出，時間是下午3點，即拉薩時間下午1點，達賴喇嘛預定12點到達，軍區特意派車來接他，請他前往司令部陪同觀看。阿里仁波切有點驚訝。此前他一點也不知道達賴喇嘛要去軍區的事。身為達賴喇嘛的弟弟，這類活動他通常會得到邀請。不過，按照慣例，應該是先由基巧堪布噶章‧洛桑仁增或者侍從長帕拉派人通知他去羅布林卡，在那裡加入達賴喇嘛出行的儀仗一同前往，而不是由軍區派車直接把他接到司令部去。軍人還說，他的母親和大姊也得到了邀請。阿里仁波切知道，母親對這類活動毫無興趣，大姊多半也不會去。

阿里仁波切是家中最小的孩子。他聰敏機靈，極富好奇心，像許多精力旺盛的男孩子那樣，喜歡槍械、飛機一類的東西。可是他4歲就被認證為阿里仁波切的轉世，沒多久就被送到哲蚌寺削髮為僧，在經師們的指導下打坐習經。他不喜歡寺院生活，也不喜歡背誦經文，倒是對他前世留下的幾枝槍更有興趣。去軍區司令部看演出，對阿里仁波切來說，是件很好玩的事兒。

阿里仁波切沒多想。他很高興這天不必待在寺廟裡背經。他一邊跟軍人閒聊，一邊等同時受邀的幾位大喇嘛。等了一陣子，大喇嘛們慢吞吞地走來，與軍人們寒暄一番，一一登車。少年仁波切興高采烈地鑽進汽車，這時，他看到太陽已經升上了山頂[2]。

對17歲的職員圖丹格仲來說，這天清早跟往常一樣，起床洗漱，吃早飯，然後去羅布林卡上班。傳召大法會結束後，他得到通知，自己已經被選

1　達賴喇嘛訪談，2009年6月30日。
2　阿里仁波切訪談，2009年7月18日。

中跟隨達賴喇嘛去「阿塔杰三寺」。圖丹格仲興奮不已，期待早日成行。圖丹的舅舅是個「兩棲」官員，同時在噶廈政府和西藏自治區籌委會任職。他哥哥也在羅布林卡工作，擔任日常管理一類的職務，兄弟倆常常一同騎自行車去上班。可是，這天早晨，兄弟倆推著自行車剛要出門，他家的親戚，僧官阿旺曲培急匆匆走來。見他們要出門，阿旺曲培叫他們多加小心，最好帶上槍。圖丹格仲問他出了什麼事，阿旺曲培回答說：「你馬上就會知道！」說著進了屋。

兄弟倆騎車路過大昭寺，遇到一名官員帶著一大群男女老少，朝羅布林卡方向走，一些上了年紀的人還邊走邊哭。到了布達拉宮附近，他們又遇到另一群神情焦慮的民眾，領頭的是羅布林卡倉庫看管人。羅布林卡門前跟往常一樣，第一代本團的士兵在門前站崗，一些住在鄰近的人在石獅附近晃悠。兄弟倆推著自行車，走進羅布林卡[3]。

這天一早，強巴丹增步行去自治區籌委會，參加例行的政治學習。強巴剛滿23歲，參加工作才幾個月。他在籌委會財政處學會計，同時也在羅布林卡任職，是達賴喇嘛看藏戲表演的籌備小組成員。節慶期間，達賴喇嘛觀看藏戲表演時，他們這個小組負責安排場地，搭建帳篷等瑣事。

前日夜晚，強巴丹增的一個朋友兼同事神神秘秘地對他說，第二天一早最好別去籌委會，直接去羅布林卡。強巴丹增問他為什麼，朋友不肯明說，只說很重要，叮囑他務必到羅布林卡去。強巴不以為意，早上徑直去籌委會上班。走到布達拉宮前，他突然想起朋友的話。強巴丹增停下腳步，站在路上猶豫不決，不知道是去籌委會，還是去羅布林卡。正躊躇不定，一個在籌委會工作的孜仲走來。強巴突然有種衝動，覺得自己應該去羅布林卡。他叫住那人，請他代為向籌委會請假。那人好像知道羅布林卡出了什麼事，一個勁兒勸他不要去。這時候，強巴反倒覺得非去不可。他託那位孜仲為他請假，自己朝羅布林卡走去。這時候他才注意到，很多男女老少慌慌張張地朝羅布林卡跑。強巴很詫異：這麼多人去羅布林卡幹什麼？走了一會兒，遇到

---

3 *Memories of Life in Lhasa under the Chinese Rule*, p. 24.

一個熟人，強巴問他：「羅布林卡出了什麼事？」那人說：「漢人邀請嘉瓦仁波切去軍區！這不是好事，嘉瓦仁波切的安全會有危險！」強巴大驚失色，趕緊加快腳步，一路小跑朝羅布林卡趕去[4]。

羅布林卡正門口，警衛團甲本色達平措正在值班。8點左右[5]，他突然看到大批民眾喊叫著從拉薩方向湧過來。色達平措不知道出了什麼事，也不知道民眾的來意，急忙命令衛兵們守住大門，自己立即打電話到警衛團代本朋措扎西家裡，向他報告此事，並請示如何處理。

朋措扎西一整夜翻來覆去臥不安枕，天亮後剛睡著一會兒，突然被電話鈴聲驚醒。他一聽色達平措的報告，馬上下令關閉通往達賴喇嘛寢宮的大門，同時要警衛團如本、甲本、丁本等各級軍官到他的辦公室去開會。放下電話，朋措扎西用最快速度趕到羅布林卡警衛營部。軍官們到齊之後，朋措扎西命令他們立刻關閉羅布林卡所有大門，同時派第一如本色新·洛桑頓珠到正門去觀察，自己匆匆走向達旦明久頗章，向基巧堪布和侍從長帕拉報告。這時，一些官員已經到達羅布林卡。他們驚疑不定地坐在屋子裡，不知道出了什麼事[6]。

與此同時，拉薩和雪村一帶的民眾潮水一般湧來，有人手執棍棒，有人握著刀劍，有人背著槍，聚集在夏宮正門的人越來越多。一些人繞著羅布林卡轉經，一些人面朝大門磕長頭，還有些人對著羅布林卡哭喊「嘉瓦仁波切千萬不能去司令部！」「貴族不要用我們的勝寶[7]去換大洋！」

這時，中方各單位的武裝民兵得到團部緊急通知，命令他們立即進入作戰狀態。民兵們紛紛抓起槍，進入屋頂上的掩體。一個多小時後，警報解除[8]。

一些已經到達羅布林卡的年輕政府職員得到命令，要他們協助看守大

4　強巴丹增訪談，2009年10月12日。

5　藏人回憶錄中的時間通常是「拉薩時間」，漢人回憶錄及官方文件中提到的時間是「北京時間」，二者相差兩小時左右。

6　色新·洛桑頓珠，〈有關我任警衛營長時（1959年）發生叛亂之事〉，《西藏文史資料選輯》（十七），頁137；達拉朋措扎西，《人生的經歷》第二冊，頁263。

7　藏人對達賴喇嘛的敬稱。

8　宗子度，〈逆流翻滾的日子——1959年月10日採訪見聞〉，《西藏革命回憶錄》第四輯，頁123-131。

門，防止民眾湧進羅布林卡，並且不准任何人隨意出入。直到這時，圖丹格仲才聽說達賴喇嘛要去軍區司令部看戲的事。他跟衛兵和其他人一道，將正門牢牢關上。

就在這時，噶廈政府改革局職員丹巴索巴離開家，前往羅布林卡。丹巴索巴住在功德林，這天他比往常提前了一小時出門。一早，他的僕人告訴他說，達賴喇嘛得到軍區的邀請，要去軍營看演出，民眾非常擔憂，認為漢人要劫持達賴喇嘛，把他送到北京去。聽到這個消息，丹巴索巴心裡七上八下，坐立不安，索性提前離家。一路上，許多民眾往羅布林卡方向趕。在德吉林卡，丹巴索巴遇到被人稱為「昌都堪穹」的堪穹索南降措。索南降措穿著袈裟，騎著深紅色摩托車，朝羅布林卡方向駛去，顯然是去參加「宗恰」，即官員們例行的早茶會。索南嘉措是昌都解放委員會副主任帕巴拉・格列朗杰活佛的哥哥，當時是籌委會的官員。到了羅布林卡正門口，丹巴索巴看到大門緊閉，門口鬧哄哄的擠滿了人[9]。

9點，25歲的赤列朋措懷裡揣著一封密信，離開位於拉薩南郊的莊園，步行去羅布林卡。這個莊園的主人是聲名卓著的高僧林仁波切。這位仁波切有一位大名鼎鼎的學生。日後，這位學生將承擔挽救藏文明於危亡的重任，並將雪域佛教傳到全世界。他就是第十四世達賴喇嘛丹增嘉措。不過，林仁波切的這位學生當時還是未滿24歲的青年，剛剛通過拉然巴格西考試。

赤列朋措出身平民，家裡祖居拉薩，父親是個手藝人。他18歲進入林仁波切的莊園做僕人，平時就住在莊園裡。少年時，赤列朋措在上密院的私塾裡讀過幾年書，還進過沒開多久就被關閉的英文學校。因此，赤列朋措除了灑掃庭院之類的雜活之外，還充任林仁波切的文書，為林仁波切謄寫，整理往來信件和文件。

路上，赤列朋措看到許多人急匆匆地朝羅布林卡走。這些人多數是平民百姓，也有少數政府職員。他覺得很奇怪，過去探問，人家告訴他，達賴喇嘛當天下午要去軍區看戲。人家還告訴他說，看戲不過是個藉口，中國人是

9　David Patt, "The Momo Gun: Tenpa Soepa's Story", *A Strage Liberation: Tibetan Lives in Chinese Hands*. p. 143；丹巴索巴訪談，2009年9月8日。

想把達賴喇嘛騙進軍營，然後把他弄到內地去。

赤列朋措大吃一驚，不由自主加快了腳步。走著走著，他忍不住掏出揣在「曲巴」裡的密信。那是一方摺疊的紙，上面密密纏著細線，線上打了火漆。赤列朋措知道，這是噶廈政府請達賴喇嘛占卜的卜辭。雖然是請達賴喇嘛占卜，但實際占卜的是林仁波切。照慣例，噶廈前一天派人把卜辭送到莊園。但是新年剛過不久，林仁波切還住在羅布林卡。因此，赤列朋措得去那裡，將卜辭面呈林仁波切。

他把卜辭重新裝進懷裡，心想：「噶廈要占卜的是什麼？」[10]

（二）

當兩名孜仲和他們的同事決定散布消息的時候，或許沒有想到，在傳播的過程中，消息會變得越來越離奇。這天上午，拉薩城裡有人聽說達賴喇嘛已經被劫走；有人聽說漢人正在羅布林卡，試圖帶走達賴喇嘛。康區和安多發生的事，以及城裡幾個月來高度緊張的氣氛，使得這些謠傳聽起來十分合理，沒有人質疑傳言的真實性。每個人都相信達賴喇嘛是西藏最後的希望，絕對不能被帶離拉薩。於是，城裡的商販們紛紛關閉商店，收拾攤子，驚惶的人們有的騎馬，有的步行，有的蹬著自行車，從四面八方朝羅布林卡趕去。上午10點左右，已有約一萬民眾圍在羅布林卡正門口[11]。

當羅布林卡門前鬧成一片的時候，亞谿府[12]安靜依舊。達賴喇嘛的母親德吉次仁吃完早餐，順手找了些針線活兒打發時間。她一邊刺繡，一邊關照僕人們染布料。管家在她住的房間裡忙著記帳。此時，德吉次仁的孩子們一個都不在身邊。三個兒子和小女兒在國外，大女兒次仁卓瑪住在離羅布林卡

---

10 赤列朋措訪談，2009年4月19日。
11 1959年3月10日包圍羅布林卡的民眾人數，沒有準確數字。《解放西藏史》提到：「（3月10日上午）11時許，湧向羅布林卡的群眾已有兩千多人，其中混雜著攜帶槍枝的叛亂分子二三百人。」藏方有1萬到3萬的說法。西藏工委3月10日給中央的電報中沒有提到數字，3月11日電報中提到「拉薩的叛亂力量總共有6,000至7,000餘人」，見《平息西藏叛亂》頁78。此處引用圖丹格仲書中的數字。
12 達賴喇嘛家族稱為「亞谿」，亞谿府是由噶廈政府出資為達賴喇嘛的父母建造的府邸。

不遠的軍官宿舍,小兒子在哲蚌寺。家裡除了她,只有她80多歲的老母親。

沒過多久,德吉次仁的安寧就被一個朋友帶來的消息打破了。一聽說羅布林卡門口發生的事,她馬上想到小兒子。德吉次仁立刻吩咐管家派人去哲蚌寺,把阿里仁波切接回家。

羅布林卡門口,人們七嘴八舌議論紛紛。有人說,聽說達賴喇嘛要去北京開會,幾天前有飛機從內地飛來,停在當雄機場,一定是來接達賴喇嘛的;有人說漢人肯定是想把達賴喇嘛扣在北京當人質,逼「四水六崗衛教軍」投降。一些康巴人和安多人[13]列舉大量事實,說開會、學習、宴會、看戲這些都是藉口,在他們的家鄉,有名望的部落頭人、堪布、仁波切和大喇嘛被漢人邀請去開會或者赴宴,結果一去不返[14]。70高齡,廣受民眾敬仰的夏宗寺三世阿柔倉仁波切,熱貢地區政教領袖、隆務寺七世夏日倉仁波切等許多著名高僧都是這樣失蹤的。聽說他們都被關進了監獄[15],有的還被殺害。說起這些年來在康區和安多發生的事,他們聲淚俱下,聽他們訴說的民眾則越來越激憤。

9點過後,噶倫們按照約定前來羅布林卡,商量達賴喇嘛出行的事。噶倫夏蘇和柳霞先到,很驚訝地看到門外圍滿了人。他們很順利地走進大門,沒有遇到任何麻煩。

大約10點前後,一輛吉普車朝羅布林卡開來。車裡的人是噶倫兼藏軍總司令桑頗・次旺仁增[16]。他看到門口擠滿了人,車開不過去,於是開門下車,打算步行進入羅布林卡。籌委會成立之後,桑頗被任命為西藏軍區副司令,1959年元旦那天,他被授予少將軍銜,並配有專車、專職司機和武裝警衛員。不料民眾看到吉普車和穿著解放軍軍裝的警衛員,以為是來接達賴喇

---

13 當時在拉薩的有不少康巴人和安多人,降邊嘉措在《毛澤東與達賴班禪》中稱他們為「四水六崗分子」,但並非所有從康區和安多逃到拉薩或者山南的人都參加了「四水六崗」。根據現有資料,四水六崗並未參與1959年的3・10事件。

14 《果洛見聞與回憶》,頁112 - 113。另見降邊嘉措,《十世班禪大師傳記》,頁98;和降邊嘉措,《毛澤東與達賴班禪》頁202。

15 三世阿饒倉仁波切1958年以「反革命罪」被捕,並於1958年12月12日死於獄中,1981年6月平反。見《興海縣志》頁471-472;時任青海省黃南自治州州長的七世夏日倉仁波切1958年6月16日被捕,1978年死於獄中,1980年平反,見《黃南州志》下卷,頁1544 - 1546。

16 桑頗・次旺仁增(1904-1973),時任噶廈政府噶倫、西藏軍區副司令兼藏軍總司令。

嘛的，激憤立即爆發。人群開始騷動，許多石塊朝汽車飛去。一塊石頭擊中桑頗的頭部，他當即倒地昏迷。

居欽圖丹已經在羅布林卡門口待了幾小時，眼看著人越來越多。桑頗的車開來的時候，他站在不遠處看到了這一幕，心裡十分不安。他跟桑頗一家很熟悉，覺得桑頗是個好人，不明白大家為什麼要打他。

把守正門的丹巴索巴和幾名年輕職員趕緊衝過去，把受傷的噶倫抬進車，送往德吉林卡的印度領事館醫院包紮。吉普車載著受傷的桑頗剛走不久，首席噶倫索康的車到了羅布林卡附近。他遠遠看到人群，在恰果橋附近就下了車，步行去羅布林卡。

當時的噶廈政府已經被逐漸架空，差不多處在半癱瘓狀態。政府管轄的範圍萎縮到原先的三分之一，外交、邊防等職能早已取消，雖然行政上保持一定程度的獨立，但只負責維持拉薩市的治安，對涉及西藏的各種重要事務並無決策權。那天噶廈不辦公，噶倫們原定先到羅布林卡開會，討論達賴喇嘛出行的安排，然後陪同他去軍區司令部。本來噶倫阿沛・阿旺晉美也應該去羅布林卡的，但是那天上午他要先到籌委會去主持政治學習，因此先去了籌委會[17]。

強巴丹增和幾名孜仲守在門口，看到索康走來，急忙趕上去協助。民眾的憤怒立時轉向他們。有人衝著他們大喊：「不要讓達賴喇嘛去漢人的軍營！」有人語帶威脅：「你們這些兩面派，最好不要讓嘉瓦仁波切去漢人那裡開會！」還有人吼道：「不要拿我們的嘉瓦仁波切去換漢人的大洋！」幾名婦女哭著說：「求求你們啦，不要讓我們的勝寶到漢人軍營去！」

民眾對噶廈政府的憤怒並非毫無根據。西藏工委進駐拉薩後，根據中共中央的指示，工作重點放在統戰上。當時的主要工作對象不是發動群眾，而是從政治、經濟、宗教等方面對西藏僧俗上層人士進行全面統戰。從1952-1957年的5年內，西藏工委組織了13個各種參觀團，共一千多人去內地參觀，受到中央各級官員的禮遇。中央駐藏代表張經武進駐拉薩不久，就親自去三大寺發放布施。

---

17 〈西藏噶廈工作日記〉（譯文摘錄），《平息西藏叛亂》，頁191；阿沛・阿旺晉美，頁176。

對上層社會的「銀彈攻勢」也卓有成效。當時拉薩的多數大貴族都同中央在西藏的貿易機構有經濟聯繫，20多個家族與中方機構有買賣合同，交易金額達九百多萬銀元[18]。整個西藏的六千多名中上層人士中，有兩千多在中方機構任職[19]。當時的統戰工作還採取了「緊迫盯人」的方式，噶廈政府的上層人士及其家屬被「分配」給指定的幹部「幫助教育」。達賴喇嘛的姊姊次仁卓瑪當時擔任西藏婦女聯誼會長，她自己未必知道，她是中共西藏工委秘書長郭錫蘭妻子蘇竹青的重點「統戰目標」[20]。可以說，當時西藏的上層人士屬於「既得利益者」。因此，民眾認為貴族是「長著兩個頭」的人，不可信任。

按照共產黨的「階級理論」，聚集在羅布林卡門前的人，大多數是他們前來解放的農奴；按照西藏歷史傳統，這些人大多是無權參與政治的普通民眾。可是這一刻，譚冠三將軍和首席噶倫索康卻面對著共同的尷尬：那些人對他們兩人同樣憤怒，雖然是出自於不同的原因。

索康知道，在這種情形下最好不要刺激民眾。他假裝沒聽見四周的嘲罵，好脾氣地微笑著，在強巴丹增等幾個年輕人的衛護下穿過人群，走進羅布林卡。

在他身後，大門重又關閉。

11點左右，協助守門的丹巴索巴看見一個穿著藏袍、戴著大口罩的男人，騎著自行車來到正門。有人把他當成偽裝成藏人的漢人幹部，一把拉下他的口罩。丹巴索巴認出來人是「昌都堪穹」索南嘉措。人群裡也有人認出了他。有人喊道：「他是漢人的奸細！」場面頓時大亂，民眾蜂擁而上，想要抓住他。索南嘉措驚惶失措，轉身朝南跑。石塊雨點般朝他飛去，同時亂棒齊下。一名老僧試圖阻止眾人，但是沒人理會。德格人居欽圖丹站在十幾米外，眼睜睜看著索南嘉措消失在人群中，彷彿沉入水中的石子。

18 《西藏的民主改革》，頁6。
19 陳竟波，〈西藏統一戰線工作的歷程〉，《西藏文史資料選輯——紀念西藏和平解放四十周年專輯》，頁120。
20 蘇竹青，〈50年前親歷西藏民主改革的點滴回憶：邁向新起點〉。西藏人權網http://www.tibet328.cn/zxss/08/200903/t282351.htm

軍區司令部裡，先來的堪布們在客廳裡閒聊，已經到達的一些上層人士在打麻將。阿里仁波切百無聊賴，在樓房裡東遊西逛。他感到氣氛越來越緊張，軍人們快步進進出出，不時低聲交頭接耳。1954年，跟隨達賴喇嘛到內地參觀期間，丹增秋杰學會了說漢語。他問幾名軍人出了什麼事，人家很友好地叫他「小鬼」，逗著他玩兒，但是不肯告訴他[21]。

這時候，赤列朋措到達羅布林卡。大門前人聲鼎沸，混亂不堪，一些人正把一具屍體拖過來。旁邊的人告訴他說，死者是自治區籌委會的工作人員堪穹索南嘉措。赤列朋措無法走進大門，只好站在人群裡看熱鬧。

羅布林卡白牆內，庫松代本朋措扎西聽見兩聲槍響，急忙打電話給門口的警衛，詢問出了什麼事。警衛向他報告說，「昌都堪穹」索南嘉措在門口被民眾圍毆。朋措扎西火速趕到大門口，可是來遲了一步，只見索南嘉措的屍體倒在大門邊的石獅旁。他悲哀地看著這個年輕僧官的屍體，意識到民眾的情緒已經失控。朋措扎西轉身返回宮內，向達賴喇嘛報告羅布林卡外面的狀況[22]。

達賴喇嘛正在第七世達賴喇嘛建造的小經堂裡，面對佛龕上的馬哈嘎拉[23]像祈禱。聽了朋措扎西的報告，達賴喇嘛心情沉重地走出經堂。朋措扎西跟著他，兩人走上宮殿的房頂。達賴喇嘛仰頭望著天空。碧藍的天空高遠純淨，沒有一絲浮雲，陽光明麗，普照山川河谷。

達賴喇嘛突然說：「不會有什麼事吧？」朋措扎西不知道該說什麼，只好沉默不語。

---

21 阿里仁波切訪談，2009年7月18日。
22 有關帕巴拉‧索南嘉措之死的經過有不同的說法。朋措扎西回憶錄中說，索南嘉措被民眾包圍後，曾鳴槍恐嚇；但當時朋措扎西不在現場，他是聽門口的警衛報告的。根據離現場十餘米的目擊者居欽圖丹回憶，帕巴拉‧索南嘉措沒有開槍；在大門口守衛的丹巴索巴也聽到槍聲，但不能確定是索南嘉措開的槍。有好幾份資料提到索南嘉措當時帶了一枝手槍，降邊嘉措《毛澤東與達賴班禪》中也提到索南嘉措在藏袍裡面藏了手槍。
23 馬哈嘎拉，亦稱「大黑天」，為觀音菩薩的忿怒相。

（三）

　　事發不久後，在軍區司令部和羅布林卡內宮裡，兩方的最高層各自召開緊急會議，商討如何應對這一突發事件。

　　正在開會的解放軍各部隊軍官立刻趕回部隊，開始進行作戰準備。

　　藏軍第二、四、六代本趕到羅布林卡，向朋措扎西報告說，他們已經在路上安排好了保安和軍人隊列，請示一旦達賴喇嘛出行時，民眾在路上磕頭攔阻，應如何處理。

　　噶倫夏蘇、索康、柳霞和基巧堪布噶章‧洛桑仁增來到旦明久頗章，祈請達賴喇嘛取消這天下午的出行。

　　在籌委會主持政治學習的阿沛‧阿旺晉美聽說索南嘉措被打死的消息之後，決定不去羅布林卡，直接從籌委會去軍區。

　　前昌都總管拉魯‧次旺多吉帶著僕人，正在前往羅布林卡的路上。聽到索南嘉措被打死的消息，心知情況不妙，立刻掉頭回家。

　　時任西藏共青團組織部長的蘇竹青奉派去達賴喇嘛的姊姊家，邀請她去軍區，被僕人阻擋。

　　軍區派人去達賴喇嘛母親家，登門邀請她去軍區看演出，管家以「身體不適」推辭。這些違反拉薩貴族慣例的邀請方式傳出後，民眾更加相信軍區要施行「大逮捕」。

　　一些上層人士和大喇嘛先後到達軍區司令部，在那裡等待達賴喇嘛。

　　青年、婦女工作委員會的藏人職員得到消息。有些人趕往羅布林卡，有些人回家。

　　軍區文工團的演員們已經化完妝，換好了衣服，一切準備就緒，只等達賴喇嘛一到，演出就可以開始。

　　僕人從哲蚌寺返回亞谿府，向管家報告說，阿里仁波切已經被接到軍營。德吉次仁命管家派人去軍區司令部，探聽阿里仁波切的情況。

　　達賴喇嘛的攝影師吉美茶仁騎摩托車從家裡趕到羅布林卡，但無法通過人群。

　　譚冠三召集緊急會議，討論羅布林卡發生的事情，以及如何向中央報告。

朋措扎西根據帕拉的指示，命令武裝士兵把守羅布林卡的所有大門，並派車去接達賴喇嘛的母親。

　　民眾在羅布林卡門前高聲呼喊，強烈要求觀見達賴喇嘛，當面祈請達賴喇嘛取消軍區之行，噶倫們要他們推舉代表。

　　三大寺的一些僧人和住在拉薩附近村莊裡的民眾陸續朝羅布林卡趕來。

　　派去接達賴喇嘛母親的車一出羅布林卡大門，立即被民眾包圍，汽車動彈不得，推攘一番後，汽車倒回宮內。

　　民眾在人群中推舉了來自安多、康巴，和衛藏的30名代表。他們獲准進入羅布林卡。

　　一個10人小組到德吉林卡的印度領事館，遞交了一些文件，證明漢人一直在破壞協議，要求印度政府幫助西藏。

　　數百民眾把堪穹索南嘉措的屍體拴在馬後拖到拉薩，在帕廓街上繞行示威。

　　噶廈緊急會議做出決定：1.為了安撫民眾，達賴喇嘛當日不去軍區；2.首席噶倫索康親自向民眾宣布這個決定；3.噶倫索康、柳霞、夏蘇去軍區，向譚冠三將軍解釋達賴喇嘛無法成行的原因。

　　中午時分，也就是達賴喇嘛預定到達軍區司令部的時間前後，首席噶倫索康出現在羅布林卡正門的門樓上。他拿著擴音器對外面的民眾喊話，宣布達賴喇嘛已經決定不去軍區，請大家放心。他還說，他們三位噶倫將去軍區，解釋達賴喇嘛不能去軍區的原因。民眾對這些決定並不滿意。他們高聲叫喊，要求達賴喇嘛不僅這天不能去，並且從此不再參加漢人的會議。索康當場允諾，並要求民眾不要圍在羅布林卡，各自回家。他說了一遍又一遍，叫民眾馬上解散，但是沒有人聽[24]。在中方有關這天事件的敘述中，從未提到首席噶倫索康向牆外的民眾喊話，告訴他們達賴喇嘛已經決定不去司令部，要求民眾各自回家這一情節。

---

24 赤列朋措、丹巴索巴訪談；達拉朋措扎西，《人生的經歷》第二冊，頁268；《平息西藏叛亂》，頁191。

至此，阻止達賴喇嘛去軍區司令部的目的實現了。可是事情並沒有就此結束。益西隆珠和巴什‧阿旺丹均未必想到，當民眾被調動起來之後，事情極有可能脫離他們原先的目標，其走向誰也無法預料。

（四）

索康喊話後不久，三噶倫乘坐的汽車開出羅布林卡正門。民眾一擁而上，一邊對他們高聲叫罵，一邊攔下汽車，七手八腳仔細搜查了一番，確定達賴喇嘛不在車裡，才讓開路。汽車駛向位於孜仲林卡的西藏軍區司令部。

噶倫們走後，民眾議論紛紛，很多人認為不能就此離開。有人喊道：「我們都回去了，貴族們把嘉瓦仁波切送到軍區去怎麼辦？我們必須留在這裡！」很多人回應，一些人於是返回家中去拿武器和帳篷。居欽圖丹也跟同伴一起返回住處取帳篷，打算在羅布林卡門口安營紮寨，確保達賴喇嘛不會被「偷運」到軍區去。

在軍區司令部，閒得無聊的阿里仁波切看到三噶倫來到司令部，被引進一間會議室。

這次會議是兩方最後一次面對面的談話。關於這次談話的詳情，迄今為止未見三位噶倫、阿沛、譚冠三或鄧少東的回憶文章。目前比較詳細的文件，是西藏工委於1959年3月10日發給中央的電報和庫松代本朋措扎西的回憶錄。朋措扎西沒有參加會議，他的記載應該是轉述三噶倫從軍區返回後，向達賴喇嘛所作的匯報。

根據工委的電報，三噶倫於北京時間兩點半左右，即預訂演出時間的半小時前，到達軍區司令部：

> 昨日（9日）下午，達賴近侍機構的人員中，有5個人曾向達賴本人提意見反對達賴來軍區，達賴曾責成帕拉副官長通知提意見的人說他去軍區已經決定，不能改變。今日群眾包圍羅布林卡請願事件發生的同時，三大寺的堪布（部分）及地方政府僧俗官員在羅布林卡內向噶廈提意見要噶廈轉達賴，請求達賴不來軍區。達賴考慮到事

實上已來不成，故派他們3人來向工委同軍區談此事[25]。

　　根據朋措扎西回憶錄，當時在場的有譚冠三、鄧少東、傅參謀長和阿沛‧阿旺晉美。見他們進來，譚冠三叫他們坐下，阿沛和官員們坐在他們對面。索康說完上述那番話後，譚冠三勃然大怒，氣得滿臉通紅，用手指點著他們的臉，叫罵了一通。三噶倫心裡很緊張，覺得這天肯定會被扣押。

　　譚冠三對噶倫們說，包圍羅布林卡的事顯然「是一個有計畫的陰謀」，是「地方政府內部的反動分子搞的」。從上下文中可以看出，有人辯解說看演出的事他們事先不知道。譚冠三回答說：「達賴自己決定要來軍區，已一個多月了，而且當時鄧少東同志曾向噶廈講過，現在噶廈又說不知道此情況，特別是說不知道反動分子今天的陰謀，我們更加懷疑。」[26]

　　譚冠三忽略了一點：一個多月前，鄧少東告訴噶廈達賴喇嘛將去軍區看演出這件事，但當時並沒有確定日期。根據阿沛‧阿旺晉美的回憶，他得知日期是3月9日下午3點左右，可是到下午6、7點，他才等到噶廈的正式通知，要他去轉告首席噶倫索康。事實上，這是一次組織得混亂不堪的活動。整個安排帶著一種自作主張的傲慢心態。很大程度上，正是這種心態使得民眾相信，這一切都是「有計畫的陰謀」。譚冠三如果不是「遠東最糟糕的心理學家」，至少也算得上是「遠東最糟糕的活動策劃人」。

　　譚冠三發作過後，噶倫夏蘇試圖緩和氣氛，開口說道：「中央一直在幫助我們，但是我們的人民知識水平非常低，因此有些不當的行為。在中央的寬容下，達賴喇嘛的宗教儀式很順利，這是很大的成績。我們為了漢藏人民的團結一致繼續努力，並沒有做與此相背的事。這個情況，現在在坐的阿沛噶倫非常清楚。所以，現在請噶倫阿沛提個建議吧。」不過，整個會議過程中，阿沛似乎沒有說過話。

　　這時，鄧少東副司令冷冷地說：「你們把希望寄託在山南的幾個康巴人身上，是完全錯誤的。康巴人最多不過幾千到一萬，解放軍根本不怕他們，

---

25 《平息西藏叛亂》，頁75。
26 同上。

消滅他們的時候已經到了。以前國民黨有八百萬軍隊，全部被我們消滅了。現在中央還在忍耐，你們要好好想一想。」

譚冠三提出要求，要三噶倫保護達賴喇嘛的安全，追查主謀，撫恤索南嘉措的家屬，法辦兇手等。三噶倫表示，保護達賴喇嘛本來就是他們的職責，他們自然責無旁貸。返回羅布林卡前，三噶倫還到軍區醫院去看望桑頗。當時桑頗正在睡覺，幾個人沒有交談[27]。

噶倫開會時，工委統戰部處長李佐民交給嘉措林仁波切一封信，請他轉交達賴喇嘛。嘉措林仁波切是達賴喇嘛的辯經師，時任中國佛教協會西藏分會副會長，這天他也是得到邀請的上層人士之一。為了避嫌，軍區派車先把嘉措林仁波切送回家，他再從家裡去羅布林卡。

軍區大禮堂裡，演出按照預定時間開始。雖然主客缺席，依照軍區領導的指示，文工團的演員們以「飽滿的政治熱情」，為已經到達的僧俗官員們演出。場景有種說不出的怪異：那些後來被指責為「有預謀、有計畫、有步驟發動武裝叛亂」的西藏上層人士，在軍區司令部裡接受軍人們的款待，與他們的主人談笑風生，民眾卻在羅布林卡宮和帕廓街上抗議，對軍營裡的賓主雙方發洩他們的怒火。

阿里仁波切坐在台下，興致勃勃地看男女演員們的歌舞。幾十年後，阿里仁波切笑著對我說，他還記得那場演出，其中有個節目是大合唱。對於「軍區扣押他作人質」的傳說，阿里仁波切斷然否認[28]。不過當時他並不知道，他母親聽說他在軍區，急得坐立不安，派人直接到軍區找他。僕人到了軍區，沒有看到阿里仁波切，卻看到三噶倫在一間房間裡，一名「漢人軍官」衝著他們大發雷霆。他回去將此情景報告德吉次仁，她聽了更加焦急，派人滿城尋找阿里仁波切。

三噶倫走後，西藏工委電報中央，報告了拉薩發生的事，並匯報說：

根據以上情況，我們除在軍事上加強準備以外，擬採取以下措施：

---

27 達拉朋措扎西，《人生的經歷》（藏文版）第二冊，頁268-271。
28 阿里仁波切訪談，2009年7月18日。

（1）在爭取達賴、支持進步力量、揭露發動分子的陰謀的原則下，按上述冠三同志談到內容，在官員、群眾、幹部中揭露反動分子的陰謀（口頭的，不用文字，亦不登報）。

（2）對於已被害的進步人士舉行追悼會，對其家屬加以撫恤[29]。

這時，嘉措林仁波切從家裡騎馬到達羅布林卡，但是無法走近大門，只好在外面等。

（五）

這天下午5點左右，部分政府官員和民眾代表在羅布林卡的夏丹拉康[30]開了一個會。有關這個會議的情況，庫松代本朋措扎西、堪穹達熱·多阿塔欽的回憶錄中都有詳細紀錄，原噶廈政府秘書格杰巴·丹增多吉的回憶文章中亦有記敘。

根據達熱的回憶，開這個會主要是為了討論達賴喇嘛的安全警衛問題，參加者包括「大多數僧俗官員和民眾選出的30多名代表」，但沒有說明是否有噶倫參加。格杰巴·丹增多吉回憶：

> 此時，大多數僧俗官員都已來到羅布林卡，布達拉宮知賓·強巴丹達等人按照大知賓·帕拉的吩咐，通知在羅布林卡的所有人員前來開會，然後大家聚集在佛事經堂裡。上述20餘名「人民代表」亦一起來到了會場。當時大多數人說：「群眾得知突然迎請勝寶前往軍區觀看文藝節目的情況之後，匯集在羅布林卡處，企圖阻止（達賴喇嘛）前往。今年適逢勝寶厄運之年，實感吉凶難測，不可前往。無論採取什麼辦法，我們的想法和人民群眾是一致的。」[31]

---

29 《平息西藏叛亂》，頁76。
30 亦稱「佛事殿」，羅布林卡舉行佛事之處。
31 格杰巴·丹增多吉，〈分裂分子在拉薩發動叛亂經過〉，《西藏文史資料選輯》（十），頁66-70。

關於達賴喇嘛的警衛、政府官員和民眾代表意見分歧。政府官員要民眾回家，不要圍在羅布林卡門口亂喊亂叫，達賴喇嘛的警衛由警衛團負責；民眾代表表示反對，他們寫了一封請願書，要求警衛團只負責羅布林卡內部的警衛，由民眾志願者組成人民警衛隊，負責羅布林卡外面的警衛。這次會議上還討論了布達拉宮和大昭寺的安全保衛問題。

民眾代表以康區和安多發生的事為例，擔心一旦達賴喇嘛去開會，會遭遇不測。兩人的回憶錄都沒有明確說明民眾代表所說的「開會」指的是什麼，但根據當時的狀況，很可能是指達賴喇嘛將去北京參加第二屆全國人大這件事。民眾代表進一步提出：「1950年以前，西藏是一個獨立的國家。漢人共產黨從西藏的東、北兩個方向入侵，1951年簽訂『十七條協議』，但是漢人自己多次踐踏協議。所以西藏人民要努力恢復獨立的想法是一致的。」要求討論藏人與漢人的關係，以及西藏獨立問題。民眾代表說，不把「吃大米的和吃糌粑的」分開的話，達賴喇嘛的安全不會有保障。代表們有的說要獨立，有的說要重新簽訂協議，意見不一致，眾人亂紛紛吵了一通，發表了各種意見。

1956年西藏自治區籌委會成立之後，吸收了一些噶廈政府的職員和官員參加工作，這些人同時為噶廈政府和籌委會工作，具有「雙重身分」。在這次會議上，民眾代表要求在場的「雙重身分」者做出選擇：要麼去籌委會工作，要麼在噶廈政府工作，決定在噶廈政府工作的人，必須做出具結，保證不再去籌委會上班。強巴丹增猶豫了片刻，接過筆，在具結書上簽了名[32]。

堪穹圖丹桑波提出建議說，現在是非常時期，需要有人負責與民眾聯繫。「由堪穹達熱和孜本雪苦巴來負責怎麼樣？」他問在場的僧俗官員和民眾代表。沒有人表示異議。第二天又增選了幾個人，後來被稱為「叛亂指揮部」的協調機構就這樣產生了。今後的幾天裡，這個機構取代了噶廈，對民眾直接下達指示，但並不管藏軍。此後，藏軍、噶廈、該小組各自為陣，從未做到真正意義上的協調，亦未能達成統一指揮。

從這天開始，拉薩基本處於無政府狀態。達賴喇嘛、噶廈、藏軍，以及

---

32 強巴丹增訪談，2009年10月12日；另見達熱·多阿塔欽，《我的故事》。

僧俗民眾各有不同的關注點，也有不同的目標。達賴喇嘛盡量拖延時間，希望能夠找到和平化解危機的方式。噶廈被民眾「邊緣化」，他們主要關心的事情是，一旦危機擴大，如何確保達賴喇嘛的安全；民眾不信任噶廈，堅持要由他們自己來保護達賴喇嘛，不惜為此獻身。藏軍官兵紛紛撕下解放軍軍銜，脫下解放軍軍裝，表示支持民眾。志願者們後來甚至製作了識別證，只有持識別證的人才能進入羅布林卡[33]。

藏軍各代本再次召開緊急會議討論局勢。他們決定加強布達拉宮和大昭寺一帶的防衛。第二代本一半人駐守扎什軍營，其他的去布達拉宮、司令部武器庫和藥王山；第四代本駐守羅布林卡北面和嘉措多麥，以及嘉熱林卡東面和西面。第六代本的砲兵營負責拉薩市和大昭寺的安全。第一代本負責守衛羅布林卡和堅賽頗章，以及拉薩河對岸的夏甲熱。為了各軍團之間的聯繫，重新拉電話線。代本們決定之後，向藏軍司令洛珠格桑匯報，並得到他的批准。

下午4點多，羅布林卡門前的民眾大多數散去，門口只剩下幾百人。赤列朋措當時還不知道，大多數民眾去了拉薩城區，呼喊著「西藏自古是獨立自由的國家！」「漢人共產黨文武官員立即撤離西藏！」「我們不承認強迫簽訂的十七條協議！」「西藏是西藏人的！」等口號在帕廓街上遊行。赤列朋措進了羅布林卡，把懷裡的密信交給林仁波切後，步行返回莊園。

5點左右，嘉措林仁波切獲准進入達旦明久頗章。他看到達賴喇嘛坐在椅子上，雙手扶額，神情憂慮。嘉措林仁波切把譚冠三的信交給達賴喇嘛[34]。

差不多這時候，軍區派車送阿里仁波切返回哲蚌寺。車子在半路上遇到他的管家。管家攔住車，要阿里仁波切不要去哲蚌寺，直接回家。德吉次仁見到小兒子平安回來，總算鬆了口氣。阿里仁波切沒有想到，這是他最後一次在家中過夜。

---

33 識別證照片見林照真，《喇嘛殺人》，頁232。
34 〈嘉措林活佛談他將譚冠三將軍的信送給達賴喇嘛的經歷〉，《平息西藏叛亂》，頁196-198。降邊嘉措《毛澤東與達賴班禪》中說這封信是阿沛．阿旺晉美送去的，但達賴喇嘛證實，3月10日那天阿沛未去羅布林卡。庫松代本朋扎西回憶錄中提到，3月11日阿沛曾託人帶口信給他，約他在羅布林卡外面見面，他無法判斷此人是否可信，因此沒去。

夜幕降臨之後，羅布林卡門前安靜下來。強巴丹增、丹巴索巴、圖丹格仲等人各自回家，拉薩市民和周圍村莊的人也返回家中。喧囂混亂的一天終於過去了。

　　快到半夜時，庫松代本朋措扎西召集警衛團如本和甲本，一同在羅布林卡內外巡視。夏宮裡面，士兵們修建了一些臨時工事，各處有武裝士兵防守。宮牆之外，很多康巴人搭起帳篷宿營。德格麥宿人居欽圖丹也在其中。他還帶來了在拉薩遇到的192名德格鄉親。他們搭起七頂帳篷，在牆外駐守。

　　那一天是1959年3月10日。那天在拉薩發生的事情，史稱「1959年3‧10事件」或「拉薩事件」。

第十章　神秘的康巴漢子

（一）

1957年10月15日夜晚，沖繩島美軍基地。

一架黑色B-17「空中堡壘」轟炸機載著8名乘客，從沖繩島起飛。8人中有6個亞洲人，2個美國人。他們年紀相仿，都是20來歲，身強體壯的青年。飛機升空時，美國人示意亞洲人戴上氧氣面罩，他們微笑搖頭，說他們適應高空。確實如此。這些亞洲青年來自世界屋脊，在海拔3,000米以上的康區長大，飛機升到三、四千米的高度，對他們來說算不了什麼。

這是一次歷史性的飛行。這幾個年輕人是中央情報局訓練的第一批藏人，也是西藏歷史上第一批學會基本特工技巧的人。康巴漢子們在一個小島上秘密受訓4個半月，照原定計畫，將分成兩個小組空投回西藏。在訓練基地裡，他們除了藏文名，還有英文名字，叫阿塔（湯姆）、旺堆（瓦爾特）、洛澤（路歐）、德珠（丹）、澤舍（迪克）。他們彼此以藏文本名相稱，教員和基地工作人員叫他們的英文名。他們還有一名夥伴，名叫次旺（山姆），出發前幾天，次旺不慎手槍走火受傷，只好留在基地治療。

兩個美國青年是康巴漢子們的教員，中央情報局的麥卡錫和麥克洛伊。過去幾個月的時間裡，這兩個美國人和他們的同事一起，教會了6個康巴漢子爆破、發報、跳傘、繪圖、使用地圖、野外生存、收集情報、格鬥擒拿、簡易偽裝、翻譯和使用密碼等特工技巧；由於他們的特殊需求，還教給他們地面指揮空投、組織游擊小隊、使用各種槍械和爆炸物、埋伏和反伏擊等游擊戰術。飛機裡的第6個藏人名叫堅贊頓珠，是達賴喇嘛二哥嘉樂頓珠的助手。堅贊會說印地語，因此被派來協助下一步的行動。

飛機飛向東巴基斯坦達卡附近的庫米托拉空軍基地。這是他們的臨時中

轉站，在此期間，他們所需的一切由基地提供。基地裡沒有人知道這架神秘的飛機是怎麼回事，也不知道飛機上的乘客來自哪裡，去向何方。

10月20日，月亮升上天空，銀色的光芒灑滿大地。月光下，沒有任何標識的黑色飛機看上去十分詭異，像隻龐大的史前怪鳥，悄無聲息地趴在地上，時機一到，將沖天而起。5個康巴漢子一路念著〈金剛心咒〉，走向艙門下的舷梯。他們的美國教員站在舷梯下，向他們一一握手道別，祝他們好運。幾個月的朝夕相處，美國教員和康巴漢子之間建立了一種同袍情誼，此地一別，誰也不知日後能否再見。發動機一陣轟響，飛機載著幾個返鄉的藏人騰空而起。這是他們第二次起飛。預訂的空投本來是在三天前，滿月的夜晚。但是起飛不久後，天氣突然起了變化，空中烏雲密布，機長只好返航。

這架神秘飛機的機組成員來自波蘭和捷克，機上沒有美國人。這樣的話，飛機一旦墜毀，也不會暴露其來源，確保美國幫助西藏反抗力量的秘密不會洩露。這次飛行的任務是先把第一小組，即阿塔和洛澤[1]兩人空投到離拉薩60公里左右的桑耶寺一帶；然後掉頭朝東，把其餘人組成的第二小組空投到康區[2]，再轉向西南，飛經印度領空返航。

選擇桑耶寺附近空投，完全是個巧合。中情局需要一個特別小組在西藏境內收集情報，了解四水六崗的人數和戰鬥力；解放軍的狀況、西藏的形勢和民情等。這個小組還承擔一個特別的任務：他們必須盡快前往拉薩，設法見到達賴喇嘛，向他傳達美國方面提出的條件：如果西藏需要美國的幫助，應該由噶廈政府向美國提出這一要求[3]。因此，這個小組必須被空投到離拉薩距離不算太遠，又比較安全的地區。從英國遠征軍繪製的地圖看來，桑耶寺一帶是個合適的地點。

美國方面制定計畫的人並沒有想到，對於阿塔和洛澤來說，空降到桑耶

1　洛澤於1960年代中葉在印度病逝，生前沒有留下回憶錄，因此他的生平至今不為世人所知。關於塞班島第一批受訓人員的情況，阿塔諾布留下了一部簡短自傳，羅杰‧麥卡錫和美國中央情報局西藏小組的幾名成員均有著作出版。本章除了參考上述資料外，還包括了作者對阿塔諾布的長女次仁卓瑪和次女卓瑪諾布的訪談中獲得的一些資料。
2　這次只空投了第一小組，沒有空投第二小組。旺堆等人約一個月之後空投到康區，靠近他們故鄉理塘的某地。
3　這是最初提出的條件。四水六崗成立之後，美國方面不再堅持這一條件，授權中情局東亞部直接向四水六崗提供秘密援助。

CIA首批訓練人員之一：理塘人嘉賽洛澤。
（照片年代不詳）

CIA首批訓練人員之一：理塘人阿塔諾布。
（攝於 1956 /1957年，卓瑪諾布提供）

1958年6月，「四水六崗衛教志願軍」成立大會。

1958年6月,「四水六崗衛教志願軍」成立大會,總指揮貢保扎西檢閱。

「四水六崗衛教志願軍」的游擊隊員。

「四水六崗衛教志願軍」軍旗。

1958 年，「四水六崗衛教志願軍」在訓練中。

「四水六崗衛教志願軍」士兵。（拍攝時間、地點不詳）

「四水六崗衛教志願軍」總
指揮貢保扎西。

理塘嘉妥倉三兄弟。（右起：旺堆、布崗、格桑；格桑・嘉妥倉提供）

寺有某種宿命般的意義。桑耶寺是蓮花生大師親自創建的寺院。傳說蓮花生大師測量寺院時，曾飛到空中，把手中的規尺指向地面。陽光把規尺的影子投到地上，藏王赤松德贊沿著規尺的影子，劃定了桑耶寺的範圍。後來，7名西藏貴族子弟在桑耶寺剃度出家，成為第一批西藏僧侶，史稱「七覺士」。桑耶寺遂成為西藏第一座佛、法、僧三寶俱全的寺院，對於虔信佛教的藏人來說，「西藏第一寺」桑耶，是一座殊勝的寺院。

阿塔透過舷窗往下看，發覺自己正在喜馬拉雅上空。月光下，浩瀚的雪山呈現出奇異的藍色。他想起一個古老的傳說。據說修行精深的高僧，會有空行母現前，帶著他們在天上飛。阿塔是還俗僧人，雖然沒有機會好好修行，居然也可以在天上飛，「看來運氣還不錯，」他想。

駕駛艙裡的幾名飛行員同樣需要好運。飛往西藏執行特別任務，對他們來說是極嚴峻的挑戰。他們從未飛過西藏，手裡沒有航線圖，沒有地圖，也沒有雷達導航，手頭僅有的幾張手繪地圖，是1903年榮赫鵬率領英國遠征軍入藏時繪製的，還有幾張不知道哪裡找來的老照片。這是個絕密任務，他們既不能讓中國人發現，也不能讓印度人發現，所以只能在滿月期間借助月光飛行。印度軍方擁有雷達，為了避免雷達的探測，他們盡可能沿山而飛，利用高山作屏障。這樣的飛行相當危險，稍有偏差就可能一頭撞到山上機毀人亡，秘密訓練前功盡棄。進入西藏山南地區之後，他們還得靠肉眼尋找空投地點。

機翼下，一條大河閃著粼粼波光。曲水[4]！阿塔和洛澤差點喊出聲來。飛機開始降低高度，老照片上顯示的那片寬闊沙灘越來越清晰。阿塔和洛澤站起來，向夥伴們告別，做好跳傘準備。在此之前，他們只進行過3次跳傘訓練。兩人沒有備用傘，裝備包上綁了一根30多米長的繩子，繫在阿塔腰間的D形環上。

飛機降到離地面約5,000米的高度，艙口打開，故鄉的大地就在他們腳下。阿塔情不自禁摸了一下藏在衣兜裡的「L藥丸」[5]。藥丸好好地放在衣兜

4　曲水河，藏布江的一條支流。英文書籍中一般通稱為「藏布江」。
5　Mikel Dunham, *Buddha's Warriors: the Story of the CIA-Backed Tibetan Freedom Fighters, the Chinese Invasion, and the Ultimate Fall of Tibet*.p. 223.

角落裡，一旦需要，一伸手就能拿出來塞進嘴裡。只須咬破膠囊，釋放出劇毒的液體，不到一分鐘，所有的秘密就會隨他逝去。阿塔和洛澤對視，交換了一個只有生死契闊的男人之間才會有的微笑。阿塔把裝備包拋出機艙，隨即跳出艙口。洛澤緊跟著跳出。

飛機神不知鬼不覺地轉了個彎，掉頭東去。

半空中，阿塔看到桑耶寺的金頂，雙鹿法輪在月下發出柔和的光。他腦中掠過蓮花生大師的故事。傳說中蓮花生大師飛起的地點，就在這一帶。阿塔突然明白，保衛蓮花生大師帶來藏地的信仰，是他今生的宿命。「翁巴匝薩瓦吽……」阿塔在心裡默念〈金剛心咒〉。

高原月色裡，三頂降落傘像灰白色的花，飄飄蕩蕩，隨風而下。

（二）

一年前，理塘寺還俗僧侶阿塔諾布在一張紙上寫下自己的名字時，完全沒有想到，他的名字將會融進藏民族的歷史。他的朋友旺堆‧嘉妥倉悄悄來找他，問他願意不願意去學「像美國人那樣打仗」，阿塔想都沒想就答應了。他問旺堆到哪裡去學？什麼時候開始？旺堆叫他等著，時機一到會通知他，還要他發誓不把這事兒告訴任何人。

旺堆和阿塔都是理塘人，但境遇正好相反。旺堆是富商貢保扎西的外甥，從小在有錢的舅舅家裡長大；阿塔家境貧寒，幼年喪父，寡母含辛茹苦把4個兒子養大。阿塔6歲就到有錢人家當童僕，12歲在理塘寺出家，在寺院裡學的那點藏文，就是他的全部教育。雖然從小飽經磨難，阿塔卻長成了一個棒小夥子。他精力充沛，聰明好學，喜歡跳羌姆。理塘寺逢年過節都會表演金剛舞，阿塔穿著色彩斑斕的衣服，頭戴面具，跟著銅鈸和鼓號，一招一式，中規中矩。另一個理塘寺僧人，旺堆的弟弟格桑，常常站在人群中觀看。在理塘寺的幾千名僧侶中，阿塔和格桑只是兩個很普通的年輕僧侶，彼此素不相識。要不是歷史長河在1950年突然轉向，他們的生命軌跡或許永遠不會相交。

機緣湊巧，阿塔被派到理塘寺的商隊當助手。他跟著馬幫走出寺院大

門，走向理塘之外的世界，先是往返拉薩，然後往返噶倫堡。1954年，時局開始緊張，阿塔跟著馬幫到了噶倫堡，一去不回。

噶倫堡有不少與他年齡相仿的康巴青年。遠離故土，這座古老商城就成了他們的江湖。來自理塘、巴塘、芒康等地的年輕人漸漸形成一個小圈子。他們做點兒小買賣掙錢維生，有錢的不時接濟窮朋友。家鄉有人來，大家趕快去打聽消息，互相傳播。家鄉的消息越來越糟，終於有一天，來自康區的馬幫帶來了理塘寺被炸成廢墟的消息。年輕的康巴漢子們憋著一股勁兒，摩拳擦掌想豁出去大幹一場，但又不知道做什麼。達賴喇嘛訪問印度期間，通過嘉樂頓珠的安排，這群康巴青年拜見了達賴喇嘛，強烈要求拉起一支人馬公開反抗。達賴喇嘛勸他們忍耐，以非暴力方式爭取自由。康巴漢子們大失所望，但也無計可施。

他們不甘心就此罷休。27名年輕的康巴漢子尾隨達賴喇嘛一行去了菩提伽耶。在那裡他們遇到塔澤仁波切[6]。仁波切跟他們聊了一陣，順便為他們每人拍了張照片。阿塔一點兒也沒想到，這些照片被送往美國中央情報局東亞部所屬的5412特別行動小組。這個新成立不久的小組決定，為了了解西藏反抗力量的實際需要，以便為他們提供有效的幫助，先得建立一條秘密聯繫管道；而且，只有部落衝突經驗的康巴漢子們雖然驍勇，畢竟不懂現代戰爭，有必要教給他們最基本的游擊戰術。嘉樂頓珠與中情局在印度的諜報人員赫斯金秘密碰頭，從這27名康巴青年中挑選了6人去受訓。根據訓練的情況，再決定下一步的計畫。

阿塔對這一切毫無所知，他等著旺堆告訴他，哪天開始去跟美國人學打仗。

1957年2月中旬的一天，阿塔得到通知，叫他做好準備當晚出發，但是沒有告訴他去哪裡。「不要穿『曲巴』[7]，身上不要帶現錢，藏刀留在家裡，」來人叮囑。總之，他不能攜帶任何能讓人推測出身分的東西。阿塔和他的朋友們吃了一頓豐盛的晚餐，脫下「曲巴」換上印度式短衫，準時來到噶倫堡

6　達賴喇嘛的大哥，當時在美國，1956年達賴喇嘛訪問印度時特意到印度與他見面。
7　藏式長袍。

郊外，一個叫做「第九英里」的地方，按照事先約定，幾個人一句話也不說，站在黑燈瞎火的路邊等著，看上去像一群在公路邊搭便車的印度勞工。

9點整，一輛吉普車開過來。嘉樂頓珠親自駕車，旁邊坐著他的廚子格隆。格隆懂印地語，前來充當嘉樂頓珠的翻譯。幾個人擠進吉普車，嘉樂頓珠轉過頭，壓低聲音對他們說，路上不管遇到什麼事，不可開口說話。吉普車朝大吉嶺方向駛去。中途停車休息，幾個人跟著嘉樂頓珠走進一家餐館，低頭吃了一盤義大利麵條，然後一聲不吭地上車。車子繼續行駛，公路越轉越低，氣溫越來越高，終於把喜馬拉雅甩到背後，駛入大平原。6個人擠在車裡，汗流浹背。開了一陣，阿塔看到黑暗的平原上出現一片燈光。印度北方重鎮西利古里到了。

在西利古里，一個陌生司機換下嘉樂頓珠，把他們送到靠近東巴基斯坦邊界的一個地點。格隆帶領他們走下公路，沿著一條小徑，走進一大片茶園。阿塔看到格隆手裡用來尋找方向的小東西，十分好奇。到了荒郊野外，他們總算可以開口說話了，格隆把那個小東西放到阿塔手裡，教會他怎樣使用。阿塔第一次知道，原來尋找方向除了抬頭看星星，還可以用一個叫「指北針」的東西。

印度和東巴基斯坦的邊界是一條大河，他們走了兩個多鐘頭，終於來到河邊。幾個人摸索著找到較淺的河段，手拉著手涉水過河。到了對岸，他們走到一條小路邊，格隆示意他們停下來。阿塔看到一個背槍的人朝他們走來，心跳一下子加速：警察發現了他們這群偷渡客？

格隆迎上前跟來人說了幾句話，原來是給他們帶路的巴基斯坦人。那人帶著他們東拐西拐，在一條背靜小路上，阿塔他們終於同接應的人會合，其中還有個熟人：嘉樂頓珠的助手堅贊頓珠。格隆把他們移交給堅贊，自己的任務就算完成了。

這時候，一輛藏在樹叢裡的吉普車開過來，停在他們面前。半小時後，這幾個沉默寡言的偷渡者在一座小房子前下車。阿塔一進屋就聽到驚天動地的鼾聲，有人正在屋子裡呼呼大睡。大概他們的動靜吵醒了睡覺的人，不一會兒，有人朝他們走來。阿塔一抬頭，冷不防看到一個古怪的傢伙。那傢伙人高馬大，棕髮藍眼，大鼻子，白皮膚，胳膊上長著絨絨的金色汗毛。這個

古怪的傢伙是中情局特工愛德華‧麥克阿利斯特。原來美國人是這樣的，阿塔想。康巴漢子們看著愛德華毛絨絨的手臂，覺得很滑稽，互相擠眉弄眼，想笑又不敢笑。

接下來，他們被吉普車送到火車站，假裝成幾個要犯，被一小群武裝警察押進頭等車廂，車廂裡沒有別的乘客，幾個人總算可以舒舒服服躺下休息。火車開動後，有人給他們端來冰水。阿塔覺得不可思議：這麼熱的地方，打哪兒弄來的冰？火車晃晃蕩蕩，沒完沒了地開了很久，終於停下來。阿塔下了火車，還沒來得及弄明白自己身在何處，就被塞進一輛被篷布遮蓋得嚴嚴實實的卡車。卡車停下來的時候，阿塔跳下車，發現自己到了一座飛機場。沒等他看清楚飛機是什麼樣子，馬上有人把他們領到機尾，順著一架小鐵梯，匆匆忙忙把他們攝弄到飛機裡頭。剛剛坐穩，耳邊傳來巨大的響聲，飛機一陣抖動，像汽車那樣慢慢開了一小段，然後呼一下，阿塔有種奇怪的飄忽感，原來飛機已經上了天。

阿塔按捺不住好奇心，睜大眼睛四處張望，飛機裡頭原來就是間狹長的房間，兩邊都有窗子，可惜窗簾全都拉下來，看不見「天上」是什麼樣。阿塔想拉開窗簾朝外看，馬上有個大個子美國人走過來，打著手勢阻止他。過了一會兒，有人給他們送來盛在玻璃杯子裡的水。那水顏色烏黑，像沒加奶的濃茶，杯子裡分明有冰塊，可是杯沿卻像剛開的水一樣冒泡泡。阿塔小心翼翼地喝了一口，味道又甜又苦，還有股藥味兒。後來他才知道，那奇怪的水叫做「可口可樂」。

飛機降下來的時候，阿塔猜想他們被人送到了臺灣。那地方顯然是個軍事機場，空地上停了很多飛機，不少漢人來來往往。阿塔聽說過臺灣，但是從來沒聽說過日本，也從未見過日本人，他不知道自己是在沖繩島的美國軍事基地。他們被人帶到小山頂上的一座房子裡。休息了一陣，幾個穿白大褂的醫生過來，打著手勢示意他們脫掉衣服，要給他們檢查身體。

康巴漢子們立刻炸了鍋。他們七嘴八舌嚷嚷，說一眼就能看出來，他們全都是精壯小夥子，又沒生病，有什麼可檢查的？再者，藏人從來沒有赤身裸體這麼一說！美國醫生不知道他們嚷什麼，也不知道他們為什麼不高興，一時慌了手腳，不知所措。正僵著，房門一開，有人走進來。阿塔回頭一

看，大喜過望。

來人是塔澤仁波切。

當時美國人雖然對西藏抱有各種浪漫的想像，但藏學還是一個相當陌生的領域，大學裡沒有開設藏學系，整個美國懂藏語的人屈指可數。中情局找不到可靠的翻譯，只好去找塔澤仁波切。他已經在美國住了幾年，說一口流利的英語。當時塔澤仁波切在紐約哥倫比亞大學教藏語，他也找不到合適的人來做翻譯，只好請了幾個月的假，親自出馬。塔澤仁波切出面，一切迎刃而解。康巴漢子們老老實實脫掉衣服，量血壓、測體重、聽心臟、看口腔，全都是生平第一遭。

體檢後，他們被送到了最終目的地。阿塔這輩子第一次看到海，蔚藍的海水無邊無涯，鋪展到天邊。就在這個島上，他們開始了密集訓練。一年的訓練內容被壓縮到不足5個月，康巴漢子們盡最大努力，學習他們聞所未聞的一切。

沒有人告訴他們這個島叫什麼名字。他們常常在山洞裡，叢林中看到森森白骨，海灘上還會看到沒有爆炸的炸彈。他們的訓練項目之一就是拿著一把小紅旗，去尋找那些半埋在土裡的炸彈，把小旗插在炸彈旁邊，過後有人會去引爆。康巴漢子們管這個小島叫「杜爾薩」——亡靈之島。

好多年後阿塔才知道，這個小島名叫塞班。二戰期間，在這個方圓120公里的島嶼上，美軍和日軍曾發生過慘烈的激戰。島上的屍骸和未爆的炸彈，就是那場激戰留下的。

阿塔憑著直覺，知道自己再也回不到以往。他已經走出了理塘，從此必須面對一個全新的世界。要進入那個世界，他得學會那個世界的語言。他們的訓練課程裡沒有英文課，阿塔利用閒暇時間，跟訓練基地的廚子學英語。廚子給他一筐土豆、一把小刀，阿塔坐在廚房裡，一邊削土豆皮，一邊跟廚子學英語。他最先學會的英文單詞是一些廚具和食物的名稱。

50多年後，在美國紐約，阿塔的二女兒卓瑪諾布用流利的英語對我講述她父親的故事。我一邊聽她敘述，一邊努力想像這個傳奇人物。

她剛說完，我忍不住問道：「卓瑪啦，你父親長得什麼樣？」

「他很帥，」卓瑪臉上浮出溫柔的笑容。「作為康巴男人，他個子不算

高，但是很壯實。」

「羅杰管他叫『消防栓』，」卓瑪的姊姊次仁笑道。羅杰是教員麥卡錫的名字。「他雖然不算高大，但是敦敦實實的，像個消防栓。」

跟著馬幫走向噶倫堡的時候，前理塘僧人阿塔諾布一定沒有想到，在歷史的轉捩點上，命運安排了他來做「消防栓」。

（三）

半夜三更，高原正在沉睡，阿塔和諾布順利降落在河灘上，萬籟俱寂，草木不驚。

突然，幾條狗在遠處狂吠，兩人提心吊膽，怕狗會朝他們衝過來，惹出一番麻煩。還好狗叫了一陣子就停了，四周重歸寂靜。

他們抽出隨身攜帶的藏刀，割斷降落傘的繩索，站起來觀察地形。約450米處有座小山。阿塔和洛澤取出兩台發報機，走到山上，藏在灌木叢裡，然後返回降落地點。河灘上長著許多灌木叢，到處看起來都差不多，夜色昏暗，他們費了好一會兒才找到降落點。兩人來回走了兩趟，把裝備和降落傘背到小山上。他們的裝備包括每人一套藏服、一隻帶柄小鋁鍋、燒茶用的茶壺、喝茶的木碗，其實這些都是格桑‧嘉妥倉派人從噶倫堡專程去拉薩置辦的[8]。包裡還有手錶、日曆、指南針，12幅印在防水布上的西藏地圖、50塊銀元、300稱藏銀[9]，甚至各帶了兩個藏式餅子作乾糧。除了這些，他們還各配備了一套發報機、望遠鏡、藏文密碼本、一枝衝鋒槍、一把手槍、兩顆手榴彈，和一千發子彈[10]。

兩人拿出藏服，換下身上的美國森林警察綠色連褲套裝，取出二戰時期的手搖發電機、手槍和一些子彈，從灌木叢裡取出一台發報機，然後把其餘

8　格桑‧嘉妥倉訪談，2009年5月10日。

9　一稱等於50兩藏銀。

10　阿塔和洛澤空降時的裝備清單來源於拉莫次仁回憶錄，但似乎有遺漏。作者根據阿塔回憶錄和格桑‧嘉妥倉訪談，增加了望遠鏡、茶碗等。拉莫次仁提到他們的武器包括兩挺輕機槍，似有誤。根據阿塔的回憶，應該是衝鋒槍。

的東西埋起來。他們在埋藏點上插了幾枝灌木做記號，隨即畫了張草圖，標識出埋藏點的位置。

做完這些事，他們帶著手搖發電機、發報機和藏文密碼本爬到山頂，向總部發報，報告平安到達的消息。幾分鐘後，他們收到回電，總部祝賀他們順利降落，還說要開個派對為他們慶祝。兩人收起發報機，站在山頂四面觀察。約100米處有片樹林，桑耶寺在1,000米開外，可以清楚地看到寺院的金頂。另一個方向，離他們約800多米的地方，像是有個營地，搭著一座大帳篷、幾頂小帳篷，還有幾個人來回走動，阿塔推測那是解放軍的宿營點。

兩人下山朝澤塘方向走去。路上遇到一個牧馬人，他們買了一匹沒有鞍具的馬，順便買了些酥油和糌粑。兩人牽著馬回到埋藏物品的地點，用降落傘的繩子和毯子做了個簡易馬鞍，帶著部分裝備，踏上了前往拉薩的旅程。次日，他們在果嘎拉山口再次發報，發現這台發報機已經損壞。他們只好再買幾匹騾馬，返回埋藏點，把所需要的物品全部帶走，不需要的就地燒掉。

兩個康巴漢子再次走向拉薩。這回他們騎著馬，另有一匹馬和一頭騾子，馱著鼓鼓囊囊的貨物包，看上去就像兩個跑單幫的小商人。沒人知道他們的包裹裡，藏著一台發報機。他們自己也不知道，這台發報機將是藏人與外部世界僅有的聯繫管道。他們在路上遇到一支理塘商隊，阿塔託其中一個小頭人帶口訊，通知貢保扎西他們已經到了山南，準備一個月後去見他。他們對噶廈政府不信任，還叫帶信的人叮囑貢保扎西，千萬別把他們到達的事兒告訴官員和貴族，以免走漏消息。

途中他們得到指示，要他們去察看當雄機場的情況。兩人在當雄一帶停留了十幾天，完成任務後去拉薩。動身之前，他們又派人給貢保扎西帶口訊，說他們要去拉薩見他，需要通過他與達賴喇嘛和噶廈政府取得聯繫。到了拉薩[11]，阿塔和洛澤得到貢保扎西派人帶來的口訊，說已經跟帕拉商量過了，第二天就帶他們去拜見達賴喇嘛。

---

11 阿塔和拉莫次仁回憶錄都沒有說阿塔和洛澤到達拉薩的時間，也沒有說他們住在哪裡。根據兩人回憶錄推算，應該是在1957年11月上旬左右。

次日上午，貢保扎西派了兩個人來接他們。這兩人一個騎摩托車，一個騎自行車，阿塔和洛澤裹上袈裟，裝扮成僧侶，洛澤坐在摩托車後，阿塔騎著自行車，分頭去羅布林卡。從西門進了羅布林卡，兩人被帶到帕拉的住處。走到門口，他們很驚訝地看到兩名解放軍士兵站崗。見到帕拉才知道，原來藏軍已經被收編，早就換上了解放軍軍裝，只是沒有換軍旗，也沒有換營房。帕拉詢問他們受訓的情況，誇獎了他們一番，送給他們護身符和水果，說這會帶給他們好運。

阿塔提出要見達賴喇嘛，帕拉找了種種理由推脫，說當日達賴喇嘛很忙，沒時間接見他們。阿塔很不高興，說他們有重要事情要向達賴喇嘛匯報。再說他們穿著袈裟，僧人拜見達賴喇嘛是很正常的事，沒人會注意。帕拉說如果一定要見的話可以等兩天，達賴喇嘛作佛事的時候，他們可以遠遠地見他。阿塔只好把美國方面的意向轉告帕拉：美國方面希望得知噶廈政府的計畫：是想對中共開展武力對抗，還是進行秘密活動？噶廈政府是否有個大致的計畫？阿塔希望帕拉和貢保扎西向達賴喇嘛請示，並且與噶廈政府中可以信任的官員們討論，給他們明確的答覆。他們將據此向美國方面匯報，然後傳達那邊的回答。

阿塔和洛澤在拉薩附近等待帕拉的回音，期間頻繁轉移，時而住在哲蚌寺的閉關處，時而轉移到色拉寺，又在彭波待了一個月。這段時間裡，他們遲遲得不到回音，只好再次去拉薩見帕拉，問他噶廈政府到底有什麼計畫？帕拉顧左右而言他，說政府的官員都不團結，彼此之間沒有任何信任，言下之意這樣的大事，討論的時候無法保密，因此無法進行詳細討論。最終，帕拉沒有說出任何想法，更無具體計畫。兩人無奈，只好跟貢保扎西商量下一步的行動計畫。正在討論過程中，工委開始搜捕外地逃來的漢人，同時登記城外的康巴和安多難民，一時間拉薩人心惶惶。

形勢越來越緊張，留在拉薩一帶顯然會有危險，但是中情局給他們的任務尚未完成。阿塔和洛澤不知道下一步應該怎麼辦，只好按照藏人的傳統，把為難之事交給神諭定奪。他們去請教護法神，得到的指示是必須在藏曆4月20日之前離開拉薩。臨行前，他們再次去見帕拉，但是帕拉沒有露面。

西元1958年5月，阿塔、洛澤和貢保扎西離開拉薩去山南。一個月後，四

水六崗衛教志願軍在山南成立。與此同時，阿塔被召回印度，匯報他在西藏和拉薩見到的情況。1958年7月，CIA第一次向西藏空投武器時，阿塔還在印度未歸。返回西藏後，阿塔的工作重點轉為訓練四水六崗士兵，協調和指揮武器空投。至於噶廈政府的那些老貴族們究竟打算怎麼辦，他不再關心。

1959年2月22日夜晚[12]，一架C-130運輸機飛到西藏山南某地。飛行員從空中俯瞰，看到地面上有微弱的紅光。飛機朝紅光飛去。微弱的紅光漸漸變成一個紅色的"T"。那是乾牛糞火燒成的火字，標識空投地點。

機艙裡，幾名被稱為「踢球員」的空投助手站起來，戴上氧氣面罩，打開艙口，把幾隻箱子推出機艙。這些箱子經過特別計算，重量恰好供一匹馬或騾子背負。箱子降落之後，地面上等待的人只需抬起箱子往騾馬背上一放，很快就能離開現場。那天夜晚，阿塔和洛澤收到150枝步槍、150枝手槍，和兩門迫擊砲。他們把這些武器藏了起來，打算在恰當的時候交給「四水六崗」。當時他們未必想到，這些武器會另派用場。

3月10日，當拉薩市民亂紛紛地奔向羅布林卡的時候，阿塔和洛澤在山南一個隱密的地點，離拉薩足足有六天路程，他們對拉薩發生的事情一無所知。

---

12 Dawa Norbu, *China's Tibet Policy*, p. 270.

第十一章　保衛羅布林卡，保護達賴喇嘛

（一）

　　1959年3月11日，藏曆土豬年2月初2日。西藏前所未有的「廣場運動」進入第二天。

　　從這天開始，拉薩僧俗上層人士各自作出了影響他們一生，乃至影響西藏歷史的選擇。軍區派武裝士兵保護阿沛的住宅，桑頗、帕巴拉·格列朗傑、部分貴族和藏人幹部職工及家屬幾百人，遷入自治區籌委會大樓和其他中方機構。此舉無疑意味著他們與噶廈政府決裂。噶廈政府頓時陷於癱瘓，事實上不再有執政能力。從3月10日那天起，噶倫們已經無法號令羅布林卡外面的民眾，也無法掌控拉薩的形勢。3月11日之後，民眾甚至派人監視羅布林卡內的噶廈辦公室，防止噶倫們私下與中方妥協。從某種程度上來說，藏方出現了權力真空。

　　就是在這樣的時候，噶廈內部的不同力量浮出水面。噶廈政府中的部分僧俗官員、藏軍與民眾聯合，形成一股新的政治力量。這些官員和民眾代表開了幾次會，推選出他們信任的人組成一個「領導小組」。這個小組事實上取代了噶廈政府主持日常事務，包括拉薩市的治安、羅布林卡的防衛和民眾的安排[1]。套用一個當時的藏人並不熟悉的政治術語，也就是說，噶廈政府出現了「政變」。

　　然而，突發事件促成的「廣場運動」很難避免一些弊端。「廣場政治」是一種相當獨特的政治行為模式，參與者來自不同背景，有不同訴求，推選

1　根據拉魯、達熱回憶錄和丹巴索巴、居欽圖丹訪談，當時有關羅布林卡防衛、在拉薩各地點布置藏軍等決定是由兩次會議選出的一個6人小組做出的。

出來的臨時領導人代表不同群體，任免缺少統一章程和程序，對事件未來的走向判斷不一致。大批人聚集在一起的時候，人們的情緒由於互相影響而放大，因而對形勢的判斷容易情緒化。這種狀態不僅不能緩和形勢，反而會使得情況更加錯綜複雜。除非出現某種奇特的機緣，處在「廣場」的一方通常處於弱勢。當對方是高度集中、實力強大、目標明確的實體時，「廣場運動」很難避免悲劇性的結局。

「拉薩事件」同樣如此。即使在面臨危機的情況下，背景不同的民眾與政府官員之間的矛盾仍然存在，而且仍然在發揮作用。在一些重大問題上，官員與民眾代表的意見始終未能達成一致。各方對當前的形勢並沒有很好的了解，既沒有統一目標，又缺少明確可行的方案。各種因素交織，使得藏軍、民眾和政府官員各行其是，無法形成統一的指揮。甚至連藏軍也沒有統一指揮，藏軍司令凱墨雖然在拉薩，也參加了幾次官員和民眾代表擴大會議，但資料顯示他似乎並沒有積極參與軍事安排。代本們常常是由朋措扎西召集開「碰頭會」，制定計畫之後交他批准。朋措扎西和第二、四代本跟隨達賴喇嘛離開拉薩之後，藏軍更是群龍無首，只能各自決定自己如何應對。到了戰事即將爆發時，他們對中方的軍事意向和部署還是一無所知。

3月11日，民眾在羅布林卡裡面，靠近噶廈辦公室的地方，布置了六名崗哨，不許噶倫們離開羅布林卡，防止他們跟中方私下妥協。

噶廈召開緊急會議，決定再作一次努力，說服民眾解散。他們派人去找民眾代表開會。開會時，代表們的態度有所緩和。他們對噶倫們承諾，將勸說民眾解散，還說對桑頗受傷感到抱歉，請噶廈帶一些禮物給他，以示道歉。

同日，部分上層人士、政府僧俗官員和人民代表再次開會商討對策。這次會議的地點仍然是羅布林卡的夏丹拉康。

這是「3‧10」事件之後，官員與民眾召開的第二次會議。根據現有資料，這次會議的主持者是仲譯欽莫[2]覺頂‧圖丹諾桑，參加會議的上層人士有

2　噶廈之下有兩大辦事機構，即「譯倉」（秘書處）和「孜康」（審計處），各由4名四品官負責。譯倉為僧官，稱為「仲譯」；孜康為俗官，稱為「孜本」。仲譯欽莫即秘書長。

亞谿府管家貢覺拉加、功德林札薩、雪列空[3]的徵馬官覺拉、布達拉宮的孜恰堪穹堅村、前昌都總管拉魯、孜仲丹瑪覺、札薩擦絨・洛桑占堆、帕爾西・杰仲、香燈師孜仲阿旺頓珠、雪苦巴、土丹丹達、藏軍司令凱墨及各團的代本、如本和甲本等。與會者的回憶均未說明，當時在羅布林卡的噶倫索康、柳霞、夏蘇是否參加了會議。

討論過程中，上層人士依然趨向於謹慎。前昌都總管、卸任噶倫拉魯說：「昨天在羅布林卡正門前，殺死帕巴拉堪穹是欠妥的。因為，如果在羅布林卡內這樣做，總有一天，其惡果會玷污達賴喇嘛的名聲」。他反對在羅布林卡開會，也反對「動亂」，因為「這樣的動亂，很難辦成事」。拉魯主張「安雞取蛋」。他警告說「如果發生騷亂，軍區有很多大砲，大砲一響，布達拉宮上下會遭到破壞。」[4]

主持會議的仲譯欽莫覺頂圖丹諾桑附和拉魯的話，要求大家「好好想一想」，如果任意胡鬧的話，「大砲一開口，我們就只能像豌豆一樣四處散開」。但是他們的話沒人聽得進。一個名叫貢普隆・群則的官員和一個安多民眾代表反駁說：「在安多地區，漢人叫喇嘛、活佛去開會，去後很多人都沒有回來！嘉瓦仁波切的命運我們不能不管！」

開這個會的時候，達賴喇嘛去軍區一事已經過去，照理說民眾應該自行解散。他們為什麼還要固守羅布林卡？僧俗官員和人民代表為什麼還在開會商討對策？這個安多代表為什麼還為達賴喇嘛的命運擔憂？

這是因為達賴喇嘛將去北京出席第二屆全國人大第一次會議。第二屆人大定於1959年4月18日在北京召開，達賴喇嘛於1958年底得到通知，中央希望他率領西藏代表團參加。他當場同意。但在當時的拉薩，達賴喇嘛去北京開會的事引起民眾普遍的恐慌，認為這是漢人的「陰謀」，達賴喇嘛會被扣在北京作人質，迫使「四水六崗」投降。

迄今為止，沒有資料可以證實中方確實有這樣的計畫；而且，「3・10事件」發生之前，中方尚未將西藏代表團成員名單和行程上報中央。可是「冰

3　負責雪和近郊18個谿卡的社會治安，以及為達賴喇嘛、攝政王和布達拉宮徵收糧食・酥油・奶渣、肉等食品的機構，由3名五品僧官負責。

4　拉魯，〈有關1959年叛亂的情況〉，《西藏文史資料選輯》（十六），頁140-150。

凍三尺，非一日之寒」，康區和安多強制土改和合作化引發的暴動，以及解放軍對那些地區藏民的嚴酷鎮壓，使民眾相信這樣的事情完全可能發生。因此，他們決心盡一切努力保護達賴喇嘛，不惜為此決一死戰。尤其是康巴人和安多人，他們已經失去了一切，絕不能失去他們的達賴喇嘛。

大家爭論了一通，然後照例根據與會者的官階分小組討論，把發言紀錄寫下來上交。根據拉魯的回憶，他所在的上層人士小組認為「1949年之前西藏就是一個獨立國家，他們支持民眾要求獨立的願望。」[5]

今後幾十年的宣傳裡，這些人都被稱為「叛國分子」，這是強勢話語對這一歷史事件的單向解釋。對於那些在1951年之前從未見過漢人的西藏人來說，他們世代生活的土地是他們的家，也是他們的國。在大多數藏人眼裡，那些說著不同語言，帶著現代武器，打著紅旗，抬著巨幅畫像進入拉薩的軍隊，是不折不扣的外國占領軍。

會議增選了功德林札薩、堪穹格桑阿旺、四品官夏格巴‧洛賽頓珠、拉丁色‧索南巴覺等四人，加上前一天下午選出的堪穹達熱和孜本雪苦巴，這個取代噶廈政府的「領導小組」就算形成了。由於這個小組的人都在羅布林卡，而且該地也是「拉薩事件」的中心，幾天後的「拉薩戰役」中，這個小組被稱為「叛亂指揮部」，羅布林卡於是成為「叛亂中心」，砲轟羅布林卡就有了藉口。

會議決定從次日起，開會地點轉移到布達拉宮下面的雪村；還通過決議要康巴人撤離羅布林卡一帶，以後重大的事宜由這個新選出來的小組決定，達賴喇嘛的安全由警衛團負責[6]。但是，正如「廣場運動」常見的弊端，康巴人並沒有服從這個決議，他們一直在羅布林卡各大門防守，也一直駐紮在夏宮牆外。

全體會議結束後，當選的負責人[7]另外開了個會，對羅布林卡的防衛進行分工。他們決定由功德林札薩和雪苦巴負責羅布林卡正門、東面的德吉林卡

5　拉魯，〈有關1959年叛亂的情況〉，《西藏文史資料選輯》（十六），頁140-150。

6　色新‧洛桑頓珠，〈有關我任警衛營長時發生叛亂一事〉，《西藏文史資料選輯》（十七），頁138。

7　拉魯回憶錄中稱這幾人為「司令」，但西藏工委給中央的電報中稱這些人為「達賴安全的警衛總負責人」。見《平息西藏叛亂》，頁84。

以及功德林一帶；夏格巴負責羅布林卡北面和沙壩一帶；堪穹達熱負責甲波日以西至南部通往然馬崗的公路那一帶；由堪穹格桑阿旺負責通往然馬崗的路到警衛營南門的空地；由拉頓負責堅賽頗章西面圍牆內外[8]。他們要盡一切力量，保衛他們的城市。

有關拉薩各主要地點的防衛，他們跟朋措扎西、第二、四、六代本討論後，決定羅布林卡和堅賽頗章由第一團警衛營負責；布達拉、雪武器庫，以及甲波口由第二代本，即扎什軍營負責。拉薩市由第六代本負責；羅布林卡北面由第四代本負責[9]。拉薩市的治安一直由噶廈政府負責，因此，1956年以來，第二代本就在甲波日山頭修築了防衛工事，那一帶本來就是第二代本的防區。

這些負責人還採取了一項「反滲透」措施，要羅布林卡外的民眾找自己認識的人，分成群體駐守在不同方向。於是民眾呼朋喚友，形成區域性的組合。三大寺僧人駐守北門，5個來自安多的部落駐守西門，來自德格、昌都、貢覺、休賽等地的康巴人集中在朝向拉薩河的南門，拉薩本地的商販們駐在東門[10]。加上在羅布林卡內日夜守衛的警衛團士兵，達賴喇嘛所處的夏宮就有了內外兩道防線。

民眾代表要求發給他們武器，他們認為10日達賴喇嘛未能去軍區，「漢人一定很生氣」，不排除會使用武力到羅布林卡來「強行邀請」，如果沒有武器，他們無法保護達賴喇嘛。達熱感到為難：「政府根本沒有用武力來對抗漢人的計畫，我們這些負責人沒有給民眾發槍的權力。但是我們也不得不考慮他們提出的要求。」

幾個負責人為此討論了一番，堪穹堅贊建議說，布達拉後門處有個房間，裡面有些藏兵用過的老舊英式步槍。照規定，取槍需要孜雪、噶廈和馬基列空[11]的代表一同去，但在非常時期，幾個人決定不通過正常手續，從警

8　達熱‧多阿塔欽，《我的故事》。
9　同上。
10　達熱回憶錄提到曾有過這樣的安排，具體安排來源於居欽圖丹訪談。
11　藏軍司令部。

衛營抽調兩輛卡車,夜晚去搬運武器,發給民眾。武器庫裡沒有子彈,所以無法發給民眾子彈。他們的計畫是:如果「漢人軍隊」真的來羅布林卡,他們將組織反抗;情況不明的話,絕對不許開槍[12]。

這時,西藏工委恰好也得到幾乎同樣的命令。兩方都相信對方會發動攻擊,而且都認為對方實力強大,於是進入防禦性對峙。

(二)

3月12日,藏曆2月初3日。「拉薩事件」進入第三天。

官員和民眾代表繼續開會,地點轉移到布達拉宮下面的雪印經院。顯然西藏工委和軍區情報部門早就滲透到了藏人中間,因此關於這次的會議,西藏工委兩天後就向中央發出報告說,「除官員和寺廟堪布外,並有大批武裝叛亂分子(約860人),用所謂人民代表的名義,參加開會。」[13]緊接著,電報不是匯報議題,而是以嘲弄的口吻描述開會的狀況。這段描述為後人了解藏方的決策過程和決策方式提供了重要資料。

根據這份電報,第三次僧俗官員和民眾代表擴大會一開始就出現亂象。主持會議的孜仲們遲到,民眾代表斥責他們不負責任:

> 頓時會場上一片哄喊、恥笑與罵聲。並有人說孜仲對會議不認真,開會沒意思,提出要回去。會場亂成一片。官員們即起立準備離開會場,並有人已走出了會場。這時所謂人民代表立即拿槍威脅,並說:「先生們,請放明白點。誰要走我們就開槍。」在此威脅下,官員們才又安定下來。

會議開始後,孜仲們講述了達賴喇嘛的情況,說達賴喇嘛吃不下飯,「面容消瘦,不跟任何人說話,只是獨自歎息。」官員們請求與會者慎重考

---

12 達熱·多阿塔欽,《我的故事》。
13 《平息西藏叛亂》,頁83。

慮當前這種做法的後果[14]。沒有資料顯示這番話起了作用。可以想見，事情發展到這時候，特別是藏軍公開支持民眾之後，達賴喇嘛已經無法控制局勢。

這天開會的主要議題是選舉「常務代表」，為此選舉了40名官員代表，30名色拉寺和哲蚌寺代表和30名民眾代表。工委發給中央的電報中提到，選出的官員代表中包括首席噶倫索康，但其他資料中沒有提到當選者的名字。

前兩天被選為「領導小組」成員的人這天也當選為常務代表，譯仲欽莫曲培土丹提出，最好另選幾個人擔任羅布林卡領導小組的負責人。於是大會又選了拉魯‧次旺多杰、堪穹洛桑丹增、吞巴堪穹‧強巴凱珠、帕拉‧多杰旺堆和四品官阿旺堅贊等5人，要他們兩天後上任，負責安排羅布林卡的警衛。

選舉結果通過後，這些「常務代表」隨即離開全體大會，開了個「常務代表會」，然後向大會提出三項提議：1.事情重大，他們從13日起再開會繼續討論問題。2.鑒於目前拉薩的治安非常重要，他們擬請噶廈向工委、軍區談清楚，不要打。3.把所有參加會的人每10人編成小組，便於召集會議[15]。

警衛團如本色新‧洛桑頓珠回憶，這天的會議還研究了「請求中央予以寬容的事宜」，並且「確定了派代表去北京請求中央寬容。但出發時間一拖再拖，致使未能及時向中央匯報叛亂情況。」[16]從這些情況來看，常務代表們的意見也不統一，不過顯然存在一個「主和派」。

12日這天，上千名拉薩婦女在布達拉宮前集會。集會的組織者是功德林家族的格丁貢桑，她也是6個孩子的母親。婦女們焚燒中國國旗，還焚燒了毛澤東、朱德、周恩來三人的照片和模擬像，然後高喊「西藏一直是獨立的國家！」「西藏是藏人的！」「達賴喇嘛萬歲！」「西藏噶丹頗章萬歲！」等口號遊行[17]。她們宣布退出譚冠三將軍領導的官方婦女會，成立自己的組織。這個組織就是「西藏婦女會」的前身。這個組織後來在境外重建，至今還很活躍，在「自由西藏運動」和保留民族文化方面居功甚偉。集會之後，

---

14 《平息西藏叛亂》，頁83。
15 同上，頁84。
16 色新‧洛桑頓珠，〈有關我任警衛營長時發生叛亂一事〉，《西藏文史資料選輯》（十七），頁138-139。
17 格丁貢桑後來被捕，在獄中被槍決。見班旦加措，《雪山下的火焰》，頁89。

一群婦女到印度和尼泊爾領事館，要求他們做見證。

（三）

　　這些天裡，羅布林卡只有一個人沒有受到緊張氣氛的影響，那就是阿里仁波切。對12歲的少年仁波切來說，那些日子他過得相當開心。

　　3月11日，一輛汽車開出羅布林卡大門。守在門口的民眾立刻湧上去攔阻。他們看到車裡的庫松代本朋措扎西和他的妻子次仁卓瑪，馬上躬身後退，讓汽車開過。朋措扎西和次仁卓瑪直奔亞谿府，去接母親和小弟。當下的危機似乎已經過去，但民眾仍然圍在羅布林卡四周，形勢並不明朗，隨時可能發生變化。他們把握住第一個機會去接母親和弟弟。急切的背後是一個隱憂：一旦形勢惡化，母親和小弟會不會被扣押？母親和小弟住在外面，達賴喇嘛和庫松代本都沒法放心。

　　朋措扎西夫婦到了亞谿府，立刻面臨一件為難事。亞谿府裡除了母親和小弟，還有年過80，身體衰弱的外祖母。老太太聽說要離開家，堅決不肯：她這把年紀了，漢人總不會把她扣起來吧，她為什麼要離家？大家不放心把老人留在家裡，但羅布林卡已經成了風暴中心，裡裡外外都是荷槍實彈的士兵和自願警衛隊員，喧嚷吵鬧，很不適合老人安居。幾個人商量了一陣，決定暫時把老太太留在家裡，請老人家的另一個女兒，次仁卓瑪的姨媽照顧。安排妥當後，阿里仁波切跟著母親姊姊走出家門。他沒料到，此一去生離死別，他再也沒有見到外祖母[18]。

　　羅布林卡分為外圈和內圈，外牆為白色，內牆為黃色。黃牆之內是歷代達賴喇嘛的寢宮，除了達賴喇嘛本人，只有少數近侍住在黃牆裡面，照料達賴喇嘛的日常起居。達賴喇嘛的家人和經師都不能住在黃牆裡。供達賴喇嘛家人居住的亞谿住宅、噶廈辦公室、馬廄、警衛團營房、侍從住處、庫房，以及其他辦事機構都在黃牆與白牆之間的外圈，分散在不同地點。突發事件

---

18 達賴喇嘛的外祖母1961年在拉薩去世。

占據了所有人的注意力，卻給了阿里仁波切大量的空閒時間。大家都很忙碌，沒人注意他，也沒人管束他，他盡可以到處閒逛。

羅布林卡內外的緊張喧鬧令阿里仁波切十分興奮。他並不明白這一切意味著什麼，但是很高興不用去哲蚌寺背經文。阿里仁波切脫下袈裟換上俗裝，自由自在到處轉悠，還給自己弄來一把手槍和幾盒子彈，著實過了一把槍癮。

有幾次他走到大門邊，警衛不讓他出去，他只好探頭探腦，觀察外面的動靜。牆外到處是帳篷，擠滿了各種各樣的人，高高大大的康巴人，滿臉風霜的牧人，有拉薩的商販，還有不知道哪裡來的人走來走去。他們有的背著步槍，有的拎著刀劍，大多數人什麼武器都沒有，但是一個個看上去信心十足，好像只要他們在那裡，哪怕赤手空拳，也是一堵銅牆鐵壁，誰也別想把達賴喇嘛帶走。

天氣寒冷，他們點著一堆一堆的火取暖，有人從河灘上撿來石頭，就地搭起「三石灶」生火煮茶。頭戴皮帽、足蹬大皮靴的男人靠著馬鞍席地而坐，有的吸鼻煙，有的喝茶，一邊熱烈地高聲談話，不像處在危機之中，倒像是在過林卡節[19]。

這天傍晚，羅布林卡外面突然傳來汽車的轟響。氣氛頓時緊張起來，金屬撞擊聲響成一片，警衛們紛紛拉開槍栓，子彈上膛，衝向大門。阿里仁波切握著手槍也跟著跑出去，多半是去看熱鬧。

他瞪大眼睛朝外看，昏暗的夜色裡，人人嚴陣以待，有槍的端槍，沒有槍的舉刀，沒刀槍的抓著石頭，幾千人的沉默凝結成巨大的壓力，空氣好像有顆火星就會爆炸。汽車的轟鳴聲越來越近，人們越來越緊張。一長串軍用卡車從羅布林卡北面的公路上隆隆駛過。車廂遮蓋著篷布，看不見卡車運載的是什麼。好多年後阿里仁波切才知道，那天，軍區的汽車16團派出兩個連的車隊，連夜為308砲團運送砲彈[20]。當時幾乎每個人都相信，解放軍是來強

---

19 即藏人在夏季裡在戶外舉行的郊宴，一般從藏曆5月15日開始。藏語稱之為「藏木林吉桑」，意為「世界焚香日」，紀念蓮花生大師在5月降伏藏地的妖魔。「林卡節」為外族人對這一習俗的名稱。

20 黃少勇，〈鐵流滾滾，丹心熠熠——回憶拉薩戰役中的汽車行動〉，《西藏革命回憶錄》第四輯，頁46-54。

攻羅布林卡的。

車隊遠去後，警報解除，眾人鬆了口氣，但是大家都覺得危險迫在眉睫。民眾代表強烈要求給他們槍枝彈藥。他們說，假如這天解放軍真的強攻羅布林卡，大家會豁出性命守護，可是就憑這些沒有子彈的破槍，能抵擋得住嗎？四品官阿旺堅贊說，雪村西面的軍械庫裡有子彈。他把民眾代表帶到那裡，大家扛著子彈箱回到羅布林卡。可是第二天卻發現，那些是輕機槍子彈，發給他們的是英式步槍，只好把子彈再背回去。他們在庫房裡找到幾枝從未使用過的「勃朗槍」。這些槍塗著厚厚的防鏽油，他們不知道怎麼處理。有人去請教有經驗的藏兵，按照藏兵的指示，點火燒了一大鍋水，把槍放在開水鍋裡煮，油融化後，把槍撈出來擦乾淨，總算能用了[21]。

3月13日，民眾割斷電話線，並且在羅布林卡北面的公路上修築路障，試圖以此阻擋軍車強攻羅布林卡。

（四）

3月14日，藏曆2月初5日。

上午，拉魯等新當選的5個「領導小組」負責人到羅布林卡上任。這天，官員和民眾代表都在雪印經場開會，只有夏格巴在羅布林卡，向他介紹情況。拉魯曾經在藏軍中當過如本，多少有點帶兵經驗，他發覺羅布林卡的情況十分混亂。很多人來來往往，請示各種問題，但誰也不知道他們是什麼人，屬於哪個部分；也不知道康巴自願警衛隊有多少人，是如何組織的。拉魯當下派人去調查康巴自願警衛有幾部分，各部分的人數和領頭者的名字等基本情況，寫成花名冊。

色拉寺的代表來請示他有什麼事情需要做，並請求給他們幾百枝槍。拉魯詢問武器在什麼地方，得到報告說，羅布林卡有一個槍械庫，主管名叫堅參曲培，當時在雪印經院開會。拉魯派人去雪印經院，提出發槍的問題，要

---

21 達熱・多阿塔欽・《我的故事》。

求代表們討論。但是兩次選舉共選出11名負責人，這件事應該誰來負責，代表們意見不統一，結果議而不決。

拉魯得到回話，只好指示色拉寺的代表，發槍的事等到會議作出決議之後再說，他們的當務之急是防守寺院山頭；拉魯吩咐他們先派幾名僧人裝作放桑煙，到山上去觀察一下，如果解放軍尚未占領山頭的話，速派150人占領山頭。拉魯還特別吩咐他們要「提高警惕避免與解放軍發生衝突。」[22] 至於發槍的事，直到「拉薩戰役」結束，色拉寺也沒有得到武器。

這天朋措扎西還不知道，藏軍是否占領了羅布林卡南邊、拉薩河南岸然馬崗渡口的山頭。然馬崗是拉薩到山南的咽喉要道，渡口邊有座三角形的山頭。守住了山頭，就扼住了羅布林卡的咽喉。朋措扎西問拉魯，拉魯再去問別的人，才知道然馬崗尚未占領。拉魯趕緊寫了張紙條給功德林札薩，指示他派人裝做砍柴到然馬崗偵察，看看解放軍是否已經占領了然馬崗，如果對方尚未占領的話，立刻派100名藏軍去占領。

下午，拉魯去察看羅布林卡正門，只見正門兩邊有藏兵和康巴自願警衛嚴密把守；但正門頂上只有15名藏兵和一名排長，他們面前修築了一條石頭砌成的工事，武器只有一門迫擊砲和一挺重機槍。拉魯指示他們把工事換成沙袋，再增加一挺重機槍。羅布林卡甚至沒有挖坑道，士兵們站在類似水泥台的工事上，對方的砲彈轟擊時，士兵們根本無處躲藏。

後來的「拉薩戰役」顯示，拉魯對羅布林卡防衛部署的意見不幸言中。雖然他的提議並不能改變全局，更不能改變拉薩的命運，但如果得到採納的話，至少有可能減少藏人的傷亡。

到了3月14日，解放軍已經往拉薩增援部隊，備戰已經是半公開的事。與此同時，處於「廣場運動」亢奮中的藏人還在忙著開會，眾說紛紜，主戰的不知道如何戰，主和的不知道怎樣和，各種主張尚未達成一致。

當天下午，「領導小組」負責人之一達熱得到拉魯辭職的消息。1950年，拉魯在擔任昌都總管，即將卸任的時候，解放軍兵臨城下。拉魯沒有與他治下的民眾堅守。他把職位交給繼任阿沛·阿旺晉美，自己抽身離去。在

---

22 拉魯，〈有關1959年叛亂的情況〉，《西藏文史資料選輯》（十六），頁140-150。

康巴人看來，他也是不可信任的人之一。因此現在有人對他來負責達賴喇嘛的警衛提出異議，拉魯隨即宣布辭職。日後，他為擔任了三天「叛軍總司令」坐了幾年牢[23]。

1959年3月的「拉薩事件」，是西藏歷史上第一次大規模的平民參政。大部分的參與者，無論是噶廈政府的下級官員、拉薩市民，還是久經戰火的康巴人和安多人，都缺少政治經驗，亦無現代戰爭經驗。拉薩是藏人心中的聖城，除了1911年入藏川軍與藏軍發生過規模不大的武裝衝突，拉薩歷史上從未發生過戰爭。駐守拉薩的藏軍也從未有過城市作戰的經驗。以他們與外人的有限交往，以及從中獲得的些許經驗，駐守在羅布林卡內外的僧俗官員和民眾完全無法想像，一個憑藉戰爭奪取天下的政府，將會如何對待他們的抗爭。

在雪印經院開會的人們並不知道，他們主戰也罷，主和也罷，請求寬恕也罷，對他們本人，乃至對西藏的命運，其實沒有絲毫影響。西藏的命運早已成為定局，整套計畫3年前已經開始制定，缺少的只是一個適當的時機，一個可以用於國內外宣傳的理由，以便將這套計畫付諸實施。

就在僧俗官員和民眾代表忙著開會商討對策的時候，帕拉和被「邊緣化」了的噶倫們並沒有閒著，他們神不知鬼不覺開展了一系列絕密活動。

---

23 詳見拉魯，〈有關1959年叛亂的情況〉，《西藏文史資料選輯》（十六），頁140-150；達熱‧多阿塔欽，《我的故事》。

第十二章　烏雲壓城城欲摧

（一）

「3‧10事件」爆發後，有兩個人及時把握了稍縱即逝的歷史機會：一個是中共中央主席毛澤東，另一個是達賴喇嘛的侍從長帕拉。正在武漢視察的毛澤東通過一份份電報，部署了一場震驚世界的「戰役」，成功地實現了對西藏的全面軍事占領；困守羅布林卡的帕拉則派人送出一個個口信，策劃了一次奇蹟般的大逃亡，成功地將達賴喇嘛轉移出危城拉薩，保留了藏民族的一線生機。兩方的策劃，在當時都是絕頂機密的行動，其意義要過若干年之後，才能清晰地呈現。

冥冥中彷彿有某種玄機，兩個絕密策劃不約而同，都在3月11日開始啟動[1]。

3月11日下午2點，西藏工委給北京發出一份電報，報告前一天羅布林卡夏丹拉康的會議，即僧俗官員和民眾代表的第一次會議，並匯報了工委對拉薩形勢所做的判斷：

> 會上決定：西藏人民從10日就正式站起來，同中央決裂，為爭取「西藏獨立」而搞到底。為了領導獨立運動，會上提出由孜本雪苦

---

[1] 根據帕拉回憶錄和作者對達賴喇嘛的訪談，帕拉應該是在3月11日開始計畫達賴喇嘛的出走。作者採訪的其他擔任護送的藏人回憶說，他們得到達賴喇嘛出走的消息是在3月5、6日。當時達賴喇嘛剛從大昭寺返回羅布林卡，漢藏雙方關係雖然緊張，但並未破裂，拉薩的形勢尚未緊張到他必須出走的地步；而且他們都無法告訴作者他們的資訊來源。因此，作者認為帕拉回憶錄和達賴喇嘛尊者的回憶更為可靠。

巴、達熱堪穹（達賴近侍機構的秘書），再加上基巧堪布噶章、索康噶倫2人或副馬基洛珠格桑、凱墨札薩2人，領導「獨立運動」。但此項人選尚未最後決定[2]。

其實當時拉薩的實際情況比上述判斷複雜得多。藏人內部意見不統一，並沒有形成一個明確的「獨立運動」，上述描述可見工委對藏方情況的理解相當有限。

這份電報還報告了當時在拉薩的「叛亂力量」：

> 另外據我們了解，截至10日下午，三大寺的喇嘛已有1,400多人進入拉薩市區，原散布拉薩周圍的叛亂分子，在天黑後陸續小股(20至30人一股)向拉薩市區運動。估計加上藏軍2,500至3,000人，現在拉薩的叛亂力量總共有6,000至7,000人。從一系列的情況看來，反動分子當前的主要陰謀是設法劫走達賴。而達賴被劫走有可能也確實是存在的[3]。

電文中的1,400三大寺喇嘛，6,000-7,000的總數，成為整個「拉薩事件」中「叛匪軍事力量」的基本數字。

此後的半個世紀裡，這段電文不斷被改寫，這幾個數字也出現形形色色的變化。1989年出版的《西藏革命回憶錄》第四輯中寫道：「到1959年初，西藏全區叛亂骨幹武裝已發展到2萬餘人。其中7,000餘人**集結**於拉薩……。」[4]

《解放西藏史》中，這段電文的內容和數字變成：「當晚，他們以保護達賴為名，**命令**三大寺**武裝**喇嘛1,400多人進入市區。」[5]

2　《平息西藏叛亂》，頁77。另外，在中國大陸出版的拉魯和色新·洛桑頓珠回憶錄，達蘭薩拉出版的達熱·多阿塔欽、朋措扎西、帕拉回憶錄均未提到當時在羅布林卡的三名噶倫和基巧堪布噶章參加了這幾次會議；也沒有提到會議作出過開展「西藏獨立運動」的決議。
3　《平息西藏叛亂》，頁78。
4　陳炳，〈叛國必亡〉，《西藏革命回憶錄》第四輯，頁18-31。
5　《解放西藏史》，頁357。

「反動分子當前的主要陰謀是設法劫走達賴」這一判斷則成為「劫持說」的最初來源。

　　中央當天就給西藏工委回電。回電的全文被收錄在1995年出版，注明「內部發行，不得引用」的《平息西藏叛亂》一書中。

　　關於拉薩的形勢，中央的指示頗有「引蛇出洞」的「陽謀」意味：「西藏上層公開暴露叛國反動面貌，是很好的事，我們的方針是：讓他們更加囂張，更加暴露，我們平亂的理由就更為充分。」中央指示西藏工委「堅守一兩個月或者更長一點時間」，同時立即開始作政治、軍事和宣傳方面的準備。基本原則是政治上採取攻勢，軍事上採取守勢，繼續統戰上層人士，對「阿沛和一切靠近我們的人」提供保護；立即開始在官員、群眾、幹部中「著重揭露他們劫持達賴進行叛國的陰謀」，並且「注意收集對方叛國反動的各種證據，片紙隻字都是有用的。」至於達賴喇嘛，要繼續爭取，「但是不要怕反動派把達賴劫走，敵人這樣做，不論是否達賴本人的決定，對我們毫無壞處。」[6]

　　電報通知工委：「中央軍委正在積極進行軍事準備，但是什麼時候開始平亂行動，要看形勢發展才能決定。」電報還就軍事部署下達了具體指示：「對拉薩四周的反動武裝進入拉市，不要阻擋，因為增加一兩千人，並不可怕。如先阻擋，則在形勢上是我們先打，這樣政治上不利。至於藥王山，目前不要控制，只在正式打開之後再行占領。」這份電報表明，中共中央對「拉薩事件」從一開始就打算軍事解決，而非政治解決。這一仗是肯定要打的，是中央想打的，基本戰術也已確定，只是開打的時間尚未決定。中央軍委所說的「準備工作」，其實是在調兵遣將。

　　同一時間，中央還發出了另外兩份電報。一份發給成都軍區第54軍，命令該軍組織一個小型指揮所，即「丁指」，由軍長丁盛率領入藏，統一指揮步兵第134師、第11師；另一份電報發給成都軍區副司令員黃新廷，命令他組成一個指揮部，即「黃指」，指揮步兵第130師、第42師前線指揮部、昌都警

6　《平息西藏叛亂》，頁79-80。

備區部隊[7]。

　　這三份電報都是3月11日晚上11點發出的。從西藏工委發出電報，到譚、丁、黃三人收到中央的指示和命令，當中只有9個小時，離「3．10事件」爆發不到48小時，基本作戰計畫顯然並非3月11日那天才制定，而是在這之前就已經準備好的。

（二）

　　3月12日，毛澤東在武昌親自起草了一份電報，由中央轉發給西藏工委。這份電報為西藏的命運劃下了句號。電報全文至今尚未解密，但1995年出版，「內部發行」的《平息西藏叛亂》中收錄了這份電報的「節錄」。《解放西藏史》引用了「節錄」的前半部分，卻省略了至關重要的後面一部分。這份電報雖然不是全文，但是「節錄」表明了毛澤東對當時西藏局勢的判斷，以及他對「解決西藏問題」的政治和軍事意圖，是一份相當重要的歷史文獻，有必要引述目前能夠看到這部分資料：

> 西藏工委3月10日、11日兩次來報及中央11日給工委的指示，請達賴等人大代表早日來京出席的指示，今已收到。看來，達賴是和其他人同謀的。達賴反革命集團的策略是：(一)以羅布林卡為據點，在拉薩搞暴亂，將我軍驅走。這種策略是會被他們首先想到的。他們從我們長期「示弱」、只守不攻這一點，看出「漢人膽怯」，「中央無能」。他們想，漢人被轟走是「可能的」。(二)這一批人實際上已與中央決裂，很大可能將不得不繼續幹下去。一種可能是繼續在拉薩示威騷擾，以期把漢人嚇走，在若干天或若干個月之後，他們看見漢人嚇不走，就會向印度逃走，或者，向山南建立根據地。兩者的可能性都有。

7　丁盛，〈丁指部隊的西藏平叛作戰〉，《落難英雄──丁盛將軍回憶錄》，頁298。

西藏工委目前策略，應是軍事上採守勢，政治上采攻勢。目的是：
(1)分化上層，爭取盡可能多的人站在我們一邊，包括一部分活佛、
喇嘛在內，使他們兩派決裂；(2)教育下層，準備群眾條件；(3)引誘
敵人進攻。如果敵人進攻時，在初期，不要多殺傷，更不要出擊，
最好使他們先得一些小勝利，使他們感到驅漢有望，才有大打一仗
的可能，否則只會小打一陣，（使他們）倉皇逃走。當然這樣也不
壞，但不如爭取大打一仗為更有利。達賴及其一群，他們的心理是
矛盾的，覺得勝利有望，又怕打而不勝，逃不出去。他們逃走時，
我以為我軍一概不要攔阻，無論去山南，去印度，讓他們去[8]。

　　從這部分內容可以看出，毛澤東對當時西藏情況的判斷，不少是基於錯
誤資訊，或者是他自己的猜測。毛澤東對西藏情況的全部了解來源於工委的
報告，但那些報告未必準確，「拉薩事件」爆發之後更是如此。

　　不過，判斷正確與否其實並不重要，重要的是毛澤東的軍事意圖。為什
麼他要有意爭取「大打一仗」，而不是小打小鬧把「他們」趕走？很明顯，
「趕走」不是他的最終目標。從這份電報來看，毛澤東的戰略意圖是把西藏
打爛。這一軍事戰略意圖建立在毛澤東對西藏未來前景的設想和中央的政治
意圖上。也就是說，毛澤東已經確定了自己的政治目標和戰略，在此基礎上
建立起中方的軍事戰略。中方會作出各種努力來推進其軍事戰略，讓事態向
實現這一戰略的方向演變。

　　早在1955年冬，毛澤東就給西藏工委指示，「叫西藏準備進行民主改
革，並著重指出，必須在打的基礎上進行準備，貴族反抗，準備打掉一部
分，跑掉一部分，噶倫堡、香港多幾個罵我們的人，沒有什麼了不起。」張
國華立即打電話給當時主持工委工作的范明，傳達了這一指示[9]。

　　因此，西藏工委在1956年開始大力宣傳，並且議定土改方案，並非自作
主張。只是由於國內外出現的一系列事件，這一計畫被推遲，也就是說，

8　《平息西藏叛亂》，頁81-82。
9　范明，《西藏內部之爭》，頁370。

「六年不改」的政策，不是「改」的條件不成熟，而是「打」的條件尚未成熟。

到了1959年初，西藏的情況已經大不相同。兩條公路早已通車，當雄機場也已通航，韓戰已經結束，原子彈正在秘密建造中。幾年來，工委已經在西藏建立了一定的基礎。1951年，西藏的黨員人數是零，基層黨組織是零；1959年，西藏的黨員人數為5,846人，包括875藏人，基層黨組織為16個黨總支，236個黨支部[10]，另有幾千名作為幹部儲備的西藏青年正在各地學習訓練。「換班」的條件基本成熟。因此，毛澤東已經無所顧忌，可以放開手來解決「西藏問題」了。一個不情願做政治花瓶的達賴喇嘛，一個礙手礙腳的西藏噶廈政府，此時已屬多餘。既然胡蘿蔔沒有取得他所希望的效果，那他就要揮舞大棒。先把西藏徹底打爛，然後在廢墟上重建，按照內地模式，對西藏進行政治、經濟、社會結構、意識形態的全方位改造，強行將其納入「紅色大一統」之中，這樣才能一勞永逸地徹底控制西藏，實現永久占領。

在這份電報中，毛澤東將藏人的抗議行動稱為「驅漢」，是一個富有深意的說法。這表明在毛澤東看來，「拉薩事件」與噶廈政府1949年6月的「驅漢事件」性質相同，是一個民族衝突。

此時，1959年3月，毛澤東看到了一個天賜良機：「拉薩事件」給了他對外宣傳上的「師出有名」。「解放百萬農奴」不過是戰後對外的宣傳，「驅漢」二字顯示，毛澤東重拳猛擊西藏的背後，不無「犯我大漢者，雖遠必誅」的漢家帝王心態。此後對班禪喇嘛，以及對其他人的談話中，毛澤東十分注意「內外有別」，從未使用過「驅漢」這個說法，而是以「解放農奴」為理由，將這場戰爭納入中共的意識形態框架內，給他的軍事行動以某種「政治正確性」。

這份電報還透露出，中央確實有提前把達賴喇嘛送到北京開會的想法，可見藏人的憂慮並非空穴來風。

「他們逃走時，我以為我軍一概不要攔阻，無論去山南，去印度，讓他

---

10 《中共西藏黨史資料1950-1987》，頁67。另外，「截止1959年平叛改革以前，先後建立過宗（相當縣）黨委58個（昌都15，卅九族10，波密4，拉薩3，江孜6，日喀則7，阿里4，黑河2，山南7）。」頁37-38。

們去。」後來成為「讓路說」的來源。

3月15日，中共西藏工委就拉薩局勢，以及他們對中央3月11日指示的執行情況電報中央。這份電報中對拉薩局勢的判斷是：

（一）根據最近幾個月來，特別是近兩天來的情況看，西藏反動派搞全面叛亂的象徵（徵兆）日益明顯的表現出來了。

1. 反動派內部幾種不同的主張（大打、小打、早打、遲打、主文鬥、主武鬥）經過鬥爭在10日已經基本上統一起來了，政治上他們先揭開和我們破裂的蓋子，軍事上逼著我們先打，各方面的反動力量（藏軍、三大寺、鄰區逃來的叛亂分子）已經公開結合在一起。但從3月12、13、14日等幾天看來，敵人又採取了軍事上積極準備、政治上麻痹我們的手法；

2. 地方政府的官員和所謂人民代表於3月10日已秘密通過印領事館宣布「西藏獨立」，反動分子威脅群眾公開向印領事館請願；

3. 政治上、軍事上的準備同時加緊進行，政治上已與我們斷絕來往，雖未正式宣布西藏獨立，但向群眾已公開宣布，軍事上已加強羅布林卡、藥王山、布達拉宮的防禦工事和控制羅布林卡北部到拉薩一段國防公路，並積極組織武裝志願軍和威脅群眾參加，積極調集各地叛武到拉薩集中等等；

4. 達賴的羅布林卡已經成為反動分子的指揮中心；

5. 反動派已公開威脅和殺害進步人士[11]。

據此，西藏工委對拉薩局勢的判斷是：「剩下的只是由反動組織正式向我公開宣布破裂的問題了，敵人現在是弓上弦，刀出鞘，只要拉薩反動派公開宣布叛亂或者向我發起武裝進攻，全面叛亂的號角就響了。」[12]

從事件後來的發展可以看出，這一判斷與拉薩的實際情況相差甚遠。

---

11 《平息西藏叛亂》，頁85。
12 同上。

《平息西藏叛亂》中收錄了兩份以「西藏獨立國人民會議」的名義向各宗、谿發布的命令，其中的第一份明確提出：

> 各寺廟、政府的僧俗官員、西藏全體人員要堅定地、團結一致地，為使西藏仍同以前一樣得到獨立的權利，以和平方式繼續掀起徹底實現真理的規模巨大的運動。並立即向各地的僧俗官員宣傳上述問題，使其了解我們的民族、宗教、語言、文字等特點是不能廢棄的。西藏獨立的遊行要繼續下去，廣泛地進行宣傳教育，過去在漢方工作的藏族人員要劃清界限、站穩立場。有關以上情況有何好的意見送給我們，並立即選出符合人民會議代表條件的人前來拉薩[13]。

這份文件未標明具體日期，文中提到「3月10日」，應該是在3月10日當天或次日發出的。公開出版的書中通常只引用「過去在漢方工作的藏族人員要劃清界限、站穩立場」這句話，而不提文件中所提到「以和平方式」來爭取「仍同以前一樣得到獨立的權利」。這份文獻至少可以說明，當時藏方「內部幾種不同的主張（大打、小打、早打、遲打、主文鬥、主武鬥）經過鬥爭在10日已經基本上統一起來了」，「軍事上逼著我們先打」的判斷，在很大程度上是西藏工委和軍區的高層官員們的想像。

1951年以來，西藏事實上一直是軍人主政，因此，工委首腦們習慣於以軍人的眼光去觀察，從軍事的角度去判斷。電報指出藏人在「軍事上已加強羅布林卡、藥王山、布達拉宮的防禦工事」，並且僅僅控制了「羅布林卡北部到拉薩一段國防公路」。作為身經百戰的老軍人，譚冠三雖然判斷出這些行動的動機和目的是為了防禦，卻做出「只要拉薩反動派公開宣布叛亂或者向我發起武裝進攻，全面叛亂的號角就響了」這樣一個結論。

這份電報還向中央匯報了工委在軍事、統戰、政治、宣傳方面的工作。

---

13 《平息西藏叛亂》，頁187-188。這份文件沒有署名，也沒有具體日期。在印度和中國出版的藏人回憶錄，以及作者採訪人物的敘述中，均未提到當時曾有過一個稱為「西藏獨立國人民會議」的組織，或僧俗官員和民眾代表在會議中做出了向各宗、谿發布命令的決議，也沒有人提到過曾經收到過這份布告和3月14日以同樣名義發出的布告。書中沒有說明這份文件是否送出。

軍事方面，工委計畫「經常儲備半年以上的糧草彈藥，準備長期固守（具體兵力部署由軍區安排）。地方機關有些分散的和防禦力量薄弱的據點要立即撤回或合併。」

在政治宣傳方面，工委計畫兵分兩路，一路是對「叛匪」展開「政治攻勢」，利用各種辦法，「大力開展口頭（不用文字的）宣傳活動，充分揭露敵人的陰謀和罪惡事實，在宣傳方法上，有條件的地方要充分利用有線廣播，凡是在交通要道和人多的地方都要設法安置喇叭筒，及時的和反覆的進行廣播，材料組要及時的研究分析和擬定宣傳內容（對外不要文字宣傳）」。與此同時，「加強收集敵人叛國活動的證據工作，片紙、隻字、照片等都要收集」。

也就是說，譚冠三做出藏人將要「全面叛亂」結論的時候，手裡還沒有確鑿的證據。可是，雖然沒有全面叛亂的證據，全面平叛的決定卻已經作出，即使不「叛」也是要「平」的。平叛的準備工作做好了，即使藏人不叛，也要找到藉口來打這「平叛」一仗。但是，「大打一仗」之後，勢必面對各方質疑，為了事後的宣傳，所以要早早「收集敵人叛國活動的證據」。

這份電報還透露：「目前既要防止麻痺思想，同時也要防止急躁情緒和某些人的恐懼心理，只有這樣才能取得勝利。」[14]為什麼會有「恐懼心理」？這不僅是因為拉薩漢藏人數對比懸殊。工委很明白，他們並沒有得到大多數民眾的支持。在藏人心目中，他們是一支占領軍。拉薩婦女有史以來第一次集體參政，在軍人冷森的槍口下遊行，就是以焚燒毛澤東、周恩來和朱德的模擬像來抗議對西藏的占領和對藏人的壓迫。自1956年康區暴動以來，拉薩的氣氛日益緊張，到1958年，藏人的憤怒已經達到臨界點，中方的軍人和幹部中同樣謠傳四起，草木皆兵。

因此，工委考慮「對藏族工人、農牧民和一般市民，除了一般的宣傳外，在可能的情況下，可組織一個二、三十人的短小精幹的武裝工作隊，有重點有計畫的在拉薩市郊進行宣傳。」[15]

---

14 〈中共西藏工委關於執行中央3月11日指示的意見〉《平息西藏叛亂》，頁86-87。
15 同上。

同時，其他各項準備也開始進行。

周恩來下令，戰事爆發之後，拉薩的古建築，包括大昭寺、布達拉宮、羅布林卡等，不許打壞。

中央指示，盡可能把達賴喇嘛留下，若是沒有留住，則絕對不准讓班禪喇嘛逃走。這說明，中央明白自己不可能有能力收服藏人的心。一旦沒有達賴喇嘛的合作，就只能用班禪喇嘛來替代。

西藏工委開始起草「中國人民解放軍西藏軍區布告」，電發中央審批，並將之譯為藏文。

（三）

1959年3月13日，藏曆土豬年2月初4日。
中央軍委命令蘭州軍區有關部隊及空軍待命入藏。

1959年3月15日，藏曆土豬年2月初6日。
中央軍委總參謀部向各入藏部隊發出預先號令，幾萬大軍立即開始入藏準備。

同日，代號「302部隊指揮所」，共305人的「丁指」機關成立[16]。

同日，第54軍作戰值班室組成，並立即承擔組織和指揮的任務。

同日，下午2點，駐紮在甘肅臨洮的第54軍134師某團接到趕赴拉薩的命令。下午4點，運載134師某團的大隊軍車隆隆出發[17]。

同日，在北京的西藏工委書記張經武、從廣州飛到北京的西藏軍區司令員兼軍區黨委第一書記張國華飛抵武漢，聽取毛澤東對「解決西藏問題」的指示。

1959年3月16日，藏曆土豬年2月初7日。

---

16 齊心整理，〈丁指部隊的西藏平叛作戰〉，《落難英雄──丁盛將軍回憶錄》，頁298。
17 雷銀海，〈西藏平叛記事〉，《西藏革命回憶錄》，頁103-108。

解放軍著名悍將，有「大膽將軍」之稱的第54軍軍長丁盛少將飛赴北京，了解中央軍委西藏作戰部署和意圖。

　　據資料記載，丁盛，江西于都人，1913年出生，17歲參加紅軍，在江西根據地參加過5次「反圍剿」。抗戰時期，丁盛從八路軍120師358旅政治部助理員、科長開始，升任挺進軍七團政治委員，晉察冀教導二旅一團政治委員，熱遼縱隊27旅旅長。1938年10月，丁盛率部作為主力團參加黃土嶺圍殲戰，1940年2月任晉察冀軍區教導二旅一團政委，參加過「百團大戰」。國共內戰時期，丁盛任24師師長，45軍135師師長，在林彪指揮下參加過「保衛四平」、「遼瀋戰役」、「平津戰役」等戰役，在「衡寶戰役」中表現出色，一舉成名。此後，丁盛率軍南下，參加「渡江戰役」，在湘、鄂、粵屢建戰功。1953年，丁盛又率第54軍入朝，參加「金城戰役」等。1958年5月回國後，軍部駐四川重慶，隸屬成都軍區。丁盛的履歷令人印象深刻，毫無疑問他是中共軍隊裡一員「能打」的「猛將」。

　　成都軍區轄四川、西藏，第54軍是該軍區唯一一個成建制的野戰軍。1958年，西藏三區戰火正旺，中央軍委將身經百戰，經驗豐富，作風狠辣的丁盛將軍調到成都軍區，顯然是有備而來。第54軍如同臥虎，對西藏眈眈而視，一有風吹草動，即可撲上高原。

　　第54軍從朝鮮返國後征塵未洗，硝煙未拭，即挾朝鮮作戰餘威，開赴甘青鎮壓回、藏民暴動。面對以步槍、火槍、刀劍、斧頭為主要武器的藏、回農牧民，與聯合國軍交過手的第54軍將士如入無人之境，戰爭被形容為「一場虎入羊群的殺戮」。在此過程中，第54軍官兵不僅熟悉了藏人的作戰方法，並取得豐富高原作戰經驗。

　　此番入藏，丁盛並非單槍匹馬，與他同行的還有成都軍區副司令黃新廷中將。

　　據資料記載，黃新廷，湖北洪湖人，1913年出生，1928年加入共青團，1931年參加紅軍。參加過湘鄂西、湘鄂川黔蘇區「反圍剿」。1937年入延安抗大學習，後任八路軍120師副團長，參加過齊會、陳莊等戰鬥及「百團大戰」，1944年任八路軍120師副旅長。1945年後，黃新廷歷任晉綏野戰軍旅長、第一野戰軍師、軍長，參加過「延安保衛戰」和青化砭、宜川、蘭州等

戰役。1949年後，任中國人民解放軍第3軍軍長，駐防河西走廊武威、張掖、酒泉一帶，指揮麾下騎兵大隊、駝兵團等部，轉戰甘肅各地。1953年，黃新廷赴朝參戰，任中國人民志願軍軍長。

54軍軍長丁盛少將、成都軍區副司令黃新廷中將均為戎馬一生的軍人，也都有與少數民族交戰經驗，指揮過在回、藏、哈薩克等民族地區的戰事。現在，這兩位從朝鮮戰場上下來的軍長，率領大軍到西藏來「平叛」，戰爭毫無懸念。局部戰鬥或許有勝有負，但整個戰爭沒有勝敗問題，只有戰事延續時間，「殲匪」人數多寡問題。

同日，第54軍134師的這支部隊徹夜奔馳後，於清晨到達蘭州。部隊在蘭州領取高原防寒裝備，即乘火車西進，趕赴蘭新鐵路最西端的峽東。途中，該團在火車上進行「深入思想動員」，交流甘南「平叛」經驗，政治部編印「追叛匪歌」，以「幹部的行動和堅強的決心」帶動部隊。然而，該團政治部似乎並沒有教育士兵，「民」與「匪」是否有所區別，以及在戰鬥中如何避免傷及無辜。

經過動員之後，「戰士們情緒激昂，人人摩拳擦掌，表示要堅決打擊叛匪的囂張氣氛」[18]。這支撲向聖城拉薩的部隊士氣高昂，如同餓虎下山。

他們的對手，是一些缺乏組織且只有簡陋武器的藏人農牧民和僧侶。

（四）

1959年3月中旬，「拉薩事件」爆發後不到一周，中共中央完成入藏作戰的軍事部署。原屬第一野戰軍、第四野戰軍的三個步兵師、兩個步兵團整裝待發，幾支虎狼之師即將從不同方向撲上雪域高原。一支富有高原作戰經驗的部隊正在開往拉薩途中，空軍一個轟炸機團待命[19]。

步兵130師將從雅安出發，取道川藏公路入藏，集結於甘孜。目標：昌都。

---

18 雷銀海，〈西藏平叛記事〉，《西藏革命回憶錄》第四輯，頁103-108。
19 吉柚權，《西藏平叛紀實》，頁109。

昆明軍區步兵第42師指揮所率步兵126團將從藏東南北上，集結於甘孜。目標：鹽井。

　　該部到達鹽井後，由「黃指」指揮，旨在封鎖中緬邊境，截斷藏人東南出境之路。

　　在甘南「平叛」的蘭州軍區獨立野戰軍步兵第11師將由青藏線入藏，集結於敦煌。目標：拉薩。

　　在甘青地區「平叛」的第134師將沿青藏公路入藏，集結於格爾木。目標：拉薩。

　　蘭州、昆明、成都三大軍區聯手，對西藏撒下了天羅地網。這一切，達賴喇嘛和噶廈政府既無通信設備，又無情報系統，根本無從了解；聚集在羅布林卡門外的拉薩民眾，則完全處於懵懂之中。

第十三章 砲口下的秘密策劃

(一)

1959年3月10日藏民包圍羅布林卡一事，史稱「拉薩事件」。

1959年3月20日凌晨開始的軍事行動，史稱「拉薩戰役」。

從「事件」到「戰役」，期間只有短短十天。十度日升月落，猶如一道轉瞬即逝的閃電；而在歷史中，這十天漫長得足以改變一個民族的命運。

對藏民族來說，這十天是佛祖的悲憫，是護法神的護佑。當大軍壓境，天羅地網即將收攏之時，這迅如白馬過隙的十天，給了雪域怙主奪路逃生的可能，為藏民族保留了一線生機，繼而種下了佛法西漸的殊勝因緣。

然而，1959年3月11日，歷史的長卷尚未展開。羅布林卡內外，人們的當務之急，是怎樣應付這一突如其來的事件。宮牆內外聚集著不同的人群，他們來自不同地區，屬於不同階層，身穿綢緞官服的噶倫們在牆內，裹著破舊「曲巴」的平民在牆外，他們之間雖然天差地別，卻有一個共同點：保護達賴喇嘛。怎樣做到這一點，夏宮內外有不同的考量，由此制定了不同的策略，並基於各自的策略，採取了不同的行動。

就在噶廈部分僧俗官員和民眾代表公開開會時，被「廣場運動」邊緣化的噶倫們，以及達賴喇嘛近侍中的高級僧官也在秘密開會。他們討論的是：怎樣把達賴喇嘛轉移出危機四伏的拉薩。藏民族並沒有「君子不立危牆之下」的古訓，他們也並不確知譚冠三已經做好了軍事部署和戰鬥準備，給沒有部隊的單位發槍，並成立了四個聯防區；他們更不知道，在中央軍委的部署下，幾萬大軍正待命入藏。他們與外界完全隔離，做出這樣的決策，憑藉的是歷史經驗和直覺。

在藏人的文化意識裡，「達賴喇嘛」並不僅僅是居住在布達拉宮，或者

羅布林卡達旦明久頗章裡，未滿24歲的丹增嘉措，而是包含了藏民族過去、現在與未來的一種獨特制度。在世界文明史和政治史上，「達賴喇嘛」是一個獨一無二的制度。這一制度有多重涵義，既是現世的，又是來世的，既是世俗的，又是宗教的；它有現實的層面，也有超現實的層面，並且將「慈悲」這一理念具體化。「達賴喇嘛」不同於歐洲中世紀，君權「神授」的帝王，也不同於漢民族的「天子」。

歐洲的國王和漢家的皇帝都是可以被他人取代的，故而二者都有層出不窮的宮廷陰謀，其目的無非是取而代之，所謂「皇帝輪流做，今年到我家」。

「達賴喇嘛」不是「天子」。他雖是藏民族的政治領袖，但他同時也是嚴守戒律的僧侶。他沒有三宮六院，沒有錦衣玉食，也沒有子孫後代「承繼大統」。

「達賴喇嘛」也不是「神王」。他的權力並非「神授」，在藏人的心目中，他就是觀世音菩薩的化身。因世間苦難，菩薩乘願而來，以慈悲和智慧的達賴喇嘛現世，度世人苦厄。時光悠悠，因緣流轉，世間苦難不止，菩薩悲願不棄，因而代代轉世，至此為第十四代。外部政治力量可以廢黜「達賴喇嘛」的名號，如清廷對十三世達賴喇嘛曾經做過的那樣，但只能剝奪他的世俗權力，並不能剝奪他所代表的信仰。因此，達賴喇嘛是天然的終身制。他不能被「篡」，被確認為達賴喇嘛之後，只要他住世，就無人能夠取而代之。

達賴喇嘛身上凝聚著藏民族的前生今世，他是藏民族過去的歷史，現世的福祉，未來的希望。因此，遇到危機時，藏人首要關心的是達賴喇嘛的安危，對第十三世達賴喇嘛如此，對第十四世達賴喇嘛亦如此。

然而，一個地處高原的弱小民族，既沒有眾多人口，又沒有強大軍隊，面臨強敵時，並沒有多少選擇。他們能夠做的，只有先設法讓他們的領袖逃出危城，徐圖後計，就像鹿遇到獅子，自保的唯一方式，只有飛奔而逃。西藏夾在兩個龐然大國之間，危險來自中國時，達賴喇嘛南逃印度；危險來自印度時，達賴喇嘛逃往中國或蒙古。

康區和安多的戰爭爆發後，達賴喇嘛是否逃亡，一直是個潛在的問題。

1956年達賴喇嘛訪問印度時，幾乎留下避難；1958年下半年，中共砲擊金門期間，達賴喇嘛正好在距拉薩50多公里的甘丹寺，當時庫松代本朋措扎西曾建議他從甘丹寺直接逃亡印度，達賴喇嘛沒有同意[1]。

此時局勢尚不明朗，但噶倫們必須先制定逃亡計畫，以免形勢吃緊時措手不及。他們秘密開會討論逃亡方案，決定先渡過藏布江，進入「四水六崗衛教志願軍」控制的地區，再設法與中央政府談判。噶倫們授權卓尼欽莫帕拉具體策劃安排。事關重大，此事必須高度保密，他們甚至瞞著達賴喇嘛本人。

帕拉是當時拉薩最有權勢的藏人之一。身為達賴喇嘛的侍從長，外人要見達賴喇嘛，通常要先經過他，因此他與各類人物的交往很多。比起年輕的達賴喇嘛，帕拉更有經驗，也更沉著細緻。接受這個重大任務之後，帕拉首先想到一年多前，悄悄來拜訪他的兩個神秘康巴漢子。他們找過他兩次之後就不知所蹤，此後再也沒有音訊。帕拉相信他們一定在山南某處。他需要盡快將二人召來拉薩，因為他們隨身攜帶了電臺，那是西藏可以與外部世界建立聯繫的唯一管道。噶廈沒有現代通信設備，要找到這兩個康巴漢子，只能按照古老的方式去做。帕拉叫來一名心腹，對他面授機宜。

是夜，一個看上去普普通通的男人牽著馬走出羅布林卡，走過寬闊的河灘，來到渡口。船已經泊在岸邊，男人牽馬上船，船夫不緊不慢地划槳，將單人匹馬送過河。男人下船，牽過馬翻身而上，腳跟一磕馬腹，駿馬四蹄翻飛，絕塵而去，轉眼間消失在茫茫夜色之中。

（二）

羅布林卡達旦明久頗章裡，達賴喇嘛面容消瘦，神情憂鬱。執政不到十年，他不得不面對第二次重大危機。1950年的那次危機遠在昌都，可這次就發生在他的宮殿門前。這意味著8年來，他在中共當局和民眾之間調和的努力

1　達賴喇嘛訪談，2009年6月30日。

失敗，民眾的憤怒已經無法遏制。

當時的拉薩，恐怕沒有人比達賴喇嘛更了解這一危機的嚴重性。他毫不懷疑民眾對他的忠誠，同時也毫不懷疑中共的狠辣。1956年在新德里，周恩來當面對他說過，藏人如果一定要「叛亂」，中央就一定會鎮壓。四省藏區過去3年的遭遇清楚地顯示，中共絕不會對他們所認為的「反動派」手軟。達賴喇嘛知道，面對中共強大的軍事力量，徒有血氣之勇的藏人毫無勝算。他的當務之急是避免事態擴大，盡一切努力防止流血。要做到這點，他必須一邊穩住性情暴躁的譚冠三，一邊勸說情緒激烈的民眾。他希望能夠設法拖延一段時間，待民眾把怒氣發洩過後，自行散去，以免給中方鎮壓的理由。

達賴喇嘛重讀一遍嘉措林仁波切帶來的信。這封信禮貌而冷淡：

敬愛的達賴喇嘛：

您表示願意來軍區，這是一件很好的事，我們表示熱烈的歡迎。但是由於反動分子的陰謀挑撥給您造成很大的困難，故可暫時不來。

此致

敬禮並祝保重

譚冠三

1959年3月10日

達賴喇嘛提筆在譚冠三這封信的空白部分寫下回信[2]：

親愛的譚政委同志：

昨天我決定去軍區看戲，但由於少數壞人的煽動，而僧俗人民不解真相追隨其後，進行阻攔，確實無法去訪，使我害羞難言，憂慮交加，而處於莫知所措的境地。您毫不計較，送來的信出現在我眼前時，頓時感到無限的興奮。

---

2 達賴喇嘛的回信均為藏文，譚冠三與達賴喇嘛來往的六封信引自《平息西藏叛亂》，頁128-133。

反動的壞分子們正在藉口保護我的安全而進行著危害我的活動。對此我正設法平息。幾天以後，情況安定了，一定同您見面。您對我有何內部的指示，請通過此人³坦率示知。

達賴喇嘛親筆呈

在這封回信裡，達賴喇嘛不失尊嚴地為自己未能赴軍區觀看演出道歉，並順著譚冠三的口氣，使用「反動的壞分子」一類的辭彙，告訴他自己正在設法平息事端。「反動分子」這類共產黨理論體系中的辭彙，對藏人並無意義，他們使用這樣的辭彙時，常常帶有調侃意味。然而，對於中共官員來說，是否使用這樣的辭彙，是一種立場宣示。達賴喇嘛在信中使用中共體系中的辭彙，顯然是希望譚冠三息怒。

第二天，譚冠三派人送來第二封信：

達賴喇嘛：

現在反動分子竟敢肆無忌憚、公開地、狂妄地進行軍事挑釁，在國防公路沿線（羅布林卡北面的公路）修了工事，布置了大量機槍和武裝反動分子，已經十分嚴重的（地）破壞了國防交通安全。

過去我們曾多次向噶廈談過，人民解放軍負有保衛國防、保衛國防交通安全的責任，對於這種嚴重的軍事挑釁行為，實難置之不理。因此，西藏軍區已去信通知索康、柳霞、夏蘇、帕拉等。請他們通知反動分子，立即拆除一切工事，並撤離公路。否則由此引起惡果，完全由他們自己負責。特此報告，您有何意見，亦請盡快告知。

　　　　此致
敬禮並祝保重

譚冠三
1959年3月11日

3　據《平息西藏叛亂》中在此信中加的按語說，這封信是阿沛‧阿旺晉美送去的。但根據達賴喇嘛的回憶，在3月10日之後，他再沒見過阿沛‧阿旺晉美。應該是經人轉交阿沛，再由阿沛交給譚冠三的。

這封信格式傲慢，語帶威脅，實際上是在對達賴喇嘛下命令，顯然譚冠三已經大動肝火。在當時的情況下，這樣的命令將引起怎樣的反應，可想而知。然而，毛澤東要「爭取大打一仗」，為了政治上有利，又不准他打第一槍，於是，譚冠三一面公開備戰，一面找機會火上澆油。

噶廈把譚冠三的命令傳達給民眾後，果然達到了預期的效果。民眾在羅布林卡北面公路上修築路障，是在前天夜晚大批軍車經過羅布林卡北面之後開始的，為的是阻擋解放軍攻擊羅布林卡。譚冠三命令他們拆除工事，民眾越發相信軍區要強攻。他們反駁說，漢人在籌委會大樓前修築了路障，保護自己的機構，憑什麼他們不能修路障保護羅布林卡？漢人派士兵在阿沛·阿旺晉美的住宅四周站崗，憑什麼他們不能在羅布林卡站崗？其結果是，民眾非但不肯撤除路障，反而加強了防禦力量。

3月12日，就在中央轉發毛澤東給西藏工委指示，要「引誘敵人進攻」的當天，達賴喇嘛給譚冠三回信：

親愛的譚政委同志：

昨天經阿沛轉去一信，想已收到了。

今早您送來的信收到了。反動集團的違法行為，使我無限憂傷。昨天我通知噶廈，責令非法的人民會議必須立即解散，以保衛我為名而狂妄地進駐羅布林卡的反動分子必須立即撤走。對於昨天、前天發生的以保護我的安全為名而製造的嚴重離間中央與地方關係的事件，我正盡一切可能設法處理。今天早晨北京時間八點半鐘，有少數藏軍突然在青藏公路附近鳴了幾槍，幸好沒有發生大的騷亂。關於您來信中提的問題，我現在正打算向下屬的幾個人進行教育和囑託。

您對我有何指示的意見，請知心坦率的示知。

達賴
12日呈

達賴喇嘛信中提到的「鳴了幾槍」，指的是藏軍與羅布林卡北面運輸站民兵的一次小規模衝突。關於這次衝突，中方文獻資料，包括權威性的《解

放西藏史》，都沒有作出說明。達熱回憶錄中有如下記載：

> 我們住處的對面有青藏公路的車站，這裡有幾座漢人住的平房，最
> 近他們用石頭修築了新的工事。15號早上8點左右，（漢人）從這個
> 工事用機關槍開了十幾槍。我聽到槍聲，馬上派人去察看。察看的
> 人回來說：「第四軍營的士兵們說，我們沒有開槍，但是漢人從工事
> 裡用機關槍朝我們射擊，所以我們反擊。」總之，那裡發生了小型交
> 火。幸運的是，雙方馬上停火。當時在江塘崗[4]有兩三個行人受傷[5]。

　　達熱回憶錄中記載的這次摩擦發生在3月15日，如果作者記憶無誤，那就
可以說，在3月10日到15日之間，兩方已經發生過至少一次武裝衝突，甚至有
可能是兩次。如果這次摩擦是藏方先打第一槍，那麼，3月12日或者15日就可
以成為大戰的開端。但是，為什麼這次摩擦沒有引爆全面戰鬥？因為那時中
方各方面的準備尚未完成，無意擴大事端。
　　3月14日，達賴喇嘛召見70名民眾代表，向他們說明觀看演出一事的來龍
去脈，要求他們撤離羅布林卡。
　　同日，他召來乃穹神諭降神。護法神指示：與中共對話。

（三）

　　1959年的藏曆新年，理塘人貢嘎桑天・德瓦倉帶領他的小分隊，駐紮在
山南貢卡地區一個叫察德宗的地方。駐地附近就是藏布江渡口。該地距離拉
薩約有一天多的路程，為拉薩到山南的必經之路[6]。
　　貢嘎桑天的小分隊屬於「四水六崗衛教志願軍」一部，他是該分隊的三

4　江塘崗為羅布林卡北面的地區。
5　達熱・多阿塔欽，《我的故事》。
6　Kunga Samten Dewatshang, *Flight at the cuckoo's Behest: the Life and Times of a Tibetan Freedom Fighter*, pp. 1-9.

名負責人之一。「四水六崗」成立時，只是30多個部落人馬的聯盟，各分隊基本上由本部落的人員組成。成立後，各路人馬紛紛投奔，「四水六崗」的人數迅速增加。這支反抗軍雖然按照軍隊編制組織，但畢竟是一支由部落民眾組成的志願軍，除了幾百名「反水」的藏軍士兵外，大多數人沒有現代戰爭經驗，加之武器落後，缺少組織協調能力，他們能夠倚仗的只有熟悉地形、適應環境、單人射擊精準，以及背水一戰的決心。到1959年3月，「四水六崗」基本上已經化整為零，分散在各處進行游擊戰，貢嘎桑天的手下約有50多人。

三月的一天，附近村莊的三名老者專程來見貢嘎桑天。其中一人告訴他說，村裡有人剛從拉薩回來，說是羅布林卡出事了，他們覺得不大對頭，應該通知「四水六崗」的人。沒過多久，小分隊的偵探也從拉薩趕來，報告貢嘎桑天羅布林卡發生的事。

貢嘎桑天立即召集幾名領頭人開會，並派出信使趕往各處，通知在這一帶的其他分隊。「四水六崗」成立時，制定了20多條軍規，其中有條規定是，沒有總部批准不得擅入拉薩。這是為了避免在拉薩發生武裝衝突，危及達賴喇嘛的安全。貢嘎桑天當即遣人飛馬前往洛卡，請求總部批准他們進入拉薩打聽消息。他並不知道，貢保扎西當時不在洛卡，還不知道羅布林卡發生的事。信使出發後，貢嘎桑天越想越不放心，怕信使往返耽誤時間。他決定不等總部批准，先去拉薩看看再說。

小分隊裡有個名叫洛桑益西的年輕人，他是拉薩人，那年剛滿20歲。14、15歲時，洛桑益西就被送到北京去學習，了解了共產黨理論和他們對西藏未來的設想後，洛桑益西沒有接受「無產階級教育」，反而成了反叛者。在北京學習了五年，洛桑益西作為土改預先儲備的幹部送回西藏，卻參加了游擊隊。他偶爾會去拉薩，跟噶廈政府裡的幾個熟人秘密聯繫。

次日黎明時分，貢嘎桑天把小分隊分成兩組，少部分留守駐地，自己帶著洛桑益西和一個名叫旺楚茨仁的年輕人，還有約30名手下，策馬飛馳拉薩。到了藏布江渡口，眾人下馬等待過河。可是渡口只有一條船，而且偏偏漲水，河面一下子寬了很多，他們沒法涉水過河。小船一次只能載幾個人，他們無奈，只好派人先去通知功德林札薩。等到大家都過了河，太陽已經偏

西。他們顧不上休息，兼程趕路。快到半夜時，一行人馬總算趕到拉薩河南岸的功德林莊園。他們連夜派人去羅布林卡送口信，說如果達賴喇嘛出走的話，不管去哪裡，他們甘願護送全程。

也就是在這時候，駐紮在甘肅臨洮的第一支解放軍入藏部隊即將接到命令，開赴拉薩。

夏宮裡，卓尼欽莫帕拉焦急地等待兩個康巴漢子的消息。信使還在山南尋找阿塔和洛澤，根據CIA的規定，兩人行蹤不定，從不在同一地點住三天以上，信使只好到處打聽他們的蹤跡。

帕拉雖然並不直接參與雪村的會議或其他行動，但堪穹達熱隨時向他報告最新情況。他密切注意時局，小心翼翼地觀察動向，生怕時機拿捏不準，誤了大事。帕拉知道自己目標太大，走到哪裡都會引起注意，所以足不出宮，只管運籌帷幄，具體事務統統交給信得過的人去辦理。

羅布林卡裡搭起幾頂帳篷，幾名色拉寺杰扎倉的僧人在帳篷裡念經，外人不得打擾。時局緊張時，日夜不停地念經是常事，沒有人會想到，他們在秘密準備達賴喇嘛一路的食物。

亞谿莊園的管家派人牽了幾匹馬，到拉薩河對岸去運燃料，由於燃料還需籌備，馬匹暫時寄放在噶倫柳霞的莊園裡。

帕拉帶了個看上去很普通的男人到達旦明久頗章去了一趟，拜見達賴喇嘛。那人在達賴喇嘛面前磕了幾個長頭，接受摸頂祝福。拜見之後他沒有馬上離開，而且也不像其他平民那樣，誠惶誠恐不敢直視，卻盯著達賴喇嘛上上下下仔細打量了一番。兩天後，有人送了個包裹到羅布林卡，交給帕拉。帕拉打開包裹，取出長褲、襯衣、圍巾、帽子和一件厚厚的皮袍，一一收好。

一天，有人帶了個口信給帕拉，說有幾個從山南來見他。帕拉把這事交給警衛團長朋措扎西。身為達賴喇嘛的姊夫，朋措扎西同樣是個惹眼的人物。他找來手下的一名如本、兩名甲本，讓他們頭頂達賴喇嘛的照片發誓保密，然後派他們去拉薩河邊，會見山南來人。

次日上午，貢嘎桑天和洛桑益西在拉薩河邊遇到這三名藏軍軍官。他們詳細討論了達賴喇嘛可能出走的日期、時間、路線和喬裝方式[7]。

在他的回憶錄裡，貢嘎桑天沒有說明這次會面的日期。根據其他資料對照分析，應該是3月16日之前，最有可能的是3月14日，也就是解放軍總參謀部向入藏部隊發出預先號令的前夜。

3月14日晚，月光朦朧，空氣清冷。帕拉帶著幾名藏兵在羅布林卡裡面巡視。夜色漸深，牆外的嘈雜聲越來越少，夏宮逐漸沉入不安的寧靜中。藏兵和民眾志願警衛背著槍，在大門邊站崗。

突然，幾道白光像匕首一般劃破黑暗，緊接著傳來一聲喝問：「誰？」

帕拉回答：「是我。」

幾個人走過來向他行禮。原來是一名甲本帶著部下，打著手電筒在宮內巡邏。

帕拉遣退士兵，獨自走向黃牆。通往寢宮的大門緊閉，幾名荷槍實彈的藏兵站在大門前，見侍從長走來，士兵們躬身為他開門。帕拉走進內宮，見達旦明久頗章的燈還亮著。他徑直走進達賴喇嘛的臥室。

聽到推門聲，正在低頭沉思的達賴喇嘛抬起頭。年長他許多的卓尼欽莫關上門，走到他身旁，輕聲說：有關出走的安排，一切已經就緒。

達賴喇嘛吃了一驚。幾天來，他的思緒一直圍繞著如何爭取緩和形勢，避免流血，完全沒有想到出走。局勢已經無法挽救了嗎？

達賴喇嘛定了定神，對帕拉說，是走是留，他尚未決定[8]。

第二天，達賴喇嘛召來乃穹神諭再次降神，請求護法神指點。神諭指示：留下，繼續與中共對話。

就在同一天，張經武和張國華前往武漢見毛澤東，接受有關西藏局勢的指示。

（四）

3月16日下午3點，達賴喇嘛收到譚冠三將軍寫給他的第三封信。

7　Kunga Samten Dewatshang, *Flight at the Cuckoo's Behest*. pp. 2-6.
8　達賴喇嘛訪談，2009年6月30日。

敬愛的達賴喇嘛：

您11日、12日兩信均敬悉。西藏一部分上層反動分子所進行的叛國活動，已經發展到不能容忍的地步。這些人勾結外國人，進行反動叛國的活動，為時已久。中央過去一向寬大為懷，責成西藏地方政府認真處理，而西藏地方政府則一貫採取陽奉陰違的態度，實際上幫助了他們的活動，以致發展到現在這樣嚴重的局面。現在中央仍然希望西藏地方政府改變錯誤態度，立即負起責任，平息叛亂，嚴懲叛國分子。否則，中央只有自己出面來維護祖國的團結和統一。

您來信中說，對於「以保護我的安全為名而製造的嚴重離間中央與地方關係的事件，我正盡一切可能設法處理」。對於您的這種正確態度，我們至為歡迎。

對於您現在的處境和安全，我們甚為關懷。如果您認為需要脫離現在被叛亂分子劫持的危險境地，而且又有可能的話，我們熱忱地歡迎您和您的隨行人員到軍區來住一個短期，我們願對您的安全負完全的責任。究竟如何處置為好，完全聽從您的決定。

另外，第二屆全國人民代表大會第一次會議已決定於4月17日舉行。特此告訴您。

　　　此致
敬禮並祝保重

譚冠三

1959年3月15日

與前兩封信比較，這封信有很大變化，抬頭從「達賴喇嘛」換成「敬愛的達賴喇嘛」，寫信人和收信人的關係從「西藏軍區」和「噶廈」變成「中央」和「西藏地方政府」，信的內容基本上是「中央」給「地方政府」的最後通牒，這顯然超出了譚冠三的職位。更重要的是，這封信裡還附有一封阿沛·阿旺晉美寫給他的信和一封寫給噶廈的信。

達賴喇嘛對譚冠三的信沒有特別反應，此信無非重複了1956年周恩來在

印度對他說的那番話。他正處於高度緊張的時刻，沒有察覺出這封信與前兩封信的不同。好多年後，毛澤東有關譚冠三和達賴喇嘛通信的指示公布，研究者們才確定，這封信其實並非出自譚冠三之手，而是根據毛澤東的指示，由中央委員會書記鄧小平於3月14日親自擬定，並於當天夜晚11點50分用電報發給西藏工委的。譚冠三收到這封以他的名義寫的信之後，在送交達賴喇嘛之前，把時間改成了3月15日[9]。因此，信是以中央對地方的態度，而不是西藏軍區對噶廈政府的態度來寫的。毛澤東並指示「這些信，準備在將來發表」[10]，也就是說，這並不僅是寫給達賴喇嘛的信，也是整個「西藏平叛」，乃至「平叛」之後「宣傳戰」的一部分，是「解決西藏問題」的一攬子計畫之一。

達賴喇嘛讀了阿沛的信，當下神色大變。阿沛在信中請他畫出內宮草圖，標示出他所在的宮殿，砲兵轟炸羅布林卡時，將避開那座宮殿。阿沛還告訴達賴喇嘛，他斷定民眾會把他「弄走」，但這樣會給他帶來極大危險，因為解放軍已經採取了嚴密防範措施；而且就算成功，根據當下的國際形勢，他不可能再返回拉薩。言下之意，解放軍已經決定採取軍事行動，達賴喇嘛留在羅布林卡有可能玉石俱焚；逃跑則勝算不大。阿沛雖然沒有明說達賴喇嘛應該怎麼辦，但他的意向呼之欲出。阿沛同時還給噶廈寫了一封內容大致相同的信。

阿沛的這封信從未公布。迄今為止，中方出版物中均未提及阿沛曾寫過這封信。《解放西藏史》中提到，達賴喇嘛給譚冠三回信時，「還給阿沛·阿旺晉美寫了一封信」[11]，但是沒有公布回信的內容。阿沛的信是附在譚冠三的信中一同送給達賴喇嘛的，尚無資料表明譚冠三是否知道阿沛送出了這封信。不管這封信所說的情況是真是假，客觀上有可能達到一個效果：使藏人感到危險迫在眉睫，立刻派人去山南求援，把四水六崗的主力調到拉薩來保衛達賴喇嘛，這正是譚冠三最想要的效果。

達賴喇嘛當然不知道大軍已經壓境。他勉強穩住心神，動手給譚冠三回

---

9 《解放西藏史》，頁363。
10 《毛澤東西藏工作文選》，頁165。
11 《解放西藏史》，頁365。

信：

親愛的譚政委同志：

您15日的來信，方才三點鐘收到。您對我的安全甚為關懷，使我甚感愉快，謝謝。

前天藏曆2月5日(西曆3月14日)，我向政府官員等的代表七十餘人講話，從各方面進行了教育，要大家認真考慮目前和長遠的利害關係，安定下來，否則我的生命一定難保。這樣嚴厲地指責之後，情況稍微好了一些。現在此間內外的情況雖然仍很難處置，但我正在用巧妙的辦法，在政府官員中從內部劃分進步與反對革命的兩種人的界線。一旦幾天之後，有了一定數量的足以信賴的力量之後，將採取秘密的方式前往軍區，屆時先給您去信，對此請您亦採取可靠的措施。您有何意見，請經常來信。

達賴

16日呈

從回信看來，達賴喇嘛並沒有意識到，這封以譚冠三名義寫給他的信另有來頭。他刻意避免提到自己所在的地點，希望對方「投鼠忌器」，因此延緩軍事行動，給他時間來做最後的努力。他同時給阿沛回信：「剛才三點鐘收到你的惠書並譚政委的信，非常欣慰。附上給譚的回信，請閱後轉達。」信中說：

> 迄今，尚無人公開建議我出走。但是，看樣子想說這話的人不一定沒有，因此，我已經在前天的會議上詳細明確地講了我不能離開西藏的理由。現在，身在敵友混雜之中，處境非常危險，意在暫時穩住局面，以求擺脫之機。因此，（請你）盡量設法勿使中央方面採取急躁措施。至於我的立場，請你不必絲毫擔心[12]。

---

12 《西藏革命史》，頁127。

《解放西藏史》承認有這封信，但是沒有引述信的內容。因為這封信表明，直到3月16日，達賴喇嘛仍然在爭取和平解決拉薩的危機。

這天，拉薩的局勢已經十分緊張，街上不時傳來槍聲。羅布林卡附近，解放軍已經布置了幾個砲兵陣地。

這段時間裡，軍區加緊軍事部署。3月13日，軍區308砲團3連攜帶4門120迫擊砲移至軍區大院，「團指揮所分別向西山和拉薩派出觀察所，執行觀察和指揮砲兵射擊的任務」，並且把該連的觀察所設在自治區籌委大樓左側[13]。

羅布林卡西面的諾多林卡，即八一農場所在的地區：

> 根據地形，教一連從八一農場把交通溝一直延伸挖至老渡口，在叛
> 匪的冷槍下又築起兩座簡易地堡，和南面友鄰部隊一個連隊成犄角
> 之勢，截斷了叛匪逃路[14]。

即將在「拉薩戰役」中發揮主要力量的308團已經訓練了一年多。政治上，軍區對士兵進行長時間「極為深刻、現實的階級教育」，向他們灌輸「上層反動人士對廣大農奴的殘酷壓榨和迫害」，軍區領導人親自給士兵們「談形勢，講政策，提要求」，該團黨委「因勢利導，及時把這股激情引導到了戰前的各項準備工作上去。」軍事部署也已經完成：

> 為砲兵射擊的準確，連以上的幹部已經多次去拉薩看地形，實地測
> 量。每當這時，我們的駕駛員就在需要偵察的地方停下車來，裝作
> 車壞了，下來「修理」，我們也乘機下車「休息」察看，這樣，凡
> 我射程可達的地方，尤其是叛匪正盤踞的、到過的、可供其隱蔽
> 或逃跑的、打起來可能被其臨時利用的拉薩每一個角落、每一條街
> 道、每一座建築，我們都測量到精確無誤的程度了。凡敵人活動的

---

13 《西藏革命回憶錄》第四輯，頁40。
14 同上，頁51。

比較頻繁的地方，都決定好了諸元。團首長深知我團在戰鬥中責任重大，因而很重視。團長陳月芳、政委宋盛祥、副團長兼參謀長陳幫太每周都對幹部進行考核，檢查射擊，指揮和應變能力，同時檢查部隊的訓練效果，提出更高的要求。全團摩拳擦掌，猶如填滿了藥的砲彈[15]。

拉薩民眾看到一些解放軍士兵攀在電線桿上，有可能是在拉電線，也有可能是在準備安裝宣傳用的有線廣播喇叭，但在民眾看來，他們是在測量大砲的射程，證明戰鬥即將打響。中方各單位的門前設置了沙袋堆成的掩體，屋頂飄揚的五星紅旗之下，露出冷森的砲口。

宮牆內外，人們的神經已經快繃到了極限。

被灌輸了滿腦子階級仇恨的解放軍官兵，在軍營裡摩拳擦掌，蓄勢待發。

（五）

看到阿沛的信後，帕拉知道局勢已經無法逆轉。雖然達賴喇嘛尚未決定出走，但是他不能心存僥倖。事不宜遲，帕拉立刻著手進行細節安排，一旦局勢危急，達賴喇嘛隨時可以離開。

太陽一寸一寸地下降。夕陽下，黃牆內的花園像往日一樣安寧。孔雀展開長尾悠閒漫步，鳥兒唱著歌在樹林裡飛翔，岩石花園旁邊水聲清亮；馴鹿晃著高大的叉角在樹林裡遊蕩。魚兒在池塘裡游來游去，來自印度的布拉米尼野鴨和白鶴，有的浮在水面，有的站在水邊。一些下崗的士兵脫下制服，給草坪和花圃澆水。

夜晚姍姍而來。在夜幕的掩蓋下，各方人物開始活動。

兩名解放軍軍官踏著夜色走出軍區西門，沿著拉薩河邊走近羅布林卡，

---

15 《西藏革命回憶錄》，頁39。

觀察情況[16]。

　　帕拉召集看守羅布林卡大門的警衛，吩咐他們說，晚上他和噶倫出來巡視的時候，警衛會喝問，並用手電筒照射，這樣做很不安全。從這天起，警衛們交接班，或者遇到巡視的人時，可以詢問，雙方通過聲音辨認，但是不准用手電筒照射。另外，次日夜晚有可能會派警衛團的卡車外出，到布達拉下面的雪武器庫搬運武器，見到汽車的話，警衛不必攔下卡車檢查[17]。

　　羅布林卡東、西、北面的解放軍陣地已經布置停當，砲口從不同方向對準夏宮，空氣裡似乎聞得到絲絲火藥味。

　　夜晚總是最緊張的時候，一切都可能發生。

　　那個夜晚，拉薩有許多人無法入眠。原自治區籌委會財務處職員，僧人強巴丹增偷得幾日閒，沒有去羅布林卡守衛，住在帕廓街附近的家裡；林仁波切的僕人赤列朋措住在仁波切的莊園，一整天心神不定。德格麥宿人居欽圖丹在羅布林卡南面的帳篷裡輾轉反側，四水六崗小分隊領頭人貢嘎桑天和他帶來的人馬隱蔽在哲蚌寺附近，等待消息。

---

16 《西藏革命回憶錄》第四輯，頁19。
17 帕拉，《人生簡歷》（藏文版）。

第十四章 「走！走！今夜就走！」

（一）

一夜平安。

宿鳥飛出窩巢，站在樹枝上，抖抖翅膀，發出清脆的啼鳴。夜色漸漸褪去，天終於亮了。這天是1959年3月17日，藏曆土豬年2月初8日。

羅布林卡花園開始蘇醒。御馬廄裡的馬打著響鼻，馬夫飼養的猴子拴在馬廄前的木柱上，拖著長長的鏈子上竄下跳。池塘邊的野鴨伸長脖子嘎嘎叫著，接二連三跳進水裡，受驚的魚一甩尾巴，忽一下潛到深處。

達旦明久頗章裡，電燈早早就亮了。達賴喇嘛照常在日出前起床，御膳房送來準備好的酥油茶和早餐。達賴喇嘛喝過茶，到經堂去念經打坐。侍從們輕手輕腳地走動，輕聲輕氣地說話，唯恐驚擾他。

太陽升起後，夏宮裡開始正常的活動。門口值夜班的警衛們換崗，侍從們來來往往，給噶倫和經師們送茶送飯，園丁提著水桶，為宮殿門前的花木澆水；在牆外安營紮寨的人們打著哈欠鑽出帳篷，有的圍著羅布林卡轉經，有的對著宮殿磕長頭。有人撿來枯枝點火煮茶，一道道青煙裊裊上升，融合在清晨的霧靄中。

路上開始有行人來往。林仁波切的僕人赤列朋措做完例行的雜事，走出仁波切的莊園，丹巴索巴也離開了住處。二人住在拉薩不同的地方，那天清早不約而同，都朝羅布林卡走去。這時候，一些民眾代表離開羅布林卡，去德吉林卡的印度領事館，借用那裡的發報機給當時在噶倫堡的夏格巴發電報，通知他說西藏已經獨立，請他通知印度政府和聯合國，派人來調查。

上午，達賴喇嘛召集噶倫們到第十三世達賴喇嘛的金色頗章開會，討論

如何避免戰爭。「拉薩事件」已經爆發一個星期了，羅布林卡四周還有幾千民眾，一旦解放軍動武，勢必血流成河。前一天阿沛‧阿旺晉美派人送來幾封信，其中有一封是寫給噶廈的，這封信噶廈尚未答覆。西藏政教的最高層討論了半天，覺得唯一的辦法是給譚冠三去信，請求他不要動用武力驅散人群，讓噶廈再次努力說服民眾撤離。他們給阿沛回信說，民眾頭腦簡單，被情緒控制，但仍有可能撤離，噶廈會繼續努力。目前民眾事實上控制了羅布林卡，達賴喇嘛去軍區很困難，形勢好轉後，他一定會去。他們還附帶了一份密碼，說再次來信最好使用密碼。

把信送出羅布林卡頗費了一番周折。大門口的民眾志願警衛對官員們極不信任，所有外出的人都被盤問搜查，特別是從宮裡帶出去的信件。這封信如果被民眾看到，一定會引起極大恐慌。噶倫們想了各種辦法，最後，噶倫柳霞派一名僕人假裝買東西，把信帶出去，交給了阿沛[1]。

3月10日以來，羅布林卡和工委之間已經無法直接聯繫，噶倫阿沛‧阿旺晉美成為兩方唯一的聯繫管道。至今沒有資料顯示，阿沛當時是否了解中方的意圖和中方的軍事部署。1989年3月出版的《西藏文史資料選輯》（十）中，收錄了原噶廈政府秘書格杰巴‧丹增多吉的一篇回憶文章。根據他的回憶，3月14日，他曾受索康等三位噶倫的派遣去見阿沛，帶去口訊：

> 「因前天勝寶向人民代表頒發了指令，不准召開會議，將他們趕出了羅布林卡，同時還在想一切辦法穩定局勢。漢人方面有何動向，請指示。」另外還呈送了一本密碼簿，並說：「以後向噶廈寫信時請用此密碼撰寫。」我按此旨意，詳細地向阿沛作了匯報。阿沛聽完後說：「這次不是完了嘛，如諸地王[2]決心這樣幹的話就是這種下場。難道漢人方面不作充分的準備嗎？因我家住在拉薩大橋附近，能聽到汽車晝夜不斷地來來往往的聲音。」[3]

---

1 Dalai Lama, *My Land and My People*, pp. 193-194.
2 原注：地王，又譯作大地之主。對原西藏地方政府噶倫的敬稱。
3 格杰巴‧丹增多吉，〈分裂主義分子在拉薩發動武裝叛亂的情況〉，《西藏文史資料選輯》（十），頁66-70。注意文中說提到的日期為3月14日，與達賴喇嘛自傳中提到的日期有所不同。

從他的回憶來看，阿沛認為噶廈參與了「拉薩事件」，但達賴喇嘛並沒有與他們「合謀」。而且，3月14日，軍委已經給入藏部隊發出了預先號令，阿沛顯然不知情，他只是根據拉薩大橋上軍車晝夜來往這一現象，判斷軍區在作軍事部署。

阿沛匆匆寫了張條子，表示信收到了，認為達賴喇嘛去軍區的計畫很好，還說將會寫封更詳細的信。

紙條帶回羅布林卡。達賴喇嘛和噶倫們再次來到金色頗章開會，討論如何回覆。這時候，已經是拉薩時間下午一點多，也就是北京時間下午三點多。

會議正在進行，羅布林卡北面突然傳來巨大的爆炸聲。此時丹巴索巴正在北門邊，看到一發砲彈呼嘯而來，落在離羅布林卡約200多米的濕地裡[4]，泥水飛濺。人們還沒明白出了什麼事，又一聲爆炸。

夏宮內外靜默片刻，緊接著傳來驚惶的呼喊：「砲彈！」「漢人開砲了！」「漢人要進攻了！」「要打仗了！」

黃牆圍繞的內宮裡，腳步聲、呼喊聲、拉槍栓聲響成一片，警衛們有的衝向大門口，有的衝向達旦明久頗章。一名噶倫衝出金色頗章，跑到大門口，高聲喊叫，叫志願警衛隊不要還擊。

會議室一片死寂，空氣彷彿凝結。所有的人同時想道：「開始了！」

局勢顯然已經不可逆轉。

大家不約而同轉過頭，望著他們的領袖，會議室裡最年輕的僧人。雖然已經到了最後關頭，但決定還是只能由他來做。

是走？是留？這是一個關係到西藏前途和命運的決定。這位未滿24歲的青年僧侶臉色蒼白，一手扶頭，沉默不語。

半晌，他輕輕吐出一個字："Kuten"。

4　這兩發砲彈的落點，有不同紀錄。根據《雪域西藏流亡記》，這兩發砲彈一發落在北牆外的沼澤地裡，另一發落在離金色頗章不遠的池塘裡。達賴喇嘛到達印度之後，於1959年4月18日發表的第一份聲明中提到「砲彈落進池塘」，似指宮內的池塘。中方資料說砲彈落到離羅布林卡北牆兩三百米的地點。

（二）

西藏國家神諭，第十三任乃穹神諭洛桑晉美帶著幾名助手，匆匆來到經堂，走進佛像旁邊的小房間。

藏語Kuten，意為「神諭」，即「降神者」。在西藏的傳統生活方式中，神諭有重要作用。Kuten這個詞的本意是「基礎」，也就是說，神諭只是護法神的「身體基礎」，他的作用是讓護法神通過他的身體降臨，回答達賴喇嘛或者噶廈政府提出的問題。藏區有許多神諭，其中最重要的是乃穹國家神諭。他所降之神，是護法神多杰札登。

乃穹神諭有悠久的歷史。傳說蓮花生大師入藏的路上，一路「有力鬼神多有前來試道」，面對前來挑戰的鬼神，大師「以身、語、意三密無邊法力，收其命根，使其發誓聽命」。建立桑耶寺之前，「蓮花生大師降伏所有八部鬼神，令其立誓聽命，建立鬼神所喜之共祀，歌唱鎮伏鬼神之道歌，在虛空中作金剛部舞，並加持大地地基等」。

「八部鬼神」，即苯教信奉的瘟神、山神、地神、本土神、游神、龍神、獨腳鬼，和作祟鬼。傳說蓮花生大師運用超凡的能力，調伏了十二丹瑪女神，雪山長壽女神，降伏念青唐古喇山神等許多神靈，在「令其立誓聽命」後，根據他們的法力，將這些神靈指派為佛教的護法神。最後，只剩下五個法力高強、桀驁不遜的神靈拒絕聽命。蓮花生大師與這五個神靈進行了一連串惡戰，最終降伏了他們。

五神靈之一化為八歲小童，代表另外四個來見蓮花生大師，表示歸降，並願效忠。蓮花生大師拿起一枝象徵霹靂的金剛杵，在小童頭頂打下一個印記，在他的舌尖上塗了一點花蜜，然後封他為佩阿嘉頗（Pehar Gyalpo），令他們成為佛教護法神。由於佩阿嘉頗過於威猛，不能直接與世間接觸，必須通過一些聖器作為「物質基礎」，才能與他們溝通。蓮花生大師將這些聖器安置在桑耶寺[5]。即便如此，佩阿嘉頗也不能與人類相通，降神時，前來的只是他的主要助手多杰札登。這個傳說只是有關多杰札登的眾多傳說之一。民

5　乃穹神諭洛桑晉美於1959年3月20日攜帶這些聖器逃出拉薩，輾轉來到達蘭薩拉，駐錫位於西藏流亡政府旁邊的乃穹寺，於1984年4月26日圓寂。

間還流傳著其他不同的傳說。

佩阿嘉頗成為西藏政府的守護神，始自第五世達賴喇嘛。他親自督建拉薩城外的乃穹寺，並且把佩阿嘉頗的聖物從桑耶寺遷至該寺供奉。第十三世達賴喇嘛在位期間，乃穹寺僧人從第五世達賴喇嘛指定的101人增加到115人。由於達賴喇嘛和噶廈政府與護法神佩阿嘉頗的特殊關係，每當需要作出重大決策時，達賴喇嘛或者噶廈政府就會通過乃穹神諭來尋求護法神的指點。

過了一陣，洛桑晉美穿著降神法衣，在助手的扶持下，跟跟蹌蹌走出供他降神後休息的小房間。他身穿色彩斑斕的錦緞法衣，足蹬藏靴，胸前綴一面亮閃閃的圓型護心鏡，背後斜插四枝三角旗，頭戴裝飾羽毛、骷髏和鈴鐺的高冠。這套法衣從裡到外足足有八層，頭上的高冠重達30磅，全身裝束重達70磅。這套裝束使神諭舉步維艱，只能在助手的攙扶下蹣跚而行。

鼓號響起，僧侶開始誦經。在眾人緊張的注視下，洛桑晉美漸漸進入迷狂狀態。他甩開助手，跟蹌幾步，隨即拔出寶劍，用尊貴的步伐緩緩起舞。他的身體開始膨脹，面容扭曲，眼睛凸出，呼吸急促，全身的重量彷彿全然消失。陡然間，他發出一聲高喊。那聲高喊不僅改變了在場所有人的命運，也改變了西藏的歷史。

「快走！快走！今晚就走！」神志迷狂的神諭抓起紙筆，清楚地書出一張路線圖。助手們一擁而上，七手八腳解開繩結，取下碩大的高冠，護法神脫體而去，洛桑晉美頹然倒地。

這時，已經是3月17日下午，北京時間4點多。

這天，在劉少奇的主持下，中共中央政治局召開會議，討論西藏局勢。與會者的意見是：「最好設法讓達賴留在拉薩，他若硬是出走，這也沒有什麼不得了。因為我們現在工作的立足點已不是等待原來西藏政府一些上層分子覺悟，而是堅決平叛，全面改革。」[6]

---

6 文鋒，〈譚冠三將軍指揮拉薩平叛始末〉，《文史精華》2009年第5期，網路版：http://news.ifeng.com/history/1/midang/200903/0330_2664_1083260.shtml

（三）

在作出重大而困難的決策前請示神諭，是藏文化的一個重要部分。請示神諭體現了藏人對世界和自身關係的理解。從人類學和宗教學的角度來看，神諭這一文化現象，是理解藏文明的一把鑰匙，也是理解西藏社會和歷史的必由途徑。因此，近百年來，曾經到過西藏的人類學家、民族學家和宗教學家，都對藏民族請示神諭的做法，抱持探索、理解和尊重的態度。可惜，對於1959年來到拉薩的中國軍人來說，這些文化現象只能凸顯他們自己的「先進性」，藏人視為神聖的神諭，是他們嘲笑的對象。

半個多世紀後，在達蘭薩拉法王府[7]採訪時，我問達賴喇嘛：「當您做重大決策時，為什麼總會請乃穹神諭降神？您覺得他的預言可靠嗎？」

「我今年70多歲了，請教乃穹神諭差不多有60年，」達賴喇嘛說，「我不記得乃穹說錯過，一次都沒有。」

「那麼，」我接著問，「您覺得乃穹對您的決策有決定性影響嗎？」

「不完全如此，」達賴喇嘛回答，「乃穹神諭的話只是供我考慮的因素之一。我還會參考其他因素。」

1959年3月17日那天，「其他因素」無疑就是那兩發砲彈。達賴喇嘛的兩部自傳中都提到，那兩發射向羅布林卡的砲彈是促使他做出決定的主要原因。參與決策的藏人在回憶錄中，也都提到射向羅布林卡的砲彈對他們產生的震動，以及對達賴喇嘛出走的影響。1959年4月18日，達賴喇嘛一行到達印度後，向國際媒體發表了第一份聲明，其中提到「兩三發射向羅布林卡宮的砲彈」，使大家意識到達賴喇嘛面臨極大危險，因而決定出走[8]。

達賴喇嘛發表上述聲明兩天後，中國政府以「新華社政治記者」的名義，對國際社會公開發表〈評所謂達賴喇嘛的聲明〉，斷然否定「兩發砲彈」一事：

7　根據達賴喇嘛的第二部自傳*Freedom in Exile*，達賴喇嘛在達蘭薩拉的居所正式名稱叫「布倫小屋」，但很少使用。英文資料中提及達賴喇嘛居所時，通常說Dalai Lama's Residence。「法王府」是海外華人佛教徒慣用的敬稱。

8　A. A. Shiromany, ed., *The Spirit of Tibet: Universal Heritage*, p. 6.

聲明說人民解放軍在三月十七日以前就向拉薩和西藏增援,以及「三月十七日,迫擊砲朝著羅布林卡宮打了兩三砲」,這完全是徹頭徹尾的捏造。編造謊言的人給自己預先開了一道後門:「幸而砲彈都落到附近的一個池塘裡去了!」但是,解放軍既然要進攻,為什麼偏偏只打兩三發砲彈,而且在打進了池塘以後,就不多打一發呢[9]?

既然否定了朝羅布林卡打過兩砲,自然沒有必要提及開砲的原因。很多年來,3月17日中方是否朝羅布林卡發射過兩發砲彈,一直是個未解之謎。

直到30多年後,「兩發砲彈」之謎才被無意中破解。1993年10月出版的《西藏平叛紀實》中,作者吉柚權首次披露,「兩發砲彈」確有其事:

> (17日早上)叛亂武裝……連續三次向青藏公路管理局拉薩運輸站進行挑釁性射擊,密集的槍彈打壞了該站許多門窗,氣焰非常囂張。該站的經濟警察曾惠山對叛亂武裝的這種挑釁非常氣憤,沒有請示任何人就用六〇迫擊砲還擊了兩發砲彈,砲彈落在羅布林卡北面圍牆以北兩百至三百米處爆炸……[10]

作者雖然透露一個名叫曾惠山的警察朝羅布林卡開了兩砲,但是沒有說明運輸站這樣一個非軍事單位為什麼擁有六〇迫擊砲,也沒有說明何以「經濟警察」可以操作砲。

1995年出版的《西藏黨史大事記》延續了《西藏平叛紀實》的說法,承認一個名叫曾惠山的警察朝羅布林卡開了兩砲:

> 羅布林卡的叛亂武裝十六日突然向青藏公路拉薩運輸站連續開槍射擊。運輸站處於羅布林卡、藥王山、布達拉宮等叛亂武裝據點的半

---

9 〈評所謂達賴喇嘛的聲明〉,《關於西藏問題(一九五九年三月—五月的文件、資料)》,頁102。
10 吉柚權,《西藏平叛紀實》,頁92。

圓形包圍中，是叛亂集團之間的一個咽喉。十七日，聚集在羅布林卡北側的叛亂武裝又向運輸站射擊，並向運輸站的油庫、碉堡發射砲彈三十餘發。該站經濟警察曾惠山擅自以六○砲向敵還擊砲彈兩發，落在羅布林卡北圍牆以北的二百至三百米處[11]。

值得注意的是，《西藏黨史大事記》中記錄的這一事件日期有所改變，「羅布林卡的叛亂武裝」對運輸站的「挑釁」從「17日早上」變成16、17連續兩天。更重要的是，「叛亂武裝」不僅朝運輸站射擊，竟然還發射了30餘發砲彈。根據這一記述，3月17日當天，「叛匪」不僅打了第一槍，甚至還主動出擊，發動了一場相當規模的砲戰，而一直等待對方先動手的解放軍居然沒有反擊。這段紀錄中沒有提到砲彈是否爆炸。

1995年內部出版的《平息西藏叛亂》中，對「兩發砲彈」的說法與《西藏黨史大事記》基本相同，雖然沒有提到發射砲彈者的名字，不過指出他不僅是警察，還是民兵。也就是說，面對羅布林卡的青藏公路管理局拉薩運輸站，其實是一個半軍事機構。

2008年出版的《解放西藏史》中，對這件事的描述又加入了新的內容：

> 17日⋯⋯叛亂武裝增加了挑釁活動，不斷向解放軍駐地、地方企事業單位進行射擊。其中，青藏公路管理局拉薩運輸站遭到射擊的子彈最密集，拉薩油庫挨了30多發砲彈，油庫安全受到嚴重威脅。下午3時許，運輸站民兵、經濟警察曾惠山違反軍區規定，擅自用六○迫擊砲向羅布林卡的叛亂武裝還擊了兩砲。砲彈落在羅布林卡以北圍牆外二三百米處[12]。

照上面的說法，3月17日「叛亂武裝」已經開始向拉薩市的各解放軍駐地發動了全面進攻。如果確有其事，那麼1959年4月的新華社評論為什麼對此隻

---

11 《西藏黨史大事記》，頁93。
12 《解放西藏史》，頁366。

字未提呢？那時是最需要向國際輿論說明「平叛」理由的時候，竟然隻字不提連續兩天30多發砲彈攻擊拉薩油庫這樣嚴重的事情，無論如何是難以解釋的。

和所有此類衝突一樣，誰先開槍開砲，誰打了第一槍，直接影響輿論對各方行為之合法性與正當性的評判。1959年4月，是世界輿論對中國軍隊在拉薩「平叛」的正當性質疑最強烈的時候，如果「叛亂武裝」確已在3月17日就先發動了進攻，新華社評論必然會提出來以證明平叛之正當性。1959年4月不提，到2008年突然出現，那就只能證明，時至2008年，宣傳中仍然需要設法對五十年前「平叛」的正當性尋找理由，作出辯解。

在形勢極其緊張，上至中央軍委，下至軍區司令部都在加緊調兵遣將的時候，居然有民兵「違反軍區規定」擅自朝羅布林卡開砲，這本身就是個嚴重事件，恐怕沒有任何一支軍隊的指揮官能夠容忍這樣的事情。事後違令者即使不受軍法處置，至少也會對事件本身進行徹查。然而，從上述不同時期的描述來看，這一事件如果不是沒有調查清楚，就是只公布了部分訊息。

另一方面，無論是在中國大陸還是在境外出版的藏方資料中，均未提到17日上午，藏人曾對運輸站進行過密集的「挑釁性射擊」，或者開過砲。當時達賴喇嘛還在羅布林卡，藏人這樣做無異惹火燒身，給達賴喇嘛帶來極大危險，因此很難想像藏人會主動向解放軍駐地和各單位射擊。然而，如果沒有某種原因，曾惠山突然朝羅布林卡發射砲彈，似乎也說不通。事情的真相究竟如何，或許只能等到更多的資料面世，才有可能做出合理的解釋。

在當時的情況下，這兩發砲彈客觀上打破了雙方對峙的僵局，形勢急轉直下，促使達賴喇嘛作出決定。他相信，如果民眾不再有保護的目標，他們很快會離開羅布林卡，自行解散。他希望以這樣的方式來避免大規模流血。

（四）

在人類歷史這部大書裡，有無數強鄰入侵，小國覆滅，國君帶領臣屬倉皇逃走的故事。這些故事充滿野心、陰謀、霸道、無奈、惶恐、驚險、蒼涼，因此，「逃亡的國君」成為文學、戲劇和電影的常見主題。1959年達賴

喇嘛的逃亡，不過是無數類似故事中的一個。但是，當這種中世紀常見的故事發生在20世紀，而且是在冷戰高潮的世紀中葉，故事的地點一邊是神秘的西藏高原，另一邊是同樣神秘的中國大陸；其主角一個是老辣的紅色帝王，另一個是年輕的雪域「神王」，這個故事就有了不同的意義。表面上，整個事件隱含著「紅色中國」與「白色雪域」，「共產主義」與「宗教信仰」，昔日宮殿「中南海」與當日宮殿「羅布林卡」之間的秘密較量，但這較量的背後又隱含了「專制」與「自由」、「民族霸權」與「民族自決」等現代主題，其過程驚心動魄，跌宕起伏，極大地刺激了世界各地人們的想像力。

　　因此，幾十年來，達賴喇嘛出走這件事，在國內外演化成許多不同版本。這些版本有的是小說，有的是演義，有的是宣傳，有的是想像，當然也不乏神秘化和戲劇化的解說，使達賴喇嘛出走這件事顯得更加撲朔迷離。

　　首先，出走人數到底有多少？國外的敘述中通常避免提及具體人數，其原因在於，當晚離開羅布林卡的準確人數至今還是個謎。由於時間非常倉促，出走的安排雖然由帕拉統籌，但具體細節其實是由不同的人負責，因此，就連當事人的回憶錄中，也沒有說明3月17日夜晚，包括侍從和警衛在內，到底有多少人離開羅布林卡，研究者只能根據各種資料研判出大致的數字。

　　中國出版的書中，往往給出各種來源不明的數字。《西藏平叛紀實》中，作者提到跟隨達賴喇嘛離開羅布林卡的人數有600多人：

> ……叛亂武裝以解放軍開砲射擊為藉口，又以保護達賴安全為理
> 由，當晚深夜挾持達賴從拉薩河南渡口逃向山南方向，叛亂武裝的
> 上層集團六百餘人隨行[13]。

　　《平息西藏叛亂》中有一篇題為「西藏平叛綜述」的長文，談到達賴喇嘛出逃時，也用了「600餘人」這個數字[14]。

13　《西藏平叛紀實》，頁90。
14　《平息西藏叛亂》，頁25。

當時拉薩河然馬崗渡口，即中方文獻中所說的「老渡口」或「南渡口」，只有一條最多可載30人左右，形同一隻長方形大木箱的木船，3、4條牛皮船，每條最多可載10人，這還不算帶去的若干匹馬。渡船往返一趟至少30分鐘。以每小時渡過70人計，600多人渡河恐怕要費一整夜的時間[15]。而且，600多人離開羅布林卡，哪怕是分批離開，也很難不驚動牆外民眾，或者引起中方軍隊的注意。

也許是注意到了「600餘人」這個數字不合理，在《西藏解放史》中，出走人員的數字大幅減少，從600餘人減少到150人，並且提供了上述資料中沒有的細節：

> 15日，……上層反動分子加緊籌劃劫持達賴出逃的工作：擬定了一個150人的隨行人員名單；物色了7名年齡、相貌同達賴相似的僧人作替身，準備了與達賴喇嘛相同的衣服；選定了出逃的路線等。

3月15日當天，在拉薩找到7名與達賴喇嘛年齡相似的僧人並不難，但無論何時何地，要同時找出7名與達賴喇嘛年齡、相貌都相似的人，恐怕並非易事。該書沒有提供「替身說」的資料來源，實際策劃者帕拉和庫松代本的回憶錄均未提及「7名替身」這一細節。「7名替身」之說或許有好的戲劇效果，但這種無法考證的資料很難認定為史實。

該書沒有說明150這個數字是否包括僕從和警衛。離開羅布林卡時的警衛士兵是臨時安排的，並沒有在3月15日擬定。而達賴喇嘛本人的傳記和藏人的回憶中都說，跟隨達賴喇嘛進入印度的只有80餘人，其中有些是途中加入逃亡隊伍的。

1997年，當年在塞班島訓練阿塔和洛澤等人的CIA教員羅杰‧麥卡錫出版了一本書，其中提到達賴喇嘛出走時曾安排了兩支偽裝隊伍，用來迷惑追擊者[16]。他注明該資料來源於貢保扎西和阿塔訪談。可是，他們兩人都沒有參

---

15 丹巴索巴訪談，2009年10月9日。

16 Roger E. McCarthy, *Tears of the Lotus: Accounts of Tibetan Resistance to the Chinese Invasion, 1950-1962.* p. 183.

與達賴喇嘛出走的策劃，貢保扎西見到達賴喇嘛是他自己逃到印度之後；阿塔則是在達賴喇嘛離開羅布林卡將近一周後才趕上逃亡隊伍，而且兩人自己的回憶錄中均未提及此事。很有可能，所謂兩支偽裝隊伍，只是帕拉安排在達賴喇嘛隊伍前後負責掩護任務的，羅杰‧麥卡錫誤解了掩護隊伍的目的。

根據藏方參與者的回憶，兩發砲彈爆炸後，民眾代表馬上來找噶廈。他們認為砲彈顯示中共軍隊在測試大砲，很可能過一兩天解放軍就會進攻羅布林卡。他們強烈要求噶廈安排達賴喇嘛去其他國家避難[17]。

乃穹神諭降神後，走與留已經不是問題，怎樣走、去哪裡才是問題。

噶廈、基巧堪布噶章‧洛桑仁增、卓尼欽莫帕拉、庫松代本朋措扎西等人立刻召開緊急會議。噶廈傳達民眾代表提出的要求，並討論了出走的人員、時間和路線。計畫能否成功，關鍵的一點是不能驚動駐守在羅布林卡外面的民眾。一旦驚動民眾，立刻會有大批人自願護送達賴喇嘛，勢必引起解放軍的注意，如果軍隊出來攔截或者追擊，無疑會是一場惡戰，根本違背了出走的初衷。為此，會議決定，事不宜遲，必須當晚離開，隨行人員除了達賴喇嘛的家人之外，3月10日之後一直在羅布林卡的三噶倫、兩位經師、帕拉、庫松代本、基巧堪布噶章，以及少數政府上層人士同時離開。為了不引起注意，這些人將分成三批過河，每批之間相隔約一小時左右。

從羅布林卡去山南有兩條路，一條從羅布林卡南面的然馬崗渡口渡過拉薩河；另一條路從羅布林卡北面的公路到曲水或貢嘎。討論後決定選擇第一條路線。這條路並非沒有危險，河對岸就有解放軍駐地，即八一農場，但是相對而言危險比較小，就算被解放軍發現，他們也得先過河才有可能攔截；即便驚動了民眾，大批人馬過河亦非易事。

人員、時間、路線選定之後，接下來就是具體細節的籌劃。噶廈將此事交由帕拉辦理。帕拉和庫松代本朋措扎西詳細討論了離開羅布林卡的細節，決定由朋措扎西安排達賴喇嘛的護送和警衛，功德林札薩和第二代本俊巴‧多杰才旦負責達賴喇嘛一路的安全，還研究了達賴喇嘛家人的出走方案。

所有的安排必須在不到半天的時間內完成。

---

17 達拉朋措扎西‧《人生的經歷》第二冊。

代理噶倫柳霞、大秘書土登降秋、布達拉宮的代表曾譚‧羅桑頓珠等人去布達拉宮的寶庫，取出大金磚1塊、象牙金幣50枚、西藏金幣40枚、金螃蟹2只、金鐘1只、印度盧比141,267餘盾，作為路費[18]。

功德林札薩找到協助看守北面的丹巴索巴，囑咐他保密，然後指示他去準備幾匹好馬。經過些許周折，丹巴索巴從羅布林卡馬廄總管處得到5匹馬，但是無法弄到適合的鞍具。

為了避免引起懷疑，噶廈和羅布林卡馬廄的馬匹都不能用，將幾十匹馬送過拉薩河目標也太大，因此功德林札薩指示他的管家，到拉薩河南岸的功德林察格莊園準備馬匹。

帕拉通知達賴喇嘛的私人廚師攜帶廚具和餐具去然馬崗，並頭頂佛像發誓，不將此事透露給任何人。

貢嘎桑天的小隊得到消息，要他們晚上到然馬崗等待。天黑後，他們離開哲蚌寺附近的隱蔽處，潛伏在然馬崗一帶。

朋措扎西找到第二代本俊巴‧多杰才旦，通知他安排一些士兵持精良武器等在河邊，並在渡口的左右，以及兩邊的路上安排第六代本的士兵警衛[19]。他還指示第四代本多卡色‧索南多杰和警衛營如本索南扎西，次日夜晚帶領警衛營100多名年輕力壯的士兵作後衛，以防解放軍追擊。也就是說，第一代本，即達賴喇嘛警衛團，並沒有擔任出走時的安全防衛。朋措扎西將守護羅布林卡的責任交給警衛團如本色新‧洛桑頓珠。但警衛團如本色新‧洛桑頓珠回憶文章中，這一情節有些出入：

> 3月8日（按：原文如此）下午拉薩時間八時許，代本朋措扎西十分緊張地來到營部，把如本、甲本們叫到貢布康說：「今天有重要話給你們講。為了防止外傳，大家要對神發誓。」大家向眾怙主發誓後，他繼續說：「由於時局的原因，達賴喇嘛坐臥不安，提出暫到

---

18 提取財物的日期，《西藏平叛紀實》不大清楚，《解放西藏史》說是3月16日，但「噶廈日記」紀錄是17日，隨同柳霞等前往的格杰巴‧丹增多吉回憶文章說是16日，但隨後提到當晚9時見到索康，次日一早聽說達賴喇嘛已經走了，那麼提取物物準確日期應當是3月17日。

19 見達拉朋措扎西，《人生的經歷》第二冊，其中沒有提到警衛藏兵的人數。

1959年3月傳召大法會期間，達賴喇嘛在大昭寺辯經，考拉然巴格西學位。

1959年3月10日，民眾包圍羅布林卡，阻止達賴喇嘛去西藏軍區司令部觀看演出。

1959年3月12日，拉薩婦女在布達拉宮前集會，抗議中共占領西藏。

達賴喇嘛出走路線圖
拉薩—穆索里，1959
━━━ 騎馬　＋＋＋＋＋ 火車

羅布林卡　★拉薩
(3月17日)

切拉山口

吉雄

降果杰桑谿卡(3月20日)

拉麥寺(3月18日)
結堆雪(3月19日)　薩波拉山口

瓊結日烏德欽寺(3月22日)

策畾寺(3月21日)　達爾吉林寺(3月23日)

亞托拉格拉山口　邛多江(3月24日)

藏

塔格拉山口

卡當寺(3月25日)

西

隆子宗(成立臨時
政府處)

直列寺(3月26日)

拉果拉山口

覺拉(3月27日)

措那(3月28日)　卡波拉山口

芒芒(3月29~30日)

曲當木(3月31日)

度

不丹

達旺

龐提拉

←往穆索里

特斯浦爾

印

達賴喇嘛在逃亡途中。

1959年3月，護送達賴喇嘛逃亡途中，藏軍第一、第二代本，和「四水六崗」游擊隊員在一起。

逃亡途中的達賴喇嘛一行。

達賴喇嘛和阿里仁波切在逃亡途中。

逃亡途中的達賴喇嘛和護送的士兵合影。

逃亡途中的達賴喇嘛。（達賴喇嘛私人辦公室提供）

達賴喇嘛母親在逃亡途中做飯。

1959年3月26日，隆子宗臨時政府成立大會。

達賴喇嘛逃亡途中進入印度以前。

達賴喇嘛越過國境進入印度的時刻。

印度官員迎接達賴喇嘛。

印度官兵歡迎達賴喇嘛。

印度官員歡迎達賴喇嘛。（左一為侍從長帕拉）

到達印度後，達賴喇嘛在穆索里舉行新聞發布會。

1959年，印度大吉嶺的西藏難民。

外地避難。去後，你們如本、甲本們要把軍營內外事務搞得萬無一失。」……最後他具體布置道：「現在隨行騎兵將去領取所需裝備，準備出發，他們的軍餉請如本、甲本立即提前發給。你們的家眷最好搬到農村去，如果時乖命蹇你們也逃走。」說完就倉促地回羅布林卡寢宮去了[20]。

　　色新‧洛桑頓珠回憶文章中的日期相當混亂，達賴喇嘛離開羅布林卡那天是藏曆2月初8日，下文中提到「當晚拉薩時間10時許，達賴喇嘛、達賴母親、姊姊次仁卓瑪等及隨從經羅布林卡警衛營部，從日馬崗（按：即然馬崗）逃出拉薩，由於我忙著給隨行騎兵發軍餉，行前未能見上達賴喇嘛」[21]。由此可見，文中的這個「3月8日」顯然是與西曆和藏曆的混淆。文中沒有說明「隨行騎兵」的人數，但透露出達賴喇嘛走時，他們還在領取軍餉，那麼這些人應當是在達賴喇嘛走後才出發的，與朋措扎西回憶錄中所說的「次日夜晚帶領警衛營100多名年輕力壯的士兵作後衛」相符。

　　傍晚，拉薩時間5點左右，即北京時間約下午7點，帕拉派僧官則康堪穹土登才巴去德吉林印度領事館，給總領事齊巴捎了個口信：「您知道局勢很緊張，說不定達賴喇嘛不得不離開拉薩。我們還會繼續跟中國人談判，如果談不成，除了印度我們別無去處。請向貴國政府通報。」齊巴要求帕拉提供達賴喇嘛進入印度的時間和地點。土登才巴再次去印度領事館，捎去帕拉的答覆：細節尚未決定，一旦離開拉薩就無法與領事館聯絡，因此預作準備。齊巴答應據此通報印度政府[22]。

　　太陽緩緩西沉，天色越來越暗。白天的混亂終於平靜。

　　河邊突然傳來幾聲槍響，正在宮內巡視的庫松代本朋措扎西吃了一驚。他看看腕錶，將近10點了，第一批人將要離開羅布林卡。按照預訂計畫，達

---

20 色新‧洛桑頓珠，〈有關我任警衛營長時發生叛亂一事〉，《西藏文史資料選輯》（十七），頁138-139。
21 同上。
22 帕拉回憶錄；另據丹巴索巴所說，他住在印度領事館附近，土登才巴去領事館時，他也一同去了，丹巴索巴訪談，2009年10月9日。

賴喇嘛的母親和姊姊，也就是朋措扎西的妻子次仁卓瑪將帶著阿里仁波切，假裝去一座尼姑庵，走出羅布林卡南門。朋措扎西快步朝她們的住房走去。

花園裡安詳寧靜，宿鳥歸巢，魚沉水底，綠色經幡在輕風裡拂動。那是個多雲的夜晚，星星時隱時現。羅布林卡牆外的民眾有的坐在地上，有的鑽進帳篷，準備度過又一個難眠之夜。

第十五章　那天夜晚，然馬崗渡口

（一）

1959年3月17日，藏曆土豬年2月初8日，星期二。

拉薩時間晚上8點左右[1]，即北京時間約晚上10點，一名僕人推開阿里仁波切的房門，說母親要見他。

阿里仁波切走進母親的房間，看到姊姊也在屋裡。母親神色驚惶，見阿里仁波切進來，她努力保持鎮定，對他說：「快去換衣服，我們就要出門了。」她的聲音微微顫抖。

阿里仁波切立刻明白是怎麼回事：「去印度？」

「不是的，」母親說，「是到河對岸的尼姑庵去。」阿里仁波切轉身剛要走，母親又說：「千萬別把這事說出去！」

這些天裡，阿里仁波切只見過一次達賴喇嘛。他這位萬民擁戴的哥哥看上去有點憔悴，眉宇間流露出內心的壓力和焦慮，但多年的宗教訓練，使他依然舉止從容，神色鎮定。形勢越來越緊張，下午漢人軍隊開了兩砲以後，看來是不得不走了。山南只有很少中國軍隊，只要到了山南，一直往南走，就能進入印度的東北邊境地區。

阿里仁波切回到自己房間去換衣服。俗裝是現成的，雖然從小出家，但他天性好動，忍不住要頑皮搗蛋的時候，自覺不應穿袈裟，所以一直有俗裝。他脫掉絳紅僧衣，穿上樸素的長褲長袍，還沒忘記把自己的手槍塞進懷裡。換好衣服，他無所事事地等著，被心裡的秘密憋得坐立不安，忍不住要告訴什麼人。他突然想起「胖老爺」，不知他是不是一同走？

1　達賴喇嘛和阿里仁波切在訪談中均向作者強調，他們當時所說的時間指的是拉薩時間。

阿里仁波切三步併作兩步跑下樓，撞開門，衝進一間小房間。「胖老爺」裹著袈裟獨個兒坐在屋裡，低著頭飛針走線，他身邊堆著一堆白布窗簾。「胖老爺」是他父親的兄弟，曾擔任過攝政達扎仁波切的秘書。阿里仁波切從小就管這位和藹可親、胖乎乎的親戚叫「胖老爺」，從來不知道他的名字。

　　阿里仁波切湊過去問：「你在幹嘛？」

　　「胖老爺」頭也不抬地吼道：「出去！我在縫糌粑口袋！」看來「胖老爺」會一同走。

　　阿里仁波切回到樓上，恰好碰到母親的女僕，他興沖沖地嚷道：「喂，你知道嗎？我們就要去印度啦！」

　　女僕瞪了他一眼，說：「別讓人聽見了！」

　　阿里仁波切悻悻地走進母親房間，看她們準備好了沒有。房間裡燈火通明，女僕們正忙著幫母親和姊姊換裝。她們脫掉長袍和彩條圍裙，卸下首飾和護身符放在桌上，換上康巴男人的衣服，顯得怪模怪樣的，阿里仁波切忍不住哈哈大笑。她們互相看看，也笑起來。

　　過了幾分鐘，阿里仁波切聽見敲門聲。他馬上衝過去拉開房門。警衛團甲本洛桑扎西走進房間，他身後跟著一名背衝鋒槍的士兵。甲本對她們說，離開的時間到了。次仁卓瑪匆匆檢查了一下阿里仁波切的裝束，找出一條毛絨絨的厚圍巾交給他；然後在他腦袋上扣了頂羊毛帽子，大家匆匆走出房門。倉促中，她們忘記了桌上的護身符和金耳環。阿里仁波切迫不及待跑下樓，站在門廊上，向僕人們告別。

　　清冷的夜風吹散浮雲，露出滿天星斗。樓上的燈光熄滅了，樓梯上響起腳步聲。阿里仁波切剛要走下臺階，河邊突然傳來幾聲槍響。警衛橫過槍，衝到門口，瞪大眼睛往槍響的方向張望，大家停下等了一陣，槍聲響過後，不再有動靜。警衛回頭做了個手勢，一小群人一聲不響地跟著他，穿過黑沉沉的樹林，朝羅布林卡南門走去。

　　在南門旁邊，幾個人停下腳步，站在圍牆的陰影下。洛桑扎西叫警衛開門，說他們奉命去河邊巡邏。警衛打開門，一小隊康巴人魚貫而出。也許是因為當天出了大事，警衛沒有注意到，「巡邏隊」裡有個志願兵身材瘦小得

像個孩子。他們走出羅布林卡，沒有人回頭張望。

　　大門兩邊，一頂頂帳篷靜悄悄地趴著，像一群打盹的犛牛，空氣裡飄蕩著鼻煙的味道。駐守在牆外的民眾有些在帳篷裡睡覺，有些裹著皮袍，懷裡抱著槍坐在外面。每天夜晚都有人出來巡邏，沒有人注意到這支巡邏隊有何不同。

　　拉薩河橫在幾百米外，在星光下閃著粼粼波光。母親患風濕病，膝蓋軟弱無力，次仁卓瑪攙扶著她，步履艱難地走上長滿灌木的亂石灘。　個男人牽著馬迎上前來。阿里仁波切看著母親和姊姊，突然意識到，此時此刻，自己是家裡唯一的男人。他摸摸「曲巴」裡的手槍。母親騎上馬，其他人分散步行，一名士兵扛著「胖老爺」縫的兩只口袋，裡面裝著糌粑、乾肉和酥油。「巡邏隊」慢慢摸到河沿。兩條皮船泊在岸邊，20名士兵默默地看守著。人馬上船，皮船划向對岸。阿里仁波切站在船上，望著遠處的夏宮。星光下，宮殿金頂上的雙鹿法輪閃著微弱的光。船槳帶起清冽的水聲，小船漸行漸遠。

　　皮船到了岸邊，阿里仁波切跳下船，皮船立刻划回北岸，去接第二批人。貢嘎桑天和他的30名手下帶著馬匹，在拉薩河南岸等候。幾個高大威猛的康巴漢子迎上來，向達賴喇嘛的母親和姊姊躬身行禮。

　　阿里仁波切突然想起住在亞谿莊園的外祖母。他轉向母親：「孃啦……？」

　　母親欲言又止，眼睛裡泛出淚光。

　　阿里仁波切明白了。外祖母年老體衰，不能跟他們同行，將和姨媽一同留在拉薩。他心裡頓時沉重起來。

　　阿里仁波切沿著河邊，獨自走了一小段路。他停下腳步，凝視河對岸。羅布林卡西邊不遠的諾多林卡有一簇亮光，那是西藏軍區開墾的八一農場，那裡有醫院，還有軍營。他的目光越過農場，凝視山谷北部。山腰的凹處，隱隱可見一大片房屋，像是被大山護在懷裡。那是他度過童年的哲蚌寺。阿里仁波切心裡湧出一陣悲傷。他雙手合十，對哲蚌寺磕了三個長頭，向寺院道別。他沒有意識到，他從此告別了僧侶生涯，也告別了少年時代。

（二）

　　朋措扎西走進內院。有人向他報告說，第一批人已經安然離開羅布林卡。朋措扎西鬆了口氣，走向達旦明久頗章。宮殿的玻璃窗透出昏黃的燈光。朋措扎西看看錶，離約定的時間還有將近一小時。他去見帕拉，得知三位噶倫和兩位經師正在做準備，將按照預訂計畫離開羅布林卡。

　　作出決定後，當下的目標明確了，達賴喇嘛不再前瞻後顧，憂心忡忡。他馬上著手做必要的準備。他召見民眾領袖，告訴他們自己和噶倫們不得不暫時出走，要求他們約束民眾，並對此事嚴格保密。民眾領袖們心情複雜，為達賴喇嘛即將離開悲傷，又為他轉移到安全地點寬慰。他們允諾全力配合，發誓對此事保密。民眾領袖走後，達賴喇嘛坐在書桌前，思考了一陣，拿起紙筆，寫了一封信。寫完後，他走出宮殿，與基巧堪布和卓尼欽莫帕拉對錶，然後到幾座經堂去祈福。

　　拉薩時間約9點半，即北京時間11點半，達賴喇嘛走進臥室。時間快到了，他必須換裝。一套俗人的衣服已經準備好，折疊得整整齊齊，放在他的床上。電燈灑下昏暗的光，達賴喇嘛獨自站在屋裡，脫下袈裟，換上近20年未曾穿過的俗裝。更衣後，他走進自己的小經堂裡祈禱。牆上的帕登拉莫[2]唐卡傳自第二世達賴喇嘛，被認為是法力高強的聖物。達賴喇嘛取下唐卡捲起來，然後拿出一條哈達，走向大黑天[3]護法神殿。

　　他步上幾級臺階，走向深紅色的大門。古老的木門很沉重，達賴喇嘛用力推動大門，乾澀的門樞發出吱吱嘎嘎的響聲，大門緩緩開啟，燃香的氣味撲面而來。達賴喇嘛站在門檻邊，全身籠罩著金色的輝光，默默注視熟悉的景象。殿堂裡沒有裝電燈，一排排酥油燈放在神像前的供桌上，許多小火苗閃爍著，散發出溫暖的光芒。護法神手裡的鉞尖反射出一個明亮的光點，彷彿即將騰飛的閃電。殿堂一角放著一口大甕，一名僧人彎著腰，臉半隱在神像的暗影裡，從甕裡舀出燃燈用的酥油。幾名僧人坐在護法神像下，低著

2　帕登拉莫，藏文Palden Lhamo，亦譯「吉祥天母」，或「吉祥天女」、「大吉祥天女」，藏傳佛教中女相護法神，也是西藏和達賴喇嘛的守護神。
3　大黑天，梵文Mahakala，亦譯馬哈嘎拉，藏傳佛教重要護法神。

頭，專心致志地誦經。殿堂裡每個人都感覺到了他的存在，但誰也沒有抬頭。一名僧人拿起銅鈸，另一人舉起長號，銅鈸相擊，撞出清脆的聲響，餘音裊裊，沁人心腑。緊接著長號響起，號聲低沉，如泣如訴。

達賴喇嘛走到護法神像前，展開哈達，深深躬腰，將哈達敬獻給大黑天護法神，以示告別。忿相大黑天，頭戴骷髏冠，周身火焰，怒目奮張，象徵降伏自身心魔，消除嗔毒所造之業，也象徵無畏、無躊躇，為利益眾生精進不止。佛的慈悲，有時必須以怒相顯現。達賴喇嘛把哈達放在護法神像前，合十默禱，然後坐在法座上，拿起一部佛經，恰好翻到有關「信心和勇氣」的段落。他安定心神，默讀經文。前路渺渺，所能倚仗的只有佛祖的慈悲。大黑天是護法，也是本尊，外現無比威猛，內蘊無上慈悲。

拉薩時間10點整，即北京時間半夜12點，朋措扎西按照約定，來到達旦明久頗章，走進達賴喇嘛的臥室。昏黃的燈光裡，達賴喇嘛身穿長袍，夾著一卷唐卡。見到朋措扎西，達賴喇嘛關閉電燈，走出房門。侍從們合十送別。達賴喇嘛吩咐侍從關掉所有的燈，跟著朋措扎西走出宮殿。門外，一條狗搖著尾巴走過來，嗅嗅他的腿，達賴喇嘛彎腰拍拍狗的腦袋，狗原地坐下，目送兩人朝宮牆方向走去。等在門外的警衛團丁本澤桑，士兵阿努隨即跟上，走在達賴喇嘛身後。過去一周裡，庫松代本每天夜晚都會帶領幾名士兵在宮裡巡查，這天夜晚看上去就像往常一樣。他們走到第七世達賴喇嘛的宮殿格桑頗章前，侍從長帕拉已經關閉了所有的燈，在黑暗的宮殿前等候。

達賴喇嘛走到護法殿前面，面對殿堂合十祈禱，觀想自己有一天將返回西藏。幾個人穿過花園，走到黃牆的門前，基巧堪布噶章‧洛桑仁增帶著幾名警衛裝作查看宮門，等著達賴喇嘛過來。帕拉和基巧堪布都換了俗人的服裝。達賴喇嘛接過一名士兵遞來的槍扛在肩上，取下眼鏡揣進懷裡。基巧堪布壓低聲音對他說，無論如何一定要緊跟上，千萬不要走散。在通往宮外的南門口，帕拉吩咐警衛開門，說要帶人去巡視。有人要跟著去，帕拉說不行，一個人能走的地方，為什麼要一群人走？這樣目標太大。「你們從那邊走，」帕拉說，「我們從這邊走，自然會會合。」說話間，幾名扛著步槍的士兵從他身後沙沙地走過。

達賴喇嘛一腳高一腳低地走出羅布林卡。他視線模糊，看不清牆外的情

況，但是感覺到有許多人聚集在那裡。夜已經深了，一天的緊張之後，人們疲乏不堪，沒有人注意到一小隊巡夜的士兵。幾個人走過羅布林卡外兩米多寬的轉經道，走下長滿灌木叢的河灘。步行一小段路，他們遇到功德林札薩和第二團甲本帶著四、五名全副武裝的士兵，站在小沙丘旁邊等候。一名甲本牽著馬迎上來。

達賴喇嘛問甲本：「你叫什麼名字？」

甲本回答：「格桑占堆。」[4]

「這是個吉祥的名字，」達賴喇嘛說。他踏鐙上馬，甲本牽著馬，警衛團士兵圍繞在他前後左右，沉默地走向然馬崗渡口。恰在這時，濃雲遮住了月亮，河灘上的灌木黑影幢幢，遠看就像四處都有人站著，監視著他們的一舉一動。河灘上坑坑窪窪，到處是石頭、小沙丘和灌木，眾人一腳深一腳淺走向河邊。

基巧堪布噶章・洛桑仁增提著一柄劍，警惕地盯著每叢灌木。

居欽圖丹事先得到通知，帶了三名德格同鄉作後衛。四人分散開，端著槍遠遠跟在後面，一邊走，一邊瞪大眼睛環視周圍，每個人都神經繃得緊緊的，唯恐河灘上有伏兵。

人馬走到拉薩河邊，第六代本的士兵在渡口邊守衛，木船和一條皮船已經泊在岸邊。達賴喇嘛、基巧堪布、庫松代本和幾名士兵跨進皮船，其他人馬上了木船。

夜色裡，拉薩河水靜靜流淌，水面上跳動著點點微光。白天的喧囂早已沉寂，河谷安詳寧靜，宛如創世之初。然而，黑暗中危機四伏。夜色遮擋了機槍大砲冷森的烏光，但軍營的燈還亮著，提醒每個人，安靜並不意味著安全。船槳攪動河水，水聲聽來格外響亮，令人心驚。

居欽圖丹和他的夥伴們站在河灘上，目送一大一小兩條船朝南岸划去，漸漸消失在朦朧夜色之中。

船到南岸，第二代本俊巴・多杰才旦、理塘人貢嘎桑天、洛桑益西等人上前迎接，一名康巴漢子走過來，深深躬腰，向達賴喇嘛敬獻哈達。

---

4 「格桑」意思是「好運」，「占堆」意思是「降伏」。

「你叫什麼名字？」達賴喇嘛問。

「我叫丹巴達杰。」[5]康巴漢子回答。

達賴喇嘛說：「很吉祥的名字。」他戴上眼鏡，立刻看到河的北岸，軍營裡的燈光。軍營顯得很近，好像就在面前。

（三）

日落時分，改革局職員丹巴索巴向功德林札薩和第二代本俊巴‧多傑才旦道別。他們分配給他30名士兵做警衛，約定當晚拉薩時間10點30分左右，如果南岸一切正常的話，即鳴槍為號[6]。三人並且約好，到了河邊如果沒有見到船，丹巴索巴就用包了紅布的手電筒，朝南岸照射；對岸則用普通手電筒作答，示意船將劃向北岸。

安排妥當之後，三人朝兩個方向走去。功德林札薩和第二代本交代他們的僕人，要是有人來找，就說他們去巡查然馬崗渡口邊的小山頭。丹巴索巴和他的僕人趕著馬，領著藏兵回到住處。

丹巴索巴住在功德林附近，住房後面有一條小巷子，巷口有座小橋。他得到的指示是：聽到槍響後，到橋邊等候卡車。

拉薩時間10點半左右，一聲槍響打破了夜晚的寂靜。換好俗裝的林仁波切走出房間。他的僕人赤列朋措站在窗前，朝外張望。聽到腳步聲，赤列朋措轉過身，驚訝地看到林仁波切換了一套樸素的平民服裝。他剛要開口，林仁波切示意他不要出聲。赤列朋措心裡七上八下，默默送經師出門。走到大門口，林仁波切停下腳步，握著他的手，低聲說：「保重！」

赤列朋措望著林仁波切走向一輛卡車，突然明白林仁波切要出遠門，是去朝聖？還是去山南？他站在門口發愣，腦子裡突然閃過一個念頭，隨即心臟一陣猛跳：難道林仁波切要出走？那麼，赤列朋措想，嘉瓦仁波切也會走

5　丹巴，意為「佛法」；達杰，意為「弘揚」。
6　David Patt, "The Momo Gun: Tenpa Soepa's Story", *A Strange Liberation: Tibetan Lives in Chinese Hands*. pp. 133-261.

嗎？

差不多這時，17歲的年輕職員圖丹格仲正在值夜班。自從3月13日開始，他就在羅布林卡，負責看守大門。10點多鐘時，他看到噶倫索康、夏蘇和柳霞，三人穿著普通藏袍，在羅布林卡內巡視。索康看到他們，交代他們小心，解放軍慣於在天亮之前開戰，那段時間裡千萬不要大意，過後可以放鬆一點了。

不久，一輛罩著篷布的卡車從羅布林卡裡面開出來。門口的警衛前晚已經得到了帕拉的指示，如果見到去雪村武器庫運武器的卡車，不必攔下檢查。警衛打開大門，卡車順利開出夏宮。聚集在大門附近的民眾看見一輛卡車開出來，絲毫沒有想到，篷布底下藏著達賴喇嘛的經師林仁波切、赤江仁波切、三位噶倫和幾名僕人。卡車朝功德林方向駛去。

過了一陣子，圖丹格仲突然注意到，達賴喇嘛的貼身衛士不在崗位上，好像突然間全體消失。他感到詫異，但是沒多想。下崗後，他回到住處，看到他舅舅和哥哥在屋裡，兩人腦袋湊在一起竊竊私語。見他進來，他們馬上停止說話。圖丹格仲疑惑地問他們，是不是出了什麼事兒？舅舅和哥哥吞吞吐吐，只說到時候他自然會知道。

聽到槍聲，丹巴索巴知道達賴喇嘛已經安全渡過了拉薩河。他假裝散步，不緊不慢地出門。走到巷口，發現幾個閒人在巷子裡遊蕩。他過去把他們轟走，回到房子裡，叫出警衛團士兵，吩咐他們守在巷口，別讓人過來。

大約11點，即北京時間約凌晨1點，一輛卡車開到小巷旁邊。士兵們掀開篷布，攙扶車廂裡的人下車。丹巴索巴把來人帶到院子裡，幫他們上馬，然後把30名警衛一分為二，一半前衛，另一半殿後，一行人朝拉薩河走去。

10日那天一早，三噶倫來到羅布林卡之後，再也沒有機會回家。那天上午他們分頭來到羅布林卡時，只是履行公事，陪同達賴喇嘛去軍營，不料卻直接走進了歷史。身為世代貴族，他們的權力第一次被來自各地的平民取代。在歷史的大轉捩點上，他們選擇繼續輔佐西藏年輕的領袖，義無反顧，陪伴他走向無法預知的未來。噶倫們留下華麗的綢緞官服，穿著平民服裝走出羅布林卡，彷彿標誌著一個時代的終結。西藏的封閉已經被強行打破，必須面對和適應現代世界。

歷史在這裡停頓了一下，讓後人看到一個循環。一個世紀前，中國同樣對外部世界關閉，那扇緊閉的門同樣是被強權砸開的。剛剛走出戰亂的中國，傷口未癒，立刻對另一個民族複製了自己經歷過的悲劇。

西藏正經歷千年未有之變局，未來是什麼樣子，誰也無法預測。這些老貴族對變化雖有疑慮，但無法接受強加於他們的摧毀性改造。然而，他們也知道，面對洶洶而來的紅色浪潮，西藏恐怕難免沒頂之災。

他們唯一能夠做的，是保留西藏之魂。

一小群人來到河邊。先到的藏兵已經在岸邊等候。丹巴索巴一看，船果然沒有划過來。他打開已經包好了紅布的手電筒，對著南岸劃了個圈。頃刻，對岸出現微弱的白光。等了二十多分鐘，丹巴索巴聽見木漿划水聲，木船不一會兒就到了岸邊。

人馬上了船，船夫用槳頂著岸邊的石頭，用力一撐，木船無聲地滑入河中。

（四）

沒等噶倫們過河，達賴喇嘛一行騎馬西行。

河岸上方有一道通到彭波一帶的山脈，像一座屏風，守護拉薩河谷。緊貼著山，一條小道蜿蜒通向山頂。

八一農場的燈光就在路的右下方，拉薩河北岸。河中央有一片砂石灘，常常有軍車到灘上來運砂石做建築材料。這裡是最危險的路段。一邊是光禿禿的山，無遮無擋，另一邊是臥虎一般的軍營，河水很淺，卡車可以直接開過河。如果這時候恰好有車開到石灘上來，前燈會照到山崖下的一隊人馬，正在翻越那道屏風般的山嶺。夜色深沉，看不清腳下的小道，馬蹄敲在岩石上，聲若驚雷。這段短短的路程，彷彿無窮無盡。在這段路上，達賴喇嘛經歷了他一生最恐懼的時刻。他深知自己活著的意義：他的生命並不完全屬於自己。

貢嘎桑天帶來的30名自由戰士並不知道，那個夜晚他們護送的是什麼人。他們毫無顧忌地說話，在岔路上互相提醒。有一段路，達賴喇嘛不小心

走錯，上了一條岔道。他趕緊撥馬回頭，注意到山道上有幾枝火把，看上去像是被人緊追。他問身邊的警衛後面是什麼人，警衛告訴他說，那些是來護送他的康巴人。

隊伍走了幾里路，路過一片淺水灘。前面的人馬停下，等待眾人到齊。這片淺灘是一個危險地點。如果他們的出走被發現，解放軍出動追擊的話，汽車可以輕易地直接開過這片淺灘。朋措扎西留下幾十名士兵守在這裡，一旦需要，他們將擔任阻擊，其餘人馬繼續前行。

過了拉薩河之後，朋措扎西心裡一塊石頭落了地。他幾天幾夜沒有好好睡覺，此時疲倦一陣陣襲來，他騎在馬背上，不時低頭打瞌睡。侍從長帕拉親自牽著達賴喇嘛的馬韁，以免視力不佳的達賴喇嘛走錯路。大山投下一帶陰影，像護法神張開手臂，把逃亡的隊伍護在神力之中。山影裡，這支單薄的隊伍翻過河谷南邊的山嶺，消失在大山背後。

載著噶倫和經師的船到了南岸。功德林莊園的管家已經送來了備好鞍具的馬，大家顧不得禮儀，各人抓過自己身邊的馬，騎上就走，匆匆追趕前方的隊伍。快到沙山口的時候，隊伍停下來，稍事休息。

就在這裡，丹巴索巴見到跟隨達賴喇嘛先行的功德林札薩。他特意轉回來找丹巴索巴，因為有件重要的事情需要他辦理。功德林札薩交給他一封信，說是達賴喇嘛臨走前寫的親筆信，要他連夜返回拉薩，次日一早把信交給留在羅布林卡的堪穹達熱。丹巴索巴接過信揣在懷裡，帶著僕人撥馬回頭，朝來時的方向走去[7]。

7　David Patt, "The Momo Gun: Tenpa Soepa's Story", *A Strange Liberation: Tibetan Lives in Chinese Hands*. p. 149.

第十六章　蒼蒼雪域，莽莽高原

（一）

　　翻過拉薩河邊的山嶺，逃亡的隊伍走進安靜的鄉村。黑沉沉的山野一望無際，沒有人知道下一站是哪裡，但是離開了迫在眉睫的危險，每個人的心裡突然感到一陣輕鬆。

　　高原3月的夜晚，天寒地凍，皮袍抵擋不住寒冷，穿著長筒皮靴的腿腳凍得發麻。四野渺無人跡，沒有村莊，也沒有寺院。帕拉問貢嘎桑天，附近是否能找到一個地方，讓達賴喇嘛休息一陣？匆忙離開羅布林卡，達賴喇嘛沒來得及吃飯。貢嘎桑天帶了15名手下策馬先行。他們走了一兩個小時，來到一座名叫南捷崗的莊園。貢嘎桑天告訴莊園的主人，達賴喇嘛很快要到此地，請他們準備一間乾淨的房間，供達賴喇嘛休息。聽到這個消息，莊園的主人喜出望外，當下吩咐全家人一齊動手，打掃房間，燒火煮茶。

　　達賴喇嘛已經十幾個小時沒有休息。天氣非常冷，他努力打起精神，騎在馬上，在黎明前的黑暗裡顛簸前行。凌晨3點多，遠處傳來陣陣狗叫，黑暗中隱隱出現微弱的燈光。人馬朝著燈光走去，來到一座莊園面前。南捷崗到了。貢嘎桑天和手下聽到狗叫聲，急忙打開院門出來迎接。眾人下馬，簇擁著達賴喇嘛走進莊園。

　　莊園主帶領一家人恭恭敬敬獻上哈達，將達賴喇嘛請到收拾得乾乾淨淨的佛堂裡。進了佛堂，達賴喇嘛疲憊不堪地坐下，帕拉想讓他稍微睡一會兒，才發現百密一疏，忘記了帶鋪蓋。他趕忙吩咐侍從，從馬背上解下一條毯子，點燃幾枝香，用香煙薰了一陣，蓋在達賴喇嘛腿上。這裡離拉薩只有幾十公里，眾人不敢久留，休息了約一小時，達賴喇嘛起身，人馬離開南捷崗。這時，東方天宇現出一道亮光。

馬蹄聲裡，天漸漸亮了。山川草木，田野村莊逐漸顯現。地裡幹活的農民看到一隊人馬，紛紛直起腰，停下勞作，看著他們經過。有人猜測說，這一定是「四水六崗」的人。他們無法想像這群人的真實身分，也無法想像雪域怙主已經離開聖城，正在遠走他鄉。

3月18日，拉薩時間早上8點左右，人馬來到切拉山口的山腳下。太陽剛剛升起，但天氣仍然寒冷。噶倫和經師的隊伍已經在夜間趕上，逃亡隊伍擴展了幾十人。攀登之前，眾人在山腳下稍作休息。達扎札薩丹巴塔欽帶來一頭騾子，馱著一套臥具，幾口袋糌粑和乾肉。侍從和警衛們手忙腳亂地撿來枯枝乾草，點火燒茶，就地吃早餐。「切」的意思是「沙子」，「拉」即「山口」，山以沙得名。坡上到處是沙，寒風捲起沙粒吹來，帶走茶碗裡的熱氣，留下許多沙子。大家急急忙忙喝完茶，感到身體稍微暖和了一點，遂收拾好餐具，準備騎馬上山。這時候，太陽已經升到山頂，為人馬背後的原野鍍上一層金光。

金色陽光裡，一個老人牽著一匹鞍具齊全的白馬，突然出現在他們面前，彷彿從天而降。老人走到達賴喇嘛面前，獻上哈達，說自己名叫扎西諾布，家住離此地不遠的協仲村。第十三世達賴喇嘛時期，扎西諾布曾在羅布林卡當過多年馬夫。聽說達賴喇嘛到了這一帶，他知道一行人必走沙山口，於是趕快將自己心愛的白馬洗刷乾淨，備上最好的鞍具，敬獻給達賴喇嘛。說完，他雙手捧著白馬的韁繩，躬身獻上。達賴喇嘛滿心感激，接過韁繩，收下這匹白馬。白馬象徵吉祥，在落難的時候，有人突然出現，獻給達賴喇嘛一匹白馬，眾人皆視為吉兆。隨行的人們非常高興，精神為之一振。

見人馬開始準備翻越切拉山，老人對帕拉說，沙山比較好走，但是每年拉薩傳小召後，會有大批人經過這裡去桑耶寺，最好換條路，走沙山東面一個叫做倫巴拉的山口。那條路比沙山更陡，但是往來的人少，更為安全[1]。

告別老人後，一行人騎著馬向上攀登。山坡背陰，小路籠罩在山影之中。山路陡峭，騎在馬背上的人幾乎是仰面而行。「胖老爺」的馬鞍沒有繫

---

1 達拉朋措扎西，《人生的經歷》第二冊，頁298。倫巴拉山口和沙山口同屬一道山脈，因此時常被當作沙山的一部分。

牢，上山時鞍子直往下滑，只好俯身使勁抱著馬頸。阿里仁波切看到「胖老爺」的狼狽樣，開心得笑個不停。走了一段，在最陡峭的路段，眾人憐憫馬的艱難，紛紛下馬，牽著馬走了一陣，再跨上馬背。

帕拉騎馬走在達賴喇嘛前面，手裡握著白馬的韁繩，親自為他牽馬。到了山頂，帕拉轉過身，對達賴喇嘛說，這裡，是最後能夠看到拉薩河谷的地方。

達賴喇嘛站在海拔5,000多米的山頂，眺望拉薩。古老的城市舒展在高山下，拉薩河靜靜流淌，寺廟的金頂閃閃發光。河岸一簇淡淡的綠色中，冒出輝煌的金頂，那是夏宮羅布林卡。一切都像往常那樣安詳寧靜，看不出夏宮已經處於四個方向的大砲射程之內，也看不出拉薩上空籠罩的戰雲，城裡瀰漫的殺氣。達賴喇嘛面對聖城合十默禱。過了幾分鐘，他跳下馬，轉身下山。山的那邊是藏布江河谷。庫松代本朋措扎西朝西南方眺望，山谷裡，一條碧綠的大河蜿蜒流淌。大河融匯了拉薩河與藏布江，二水相合之後，稱為雅魯藏布江。

山下沒有村莊，大約10公里外有個叫做般扎的渡口，是唯一可以渡江的地方。渡口對面的河岸上有個小村，名叫吉雄，意思是「幸福山谷」。貢嘎桑天站在山頂，遠遠看到渡口南岸有一群人。大家看到這一情景，心中忐忑，不知道是解放軍士兵還是藏人。貢嘎桑天仔細看了一陣，確定是藏人。

山坡的陽面滿是沙子，小路不時被沙掩埋。山陡路滑，步步維艱。眾人把馬留在後面，讓侍從們牽著馬，小心翼翼地沿著小路下山，其餘的人手拉手，從山坡上衝下來。沙子帶著人往下滑，一旦摔倒，很難爬起來。有時候幾個人一同摔倒，身上背的槍和其他物品摔得老遠，撒得到處都是。沒有滑倒的人忘記了當下的困厄，忍不住哈哈大笑。一行人整整花了3個多小時，終於翻過沙山。

山下情況不明，不知道山谷裡是否有軍營。眾人到了藏布江河谷，平地上陡然颳起高原春季常見的沙塵暴，劈頭蓋臉砸來的沙塵擋住視線，更增添了行走的艱難。大家心裡卻很高興：假如這時候中國軍隊正在巡邏，他們同樣也什麼都看不見了。

貢嘎桑天帶人先行探路，沒有發現異常情況。眾人遂直達渡口，一批批

過河。渡船逆風而行，船夫們費了好些功夫，才把達賴喇嘛安全送到對岸。

　　渡過藏布江，已是日落時分，天空鋪滿金紅晚霞，山川田野沉浸在落日輝光裡，景色壯美如畫。河岸燃著桑煙，青煙裊裊上升，與天邊的晚霞融合，彷彿把塵世的祈願送達上蒼。村民們捧著哈達，手持點燃的香，人人淚水長流，站在岸邊躬身迎接。人群裡還有一些四水六崗的康巴人，有些人手臂上戴著白色和黃色的袖章，以示他們是四水六崗的新成員。

　　達賴喇嘛在吉雄村休息了一陣，期間有許多人來拜見。這天，達賴喇嘛一行走了18個小時，人困馬乏，可是還要再走一段路，才能到達宿營地。

　　村民們含著淚，目送這一隊人馬遠去，消失在蒼茫暮色之中。

（二）

　　1959年3月18日，當達賴喇嘛一行渡過藏布江，到達第一個宿營地時，並沒有想到，他們正在書寫一個現代傳奇。他們越過拉薩河南岸的山嶺之後，僅僅過了48小時，渡河地點就開始了槍戰。在整整一個星期裡，世界的目光凝視雪域，全世界都在尋找那個風暴中心的年輕人，但是沒有人知道他在哪裡。他像一顆被狂風吹起的蒲公英種子，消失得無影無蹤。當他再次出現時，人人都為他的安然無恙驚奇萬分，認為這是一個奇蹟。各方都必須為這個「奇蹟」做出某種解釋，於是，經過各種有意無意的渲染和加工，達賴喇嘛出走事件很快就變成了傳說。

　　在中國境內，這個傳說漢藏兩族有不同的版本。藏人中流傳的版本說的是「紅漢人」試圖綁架達賴喇嘛，但各路神靈紛紛相助，眾目睽睽之下，達賴喇嘛神不知鬼不覺走出羅布林卡宮。此後的兩個星期，大多數日子空中烏雲密布，遮擋了飛行員的視線，因此，「共產黨奈何不了觀音菩薩」。

　　漢人中流傳著兩個主要版本。一個版本是「讓路說」：毛澤東寬大為懷，給達賴喇嘛讓了一條路，任他借道山南逃亡印度，否則他插翅難逃。這個版本已經演變成了「毛澤東義釋達賴喇嘛」的小說；另一個版本是「劫持說」：拉薩發生有預謀、有組織的反革命叛亂，叛亂分子選定3月10日這天動手，解放軍忍耐了十天之後，奉命向妄圖「分裂祖國」的反動分子還擊，

戰役開始之前，「西藏反動上層」將達賴喇嘛劫持到印度。這兩個版本至今還在流傳。不過，「讓路說」其實是很晚才出現的，主要用於中國的宣傳；1959年對海外的宣傳攻勢裡，隻字未提「讓路說」，可是卻不顧達賴喇嘛本人的否認，一再堅持「劫持說」。

迄今為止，除了毛澤東1959年3月12日發給西藏工委的電報之外，「讓路說」最有力的依據，是原西藏軍區參謀長李覺的回憶：

> 1959年3月17日夜，達賴他們在拉薩河北岸沙灘上準備渡河時，我們早已將大砲對準他們，只要我們的砲一響，他們沒有一個能活著離開河邊沙灘。但是，中央沒有命令阻截他們，我們是靜靜地坐在林子中，憑藉明月之光看著他們驚慌地用牛皮船一船一船地往拉薩河南岸渡人[2]。

吉柚權沒有提到李覺回憶的來源，也沒有提到「拉薩事件」爆發時，李覺其實並不在西藏。1957年，李覺被任命為對外稱為「九局」的核武器局局長，開始參與首顆原子彈試驗工作。1958年8月，李覺已經去了青海金銀灘核基地[3]。因此，李覺並沒有參加「拉薩戰役」，他對達賴喇嘛出走的細節描述，顯然來自他人的敘述。

吉柚權在《白雪》中還提到：

> 譚冠三的部隊早已作好一切準備，對拉薩早已形成合圍之勢，譚冠三早已準備了警衛營的一個加強連由朱秀山帶領，同時還有一個裝甲連，只要中央指示阻截噶廈出逃人員，那麼他們不會有一個人能離開拉薩半步[4]。

2　轉引自吉柚權，《白雪》，頁494。

3　降邊嘉措整理，〈李覺將軍回憶：中國第一顆原子彈研製的日日夜夜〉。中國新聞網 2006年3月8日。http://www.chinanews.com.cn/news/2006/2006-03-08/8/700285.shtml 根據《中共西藏黨史資料 1950－1987》，李覺擔任西藏軍區副司令時間為1955年5月至1958年1月，擔任西藏軍區後勤部部長時間為1951年5月至1957年8月。根據降邊嘉措《李覺傳》，李覺參加了1958年的西藏工委內部整風運動，大約於6月返回北京。

4　吉柚權，《白雪》，頁494。

譚冠三雖然「準備了一個加強連」，但吉柚權並沒有說明該連是否駐守在然馬崗一帶，或者在3月17日之前負責監視羅布林卡南門。朱秀山本人的回憶文章中，隻字未提他曾奉命監視拉薩河渡口，也沒有提到3月17日夜晚的狀況[5]。

　　根據解放軍軍官陳炳的回憶，3月16日夜晚，「遵照首長的指示，我和王克讓同志趁著夜色，出軍區西大門，沿拉薩河畔抵近羅布林卡進行觀察，只聽到羅布林卡裡人聲嘈雜，遠方有稀疏的犬吠聲。」[6]他提到18日的作戰會議和部署，但是沒有提起17日的活動，在他的回憶文章裡，這一天是空白。

　　吉柚權引用了李覺的話之後，緊接著又說：「譚冠三布置在拉薩周圍的部隊官兵們，在清晰的月光下，坐在戰壕沿上，抱著槍，目送達賴集團渡過拉薩河，倉促逃往山南方向。」[7]

　　照吉柚權的說法，3月17日夜晚，從羅布林卡到然馬崗渡口已經布置了兩道防線，渡口附近的戰壕有士兵把守，隔著河有砲兵監督。達賴喇嘛於17日，而非16或者18日出走，是17日當天下午的臨時決定，李覺的這一說法如果屬實的話，則表示那些天裡，每天都有士兵在那個位置上等待。然而，到目前為此，尚未見到中方當事人的回憶。無論是當時在某個位置上的砲兵，還是抱著槍坐在戰壕裡目送的士兵，似乎都沒有留下當晚看到的情景。至於是否有「清晰的月光」，這完全是主觀的描述。在當晚過河，或者參加過警衛的藏方當事人回憶錄裡，那天夜晚的能見度並不是很好[8]。

　　可是，吉柚權在《平息西藏叛亂》中，對17日夜晚的情況又另有說法：

> 此時，譚冠三剛收到達賴祕密轉來的信，正在考慮如何伺機將達賴接來軍區，他擔心時間拖久了達賴會有危險或被叛亂集團挾持外逃，根本沒有想到達賴在今天晚上離開了拉薩。

5　朱秀山，〈拉薩之戰的回顧〉，《西藏革命回憶錄》第四輯，頁32-37。
6　陳炳，〈叛國必亡〉，《西藏革命回憶錄》第四輯，頁18-31。
7　吉柚權，《白雪》，頁494。
8　見達賴喇嘛《我的土地，我的人民》；達拉朋措扎西，《人生的經歷》第二冊。另外，作者採訪阿里仁波切、居欽圖丹、丹巴索巴時，曾問過這個問題，他們的記憶都是多雲的夜晚。

自從拉薩形勢急變後，西藏軍區情報部派出情報小組到拉薩各渡口，重要交通路口潛伏觀察敵情。

潛伏在拉薩河南渡口的情報組，十七日深夜發現幾百人從拉薩河上岸涉水到南渡口，上岸後往南而去。但沒有想到會是叛亂集團的首要人物及達賴和他的親屬[9]。

2008年出版的《解放西藏史》中，完全迴避了「讓路說」，但有所暗示：「軍區隨時掌握著達賴集團的動向，在達賴等人出逃時按中央精神未加攔阻，並迅速將情況上報中央。」[10]這是一個十分模糊的說法。西藏軍區上報中央到底有多「迅速」呢？該書沒有明確說，但在下文中引用了毛澤東得知此事後，給西藏工委的指示。這個指示引自2003年中央文獻出版社公開出版的《毛澤東傳（1949-1976）》下冊，而非內部出版的《平息西藏叛亂》，引文中也沒有說明該指示的日期。

《中共西藏黨史大事記》中記載，3月17日，譚冠三給達賴喇嘛寫了第四封信：

譚冠三第四次給達賴寫信

譚冠三在這封信中希望達賴本著歷次諾言，與中央同心，制止叛亂活動。信由卸任噶倫噶雪·曲吉尼瑪帶進羅布林卡。當噶雪·曲吉尼瑪將這封信帶到了羅布林卡時，達賴已經出逃[11]。

這封信從未公布，《解放西藏史》等書也未提及譚冠三曾給達賴喇嘛寫過第四封信。《大事記》中，3月18、19兩天是空白，沒有提及「第四封信」送到羅布林卡的時間，但從上述記載來看，應該是在18日送去的，因為3月17日半夜之前，達賴喇嘛尚未出走，信如果在17日送達到話，他還有機會看到。這也說明直至3月18日，譚冠三還不知道達賴喇嘛已經不在羅布林卡。

9　吉柚權，《西藏平叛紀實》，頁92。
10　《解放西藏史》，頁366。
11　《中共西藏黨史大事記》，頁93。

根據內部資料，西藏工委是3月19日向中央證實達賴喇嘛於17日出走的[12]。3月19日，羅布林卡召開民眾代表大會，宣布了達賴喇嘛已於17日夜晚出走的消息。至少在羅布林卡內部，這件事已經不是秘密。因此，工委顯然是在羅布林卡內部公布之後，才確知達賴喇嘛於17日出走的。這也可以說明，至少在3月19日之前，達賴喇嘛出走一事，工委最多只有猜測，並未證實。因此，李覺的說法其實是事後的解說，而非當時的判斷。否則，工委何以等到3月19日才上報中央？由此看來，吉柚權在《西藏平叛紀實》中的描述，更接近當時可能出現的情況，也就是說，軍區派到拉薩河南岸的偵查小組發現了有人過河，但是沒想到其中有達賴喇嘛。不過，當晚「幾百人」過河，這一數字並不準確。

「讓路說」的另一個來源，是原新華社駐香港分社社長許家屯先生回憶錄中的一段話：

> 毛澤東有些想法和考慮，常出乎一般人的意外。舉一件我了解的事例。一九五九年，西藏軍區司令張國華負責解決「西藏叛亂」，當時達賴被圍困在布達拉宮內。毛澤東發電報給西藏工委和張國華——因為電報抄告各省、市委，我當時擔任江蘇省委書記，看到了這份電報。毛要張國華部隊主動讓出一條路，指定這條路由布達拉宮經何處，直到中印邊境，讓達賴喇嘛撤退到印度去。電報很詳盡地規定了張國華如何做，什麼時候開始，佯攻什麼地方等等，這樣，達賴喇嘛果然逃到了印度。這樣的指示，出乎我們處理這類問題的常識之外。毛澤東這個考慮，是因為達賴在西藏人心中是個活佛，活抓固然不好處理，擊斃更不妥。這是毛澤東的考慮過人之處[13]。

如果許家屯先生沒有記錯的話，這段話中有許多細節與史實不符。當時張國華不在西藏，達賴喇嘛也沒有被「圍困在布達拉宮內」；達賴喇嘛離開

---

12 《平息西藏叛亂》，頁27。
13 許家屯，《許家屯香港回憶錄》，頁327-328。

羅布林卡時，並沒有直接去印度的計畫；因此出境路線也不是一開始就選定的，而是在出走後每天晚上開會，根據當時的情況做出決定，途中還有過從不丹出境的想法[14]。因此，無論是李覺將軍還是許家屯先生的回憶，都很難成為「讓路說」的可靠證據。

吉柚權在《西藏平叛紀實》中，還寫了一大段軍區情報部長蔣文奇有關達賴喇嘛出走的分析[15]。這段話中的重要細節與史實相差太遠，基本上是「小說家言」。根據這段描述，3月17日夜晚，「南渡口潛伏組報告有五、六百攜槍的人從羅布林卡出來，在拉薩河北岸下河，涉水到南渡口向南而去。」[16]五、六百人集體攜槍走出羅布林卡，同時涉水過河，其中似乎還包括達賴喇嘛，場面確實夠壯觀，可惜這一情景並未出現。如果這不是作者的想像，而是該小組真實報告的話，那麼這個小組顯然謊報了軍情，而蔣部長居然信以為真。

蔣文奇對達賴喇嘛出走判斷的證據之一，是達賴喇嘛的經師和傭人購買了多達「十年二十年也用不完」的貴重物品。達賴喇嘛的經師親自上街購物，這是對藏文化一無所知的人才會有的想像；至於大量「貴重物品」，這位情報部長大概是以「慈禧太后出京」作為藍本，來想像達賴喇嘛出走的。吉柚權大概不知道，當時拉薩的「貴重物品」主要由印度輸入，達賴喇嘛就算需要那些物品，何必反過來從拉薩往印度帶？

《平息西藏叛亂》沒有收錄西藏工委3月19日給中央的電報，但是收錄了3月20日中央給西藏工委回電，這份回電雖然只有「節錄」，但仍然提供了毛澤東的宣傳策略：

> 噶廈集團公開叛國，達賴逃跑，叛匪攻擊我軍據點，西藏政治局勢
> 完全明朗，這是極好的事。對於達賴逃跑暫不向外宣布，暫時不把
> 達賴放在叛國頭子之內，只宣傳叛國分子挾持達賴。這對打擊敵人

---

14 詳見達拉朋措扎西，《人生的經歷》第二冊；另見貢噶桑天回憶錄 *Flight at the Cuckoo's Behest* 中寫到過幾次這樣的會議。
15 吉柚權，《西藏平叛紀實》，頁111-113。
16 同上，頁111。

利用達賴名義號召群眾叛亂，可能有些好處[17]。

《西藏平叛紀實》裡，吉柚權寫入了這段電報，但是有兩句是上文中沒有的：

> 噶廈集團公開叛亂，達賴逃跑，叛亂武裝攻擊我軍據點，西藏政治形勢完全明朗，這是極好的事。**但是達賴這塊招牌還有可能利用之處。**對於達賴逃跑，暫不向外宣傳，暫時不把達賴放在叛國頭子之內，只宣傳叛國分子挾持達賴，這對於打擊敵人利用達賴名義號召群眾叛亂可能有好處。**對於班禪，如其參叛，不准打死，更不准其出國**[18]。

這份電報就是「劫持說」的來源。也就是說，「達賴喇嘛被叛國分子劫持」完全是一種宣傳手段，「只宣傳叛國分子挾持達賴」，其目的是為了動搖藏人反抗的決心。這一宣傳當時曾製成藏文傳單廣為散發[19]。因此，雖然「劫持說」已經流傳了半個世紀，根據政治需要，或許還會繼續流傳，但這並非史實。

《解放西藏史》之所以引用《毛澤東傳》，是因為在公開出版的書裡，引用的是毛澤東的另一項指示：

> 毛澤東得知達賴出逃後指出：「一、宣布為叛國者，以後只有在他悔過認罪之後，才可以回來；二、宣布為被人挾持者，仍然希望他脫離叛眾，早日回來，羅布林卡位置及人大位置，仍給他留著。」[20]

這樣一來，「劫持說」的真正來源就被迴避了，歷史又被當成小姑娘，

---

17 吉柚權，《西藏平叛紀實》，頁89。
18 《西藏平叛紀實》，頁109-110。
19 見Chogyam Trungpa, *Born in Tibet*; Jamyang Norbu, *Warriors of Tibet.* 這兩本藏人回憶錄中都提到，他們在逃亡路上聽說了達賴喇嘛被「挾持到印度」的消息。
20 《解放西藏史》，頁366。

重新打扮了一次。

1959年3月出走之時，達賴喇嘛是中國人大常委會副委員長，是國際公認的西藏政教領袖。他為什麼要離開自己的人民而流亡他國，中國政府有一個面對國際輿論如何解釋的問題。於是「劫持說」在第一時間出現。達賴喇嘛到達印度後在提斯浦爾發表聲明，新華社作出的反應是，這個聲明是假的。但是，當達賴喇嘛後來公開露面，公開發表聲明和講話後，「劫持說」在國際上就已經不攻自破，沒有必要繼續維持了。如今，仍然相信劫持說的人大概不會很多了。

「讓路說」則不一樣。「讓路說」本身有非常明顯的中國文化特色。對其中的邏輯與內涵，國際輿論本來就有理解上的困難，中共也不需要國際輿論來相信達賴喇嘛的出走是故意「讓路」放出來的。但是，中共有一個如何向國內人民解釋的問題，以維護中共及其最高領袖的一貫正確形象。因為中共和最高領袖的任何失敗與挫折，都可能在民眾心目中引起連鎖反應般的懷疑。在中國社會，連「面子」都維持不好的人，是維持不了威信的。而「讓路說」是具有文學色彩而最適合國內民眾接受的解釋。中國民眾沒有對最高當局問一個「為什麼」的習慣，卻具有欣賞「讓路說」中蘊含的中國文化元素的能力。中國的老百姓一旦開始從審美角度看這一悲劇，問一個「為什麼」的懷疑心態就消失了。

於是，「讓路說」幾十年來存在於官方或半官方的言說之中，卻始終沒有出現一件確切的史實證據。要讓開一條路，把達賴喇嘛及其家屬，還有噶廈政府要員放出去，沒有明確的命令和布置，是很難平安做到的。這樣的命令，只可能來自最高當局，其他人誰也不能下這個決定。這樣一個命令，必須下達到當時在拉薩的解放軍和民兵的基層指揮官，否則任何一個士兵由於不知情而對達賴喇嘛一行放了一槍，達賴喇嘛的衛隊必然拚死還擊，「讓路」就做不到了。如果最高當局發出了「讓路」的命令，下面絕對不敢疏忽，絕對不敢出任何紕漏。所以，如果確有這樣一個命令，那麼當時傳達過這一命令、接到過這一命令的解放軍和民兵指戰員，至少得有幾百個，甚至幾千個。可是，從來沒有哪個解放軍或民兵指揮員、戰鬥員回憶說，曾經接到過或者傳達過「讓路」的命令。半個世紀來，從許家屯、李覺到吉柚權，

只聽到不在現場也不曾參與其中的人有「讓路」一說，卻從來沒見人拿出「讓路」的命令來。也沒有一個指揮官回憶說，他們曾經遇到過一支類似達賴喇嘛的隊伍。事實上，當時出走的不僅是達賴喇嘛，第十六世噶瑪巴[21]一行也正在出走途中，大約比達賴喇嘛早幾天進入不丹，似乎沒人說噶瑪巴出走也是「讓路」的。

（三）

　　達賴喇嘛一行離開南捷崗，走了十多里後，前方出現一座寺院——拉麥寺到了。這天夜晚，大家就在拉麥寺宿營。隨行的人大多沒有臥具，只好向僧人借來衣服氈袍，權充鋪蓋。

　　拉麥寺是一座很小的寺院，達賴喇嘛被安排在二樓的一間小房間。他進屋後，隨即遣人去找隊伍裡最小的成員——阿里仁波切。

　　一路上，所有的人不是心事重重，就是愁眉苦臉，只有阿里仁波切是最開心的人。雖然他是達賴喇嘛的弟弟，但在眾人眼裡，他還是個孩子，沒人管束他，由他騎著馬跑前跑後。貢嘎桑天看著他樂滋滋地跑來跑去，覺得他一點兒都不明白出了什麼事。幾十年後，阿里仁波切大笑著對我說：「達賴喇嘛曾經跟別人說：『我們這些人裡頭，只有找弟弟是高高興興逃亡的！』」[22]

　　阿里仁波切連蹦帶跳走上二樓。從敞開的門裡，看到達賴喇嘛站在窗前。阿里仁波切是在達賴喇嘛被認證之後出生的，他從未見過身穿俗裝的達賴喇嘛。兄弟倆站在寺院樓上的小房間裡默默相對，片刻後，達賴喇嘛對弟弟說：「秋杰，我們現在是難民了。」未滿13歲的阿里仁波切未必懂得這句話的意義，但此話顯示，達賴喇嘛對與中共合作的前景不再懷有希望，他已經做好了當難民的精神準備。

---

21 第十六世噶瑪巴讓瓊利佩多杰（1924-1981）。1959年3月出走，1981年在美國圓寂。噶瑪巴，正式全稱為嘉瓦噶瑪巴，亦稱大寶法王，為藏傳佛教噶舉派（俗稱白教）法王。噶舉派是最早有轉世制度的教派。

22 阿里仁波切訪談，2009年7月18日。

當天夜晚，三位噶倫、基巧堪布、功德林札薩、帕拉、庫松代本和「四水六崗」的貢嘎桑天召開會議，詳細討論次日的行程和達賴喇嘛一路上的安全保衛。功德林札薩提議走不丹方向，因為從此地去不丹是最近的路線。貢嘎桑天認為，如果朝不丹方向走的話，須繞羊卓雍湖而行，離江孜比較近，日喀則和江孜都有解放軍駐軍，不能確定那條路線是否安全；再說那一帶是游牧區，不大好找適合的宿營地，不如朝德拉方向走，那一帶有許多「四水六崗」的游擊隊，他已經派人通知了總部達賴喇嘛離開拉薩，到達山南的消息，走那條路安全更有保障。大家同意他的意見，決定先去瓊結，看看拉薩事態的發展，再考慮下一步的安排[23]。直到這時帕拉才有機會告訴大家，出發前他已經派人通知了印度領事館，達賴喇嘛有可能會去印度避難。

會議並決定以噶廈的名義給駐紮在定日的第五代本下令，命令他們遷往江孜；命駐紮在日喀則的第三代本和江孜的第四代本等官員去拉薩，命北方總督破壞北部公路和電話線，並破壞當雄機場[24]。當晚，在後面防衛的第四代本多卡色‧索南多杰、警衛營如本索南扎西帶領的100多名警衛趕上了達賴喇嘛一行，警衛力量大大加強。因此，達賴喇嘛的警衛方式做了新的安排。從這天起，達賴喇嘛的警衛分成三層。緊跟著他的內圈由警衛團士兵負責，中間一圈由第二代本團士兵負責，最周邊由「四水六崗衛教志願軍」負責。接下來，大家討論是白天走還是晚上走，最後決定，白天走比較容易安排保衛，因此決定白天走。

3月19日上午，達賴喇嘛給班禪喇嘛寫了一封親筆信，信中說由於突發事件，他不得不暫時離開拉薩去山南，希望班禪喇嘛盡可能匡扶西藏的政教福祉。寫完信，他蓋上達賴喇嘛玉璽，派人送往日喀則。噶廈同時給阿沛和桑頗寫了一封信，信中說：「我們對自由的追求是相同的，請兩位為甘丹頗章的政教事業和廣大民眾的福祉盡力。」[25]至今沒有資料表明，班禪喇嘛和阿沛是否收到了寫給他們的信。

---

23 詳見達拉朋措扎西，《人生的經歷》第二冊、帕拉回憶錄；另見Kunga Samten Devatshang, *Flight at the Cuckoo's Behest*, p. 10.
24 達拉朋措扎西，《人生的經歷》第二冊，頁300。
25 同上。

高原明亮的陽光下，逃亡的人們再度出發。大山的皺褶裡藏著許多古老的商道，他們沿著這些小路前行。山中本無路，趕馬人趕著騾馬犛牛翻山越嶺，人的腳步，騾馬的蹄印，日復一日，年復一年，在高山河谷裡踩出一條條小路。細瘦的小路四通八達，像老人臉上的皺紋，記錄著前生今世的雪雨風霜。

從這天起，出走人員化整為零，分成三組。達賴喇嘛的母親和姊姊由「四水六崗」的人護送，騎馬先行；達賴喇嘛把阿里仁波切帶在自己身邊，這樣她們的行動可以快一點。噶倫和經師為另一組。他們沒有現代通信設備，各組之間只能靠信使來回傳遞消息。200多名藏兵分兩層保護達賴喇嘛，另有200多名四水六崗游擊隊員在周邊護送，他們中的很多人當時並不知道自己護送的是什麼人。

3月19日夜晚，一行人到達結堆雪。結堆雪是個很小的村子，但名聲很大。該村出產的氆氌在西藏富有盛名。當晚，達賴喇嘛在一個叫做多普曲廓的寺院裡宿營。

3月20日一早，逃亡隊伍離開寺院，繼續前行。山路曲折狹窄，有的地段必須步行，有的地方勉強可過一頭犛牛。

這時候，達賴喇嘛一行並非僅有的逃亡隊伍。此時此刻，藏民族正在經歷前所未有的大逃亡。喜馬拉雅山裡，逃亡的人群時隱時現。青海湖邊的牧民趕著牲畜越過黃河，康區的農夫帶著家小渡過金沙江，有的是幾個家庭一同走，有的是整座寺院集體逃，很多人不知道要去哪裡，只是想找個「沒有漢人的地方」安居。人在走投無路時，總會相信別人比自己更高明，更有主意。逃難的人們路遇高僧，常常會去拜見，討教下一步的計畫，問自己應該投奔何方。可是那些修行者也在逃亡途中，他們所能給予的，只有祈禱和安慰[26]。漫無目標的小股逃亡者有時候聚集成大隊人馬，成為醒目的地面目標。有許多逃亡者因此死於解放軍的「空中打擊」[27]，也有很多人被當成

---

26 各地藏民逃亡的狀況，詳見Chogyam Trungpa, *Born in Tibet*.
27 藏人回憶錄中有不少趕著牲畜的逃亡牧民部落被解放軍飛機轟炸和機槍射殺的故事。Jamyang Norbu, *Warriors of Tibet*, pp. 140-141 ；〈空25師青藏平叛，中國空軍轟炸機高原作戰實況〉http:// military.china.com/zh_cn/history2/03/11027561/20070829/14307647.html從兩方面記錄了空軍參加「平叛」的作戰經過。

「被裹挾的群眾」，被地面上的「平叛部隊」圍捕，強行遣返。無數人死於非命，無數家庭骨肉分離。

　　逃亡的也不僅是底層民眾，在大戰亂和大動盪面前，西藏的每個階層都必須做出選擇。被中共稱為「民族宗教上層人士」的「統戰對象」們有的選擇跟從「紅漢人」，有的選擇追隨他們的嘉瓦仁波切，有的只是憑著直覺，一走了之。達賴喇嘛這時候還不知道，有一支長長的隊伍正走向不丹，那是第十六世噶瑪巴讓瓊利佩多杰。至此，藏傳佛教的「四大法王」，即四大教派的領袖，全部離開了殺劫之地，翻越喜馬拉雅，走向世界。

　　這時候，達賴喇嘛到達山南的消息已經傳開，一路上時常有民眾來拜見，但他穿著俗裝，沒人能夠認出他。達賴喇嘛知道，在他的前後左右，有許多雙眼睛警覺地注視著四面八方。他們沒有飛機大砲，要保護自己的領袖，唯有血肉之軀。路上有時會突然冒出小股游擊隊，那是些身材高大的康巴漢子，足蹬長筒皮靴，頭戴皮帽，裹著臃腫的袍子，帶著五花八門的武器。夜晚，時常有游擊隊員前來拜見達賴喇嘛。他們把武器留在門外，雙手合十趨到他面前，恭敬地磕長頭，接受他的摸頂祝福，然後躬身而退，抓起刀槍，消失在茫茫黑夜之中。

（四）

　　1959年3月20日，星期五。

　　日落時分，達賴喇嘛一行到達薩波拉山腳下，一個名叫降果杰桑的谿卡。這個谿卡太小，無法安置所有的人，大家分散在不同地點過夜。當晚，達賴喇嘛帶著阿里仁波切，在這個小村裡宿營。

　　十幾小時後，在美國紐約，達賴喇嘛的大哥塔澤仁波切從收音機聽到新聞報導：西藏首府拉薩發生激烈騷亂，達賴喇嘛下落不明。聽到這個消息，他做的第一件事是打電話給洛桑珊丹。洛桑珊丹已經知道了拉薩發生的事，接到大哥電話，他當晚動身趕往紐約。遠離家鄉親人的兄弟倆，此時只能相濡以沫。

　　在印度大吉嶺，達賴喇嘛的妹妹吉尊白瑪也得到了這個消息。吉尊白瑪

九歲離開拉薩，在大吉嶺的教會女子學校讀書。在修女們的帶領下，全校學生為吉尊白瑪和她的家人祈禱。

此時，達賴喇嘛正離開宿營地點，翻越薩波拉山口。山路陡峭，眾人無法騎馬，只能牽馬步行。走了3個小時，到達山頂時，太陽剛剛升起。達賴喇嘛站在山頂舉目四望，藍天浩浩，雪山雄渾，風光壯美。一行人在山頂休息片刻，隨即下山，在天黑前趕到了離薩波拉山口50公里的策聶寺。

這天夜晚，達賴喇嘛、噶廈和官員們在策聶寺開會，詳細討論未來的計畫。庫松代本打開隨身攜帶的收音機。一陣沙沙聲後，他聽到美國之音的國際新聞報導。「拉薩發生了上萬人反抗共產黨的事件，」柔和的女聲說道，「西藏政教領袖達賴喇嘛失蹤。」庫松代本心裡一陣欣慰：世界終於知道了我們的苦難！同時又深深憂慮：拉薩現在怎麼樣了？

這時，CIA空投電報員，理塘人阿塔，正在趕往瓊結途中。幾天前，他和洛澤在山南某處訓練「四水六崗」士兵時，收到卓尼欽莫帕拉從羅布林卡派人送來的信，說達賴喇嘛計畫去山南，要他們即刻趕到拉薩附近。那時候，「拉薩事件」已經爆發了好幾天。他們在康巴游擊隊員的護送下，帶著CIA給他們的電臺和空投的武器，日夜兼程趕往拉薩。途中，他們得到達賴喇嘛已經安全離開羅布林卡的消息，立刻兵分兩路，阿塔帶著電臺和幾十名士兵輕裝前行，策馬趕向達賴喇嘛的隊伍[28]。洛澤帶著馱武器的騾馬隨後趕上。

3月21日，星期六。

上午，達賴喇嘛在策聶寺拜佛，給寺院僧人發放布施後，出發前往瓊結。離開拉薩4天後，一行人只走了100多公里。

當天，美國民眾從《紐約時報》上看到發自印度新德里的消息，披露了拉薩發生的事件。這時，「拉薩事件」已經發生了11天，「拉薩戰役」已接近尾聲。

但是，身在荒郊野外的達賴喇嘛此時尚未得到拉薩激戰的消息。

---

28 詳見理塘阿塔，《阿塔諾布的人生經歷》（藏文版）。阿塔回憶錄中沒有提到他得到帕拉信的日期。他們帶去的武器是CIA於1959年2月22日在山南的第二次武器空投，詳見Dawa Norbu, *China's Tibet Policy*. p. 270.

第十七章　黎明前的槍聲

（一）

3月18日，藏曆土豬年2月初9日，星期三。

拉薩河南。噶廈政府改革局職員丹巴索巴天剛亮就醒來。他顧不得吃早飯，跨上馬直奔拉薩河南岸渡口。他懷裡揣著功德林札薩前晚交給他的信，必須在這天上午交給留在羅布林卡的堪穹達熱·多阿塔欽。丹巴索巴趕到河邊，天已經亮了。渡口和船都被藏兵控制，過河必須出示識別證。丹巴索巴安排送走噶倫和經師的時候，並沒想到自己會返回拉薩，因此沒帶識別證，士兵不讓他過河。好在他的僕人帶了識別證，士兵確認他們的身分後，叫他們先等著，他去叫船夫過來送他們過河。這時，有個名叫阿旺森格的康巴志願軍頭領問他，是否能從政府軍火庫裡搬運一些槍枝彈藥到他家，夜晚他們派人去取？丹巴索巴答應轉告他的要求。

丹巴索巴坐在河邊的大石頭上，默默注視河水，心中無限憂傷。拉薩城裡形勢極端緊張，戰事一觸即發；達賴喇嘛和噶廈已經秘密出走，自己已經成功逃離危城，現在卻原路返回，誰知道還有沒有機會逃跑？

丹巴索巴腦子裡突然閃過一個念頭：把信交給僕人，讓他去羅布林卡？他從懷裡掏出信看了看，發現信沒有封口。他抽出信展開細讀。信的抬頭寫道：「哲蚌、色拉、噶丹三大寺的活佛、各級負責人及全體僧眾、政府僧俗官員、西藏僧俗貴賤全體人民周知」。

交付給他的這封信，竟然是達賴喇嘛寫給全體西藏人民的信！

達賴喇嘛在信裡談到「西藏過去是獨立國家，這是完全有根據的。但是由於我們的能力不夠，被迫處於漢人統治之下。」信中還談到出現亂局的原因是「由於康區根本毀壞了許多寺廟，殺人奪財，在甘孜藏族日報上從邪念

出發，對佛主釋迦牟尼惡意誣衊等原因，致使所有的藏人，突然無限擔心失望」。因此，達賴喇嘛告知民眾，他和重要僚屬暫時逃走，到山南後再發布指令。達賴喇嘛指定由雪印經場的「西藏全體大會擴大會議」，以及堪穹達熱‧多阿塔欽等人擔負政治責任，並且要求他們「設法求得漢藏之間的關係能夠通過和平談判緩和下來」，並強調這點「非常重要」[1]。

丹巴索巴不再猶豫。這封信太重要了，他必須親自把信送到羅布林卡。

船到北岸，丹巴索巴踏上亂石灘，朝羅布林卡走去，沒走幾步就聽到一聲槍響。這些天來，拉薩每天都有零星槍聲，丹巴索巴沒在意，繼續往前走。又一聲槍響，緊接著一顆子彈擦身掠過。丹巴索巴嚇了一大跳，本能地臥倒，在亂石灘上趴了好一陣。槍聲停止，四周重又安靜。丹巴索巴爬起來，三步併作兩步，小跑著進了羅布林卡，找到堪穹達熱，把信交給他，同時轉告了阿旺森格的要求。

達熱是羅布林卡領導小組的負責人之一。達賴喇嘛決定出走之後，庫松代本朋措扎西曾悄悄告訴他這件事，問他是否一同走。達熱回答說，3月10日以來，他一直在處理各種事務，如果他跟著走的話，一旦有事大家找不到他，很快就會懷疑他已經不在羅布林卡。這樣一來，弄不好會引起麻煩，影響到達賴喇嘛的安全，所以他還是先留下再說。

達熱讀完信，告訴丹巴索巴武器儘管搬，能搬多少就搬多少，然後急忙去找孜本夏格巴等人。丹巴索巴找了幾個人幫忙，從羅布林卡武器庫裡搬出幾十枝步槍和一些子彈，運到他家去。

達熱找到孜本雪苦巴、四品官夏格巴、札薩堅贊等人，向他們轉達了達賴喇嘛的信，商量何時對民眾宣布達賴喇嘛的命令。聽說達賴喇嘛已經安全出走，大家都很高興。幾個人一致認為達賴喇嘛尚未走遠，如果現在對民眾宣布，解放軍馬上就會知道，說不定會立刻追擊，最好等兩天再宣布[2]。當時卸任司曹洛桑扎西不在羅布林卡，住在拉薩城區的家裡。達熱派人去他家，請他馬上到羅布林卡來。

1　這封信的全文，見《平息西藏叛亂》，頁193-194。
2　達熱‧多阿塔欽，《我的故事》。另外，根據圖丹格仲回憶，19日沒有公開宣布的原因，是因為那天是個不吉祥的日子，見圖丹格仲，《艱難的經歷》（藏文版）。

達賴喇嘛信中還要求他們「主要竭力保護以大昭寺、布達拉宮同羅布林卡、三大寺為例的重要地方，不致衰敗，不要使拉薩當地區及各地的僧俗人民不能安全」，也就是說，達賴喇嘛給他們的指令，是政治上用和平談判來解決問題，軍事上保護大昭寺等地點，竭盡全力保護民眾的安全。因此，他們接著討論應該怎樣執行這一指示。會上，居欽圖丹自告奮勇帶人去然馬崗守渡口，阻擊解放軍的追擊。他從羅布林卡的警衛團軍火庫拿了一枝步槍，然後去找願意跟他一同去防守渡口的人。

3月18日，當達熱等人在羅布林卡討論如何執行達賴喇嘛的指示時，西藏軍區正在做最後的作戰檢查。鄧少東派了兩名軍官到砲兵308團察看，很滿意地發現，該團已經一切準備就緒，處於「只要軍區首長一聲令下，三分鐘就可以投入戰鬥」的狀況：

> 各種大砲均已進入陣地，砲彈已放在砲側的固定位置上，值班戰士正嚴陣以待，士氣高昂。戰士們對我說：「各個射擊目標均已精確測量完畢，射擊諸元也準備好了，現在真的是萬事俱備，只欠東風了。」[3]

軍區具體作戰方案也已經擬定：

> 我軍決心充分發揮人民戰爭的威力，把市區一切可以使用的力量統一組織起來，劃分為八個防區，統一指揮；發揮我軍砲兵、火器優勢，以155團（欠三營）、159團（欠一營）、軍區警衛營等十三個步兵連及砲兵308團及裝甲連、噴火排的機動兵力將敵殲滅於拉薩[4]。

「人民戰爭的威力」指的是當時在籌委會工作的漢藏職工，還是拉薩的

3　陳炳，〈叛國必亡〉，《西藏革命回憶錄》第四輯，頁19-20。
4　同上。

「廣大人民群眾」，陳炳沒有說明，但從事後解放軍和民兵的回憶看來，拉薩市民並沒有協助解放軍作戰。

3月18日這天，赤列朋措一整天都在羅布林卡，假裝一切都跟往常一樣。有人拿念珠和護身符來請林仁波切加持，他照常收下，拿到羅布林卡裡面去請別人加持後交還，好像林仁波切還在裡面[5]。

羅布林卡裡除了極少數人之外，其他人都不知道達賴喇嘛已經不在宮內；外面的民眾則完全不知道達賴喇嘛已經出走。

這天夜晚，30名四水六崗志願兵到丹巴索巴家來取槍枝彈藥。丹巴索巴本想跟他們一同走，但感到十分疲累，決定先在家好好睡一覺。

與此同時，軍區汽車團接到在羅布林卡西面水磨房處封鎖渡口的命令。該團教導營長何國棟率領該營一連，攜帶兩挺重機槍和六挺輕機槍出發；該營二連做預備隊[6]。

居欽圖丹帶領60人去然馬崗，防止解放軍追兵追擊。到了渡口，20個人在山下的村子裡，20個人在山頂，20個人在山腰，輪換站崗，把守渡口[7]。

（二）

3月19日，藏曆土豬年2月初10日，星期四。

上午，等待入藏命令的三大軍區野戰部隊有了一點動作。丁盛將軍指揮的第54軍「丁指」機關離開重慶，乘火車趕赴蘭州，那是當時入藏最快的路線[8]。

在拉薩僧俗官員們以為達賴喇嘛還在達旦明久頗章，按例前來早朝，但是既沒有見到達賴喇嘛，也沒有見到噶倫和經師。大家心裡七上八下，議論

---

5 赤列朋措訪談，2009年4月19日。
6 黃少勇，〈鐵流滾滾，丹心熠熠〉，《西藏革命回憶錄》第四輯，頁46-54。
7 居欽圖丹訪談，2009年9月22日。
8 齊心整理，〈丁指部隊的西藏平叛作戰〉，《落難英雄——丁盛將軍回憶錄》，頁298。

紛紛，猜測各種可能性。達熱到羅布林卡內的噶廈辦公室，去見留下的官員時，看到卸任司曹洛桑扎西已經到達。達熱向官員們報告達賴喇嘛已經出走，並且留下一封信的事，洛桑扎西十分吃驚[9]。

同時，在譚冠三辦公室內的小會議室裡，西藏軍區召開營以上單位負責人緊急會議。會議由副司令鄧少東主持，譚冠三通報形勢，並作作戰動員。根據《西藏平叛紀實》：

> 接著，作戰部參謀玉樹棠介紹整個拉薩情況，說看起來不打不解決問題。譚冠三說但我們絕不打第一槍。要充分暴露其罪行，喚起西藏人民支持，在軍事上採取守勢，要等條件成熟，要利於全殲叛亂武裝。
>
> 爾後決定由一五九團副團長吳晨率一個連隊今晚就進住拉薩河南渡口的牛尾山[10]。

同時，軍區汽車團得到通知，如果看到三顆綠色信號彈，即為反擊命令[11]。

下午，丹巴索巴睡了差不多一天一夜，終於醒過來。他吃了點東西，在家裡待著沒事，很想知道羅布林卡的情況，於是去了羅布林卡。這天下午，達賴喇嘛出走的消息在羅布林卡內不脛而走，許多人已經通過「非官方」管道得知，但達賴喇嘛留下的信尚未公開宣布。有人神神秘秘地湊過來問丹巴索巴：「聽說嘉瓦仁波切不在羅布林卡了，是嗎？」

丹巴索巴已經發過誓，不能把這件事透露給任何人，只好裝聾作啞：「嘉瓦仁波切？他當然在裡面。他不在羅布林卡，還能上哪兒去？」[12]

這時候，牆外的民眾還不知道達賴喇嘛出走一事。按照達熱等人的計

9　達熱‧多阿塔欽，《我的故事》。
10　《西藏平叛紀實》，頁95。
11　赤列朋措訪談，2009年4月19日。
12　David Patt, *A Strange Revolution: Tibetan Lives in Chinese Hands*. p. 151.

畫，達賴喇嘛的信將於次日，即3月20日公開宣布，公布之後，羅布林卡內的政府工作人員和民眾志願警衛將撤離，等待下一步通知[13]。至此，達賴喇嘛出走一事在羅布林卡內部已經不再是秘密，而羅布林卡內無疑存在著中央電報中所說的「靠近我們的但還未暴露的人」，因此，軍區方面這天也得知確切消息，並向中央報告。《平息西藏叛亂》這本內部資料集中，恰好缺少17-19日西藏工委與中央之間往來的電訊，只收錄了以班禪喇嘛名義發給譚冠三和周仁山的電報，表示願意與「分工委、人民解放軍駐日喀則部隊，加強團結，密切合作……共同粉碎和鎮壓武裝叛亂。」[14]達賴喇嘛出走確認後，中央針對這一情況作出怎樣的反應，給譚冠三什麼樣的指令，至今還是機密。

然而，從藏方的資料來看，假如中共想要避免在聖城拉薩打一場大戰，那是完全做得到的。只要等到3月20日上午，達賴喇嘛的信向民眾公布之後，情況自然會出現變化。按照達賴喇嘛的設想，民眾一旦失去了他們要保護的目標，將會自動解散。這樣的話，戰爭就可以避免。但是，從中方的資料看來，情況恰恰相反，「大打一仗」是毛澤東的既定目標，無論達賴喇嘛怎樣做，拉薩之劫都無法避免。確認達賴喇嘛出走以後，解放軍已是箭在弦上不得不發，而且不再有任何顧忌，可以放手大開殺戒了。

警衛團長朋措扎西跟隨達賴喇嘛走後，羅布林卡警衛由如本色新·洛桑頓珠負責。3月19日和20日是發軍餉的日子，色新忙著給士兵們發餉，還派了300名士兵到勳冬卡去磨糌粑[15]，顯然並沒有做作戰準備。

與此同時，拉薩中方單位的民兵團卻得到如下命令：

> 1959年3月19日下午，民兵團部從工委大院內發出命令：據可靠情報，今夜叛亂分子要動武，各單位民兵不要脫衣睡覺，要百倍提高

---

13 達熱·多阿塔欽，《我的故事》；另見圖丹格仲，《艱難的經歷》（藏文版）；或見英文版Tubten Khetsun, *Memories of Life in Lhasa Under the Chinese Rule*, p. 34.
14 《平息西藏叛亂》，頁88。
15 色新·洛桑頓珠，〈有關我任警衛營長時發生叛亂一事〉，《西藏文史資料選輯》（十七），頁140。

警惕，準備戰鬥，堅決進行自衛。晚飯後我們對全體職工作了戰前動員，將這道命令迅速傳達到每一個民兵[16]。

同日晚上，大約北京時間8點左右，軍區警衛營長朱秀山從司令部返回營指揮所，向全體軍官傳達了軍區布置給他們的作戰任務，並且定下作戰方案，以及給分隊的具體任務。這天夜晚：

全營指戰員都有一種預感，總覺得戰鬥很快就要打響，所以誰也睡不著覺。在我沉思之際，電話鈴響了。軍區指揮所的鄒鳳鳴處長問：朱營長，你們警衛營準備得怎麼樣啦？我一一回答之後，他又說：首長很關心你們那裡的情況。二號（指譚政委）剛才又在問到你們。我回答請首長放心[17]。

根據上述資料，3月19日這天，汽車團、警衛營、民兵團都得到了做好當晚隨時作戰的命令。警衛營官兵睡不著覺，恐怕不僅僅是「一種預感」。

一小時後，159團副團長吳晨和3營副營長朱消剛率領一個連，悄悄上了汽車。車上除了士兵，還有兩門迫擊砲。汽車駛過拉薩河大橋，朝河南岸的砲兵308團駐地開去。

這個夜晚，堪穹達熱疲憊不堪，睡在羅布林卡達賴喇嘛御醫的住處。

改革局職員丹巴索巴在羅布林卡跟朋友們聊到天黑，夥伴們叫他別回家，說外面不安全，當晚就住在羅布林卡。他到黃牆裡面，離達旦明久頗章只有幾十米的一座侍從小屋裡過夜。

籌委會財會處職員強巴丹增在帕廓街附近的家中，尚未得知達賴喇嘛出走的消息。他將何去何從，只能等著事態平息之後再做決定。

圖丹格仲本想回家看媽媽，但是達賴喇嘛出走之後，為了防止走漏消息，羅布林卡加強警戒，只准進不准出，他只好留在羅布林卡，繼續守護正

---

16 王起秀，〈親歷1959年西藏平叛〉，《百年潮》2008年第10期。網路版：http://dangshi.people.com.cn/GB/8339083.html
17 朱秀山，〈拉薩之戰的回顧〉，《西藏革命回憶錄》第四輯，頁32。

門。

　　藏軍第四代本與軍區警衛團比鄰而居，駐地只有一牆之隔。是夜，第四代本作息並無改變，藏兵們脫衣就寢，對隔壁的動靜毫無覺察。

　　而拉薩解放軍駐軍的各單位，解放軍官兵和民兵則徹夜不眠，枕戈待旦。

　　居欽圖丹和他的20名夥伴在然馬崗山腳的小村裡呼呼大睡，另外兩組人在各自的位置上，一組在山腰，一組在山頂，點起篝火取暖。他們一點兒也沒想到，篝火不僅暴露了自己所在的位置，還為對方的砲彈提供了目標。

　　解放軍159團副團長吳晨和他的士兵們，在羅布林卡以東，拉薩河南岸的砲兵營裡，等待深夜來臨。他們的任務是：用砲火封鎖渡口，「叛亂分子只准進不准出。」

（三）

　　1959年3月19日夜晚，「拉薩事件」到「拉薩戰役」之間，只剩下幾個小時。這時，達賴喇嘛在一個地圖上找不到的小村裡。電報員阿塔諾布還在策馬奔馳，追趕達賴喇嘛的隊伍。除了印度政府通過在拉薩的領事館得到一些消息，蘇聯有可能得到中國政府方面的報告[18]，除此以外，國際社會對雪域西藏發生的巨大變動一無所知。

　　這時候，拉薩中藏兩方的軍事力量是什麼狀況？幾十年來，對這點有不同的說法。藏方的資料中從未有過統計。由於「拉薩事件」是個突發事件，3月10日那天民眾洶湧而來，但幾天後激情逐漸減退，商店恢復營業，很多拉薩市民返回家中。日夜固守在羅布林卡牆外的民眾以康巴和安多人為主體，也有一些拉薩人和三大寺僧侶；在羅布林卡裡面的則以拉薩人為主，其中大多數是羅布林卡的職員、噶廈政府中下層官員及其僕從、藏兵和他們的家屬等等。在甲波日山頂、布達拉宮、大昭寺、小昭寺等地的主要是拉薩一帶的

---

18 根據《西藏平叛紀實》，蘇聯從3月10日開始，即把衛星調整在西藏上空運行。詳見該書頁87。

人，有藏兵，也有一些僧侶和少量康巴人。他們流動性很強，所以人數很難統計。因此，3月19日這天拉薩中藏雙方軍力的情況，至今未見藏人方面的資料，只有中方的資料。可是，中方資料在不同時間、不同著作中相差頗大。幾十年來，逐漸形成了一個具有代表性的傳說，即「1959年拉薩一千解放軍殲滅七千叛匪」。

這個傳說並不是1959年出現的，而是「拉薩戰役」30多年後才開始在國內流傳。1995年，西藏自治區黨史資料委員會、西藏軍區黨史資料徵集領導小組聯合編寫了一本資料集，即《平息西藏叛亂》。這本注明「內部發行，不得引用」的書中，並沒有直接提供當時中藏雙方的兵力對比，但該書的第一篇文章〈平息西藏叛亂綜述〉中說：「人民解放軍僅以1,000餘人的兵力，斃、傷、俘叛亂武裝5,300多人，繳獲大批武器彈藥。」定下了這個傳說的基調。

這篇文章首次透露當時在拉薩的解放軍人數為1,000餘人。《西藏平叛紀實》沒有提到解放軍總數，但是提到當時拉薩的解放軍有「155團、159團（兩個團的建制都不全）、軍區警衛營共13個步兵連，一個輕型裝甲車連，加砲兵308團」，但是沒有提到工兵機械營[19]。

《解放西藏史》提到，當時解放軍在拉薩的部隊有：步兵第155團、第159團、軍區警衛營、砲兵第308團、汽車第16團、工兵機械營等部隊。書中沒有說明具體人數，而且「輕型裝甲車連」失蹤了。

2008年12月，《兵器知識》雜誌發表了一篇題為「藏區平叛的五年艱苦歲月」的文章。這篇文章的作者徐焰是中國國防大學教授，而且是研究「西藏平叛」的專家，但他提供的解放軍數字只是一個含混不清的「不足3,000人」[20]。該文還說解放軍在拉薩城內「只有第155團、第159團和軍區警衛營的十三個步兵連、一個裝甲車連和第308砲兵團三個營」，沒有提及「工兵機械營」和「汽車第16團」，也就是說，這個「不足3,000多人」的數字不包括工兵營和汽車團，只包括了編制上的作戰部隊。其實，這兩支編制上的非作

---

19 吉柚權，《西藏平叛紀實》，頁95。
20 徐焰，〈藏區平叛的五年艱苦歲月〉，網路版：http://mil.news.sina.com.cn/p/2008-12-11/0810534237.html

戰部隊不但參加了「拉薩戰役」，還起了很重要的作用。

根據〈平息西藏叛亂綜述〉，藏人的軍事力量，即「叛亂武裝」為7,000餘人。這個數字來源於1959年3月11日西藏工委發給中央的一份電報：「另外據我們了解，截至10日下午，三大寺的喇嘛已有1,400多人進入拉薩市區，原散布拉薩周圍的叛亂分子，在天黑後陸續小股（20至30人一股）向拉薩市區運動。估計加上藏軍2,500至3,000人，現在拉薩的叛亂力量總共有6,000至7,000人。」

但是，根據1993年出版的《西藏平叛紀實》，光是駐在甲波日的「康巴叛匪」就有9,000之多[21]，但下文又說拉薩的「叛匪總數」是一萬多人。徐焰文章提供了不同數字：「3月10日拉薩暴亂發生時，7,000餘名康巴等地的叛匪湧進城內，上萬喇嘛和市民被發放了槍枝並做了戰鬥編組」；文中還提到「最兇悍的是康巴叛匪，……康巴叛亂受打擊後有7,000餘名匪徒骨幹竄入西藏。」「竄入西藏」和「湧進城內」的，不多不少都是7,000餘名，再加上「上萬喇嘛和市民」，於是「叛亂力量」就從當年西藏工委估計的「7,000多人」（包括在拉薩的全部藏軍）變成了將近兩萬人。

《解放西藏史》中，「叛亂武裝」數字又回到最早的數字：「到3月19日夜，由各地進入拉薩市的叛亂武裝約7,000人。其中盤踞在羅布林卡及其周圍的有5,000人左右。」[22]

根據3月11日西藏工委給中央的電報，當時在拉薩的藏軍人數為2,500至3,000人。1952年，藏軍的編制為5個代本團：「1952年12月，由於西藏地方政府財政困難，加之藏軍中老弱病殘者較多等原因，遣散6,000多人，尚存五個代本團約3,000人。因為3、5代本團缺員較多，實際上常住兵營的實力才2,000餘人。1957年增至3204人，其中軍官178人。」而且「各代本中尚有喊隊列口令的『華達』一人（排職）；負責行政管理的『墨加』二人（排職）；負責念經的『格更』若干人（班級待遇）；仲譯（文書）一人、醫助二人。」[23]

1959年在拉薩的藏軍計有第一代本645人，第二代本1,023人，第四代本

21 《西藏平叛紀實》，頁113：甲波日，即「藥王山」。
22 《解放西藏史》，頁363。
23 陳炳，〈藏軍史略〉，《西藏文史資料選輯》第四輯，頁85-99。

489人，以及第六代本375人，連念經的都算上，共2,532人。與陳文中當時在拉薩的藏軍有「2,600餘人」這一資料大致相符。這是編制上的數字。

但是，根據《西藏黨史大事記》，1958年11月噶廈官員會議之後，「藏軍就成排地參加叛亂武裝」[24]；3月17日當晚，藏軍第一代本有幾十人護送達賴喇嘛出走，次日第二代本又帶了100多警衛團士兵趕上。因此，當時在拉薩的藏軍人數顯然不到2,600人。

除了正規軍外，中方還有一個民兵團。這個民兵團的情況，《解放西藏史》沒有詳敘，但當時在拉薩的郵電局職工王起秀提供了較為詳細的資訊：

> 根據西藏工委的指示，自治區各機關單位及拉薩市各單位都要組織民兵，將所有的幹部職工都組織起來，共同成立一個民兵團，一般是兩三個單位成立一個民兵營，每個單位又分別成立民兵連、民兵排。我所在的拉薩市郵電局自己成立一個民兵連，我任連指導員。當時，拉薩市郵電局有正式職工99人，不分男女，不分民族，全部成為民兵。民兵連下設幾個排，我們把部隊轉業的老兵及年輕小夥子專門組成一個基幹民兵排。基幹民兵排有幾挺輕機槍，每人都有一枝長槍或衝鋒槍，並有四個手榴彈[25]。

當時在拉薩的外地人並不一定屬於「四水六崗志願軍」，大多數是像居欽圖丹那樣，先後從康區和安多各地逃來的難民。他們沒有組織，沒有訓練，也沒有重武器。因此，「1,000解放軍」指的是不包括解放軍非戰鬥編制的部隊，也不包括民兵在內的正規軍作戰部隊，「7,000叛匪」卻是包括僧侶在內的總數。

雙方擁有的武器，無論是數量還是種類都相差甚遠。308砲兵團是一個「由汽車牽引的砲團，裝備蘇式122毫米榴彈砲、76毫米加農砲和120毫米迫擊砲」，還有裝甲車和噴火器。

---

24 《西藏黨史大事記》，頁83。
25 王起秀，〈親歷1959年西藏平版〉，《百年潮》2008年第10期。網路版：http://dangshi.people. com.cn/GB/8339083.html

在正規軍隊和民眾武裝的對抗中，砲兵不僅是強大的遠距離殺傷力，而且會產生巨大震懾作用，特別有利於摧毀對方的戰鬥意志。「拉薩戰役」中，解放軍方面的作戰計畫基本上就是砲兵的攻擊計畫。這種大規模的遠距離轟炸，使得藏人方面幾乎沒有機會看到對方就已被砲火摧毀。解放軍在砲兵方面占有絕對優勢，經過長期的準備，大砲運送到位，砲兵陣地已建立完畢，各種測量已經完成，彈藥儲存充足，這是解放軍方面各級指揮人員開戰以前就勝利在握的原因。他們其實知道，他們打的是實力不相稱的對手。也正是這種明顯的實力不對稱，從另一個側面，證明了是解放軍一方想打，而不是噶廈和藏人想打。

至3月19日夜晚，軍區的作戰計畫也早已經制定：

> 我軍隊布置是：戰鬥打響前，155團一營配置在西郊陸軍的「49醫院」及軍區八一農場一線待命，二營位機械營機動；159團二營配置在籌委、統戰部一線，三營位拉薩回民小學機動；軍區警衛營除擔任機關警衛任務的兵力外，餘為機動。因我機動作戰部隊僅四個步兵營及一個裝甲連，戰鬥擬分三個階段進行：第一階段以159團二營在308團砲火掩護下，首先攻占藥王山，切斷羅布林卡與市區的聯繫；第二階段以155團（欠三營）主力從東西兩面對羅布林卡實行夾擊，消滅叛亂武裝主力。159團攻占功德林並以一部分兵力配合155團攻擊羅布林卡之敵；第三階段以155團（欠三營）、159團（欠一營）和警衛營機動兵力包圍殲滅市區之敵[26]。

在藏人方面，第一代本朋措扎西、如本索南扎西，第二代本俊巴‧多杰才旦和第四代本索南多杰都已經跟隨達賴喇嘛出走，藏軍指揮系統基本上已經癱瘓；堪穹達熱‧多阿塔欽、雪苦巴、夏格巴等人不是文官就是僧侶，既無軍事知識，亦無軍事經驗，更無作戰準備，他們面對的，是一支經驗豐

---

26 《西藏革命回憶錄》第四輯，頁20-21。

富、武器精良、訓練有素、而且早已經憋足了勁要大打一仗的軍隊。

（四）

1959年3月20日，藏曆土豬年2月11日，星期五。

半夜12點，解放軍159團副團長吳晨帶領一個連離開砲兵團駐地，摸黑朝然馬崗渡口邊的山頭走去。在黎明前的黑暗中，他們步行了將近三小時，來到山腳下。吳晨停下來觀察。渡口很安靜，山上燒了幾堆火，有人在火堆旁邊來回走動，但是沒有人發現他們。有關然馬崗的地形，兩方有不同的描述。《西藏平叛紀實》中將之描述為三座山頭；當時在然馬崗渡口駐守的居欽圖丹將該地描述為同一座山的山腳、山腰和山頂。到了山下，吳晨命令一個班占領渡口，一個排占領山腳，另一個排占領山腰，同時架起迫擊砲，指示說一旦需要開砲，必須百發百中。

居欽圖丹和他的20名夥伴還在睡覺，絲毫不知道戰爭即將爆發。

凌晨3點10分，吳晨下令行動開始。士兵們上刺刀，開始朝各自的目標摸去。半小時後，幾聲槍響撕破了黎明前的寂靜。

這就是「拉薩戰役」的第一槍。

「打響第一槍」的位置是在山腰，也就是吉柚權所說的「第二個山頭」。當時有20名康巴人守衛。根據《西藏平叛紀實》的說法，奉命占領山頂的那個排快要摸到第二個山頂，即居欽圖丹所說的「山腰」時，守衛的康巴人喝問是誰，中方士兵沒有回答，對方即開槍。這一情況立刻被電報中央，表示藏方已經打了第一槍。

在《中共西藏黨史大事記》中，「第一槍」被說成是：「凌晨3時40分，叛亂武裝在羅布林卡西南拉薩河然巴（按：即然馬崗）渡口附近，首先向我軍控制該渡口的一個連開槍射擊。」[27]造成該連先前已在然馬崗，是藏方前去攻擊的印象，但實際情況恰好相反。

---

27 《中共西藏黨史大事記》，頁95。

有關「第一槍」的說法只是為了在宣傳上搶占道德制高點，使戰爭的性質由「鎮壓」轉為「自衛」。後來的「1,000解放軍殲滅7,000叛匪」這一傳說也是為了強化這個道德制高點。資料表明，在此之前，雙方至少已經發生過兩次小規模武裝衝突，一次是3月12日，一次是3月17日，但是，這兩次衝突都沒有被當成引爆「拉薩戰役」的「第一槍」，這是因為當時中央和西藏工委的各種策劃和部署尚未完成。3月19日，譚冠三命令吳晨帶人占領山頭時，以西藏軍區司令員張國華、政委譚冠三等人名義的布告已經完成，幾小時後就在拉薩城裡四處張貼；第54軍134師的一個團正在趕赴拉薩途中；三大軍區的部隊已經做好了入藏準備。於是，3月20日凌晨發生在然馬崗的這次衝突，就可以成為拉薩戰役的「第一槍」了。

槍響之後的情況，《西藏平叛紀實》中說：

> 一九五九年三月二十日凌晨三點四十分，一五九團副團長吳晨在拉薩河南渡口與叛匪打響，拉薩市區圍困西藏工委各機關、單位和部隊的叛匪，在牛尾山打響一兩分鐘內，同時向各被包圍點發起攻擊，噶廈叛亂集團拉開了進攻西藏工委機關、單位、駐藏人民解放軍的戰幕[28]。

《解放西藏史》也延續這一說法。根據這一說法，譚冠三於20日上午10點下令反擊，是在「西藏反動政府與上層反動集團」向拉薩人民解放軍「發動全面進攻」之後，也就是說，10點之前解放軍正規軍並未投入戰鬥。《解放西藏史》舉出兩個例子。第一個例子是羅布林卡北部的拉薩運輸站。「第一槍」打響之後，藏人向運輸站先後發動了三次進攻，第一次是什麼時間不得而知，第二次是「拂曉6時許」。另一個例子是小昭寺附近的拉薩建築工程處，進攻的時間是「上午8時」[29]。這兩次戰鬥都是在「叛亂武裝分子」與中方民兵之間發生的。「叛亂武裝分子」是個籠統的說法，其中包括藏軍和擁

---

28 吉柚權，《西藏平叛紀實》，頁109。
29 《解放西藏史》，頁370。

有武器的民眾。

但是，《西藏平叛紀實》和《西藏革命回憶錄》中有截然不同的記載。吉柚權提到，拉薩河南岸槍聲一響：

> 駐守在羅布林卡西側烈士陵園裡的155團砲連，聽見河對岸打響，以為反擊打響了，連長立即命令部隊進入砲陣地，哐哐哐朝羅布林卡方向就開了砲，軍區聽到砲響，打電話質問，他們才立即停止射擊。幾分鐘後，拉薩圍攻機關部隊的各點的叛匪，基本上是同時向各被圍點發起攻擊[30]。

但同頁又說羅布林卡西部砲聲響後，「拉薩西郊一帶槍聲大作，緊接著拉薩市區各地槍聲突然齊響，像炸開的鍋一樣。這樣拉開了由噶廈上層反動集團組織的武裝叛亂的戰幕。」

「市區各地槍聲突然齊響」被說成是由包圍拉薩各點的叛匪同時發起攻擊，可是，解放軍指揮官的回憶並不支持這一判斷：

> 二十日凌晨，在羅布林卡正西方響起了急驟的槍聲，這時三連連長杜治同志跑到營指揮所，他一開口就說：「營長，打吧！」接著我又聽到西郊響起了巨大的砲聲。我看時機已到，刻不容緩，於是命令：「出擊！動作要快！」杜連長走後，我立即叫人接通軍區指揮所。受話人正是作戰處鄒處長。我說：「我已經命令三連立即出擊。」處長說：「好，要及時報告情況！」我放下機子之後，命令各連占領陣地，堅決痛擊來犯之敵。從杜連長離開指揮所至我下令要各連進入陣地最多不到5分鐘的時間，三連就在我一牆之隔的院內打響了！開始是短促的手榴彈爆炸聲，緊接著是步槍、機槍、衝鋒槍的掃射聲和噴火器的火舌，以及戰士們的衝殺聲。指揮員們迅速而勇猛的戰鬥作風和猛烈的實力，一下就剝奪了敵人的反抗能力。

---

30 《西藏平叛紀實》，頁101。

這一仗僅僅只用了幾分鐘的時間，就全殲了守敵。我營拉薩戰役首戰告捷，拔掉了一顆釘子[31]。

警衛營長朱秀山在文中總結說，三連指戰員之所以能夠「以少勝多，全殲兩倍於我的敵人，除了組織指揮、武器裝備等因素外，更重要的因素是，指戰員們的政治覺悟和不怕犧牲精神。」《解放西藏史》說：「軍區警衛營勇猛出擊，已全部解決了該營北側的藏軍第四團。」[32]

警衛營長的描述中有個明顯的矛盾：這場「首戰」，他的部下是「出擊」，而且「一下就剝奪了敵人的反抗能力」，顯然不是「痛擊來犯之敵」的自衛行動。他沒有說為什麼這場戰鬥是在「一牆之隔的院內」打的，也沒有說是跟哪部分打的。《解放西藏史》承認軍區警衛營是主動出擊，打的是藏軍第四團，卻把「一牆之隔」改成了「該營北側」。「北側」可以近到「一牆之隔」，也可以遠到幾公里之外，這一改動，就給讀者造成一種虛擬的距離感。

結合二者的描述，可知這場「首戰」是發生在軍區警衛營和他們隔壁的藏軍第四團之間。藏軍方面竟然立刻就被「剝奪了反抗能力」，顯示出他們並無作戰準備。

但是朱秀山和《解放西藏史》均未提及，警衛營三連之所以能夠在幾分鐘內就「首戰告捷」並且「全殲守敵」，最重要的因素不是作風和實力，而是因為「守敵」當時正在睡覺：

> 警衛營長朱繡山接到命令後，考慮第一個殲滅的目標是四代本，因為四代本就和他的警衛營住在一起，中間就一牆之隔，時時都在威脅著他。深夜，朱繡山極其秘密地組織部隊，21日拂曉，朱繡山的部隊幾十名戰士一齊用勁推倒本營和四代本之間的院牆，部隊從這個缺口發起衝鋒，衝進四代本兵營。四代本的士兵還在睡覺，聽見

---

31 朱秀山，〈拉薩之戰的回顧〉，《西藏革命回憶錄》第四輯，頁33。
32 《解放西藏史》，頁372。

牆倒塌聲知道情況不妙，立即起床，但朱繡山的部隊已攻進院內，四代本的士兵倉促應戰，雙方激戰一小時後，朱繡山解決了四代本[33]。

　　兩人對這場戰鬥發生的時間，以及戰鬥延續時間的描述有明顯不同。如果吉柚權的描寫屬實，那麼這場戰鬥是發生在甲波日和羅布林卡攻占之後，而且也不是幾分鐘內解決的。但是，很難想像在「拉薩戰役」已經開打一整天，甲波日和羅布林卡已經攻陷，大批藏人被殺被俘之後，第四代本竟然還在軍區警衛營隔壁若無其事地睡覺。

　　如果這場戰鬥確實是發生在21日凌晨而非20日凌晨，那只能有一個解釋：第四代本完全置身事外，既沒有參加前日的戰鬥，也不打算參加以後的戰鬥。不管誰的描述更接近真實，有一點是共同的：這場戰鬥是解放軍主動進攻，並非「反擊」或者「自衛」，而且警衛營跟第四代本一直比鄰而居，並沒有被包圍，因此也不存在第四代本「首先向被圍點進攻」之事。而且，第四代本的士兵在睡夢中被牆倒塌的聲音驚醒，倉促應戰，居然還「激戰」了一小時，如果此說屬實，軍區警衛營長的敘述就頗有誇大戰功之嫌。

　　根據《中共西藏黨史大事記》，「第一槍」響起後，「叛亂分子並向自治區籌委會辦事處、人民醫院、人民法院、人民檢察院、氣象處、貿易公司、郵電局、西藏日報社、新華社西藏分社等十多個單位發起猛烈進攻。」[34]但是，在當時的郵電局職工王起秀的回憶文章中，3月10日之後，郵電局一直開門營業，而且軍區派了一個班的兵力保護：

　　……我們郵電局的營業室仍開門營業，照收電報和郵件，只是下午要提前關門。報房比以前更忙，報務員們白天晚上都在工作，每天都工作到凌晨一兩點鐘。這時除一般電報外，西藏工委發往北京和各地區的機要電報多了起來，隨到隨發，保證西藏工委和中央及各

---

33 吉柚權，《西藏平叛紀實》，頁117。該書中「朱秀山」為「朱繡山」，作者原文引用，未作修改；另據《西藏革命回憶錄》第四輯中308砲兵團連長王國珍的回憶，「解除四代本武裝」是在3月20日。
34 《中共西藏黨史大事記》，頁95。

地區的聯繫[35]。

可見那些天裡，郵電局也沒有被包圍。3月20日凌晨，郵電局非但沒有受到「猛烈進攻」，情況恰好相反：「砲聲首先在拉薩西面響起，我們的附近還不見動靜」。郵電局的民兵跟藏人短暫交火是在汽車站交火之後，而非凌晨「第一槍」響起之後。

20日黎明前，然馬崗的槍聲響起後，從拉薩西郊解放軍砲兵陣地發射的砲彈落進羅布林卡，其中一發飛進黃牆內，擦過達旦明久頗章的屋頂落在院子裡。爆炸的震盪震破了宮殿的窗戶，碎玻璃嘩啦啦掉了滿地[36]。丹巴索巴被砲彈爆炸聲和玻璃落地聲驚醒，他跳起來，三下兩下穿好衣服，抓起槍衝出小屋，奔向黃牆大門。

圖丹格仲同幾名警衛團士兵正在看守宮門，聽到砲聲，不知道應該怎麼辦。他們沒有收到任何命令，只好束手無策地等著。不一會兒，羅布林卡南牆外的康巴人發出陣陣吶喊。圖丹格仲以為解放軍士兵已經衝到了南大門附近，康巴人正在與他們進行激戰。過了一陣，喊聲漸停，圖丹格仲想大概是進攻的解放軍被擊退了，他出去一看，四周連解放軍的影子都沒有，原來康巴人只是在給自己吶喊助威。過了一陣，他聽到從羅布林卡往外發射的砲聲，是警衛隊在朝西郊開砲[37]。

堪穹達熱在睡夢中「聽到好像是大砲的聲音」。羅布林卡宮內的人們紛紛起床，仔細一聽，真的是砲聲，而且砲聲越來越密。他趕快跑到夏丹拉康，看到幾個人手忙腳亂地給雪印經院和布達拉宮打電話，可是電話線已經切斷了。達熱要求各人守住自己負責的地區，他出去觀察情況[38]。

居欽圖丹和他的夥伴們馬上起身，有的穿衣，有的抓槍，亂紛紛地衝出

---

35 王起秀，〈親歷1959年西藏平叛〉，《百年潮》2008年第10期，網路版：http://dangshi.people. com.cn/GB/8339083.html

36 丹巴索巴訪談，2009年9月8日。

37 圖丹格仲，《艱難的經歷》（藏文版）；或見英文版Tubten Khetsun, *Memories of Life in Lhasa Under the Chinese Rule*, p. 34.

38 達熱．多阿塔欽，《我的故事》。

去往山上跑[39]。槍林彈雨中，夥伴們有的死傷，有的失散。居欽圖丹和兩名夥伴迂迴奔突，時躲時衝。天亮後，他們冒死衝到山頂，占據了那座小工事。從山頂上，他們看到下方的解放軍陣地，機槍和砲對準羅布林卡，河灘上還拉了電話線，山下有挖好的戰壕。居欽圖丹此刻才明白，原來對方早就作好了戰鬥準備。

「拉薩戰役」正式爆發。

39 居欽圖丹訪談，2009年9月20日。

第十八章　藥師佛之殤

（一）

1959年3月20日，藏曆土豬年2月11日，星期五。

槍砲聲裡，清晨悄然而來。天色清淡如水，緋雲飄曳如紗。遠處的雪山紅雲暈染，宛若高原婦人的雙頰；拉薩河上水波灩滟，猶如雪域少女笑靨如花。如水的天空越來越藍，如紗的緋雲越來越濃。天空碧藍如洗，朝霞嫣紅似血，莊嚴地托起一輪金光四射的太陽。億萬道陽光如芒如箭，照耀硝煙四起的聖城。大昭寺頂，金色雙鹿仰望蒼穹，法輪在陽光下發出眩目的金光。

清晨5點，軍區司令部會議室裡坐滿頭戴五星軍帽的軍人。手握藏民生殺大權的軍官們正在開緊急會議。與會者包括西藏軍區副司令鄧少東、副政委詹化雨，以及各主要部門負責人和各部隊的指揮官。開會之前，「第一槍」和達賴喇嘛出走的情況已經電報中央軍委。其時，毛澤東正在湖北視察。在西藏動刀兵事關重大，軍委自然不敢做主，電報被轉發給毛澤東。毛澤東接到電報後，定下「拉薩戰役」的基本戰略。他指示中央軍委，命西藏軍區把「叛亂武裝」拖在拉薩，等待增援部隊進藏，對拉薩展開合圍，一舉將「四水六崗」等藏人反抗力量全殲於拉薩一帶。中央同時急電在西藏周邊整裝待發的部隊，命令他們即刻出發，並限時趕到指定地區，對拉薩實施大合圍[1]。

從拉薩事發到毛澤東下達指示，走的是拉薩－北京－武漢的往返通訊，這當中有若干小時不明原因的時間差。譚冠三主持的這個緊急會議，就落在這個時間差當中。

會議有兩個議題。第一個議題是打不打；第二個議題是怎樣打。其實，

1　《平息西藏叛亂》，頁91。

第一個議題要討論的不是要不要打，「通過總決戰來解決西藏問題」是毛澤東的既定方針，而且是1955年就已經開始醞釀的方針[2]。因此，「打」並不是個問題。討論的是要不要按照預先制定的計畫，將戰事全面鋪開。經過一陣分析討論，會議做出了打的決定。順理成章，第二個議題討論的是怎樣打。

《解放西藏史》把這個決策過程簡化為：

> 譚冠三等領導人冷靜地聽取了與會人員對拉薩叛亂形勢的分析認為，為了吸引各地叛亂武裝聚集拉薩、再等待入藏部隊聚殲敵人的情況已經發生變化。譚冠三以政治家的氣魄和對黨、對人民勇於負責的膽略，定下了於當日10時發起反擊的決心。首先攻占藥王山，奪取拉薩制高點，分割敵人；然後集中兵力火力攻殲羅布林卡之敵，摧毀叛亂武裝總部；繼而集中兵力火力，一塊一塊地消滅盤踞市區的叛亂武裝。為了保護文物古蹟，對布達拉宮之叛亂武裝圍而不打，迫使其投降。上述反擊計畫立即報告了中央軍委和毛主席[3]。

這一描述省略了諸多重要細節，造成譚冠三一開始就打算改變毛澤東作戰部署的印象。但其他出版物中透露的細節顯示，事情並非如此簡單。幾十年來，對「拉薩戰役」之前藏方情況的描述有許多誇張，而且宣傳遠遠多於史實。實際上，當時的情況，這些在拉薩已經生活了好幾年的軍人知道得很清楚。他們完全知道自己的優勢，也有必勝的把握，並據此決定了作戰方案：

> 經過分析，一致認為我戰鬥技術絕對優勢，叛軍分散，而且由雲、川、青、康和西藏幾省力量合成，各自為陣，協同作戰較差，只要我們利用了這個短處，一個一個地吃掉他是有把握的。譚冠三這才

2　范明，「1955年冬，毛主席給張國華指示，叫西藏準備進行民主改革，並著重指出，必須在打鬥基礎上進行準備。貴族反抗，準備打掉一部分，跑掉一部分，噶倫堡、香港多幾個罵我們的人，沒有什麼了不起（大意）。」《西藏內部之爭》，頁186。
3　《解放西藏史》，頁371。

下決心打。決定採用集中兵力一塊一塊地吃掉敵人的戰術，以現有的兵力對噶廈叛亂集團進行反擊，形勢上對其形成四面合圍，北面由軍區教導隊負責，西面由汽車十六團、步兵一五五團負責，東南面由一五九團、軍區警衛營部分部隊負責，集中一五五、一五九團主力一塊一塊地吃掉叛軍[4]。

緊急會議同時決定，將戰役分作三個階段進行：

第一階段以159團二營在308團砲火掩護下，首先攻占藥王山，切斷羅布林卡與市區的聯繫；第二階段以155團（欠二營）主力從東西兩面對羅布林卡實施夾擊，消滅叛亂武裝主力。159團攻占功德林並以一部兵力配合155團攻擊羅布林卡之敵；第三階段以155團（欠三營）、159團（欠一營）和警衛營機動兵力包圍殲滅市區之敵[5]。

由此形成了甲波日、羅布林卡、大昭寺、小昭寺、布達拉宮等五個主要作戰點；同時在裝甲車的帶領下，在全城張貼經過中央軍委審定批准的布告。這個計畫決定後，當即電報中央軍委審批。

但是，在等待批准的過程中，情況出現了變化。譚冠三突然「將在外，君命有所不受」，不等中央軍委批准，下達了立即發動總攻擊的命令。為什麼會出現這樣的變化？當時參戰的解放軍指揮官們的回憶文章裡，透露了一些蛛絲馬跡。根據他們的回憶，「拉薩戰役」從凌晨打響後，一直在進行之中。如果汽車十六團軍官黃少勇記憶無誤的話，19日半夜，即「第一槍」發生之前，戰鬥就已開始：

十九日上午，我們接到軍區通知：如見三顆綠色信號彈，即為反擊的命令。是夜，由於敵人一入夜便亂打信號彈，以致難辨敵我。我們

4　吉柚權，《西藏平叛紀實》，頁110。
5　同上，頁22。

遂命令部隊按原計畫執行，命令教一連提高警惕，堅決打擊叛匪。

　　這段回憶有點奇怪。3月19日戰爭尚未開始，軍區就定下了「反擊」而非「進攻」的信號，也就是說，制訂這一計畫時，軍區有把握對方會先動手。果然：

> 半夜，大股叛匪向渡口突圍，進攻我守衛部隊。我教一連在營長的指揮下，輕重機槍一起開火，叛匪丟下了一百多具屍體後，狼狽竄回，放棄了從老渡口的突圍。三月二十日拂曉時，市區槍聲大作，拉薩戰役正式打響了。
> 此時，西郊山溝裡千餘叛匪也蠢蠢欲動，一夜人叫馬嘶，亂成一片，幾次想通過西郊山嘴進入拉薩增援，但因我早有部隊扼守，沿線七一農場等單位人人持槍，嚴陣以待，叛匪始終未敢妄動[6]。

　　黃少勇沒有說「原計畫」是什麼，但他的回憶與吉柚權所描述的「第一槍」經過截然不同。對照吉柚權提供的軍隊配置和作戰方案，黃少勇所屬的汽車十六團當時確實是在拉薩西郊，也就是羅布林卡西面一帶。根據他的描述，「拉薩戰役」是從19日半夜開始，而且無法判斷「第一槍」究竟是誰打的。

　　一名3月11日即接受軍區保護的前噶廈政府高階官員回憶，3月20日那天，他和家人在羅布林卡西面的軍區醫院裡。「3月19日夜裡，約北京時間2點，到處是打砲的聲音，好像是外面往醫院打砲，我們覺得個個窗子都在響，後來他們說這是醫院往羅布林卡打。」他們一家人隨即被送到醫院樓底下，用鋼筋水泥修築的地洞裡[7]。前昌都總管拉魯回憶錄中提及：

> 藏曆初十（3月19日）。下半夜仍可聽見槍聲。

6　黃少勇，〈鐵流滾滾，丹心熠熠〉，《西藏革命回憶錄》第四輯，頁52。
7　引自未發表的採訪記錄，2000年朱瑞採訪。

藏曆十一日（3月20日），早晨，羅布林卡方向仍有槍聲和砲聲。交通中斷，不能通行。遠處可看見藥王山上，槍砲互射的火光[8]。

其他人的回憶也證實，在譚冠三作出決定之前，拉薩已經在激戰，各個作戰點都已經打得很激烈，譚冠三下令之前，解放軍至少已經向甲波日發動了一次進攻，但被山上的藏軍擊退，無功而返[9]。警衛營長朱秀山的部隊在20日凌晨已經「首戰告捷」，「殲滅」了正在睡大覺的藏軍第四代本。守在各處的民兵也已經開打。這些情況顯示，拉薩當時已經是一片混戰，不管有沒有得到中央軍委批准，事實上解放軍已經開始作戰。

另一個重要原因是，譚冠三明白，如果此時不打，可能就打不成了：

> 晨五時，譚冠三在軍區召開緊急會議，會議認為達賴逃走後，留在拉薩的叛亂武裝力量逐漸減少，而不是增加，為了防敵繼續向山南轉移，我應立即對叛亂武裝進行反擊[10]。

從上述資料來看，譚冠三完全明白，達賴喇嘛出走之後，在羅布林卡牆內外的民眾和藏軍會解散，其中部分人可能會去山南。因此，各部隊和民兵都在19日得到「反擊」的通知，並非偶然：「第一槍」必須在3月20日凌晨響起。否則，隨著時間一天天過去，拉薩局勢就會像達賴喇嘛原來希望的那樣，集會解散，人群散去，大部分藏軍和康巴人會離開拉薩。那樣一來，好不容易等待對方集結起來加以合圍殲滅的機會就會失去了。

（二）

孤峰甲波日，位於布達拉宮右側，藏語意為「鐵山」，因山上建有供奉

8　拉魯·次旺多吉，〈有關1959年的叛亂情況〉《西藏文史資料選輯》（十六），頁146。
9　居欽圖丹訪談，2009年9月22日。
10　《中共西藏黨史大事記》，頁95。

藥師如來的寺院和藏醫學院，故漢語稱為「藥王山」。甲波日的高度只有數百米，卻頗負盛名。從不同角度看，甲波日呈不同形狀。從布達拉宮頂俯瞰，山勢如遊龍；從德吉林卡遙望，山形似臥虎；隔河遠眺，甲波日拔地而起，峭壁斷崖，崢嶸蒼峻。山下有一池碧水，風和日麗之時，山影落在水上，與樹影交相輝映。

甲波日與紅山原為一體，民間傳說中，甲波日是一條天上飛來的龍，落在拉薩河谷，紅山為龍頭，甲波日為龍尾。後因修路，將龍生生切斷，紅山與甲波日一分為二，彼此相望。路成後，兩山之間建有巨大佛塔，將鐵山與紅山重新連成一脈。甲波日山頂有座廟宇式的建築，與布達拉宮遙遙相對。這座建築就是在西藏文化史和醫學史上大名鼎鼎的藏醫學院，藏語「甲日貝智亞卓潘達那吾擦日切林」[11]，意為「藥王琉璃妙見利眾吠陀洲」，簡稱「醫學利眾院」，俗稱「門巴扎倉」。藏醫學院建於1695年，為西藏著名政治家、大學者、醫學家第司‧桑杰嘉措創辦。

早在西元14世紀，甲波日山上已有一座名叫「珠妥拉康」的寺廟，相傳為西藏歷史上著名高僧唐東杰布所建。唐東杰布不僅是一位出色的修行者，還是醫學大師和藏戲創始人，並以修建鐵索橋利益眾生，在西藏廣受敬仰。他雲遊來此，在鐵山暫住修行，建立該寺，並製作珊瑚綴成的無量壽佛像、綠松石綴成的綠度母像、琥珀綴成的空行母像、海螺綴成的觀世音像，將這些稀世造像供奉於寺中。後世又添加藥師八如來以及多位大醫者的塑像。

第五世達賴喇嘛時期，第司[12]桑杰嘉措主持政務。第司‧桑杰嘉措在西藏歷史上是個重要人物。他不僅是政治家，同時也是著名醫學家。因此，他除了傾全藏之力擴建布達拉宮，還修繕了甲波日山上原有的佛殿，並新建一座20根柱子的大殿，供奉一層樓高的釋迦牟尼像、大譯師毗盧遮那、醫學家宇妥‧雲丹貢布和第五世達賴喇嘛塑像。修建完成後，大殿正門梁額上，以藏文、蘭札文、烏爾都文和梵文書寫頌詞：「圓滿塵積藥王山，山頂高聳琉璃天，壯觀稀有利眾生，濟世功業代傳洲。」以彰懸壺濟世、利益眾生的宗

---

11 土登次仁，〈藥王山醫學利眾院簡史〉，《中國藏學》，2008年第4期。
12 第司，清初西藏地方政府管理衛藏行政事務最高官員名稱，亦稱「第巴」，俗稱藏王。

旨。

西元1697年，即藏曆第十二饒迴火牛年5月25日，第司‧桑杰嘉措主持醫學利眾院開學典禮，並為第一批學僧作《四部醫典》第一部總則續灌頂。彼時，天降甘露，彩虹橫空，眾皆以為吉兆，歡喜讚歎。第司‧桑杰嘉措去世後，為感其建立醫學院，弘揚佛法中以醫術利益眾生之高德，特為他製造純銀靈塔，上嵌各種珍寶，將之奉於甲波日醫學院內。第司‧桑杰嘉措留下《白琉璃論》、《藍琉璃》、《醫學概論‧琉璃寶鏡仙人喜筵》、《秘決續補注‧斬除非命死繩利劍》、《藏醫史》、《醫學四續圖解》等重要醫學著作。

1921年，御醫總堪布強巴圖旺為醫學利眾院奉獻一尊高達一層樓，鑲嵌各種珍寶的藥師佛鍍金銅像。1951年，堪仲大喇嘛豎立了一層樓高的千手觀音、金剛手菩薩、勝樂金剛和大威德金剛像。大殿上層為護法神殿，供奉金剛護法神、戰神、蓮花生大師，以及長壽三尊[13]、師徒三尊[14]、密宗事部三怙主[15]，及大威德金剛。頂層供奉十六羅漢等諸多佛像。除此之外，山上還有修行岩洞，以及無數大小摩崖石刻等名勝古蹟。

甲波日山下有天然泉水，被認為有殊勝的藥用價值，故稱「藥泉」或「聖泉」，為歷代達賴喇嘛專用水源。

西元1959年3月20日上午，北京時間10點，西藏黨政軍最高領導人譚冠三將軍一聲令下，「拉薩戰役」第一階段——甲波日砲戰開始。

5分鐘後，紅、綠、白三色信號彈騰空而起，高原純淨的天空裡，燃燒起幾朵眩目的火花。西藏軍區308砲團駐地，76加農砲和122榴彈砲早已架設停當，官兵們摩拳擦掌，躍躍欲試。砲手們看見信號，先發三砲小試牛刀。三發砲彈落到甲波日山頂，轟然爆炸，一座圓形石屋應聲倒塌。緊接著，由42門大砲組成的砲群朝甲波日山頂發動猛烈轟擊。早在3月10日「拉薩事件」爆發之前，該團已經對拉薩全城實行了精密諸元準備，並且進行了多次訓練。因此，指揮官成竹在胸，砲手動作嫻熟，砲彈接二連三，持續不斷，帶著尖

---

13 「長壽三尊」即長壽佛（無量壽佛）、白度母和尊勝佛母，以長壽佛為中央主尊，左下為白度母，右下為尊勝佛母，象徵福、壽、吉祥。
14 即宗喀巴大師及其兩位上首弟子嘉察達瑪仁欽和克主格勒巴桑。
15 即文殊、觀世音和金剛手三尊菩薩的合稱。

利的嘯音飛過拉薩河，落到甲波日山頂的醫學利眾院，摧毀目標精確無比，彈無虛發。

鐵山頂上迸出一朵朵眩目的火團，與燦爛的陽光撞擊。爆炸聲裡，醫學院區額跌落，經幢折斷；大殿房頂塌陷，牆倒屋摧。殿堂裡的大威德金剛、千手觀音、蓮花生大師等數百座塑像墜落塵埃，四分五裂。高原華貴的藍天下，甲波日濃煙滾滾，如同正在熊熊燃燒的桑煙爐。此時此刻，拉薩是一座祭壇；此時此刻，甲波日是祭壇中央點燃的香。長長的黑煙在拉薩河谷升騰飄蕩，緩緩飄過布達拉宮，隨風遠去，漸漸融合在天邊的雲彩之中。

甲波日砲戰期間，西藏軍區308砲團三連連長王國珍，在觀察所裡觀望砲轟甲波日的戰況：

> 我在觀察所裡清楚地看到，每群砲彈都準確地落在目標區及其周圍。藥王山頭煙火飛騰，塵土瀰漫，亂石崩雲，砲火一批比一批更加猛烈、更準確，間隙的時間更短！我感到大地在震抖，彷彿空氣也在燃燒。叛匪們無處藏身，一哄而散。我毫不留情地指揮著砲火隨著叛匪的移動而移動。陣地上，我們的戰士一邊打砲，一邊怒吼「叫你叛亂！」真是解恨極了[16]！

49年後，中國國防大學教授徐焰少將如此描述：

> 隨後的一小時內，千餘發砲彈呼嘯著落到山上，所有碉堡戰壕幾乎都未及開火即被摧毀。11時後解放軍以第159團一個連向藥王山衝擊，一小時後未遇抵抗即登上山頂，發現藏軍除被炸斃外已全部作鳥獸散[17]。

徐焰少將沒有說明到底有多少人被「炸斃」。《西藏平叛紀實》提及，

---

16 王國珍，〈天降霹靂懲凶頑〉，《西藏革命回憶錄》第四輯，頁40-41。
17 徐焰，〈藏區平叛的五年艱苦歲月〉，網路版：http://www.chinatibetnews.com/xizang/lishi/2008-2/12/content_181416.html

被三發試射的砲彈炸毀的圓形石屋是「山上九千名康巴叛匪的指揮所」[18]，甲波日是座很小的山，山上聚集9,000人有違常理，不知道是作者筆誤，是軍區戰前對形勢的誇大，還是意指當時在拉薩的全部康巴人，但這是迄今為止中方資料中唯一出現的數字。藏方資料中有各作戰地點的參與者回憶，獨缺甲波日，目前看到的只有流亡藏人作家江央諾布在他的部落格〈影子西藏〉中，寫到了一段甲波日砲戰的情況。根據他採訪的一名藏軍倖存者說，甲波日當時由77名藏軍第二代本士兵駐守[19]。

藏軍從1952年以來一直負責駐守甲波日，並不是3月10日事件之後才在山上修築工事的。1952年毛澤東指示西藏工委：「各種殘民害理的壞事讓他們（按：噶廈政府）去做，我們則只做生產、貿易、修路、醫藥、統戰（團結多數，耐心教育）等好事，以爭取群眾，等候時機成熟，再談全部實行協定的問題。」[20]根據這一指示，工委責成噶廈政府負責拉薩市的治安，因此藏軍一直在城內幾個地點駐防。

居欽圖丹和他的夥伴們在拉薩河對岸的山頂，望著甲波日山上的滾滾硝煙：

> 打了兩個小時[21]沒有間斷。整座山上濃煙滾滾，看不到布達拉宮。過了一陣，濃煙散掉以後，甲波日山頂所有建築都被轟平了，但布達拉還是好好的[22]。

康巴漢子們只能隔河遙望砲火中的甲波日。巨大的煙柱飄過拉薩河谷，像一把尖刀，在他們的靈魂深處剜出一道無法癒合的傷口。

砲聲停止後，步兵159團2營4連副營長張福臣、指導員曹志凱率領部隊，

---

18 吉柚權，《西藏平叛紀實》，頁113。
19 Jamyang Norbu, "March Winds". http://www.jamyangnorbu.com/blog/2009/03/06/march-winds/
20 《西藏工作文件選編》，頁70。
21 根據《西藏平叛紀實》，砲轟甲波日是從上午8點開始的，歷時2小時15分鐘；其餘中方資料皆為上午10點開始，歷時一小時。
22 居欽圖丹訪談，2009年9月22日。

從甲波日南側和西南側向山頂發動衝鋒。部隊到達山腳,士兵們暫停,張副營長命令輕重機槍朝山上齊射,掩護開路的士兵。這些士兵端著噴火器,小心翼翼接近「目標」,即山坡上的灌木叢,將前進方向所有的「障礙物」皆盡燒毀。這真是多此一舉。經過至少一小時地毯式密集轟炸之後,甲波日或許已經沒有一隻活著的昆蟲。全副武裝的士兵們發起衝鋒,從山腳一氣衝到山頂,期間沒有遭到任何抵抗,更沒有出現近距離搏鬥,順利得幾乎令人氣餒。這樣的「反高潮」使譚冠三將軍頗為掃興。他很高興甲波日被占領,但是很遺憾沒有抓到俘虜[23]。

所有的解放軍回憶中都未提及砲擊之後,甲波日山上的狀況。砲兵連長王國珍戰後上到山頂,「只見敵工事蕩然無存,十幾頭毛驢橫七豎八地躺在驢圈裡,全被震死了。」[24]王國珍隻字未提甲波日山頂的醫學院,以及寺院中的僧侶,似乎這樣的狂轟濫炸只震死了一批毛驢。迄今為止,參加「拉薩戰役」的解放軍和民兵回憶文章中,均未提及被摧毀的醫學利眾院,以及正在學院裡習醫的數百名僧人。

短短一小時內,拉薩河谷裡這座孤傲的小峰承受了1,000餘發砲彈。平均每分鐘至少17發砲彈,有效地將門巴扎倉夷為平地,摧毀了幾個世紀以來無數高僧大德心血凝成的智慧結晶,一舉結束了醫學利眾院262年的歷史。

(三)

262年前,西元1697年,醫學利眾院建成。為發展醫學以利眾生,噶廈政府制定條例,從西藏三區各寺院選拔天資聰慧的年輕僧侶,送來拉薩住寺習醫;其招生、教學、管理等制度,由第七世達賴喇嘛親自擬訂。噶廈政府特分配莊園,以供養60名學員的衣食,並任命名醫大德為教長。學僧在此修習9年,不僅學習醫術,也兼習佛教儀軌;修習《四部醫典》、《道次第經》之外,亦習誦經、器樂、製作朵瑪、繪製壇城;不僅注重藏醫理論學習,亦

---

23 吉柚權,《西藏平叛紀實》,頁114。
24 《西藏革命回憶錄》第四輯,頁41。

重視疾病治療實踐，採藥、製藥等技藝。學僧們每天三次茶會，常誦《宇妥心經》、《四部醫典祈願經》等經文；每月祭祀，誦頌禮讚《藥師佛經大小部》、《宇妥心經》續部等經典，並向諸佛護法進行懺悔儀軌。為利益眾生，學院每年舉辦法會，期間舉行藥師佛頌陳儀軌、酬謝護法神等儀式，所製之藥皆請高僧念經加持。每年大昭寺傳召大法會期間，醫學院派8名醫生布施藥品。每天晚飯前，布施者必須閉齋誦頌，淨心潔意，方有資格向僧俗民眾布施，並為在場僧俗義診。

藏曆第十五饒迴土鼠年，即西曆1888年，第十三世達賴喇嘛土登嘉措年方12歲。是年，他冊封甲波日醫學院教師洛色桑布為大御醫，丹增嘉措為小御醫，擴大醫學院的教學規模，命人將原存日喀則甘丹平措寺的《四部醫典》、《四部醫典藍琉璃》、《秘訣補遺》、《晶珠本草》、《司徒醫典大疏》、《宇妥手冊》等稀缺的古籍刻板重新雕刻，並在醫學院內修建印經院進行印刷。1893年，十三世達賴喇嘛親自主持校對審定上述經典醫書的刻版。因此，甲波日山頂上的門巴扎倉裡，不僅收藏了許多稀世珍寶，還收藏了大量經卷、醫用唐卡、藏醫、曆算、藥物圖譜等方面的書籍，以及《四部醫典》、《四部醫典藍琉璃》、《晶珠本草》、《宇妥手冊》等藏醫重要著作的刻版；在藥師佛立體壇城中央的築臺上，還有一卷用金汁書寫的「八百醫經」。門巴扎倉歷時近300年，經無數高僧大德的努力，將古老的藏醫學發揚光大，培養的醫生遍及西藏三區，並傳播到蒙古與漢地，秉承以醫濟世的宗旨，救死扶傷，活人無數。

醫學利眾院建立的262年中，創造了獨特的醫藥體系。躋身於世界本土醫學之林，並獨樹一幟的藏醫學，即在這裡整合成完整的體系。創造如此偉業之後，假如必須從歷史舞臺上謝幕，「藥王琉璃妙見利眾吠陀洲」這座利益眾生近三世紀之久的醫學院，有太多的尊榮，不能在暗夜裡被悄悄地拆毀；幾個世紀積累的珍寶承載了太多的祈願，不能流散到世界各地的拍賣場，被貪婪的目光，肥碩的手指玷污；精心繪製的醫學唐卡不能零落溝渠，被無知無智無畏者踐踏。醫學利眾院必須以最隆重的方式退出，只有這樣，它才能永遠保留在歷史之中。

經過幾次改變，醫學院的教學方式漸成定規。每個月有不同的宗教儀

軌，根據季節採集不同藥材。

每年3月，學僧們有一連串活動。14日和29日，學僧們在院內舉行醫典背誦考試。15至30日，舉行春季辯經大會，期間學僧們要完整背誦《四部醫典》總則續、論述續和後續。25日是第五世達賴喇嘛圓寂紀念日，甲波日山頂的醫學利眾院舉行全天《宇妥心經》誦經儀軌。3月29日與9月29日，舉辦半年的配藥考試。這段時間裡，學僧們在老師的指導下，學習製作藥丸，注疏講授《四部醫典》。3月也是採集唐古特青藍、棘豆和遠志等藥草的月份。

兩百多年裡，甲波日學僧吹奏的海螺和嗩吶聲響徹拉薩。曾有民歌唱道：「黃金嗩吶聲，傳自布達拉；黃銅嗩吶聲，傳自甲波日。」1959年3月20日，甲波日醫學利眾院的學僧們，尚未來得及舉行全天的誦經儀軌，紀念第五世達賴喇嘛圓寂日。這天，甲波日的海螺和嗩吶突然被砲聲掐斷，拉薩上空的聖樂遂成絕響。

西元1697年5月25日，醫學利眾院在彩虹的引導下尊貴地踏進歷史；西元1959年3月20日，醫學利眾院頭頂蒼天，足踏雪域，面對宏偉的布達拉宮，在慘烈砲火的一片輝煌中，傲然落幕。

（四）

炸成廢墟的甲波日被攻占之後，拉薩全城盡收眼底，羅布林卡、大昭寺等地一覽無餘，大砲架在甲波日，可以任意攻擊任何一個地方。308砲團立即把觀察所轉移到甲波日西側，即羅布林卡東面的制高點。

甲波日山上硝煙未息，砲兵目標即刻轉移，308團的全部大砲，155團砲兵陣地的60砲、82迫擊砲和無後座力砲，從西面、南面和東面三個方向對準羅布林卡。這時，拉薩的主要街口已經被裝甲車堵住[25]，軍用卡車在市區往來無礙，大量運送砲彈，準備發動下一波攻勢。

---

25 吉柚權，《西藏平叛紀實》，頁116；另見達熱・多阿塔欽，《我的故事》。

「拉薩戰役」中，最重要的兩個作戰點是甲波日和羅布林卡。這兩個地點的作戰都是在3月20日，作戰方式相同，即先對「目標」施以地毯式砲轟，數小時後再以步兵攻占。對歷史研究者來說，一場戰役發動的時間是很重要的因素，這個時間點有可能決定各戰場作戰的延續時間等基本情況。但是，在「拉薩戰役」的描述中，有一個奇怪的現象：3月20日這天的作戰過程，有三份不同的時間表。

　　1989年出版的《西藏革命回憶錄》第四輯中，解放軍軍官陳炳回憶，甲波日之戰10點05分開始，砲轟1小時20分鐘，步兵於11時25分開始朝山頂衝鋒，11點56分占領甲波日。砲兵從下午**6點45分**開始砲轟羅布林卡，7點30分，155團2營4連攻入；晚上8點30分，155團1營攻入，作戰結束[26]。

　　可是，根據1993年出版的《西藏平叛紀實》，轟炸甲波日山是早上8點開始，歷時2小時，至10點15分開始發動衝鋒；**下午2點**開始轟炸羅布林卡，7點32分，汽車16團、155團部分部隊攻入，作戰於晚上8點30分結束。

　　《解放西藏史》又提供了另一份時間表：砲轟甲波日是上午10點05分開始，11點開始朝山頂衝鋒，中午12點19分占領，羅布林卡之戰於晚上8點30分結束。這份時間表裡沒有提及開始砲轟羅布林卡的時間。

　　這三份時間表中，羅布林卡之戰結束時間相同，但整天作戰開始的時間有兩小時的時間差。三份資料都沒有解釋這兩個小時的差別是否「拉薩時間」和「北京時間」的區別。然而，這個時間差並非沒有意義。這不僅涉及砲轟甲波日持續了多長時間，也涉及砲轟羅布林卡持續了多長時間。

　　根據砲兵連長王國珍的回憶，占領甲波日後，「我全團砲火也幾乎沒有停頓地射向了這裡（按：羅布林卡）」，然後「**經過兩個多小時的砲擊**，林卡內聚集的叛匪已被我震撼殺傷，基本失去了戰鬥力」，但是砲轟並未停止[27]。攻占甲波日是中午時分，這點上述三份時間表基本相差不大，如果是「幾乎沒有停頓」地攻擊，也就是說，砲轟至少是在下午，而非傍晚開始，轟炸至少進行了3小時以上。轟炸甲波日時，一小時之內發射了一千多發砲

26　陳炳，〈叛國必亡〉，《西藏革命回憶錄》第四輯，頁21-22。
27　王國珍，〈天降霹靂懲凶頑〉，《西藏革命回憶錄》第四輯，頁38-45。

彈，那麼，對羅布林卡2-3小時的排砲轟炸，其慘烈程度不難想像。

　　根據當時在羅布林卡的藏人回憶，20日凌晨開始，羅布林卡一直遭到斷斷續續，威力不太大的砲轟，但摧毀性的密集砲轟大約是在北京時間3-5點之間，即拉薩時間下午1-3點之間開始的。

　　根據吉柚權的說法，從占領甲波日到轟炸羅布林卡，期間約有三小時；轟炸羅布林卡從下午2點開始，持續5個半小時。這點大概過於慘烈了，《解放西藏史》索性閉口不談。可是，2009年3月新華網推出的「西藏民主改革50周年大型展覽‧網上圖片展」第二部分，第三單元中，有一張「人民解放軍攻入羅布林卡，全殲守敵」的圖片，圖片右側的中文說明為：「1959年3月20日下午2時，人民解放軍向叛亂武裝指揮中心羅布林卡發起攻擊，晚20時30分攻入羅布林卡，全殲守敵」[28]。

　　這個簡短說明給人們的印象是，解放軍從下午2時發動地面攻擊，但攻了整整6個半小時才攻入羅布林卡，完全迴避了羅布林卡大轟炸。

　　「官方正史」對轟炸羅布林卡的時間含混不清，以及對細節的刻意迴避，本身就頗有深意：正史要迴避的，是在占領甲波日和轟炸羅布林卡的這個時間空檔中發生的一件事。在相當程度上，這件事決定了羅布林卡之戰的激烈程度，也決定了羅布林卡內外幾千人，包括官員、藏兵和民眾的命運。

　　占領甲波日和轟炸羅布林卡這個時間裡，發生了什麼事呢？

28　圖片網址：http://tibet.news.cn/photo/2009-03/01/content_15825969_6.htm

第十九章　紅色的拉薩河

（一）

3月20日，「拉薩戰役」打響後，中央軍委命令已經做好準備的三大軍區部隊提前進藏，並限時趕到指定地區：

> 134師到達噶（格）爾木稍事集結後，即行出發，限3月30日到達拉薩地區。
> 11師到達敦煌稍事集結後，即行出發，限4月2日前到達拉薩地區。
> 162團於3月31日由甘孜地區出發，於4月2日到達昌都。
> 130師由雅安出發，先到甘孜集結，於4月10日前，到達昌都地區。
> 昆明軍區之42師126團於4月15日前進至昌都以南的鹽井地區[1]。

天羅地網開始收攏。但聖城拉薩，這時已是戰火連天。

占領甲波日之後，大砲即刻轉向「珠寶花園」，歷代達賴喇嘛的夏宮羅布林卡。夏宮四周有好幾座軍營，東面是西藏軍區駐地，南面是159團3營7連和然馬崗渡口東側的砲兵308團駐地，西面是設在烈士陵園和八一農場一帶的155團榴彈砲連，北面是青藏公路汽車運輸站。「珠寶花園」早已被團團包圍。

3月20日凌晨，最初幾發砲彈落進羅布林卡之後，砲擊暫停，但槍戰一直在進行。丹巴索巴被黃牆內的爆炸聲驚醒後，抓起一枝步槍衝出住處。離他最近的工事在北門，他跑到那裡，趴在工事後，舉槍朝對面的運輸站開火，

1　《平息西藏叛亂》，頁91。

子彈卻射不出來。旁邊有人說，這是枝防鏽油還沒擦掉的新槍，得先把油擦乾淨。那人說著，拿過他的槍擦拭。丹巴索巴用手槍開了幾槍，可是槍口很快就被工事上濺起的塵土堵塞，卡了殼。

早上6點多，羅布林卡開始遭到來自幾個方向的砲擊。這時候的砲火不甚猛烈，警衛團士兵朝東、西兩個方向進行了小規模還擊，但西面的砲手幾乎立刻就被來自諾多林卡，即八一農場一帶的猛烈砲火摧毀，砲手們死的死傷的傷。不久後，東門的防守士兵逃離，羅布林卡正門棄守。

由於羅布林卡內的藏軍警衛團，以及留守的政府官員並無作戰準備，也沒有作戰計畫和指揮系統，戰事開始後裡面一片混亂，眾人各行其是，有的朝拉薩河方向奔逃，有的不知所措，在羅布林卡裡面到處亂跑，很快就出現大量傷亡。庫松代本朋措扎西隨達賴喇嘛出走時，帶走了警衛團最精良的士兵，並指定警衛營長色新·洛桑頓珠負責羅布林卡的保衛。因此，色新是當時羅布林卡內的最高軍事指揮官。砲轟開始之後，色新不知該怎麼辦，打電話給達熱，請示如何作戰，得到的回答是：「如何戰鬥的問題，要自行決定。」色新·洛桑頓珠茫然無措，於是：

> 經與甲本、代本管家等人商量，為了自衛，抬出一門大砲和一挺重機槍，帶著幾名砲手出團部南邊後門，把大砲安在椰樹林中，正準備開砲時，拉薩河對岸人民解放軍打來的砲彈落在林中，威力極大，一時不知所措。塵土稍散，睜眼看時幾名砲手早已從後門鑽進團部了[2]。

這天，大約是在上午，阿沛·阿旺晉美的門衛饒勛·扎西旺杰送來一封寫給噶廈的信，但不知該送給誰。他問噶廈秘書格杰巴·丹增多吉，格杰巴叫他把信交給達熱·多阿塔欽。達熱把信交給司曹洛桑扎西，兩人拆開一看，信是用數字密碼寫的，看不懂是什麼意思。

2　色新·洛桑頓珠，〈原藏軍警衛團警衛營的建制及有關我任警衛營長時發生叛亂的情況〉，《西藏文史資料選輯》（十七），頁132-142。

噶廈秘書格杰巴·丹增多吉的回憶，槍戰過程中，他還履行秘書職責，草擬了一封信，他回憶說：

　　孜本敘麝巴（按：即雪苦巴）和四品官洛桑次旺二人專門把我叫到司令部，令我草擬一份「全西藏人民站起來，向紅漢人共產黨進行反擊戰鬥。拉薩附近的各寺院和廣大的貴族、政府、寺院的百姓要心懷政教之安樂，令16歲以上、60歲以下的所有僧侶民眾，自帶武器和乾糧，晝夜兼程前來增援」的指示件。按此指示我又草擬了一份指令稿，然後又謄寫了15份，蓋上了司令部的印信，準備頒發。但因砲聲越來越大，子彈猶如雨點般飛來，所以此指令未能找到機會送出去[3]。

　　《平息西藏叛亂》中，收錄了一份「『西藏獨立國人民會議』向各宗、谿發布的命令」的文件，全文如下：

　　廣大各宗、溪：
　　康藏僧俗人民反對共產黨和獲取西藏獨立的武裝鬥爭正在進行。你們全體屬於教地之僧俗人眾，均需為佛法著想而增加軍隊，督促徵召18歲以上、60歲以下的人，並暫時由各地自己籌帶武器、彈藥、食物等，立即趕來拉薩，不得怠慢。如有對宗教之事不負責任、貪生惜命、拋棄事業者，將依軍紀給予懲處。切記為要[4]。

　　這份文件與格杰巴回憶中，他親自起草的指令主要內容基本相同。然而，《平息西藏叛亂》中，這份文件有個藏曆不完整，但西曆完整的日期：「土豬年（1959年3月13日）」，因此，該文件被當成「噶廈政府預謀武裝叛亂」的有力證據，幾十年來被反覆引用。問題是，3月13日是「拉薩事件」爆

3　格杰巴·丹增多吉，〈分裂主義分子在拉薩發動武裝叛亂的情況〉，《西藏文史資料選輯》（十），頁66-70。
4　《平息西藏叛亂》，頁188。

大昭寺之戰親歷者，僧人強巴丹增2009年接受作者採訪。

1950年之前的布達拉宮。

布達拉宮曾是「拉薩戰役」主要作戰點之一。

1959年之前的甲波日（藥王山），遠處即
醫學利眾院。

現在的甲波日，醫學利眾院原址現為電視塔。

拉薩河。

現在的大昭寺，已經看不出51年前作戰的痕跡。

小昭寺曾是「拉薩戰役」的主要作戰點之一。

現在的羅布林卡正門。

羅布林卡大屠殺目擊者居欽
圖丹。（攝於1960年代；居
欽圖丹提供）

羅布林卡大轟炸親歷者丹巴索巴出獄後與父親合影。（丹
巴索巴提供）

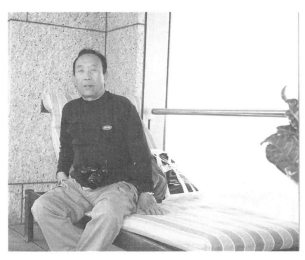

林仁波切的僕從赤列朋
措。（攝於2001年；赤
列朋措提供）

發之後的第三天，那時候並沒有發生「武裝鬥爭」；而且3月12日在雪印經場的會議中，代表們還「擬請噶廈向工委、軍區談清楚，不要打」。因此，從內容來看，《平息西藏叛亂》中收錄的文件，應該就是3月20日，「武裝鬥爭正在進行」的時候，由格杰巴起草謄寫，向各地求援，但未及送出的指令。

17歲的文書圖丹格仲束手無策，只好去找他舅舅。進了舅舅的房間，他得到通知，要所有在羅布林卡的噶廈官員去開會。這時候，甲波日已經被占領，達熱帶了幾個人去甲波日觀察情況，在山上某個地點待了一陣，遭到幾發砲彈轟擊，幸未受傷，又返回羅布林卡。會上，達熱指示參加會議的20多名噶廈官員說，他們絕對無法還擊，最好不要離開羅布林卡，並且鼓起最大勇氣，設法逃生。但是眾人並沒有討論如何逃生，只能各自設法[5]。

丹巴索巴等人放棄了北門的工事，分散到各處。自始至終，羅布林卡內部並未組織起有效的反擊。

下午，射向羅布林卡的砲火突然猛烈起來，當時在羅布林卡的藏人回憶錄中，不約而同地使用了同一個形容詞：「砲彈像下雨一樣落下來。」

1959年3月20日下午，拉薩時間約3點左右[6]，即北京時間約下午5點，羅布林卡大轟炸開始。

（二）

《解放西藏史》中，完全省略了羅布林卡大轟炸的細節，只用「強大砲火」四字，將這場在藏民族聖地進行的慘烈轟炸輕輕帶過。《西藏平叛紀實》有一段較為詳細的描寫：

> 下午兩點鐘，攻打羅布林卡的戰鬥開始，308團全部大砲和155團設
> 在烈士陵園砲陣上的60砲、82迫擊砲、無後座力砲，一齊向羅布林
> 卡轟擊，採用續進彈幕的打法，即以15公尺為一個射點逐次成一條

---

5 Tubten Khetsun, *Memories of Life in Lhasa Under Chinese Rule*. pp. 35-36.
6 同上。

線向前推進，這是砲兵轟擊最強大的火力，砲彈先從東往西一層一層地撒開，遍地開花，叛匪承受不住這猛烈砲火的打擊，紛紛從東往西跑，砲彈追著他們往西炸。……[7]

在這段描述中，吉柚權只提到威力比較小的迫擊砲和無後座力砲，但沒有說明308砲團的「全部大砲」是什麼砲。幾十年後，國防大學教授、專業技術少將徐焰透露：

藏區平叛最關鍵一仗是1959年3月的拉薩戰鬥，解放軍砲兵發揮了火力骨幹的作用。因西藏地形條件特殊，平叛時西藏軍區只有第308砲兵團這一個由汽車牽引的砲團，裝備蘇式122毫米榴彈砲、76毫米加農砲和120毫米迫擊砲，充當了軍區的「火力拳頭」。……20日下午，解放軍向叛匪聚集的達賴夏宮羅布林卡發起攻擊，砲兵根據中央關於不要損壞建築的指示，用122毫米榴彈砲以徐進彈幕射擊的方式轟擊園內空地上的叛匪，以15米一個炸點逐次成一線推進，在猛烈火力打擊下，上千叛匪竄出羅布林卡，砲彈卻像長了眼睛一樣追著落下，炸得其人仰馬翻，拉薩城區的叛亂主力就此被粉碎[8]。

1970年代退役前，蘇式122毫米榴彈砲是步兵師、軍屬砲兵團的基本火砲。根據編制，每個團有2-3個營，每個營有24-36門砲。因此，羅布林卡西面烈士陵園的砲兵陣地只是輔助，位於羅布林卡東南面，隔著拉薩河與夏宮呈斜對角的308砲團，以及砲團裝備的幾十門威力強大的122毫米榴彈砲，才是羅布林卡大轟炸的主力。

迄今為止，中方資料中對羅布林卡大轟炸最詳細、最直觀的描述，是羅布林卡大轟炸的指揮者之一，西藏軍區308砲團3連連長王國珍的回憶：

7　吉柚權，《西藏平叛紀實》，頁115。

8　徐焰，〈藏區平叛的五年艱苦歲月〉，網路版：http://www.chinatibetnews.com/xizang/lishi/2008-2/12/content_181416.htm

我軍一拿下藥王山，未容叛匪清醒，即以迅雷不及掩耳之勢將其包圍，我全團砲火也幾乎沒有停頓地射向了這裡。

戰前，我團早已把羅布林卡內的全部地面按連劃分了射擊地段。現在，全團砲火有條不紊，以急促、準確的火力從南往北打。每營三個連的彈群相互交叉，進行著密集的轟擊。

據守在這裡的叛匪，多是從青、甘、康、滇竄入的騎兵，頑固強悍，是一批很有戰鬥力的亡命之徒。他們自恃人多槍多，羅布林卡牆高寨厚，眼見藥王山失守後，仍想頑抗，與我較量一番。沒想到這樣剛好成了甕中之鱉，被我們砲兵關起門來打狗。

隨著第一批槍彈落下，霎時間，叛匪的陣腳全亂了。在砲火的猛烈打擊下，匪巢如同湯澆蟻穴，火燎蜂房。驚恐萬狀的匪徒們發瘋似地四下逃命，但不論逃到什麼地方，不是肢裂，就是屍分，任憑他們鬼哭狼嚎，也無處躲藏[9]。

「騎兵」是一個很誤導的說法。藏軍的編制並沒有騎兵，從西藏周邊四省來的康巴人和安多人，基本上是農牧民，他們中的一些人帶著自己的馬，但他們並非真正意義上「兵」，更非「騎兵」。

大轟炸時羅布林卡內外有多少人？王國珍的回憶文章提到「據情報表明，現在這裡聚集著五千名以上的叛匪」，也就是說，只要在羅布林卡牆內外的藏人，包括牆外的民眾、藏軍家屬、馬夫、園丁、傭人、僧侶、政府官員和職員等等，統統都是「叛匪」。在「階級鬥爭」的理論框架裡，只要給任何人貼上「叛匪」的標籤，他們就變成了「敵人」，從而被「非人化」，對「敵人」的屠殺於是被美化為「正義」。在這種自我正義基礎上的屠殺，演化成一種可怕的暴力美學；血肉橫飛，肢裂屍分的恐怖場面，轉換成對屠殺的欣賞，甚至給執行者帶來「大快人心」的快感。

槍林彈雨中，丹巴索巴遇到達賴喇嘛的攝影師吉美茶仁。砲聲的間隙

9　王國珍，〈天降霹靂懲凶頑〉，《西藏革命回憶錄》第四輯，頁38-45。

中，茶仁對他說：「走！跟我到宮殿去拿相機和膠捲，讓全世界看看今天的事。拍完我們一同跑，要是被他們抓住了，我們就互相開槍！」兩人找到相機和膠捲，回到花園，剛要拍照，冷不防一發砲彈飛來，兩人急忙躲避，就此走散。

圖丹格仲等人躲在黃牆裡面的一座宮殿裡。大家紛紛掏出隨身戴著的小銀盒，打開蓋子，取出護身符吞下。就在這時，一發砲彈擊中殿堂。慌亂中大家本能地跑出去。一出門，砲彈紛紛落下，眾人四散奔逃。一塊彈片擊中圖丹格仲的左腿，緊接著又一塊彈片削過他的右頰，圖丹格仲只覺一陣劇痛，兩處傷口血如泉湧。他掙扎著走向御馬廄，剛走到附近，一發砲彈在馬廄門口爆炸，大門轟然倒塌，砸倒了幾個躲在裡邊的人，馬廄裡人喊馬嘶，傷者發出陣陣慘叫。

圖丹格仲渾身鮮血，天旋地轉，對周遭的一切失去了反應。砲聲，爆炸聲、馬嘶聲、慘叫聲淡化為遙遠的嗡鳴；歪倒的樹、折斷的花、粉碎的玻璃、零落的磚瓦、碎裂的肢體、奔突的人影幻化成血紅背景上斑駁的映像。17歲的少年只有一個原始的渴望：水。他跟蹌著走進御馬廄總管辦公室。總管看到血淋淋的少年，急忙倒了一杯水，撕開一包高僧加持過的藏藥，取出幾粒藥丸放進水裡，端給圖丹格仲。少年接過碗，一口氣喝下。砲彈接二連三落下，房屋搖搖欲墜。震耳欲聾的砲聲裡，圖丹格仲茫然地走出辦公室。

警衛營長色新・洛桑頓珠把妻兒老少和僕人轉移到較為安全的地點，返回警衛營部，與甲本和代本的管家討論下一步怎麼辦。正在討論時，另一甲本來到營部，告訴色新說貴族們在考慮投降，有些人正在占卜，問他警衛營應該怎麼辦？大家商量了一陣，決定去打卦。幾個人去軍營的佛堂，在護法神像前，用兩個糌粑團占卜。一個糌粑團裡包了寫著「逃跑」的紙條，另一個裡面包了寫著「投降」的紙條。占卜結果顯示，護法神的旨意是投降[10]。

達熱・多阿塔欽走向護法神殿。近百民眾圍坐在殿堂前方，不知所措。達熱叫他們不要聚集在一起，趕快散開各自逃命。他走進護法神殿。兩天多

---

10 色新・洛桑頓珠，〈有關我任警衛營長時發生叛亂的情況〉，《西藏文史資料選輯》（十七）頁141。

前，達賴喇嘛最後一次來到護法神殿，在他憂鬱的目光下，南捷扎倉的僧人們專注誦經，並沒有因為他的到來而中止。此刻，砲彈雨點一般落下，南捷扎倉的僧人不為所動，仍然坐在護法神像前。酥油燈的小火苗隨著爆炸的聲浪搖曳跳動，微弱的金光在僧人們臉上忽閃。砲彈的呼嘯爆炸聲裡，僧人目光低垂，雙唇微動，專注地念經。達熱走進殿堂，雙手合十對護法神祈禱，從供桌上拿起一隻護法神加持過的糌粑團，揣進懷裡，默默走出大殿。

又一陣排砲打來，煙塵爆起，聲浪沖天。陽光下，殿堂頂上的金色法輪發出耀眼的光芒，綠色經幡在煙塵中狂舞。爆炸的聲波裡，驟然響起一聲清冽的經鈴，餘音裊裊，直上天庭。

與吉美茶仁分開後，丹巴索巴遇到他的僕人杰頗。杰頗帶著食物到處找他，見到丹巴索巴，杰頗趕緊把帶來的食物給他，要他無論如何吃點東西。丹巴索巴看到附近有個同事，馬上招呼他過來，分些食物給他吃。正在此時，一發砲彈落到不遠處，同事一頭栽倒。丹巴索巴心一橫：註定活不過今天的話，跑也沒用。他站在原地繼續吃飯。吃完後，他對跟隨自己幾年的僕人說：「杰頗，你走吧！你不能再照管我了。逃命去吧！」丹巴索巴站在原地，望著杰頗離去。

丹巴索巴來到御馬廄，打算找匹馬逃走。御馬廄裡有很多人，有的在躲避，有的在牽馬，一個康巴人看到丹巴索巴，拔出手槍抵住他胸口，喊道：「我要一槍崩了你！你們這些該死的政府官員！我們一直請求你們給我們武器，直到最後你們都不肯！就是因為你們，我們才落到這個地步！我要斃了你！」砲火連天的時刻，丹巴索巴無法跟對方解釋，直到最後時刻，達賴喇嘛和噶廈政府還在設法和平解決危機。他伸手去掏自己的手槍，正在這時，一發砲彈在附近爆炸[11]。

丹巴索巴被爆炸的氣浪掀倒在地。煙塵散盡後，他發覺自己無法起身。他把步槍當成拐杖，用力支撐著爬起來，剛走進隔壁房間，一發砲彈擊中房

---

11 David Patt, "The Momo gun: Tenpa Soepa's Story", *A Strage Liberation: Tibetan Lives in Chinese Hands.* pp. 133-154.

子，屋頂垮塌。丹巴索巴被壓在一大片坍塌的屋面下，左腿重傷。丹巴索巴高聲喊叫，但四周的人非死即傷，沒人能幫他。丹巴索巴費了九牛二虎之力，掙扎著爬出來。花園裡的爆炸聲震耳欲聾，丹巴索巴已經沒有恐懼，也不再驚惶。他心裡只有一個願望：喝水。

他爬到馬廄裡，趴在馬槽旁痛飲。御馬廄空無一人，拴在馬樁上的馬被爆炸聲驚得亂蹦亂跳，有幾次險些踩到他。丹巴索巴已經無法站立，也無法上馬。他自知逃脫無路，便掙扎著朝黃牆爬過去。若此日必死，丹巴索巴寧願死在達賴喇嘛居住過的地方，那裡，是藏民族的聖地。他艱難地爬著，身後留下一條長長的血印。爬到花園裡的小湖邊，丹巴索巴仰面躺下，望著被硝煙遮蔽的天空，心中異常安寧。他靜靜地等著一發砲彈落下來，落到他身旁，結束這一切。

圖丹格仲走出御馬廄總管辦公室。「珠寶花園」裡爆炸四起，彈片橫飛。他不知道舅舅和哥哥是死是活，也不知道自己該往何處去。圖丹格仲茫然四顧，突然看到馬夫飼養的猴子。猴子的脖子上繫著鐵鏈，拴在一根柱子上，在砲聲中上躥下跳，無法逃生。它不知從哪裡撕扯下一片窗簾，爆炸聲響起時，它像人一樣用布包住頭，渾身簌簌發抖。圖丹格仲拖著受傷的腿，一瘸一拐地走過去，想解開猴子頸上的鏈子，放它一條生路。驚恐萬狀的猴子看到他，嗖一下竄到柱子頂上，渾身不停地顫抖。又一排砲彈爆炸，巨響聲中，猴子又一次簌簌顫抖著，用布包住頭。

達熱來到早已棄守的羅布林卡正門，他的侄子索南次仁和一名僕人、兩個通信員、一名下密院僧人和一名第二代本團的年輕士兵，牽著兩匹私人的馬，一匹從御馬廄裡牽來的馬，馱著勃朗槍和子彈，正在門口等他。達熱從懷裡掏出在護法殿供桌上拿的糌粑團，與眾人分吃。隨後，一行人走出羅布林卡正門，朝甲波日方向走去[12]。

他們身後的「珠寶花園」籠罩在滾滾煙塵之中。

---

12 達熱‧多阿塔欽，《我的故事》。

（三）

藏方資料顯示，當時在羅布林卡的藏人並無「眼見藥王山失守後，仍想頑抗，與我較量一番」的意圖；迄今為止的中方資料中，除了3月20日早晨，藏人向羅布林卡北面的汽車運輸站發動過三次攻擊，小昭寺的藏人向建築工程處發動過一次攻擊之外，並沒有指出羅布林卡的「叛匪」進行了「較量」。那麼，譚冠三為什麼要使用最強的砲兵火力，對羅布林卡進行慘烈大轟炸？從王國珍回憶文章來看，羅布林卡大轟炸的主要目標，不是要摧毀夏宮，而是最大限度地殺人，因此在轟炸過程中，解放軍絕對不讓任何人逃生：

> 我在藥王山上一面指揮，一面目睹著這大快人心的場面。突然間我觀察到，由於我團是從拉薩河南岸由南向北打，由於牆高，此時在南門的圍牆下，形成了一個射擊死角。大約一千多叛匪騎兵龜縮在那裡，暫時逃避了正義的懲罰。我當即下達命令：「從東向西打，將火力集中在南側牆內，四發急促射放！」隨著口令，驚魂稍安的匪群人仰馬翻，血肉橫飛，一下炸了窩[13]。

這就牽涉到「拉薩戰役」中，一段《解放西藏史》避而不談的重要插曲。

《西藏平叛紀實》披露，攻占甲波日山之後，譚冠三剛要下令砲轟羅布林卡，突然收到一封發自北京的電報。這封電報是北京時間上午9點30分發出，拉薩時間11點07分收到的。根據《中共西藏黨史大事記》中的記載[14]：

> 九時三十分，軍委電示「拉薩打響，達賴逃走，對解決西藏問題不是壞事，目前作戰方針應是：盡力設法控制要點，阻止敵人向北向

---

13 王國珍，〈天降霹靂懲凶頑〉，《西藏革命回憶錄》第四輯，頁38-45。
14 《中共西藏黨史大事記》，頁95；另見文鋒，〈譚冠三將軍指揮拉薩平叛始末〉，《文史精華》，2009年第5期，網路版：http://news.ifeng.com/history/1/midang/200903/0330_2664_1083260.shtml。

南逃走的通路，全力抓住敵人在拉薩市區，勿使逃走，以便主力到達，然後聚殲。」

收到這份國防部長彭德懷元帥簽署的電報時，甲波日砲戰正在進行當中，譚冠三已經收手不及。他還沒來得及做出決定，半小時後，即11點37分，譚冠三又收到第二份電報，轉達毛澤東的指示，要他「牢牢吸住拉薩之敵，並設法將西藏全區的反抗武裝統統吸往拉薩，一網打盡，以免打散了，增加日後作戰的困難。」

吉柚權如此描繪譚冠三對這兩份電報的反應：「接到彭德懷和中央的電報，譚冠三急了，頭上直冒汗。」能夠讓下令削平甲波日山的譚冠三頭上冒汗，當然不是件小事。他知道自己未經中央軍委批准，擅自下了作戰命令，一時莽撞闖下了大禍，弄不好下場會比西藏工委副書記范明更慘。身為老共產黨人，譚冠三深知共產黨內部鬥爭的殘酷並不亞於「對敵鬥爭」，有時甚至有過之而無不及。

就在「拉薩事件」爆發前幾個月，西藏工委內部剛剛進行了一場大整肅。這場整肅是中共在全國發動的「反右鬥爭」一部分。1958年4月4日，西藏工委召開幹部會議，開始整風、反右。這個會議長達7個月，到11月10日才結束。會議一開始由工委副主任范明主持，矛頭對準工委委員、西藏軍區參謀長兼後勤部長李覺，焦點在他主導之下的「五大部上書事件」[15]。會議開了一個多月後，情況突然出現戲劇性的轉變，張經武和張國華從北京返回西藏，帶來了毛澤東對西藏反右的特別指示。在西南局的張經武和張國華主持下，「整風反右」的矛頭從李覺轉向西北局的范明。

這個馬拉松會議的結果，是整出了一個「以范明為首的反黨集團」。1951年親自護送班禪喇嘛返藏，有「軍中秀才」之稱，自視甚高的范明被自己的同事們揪到臺上，當著下級的面批鬥羞辱，整整批鬥了五個月，最終被

---

15 即1957年2月20日，以西藏軍區司令部、政治部、後勤部、幹部部和財務部聯合向中央軍委和毛澤東提交的一份報告，反映駐藏部隊面臨的一些實際問題，包括營房、工資待遇、官兵生活、軍官健康、日常生活用品、以及文化生活等六個方面的問題。詳見降邊嘉措，《李覺傳》，頁176-197。

定為「極右分子」，開除黨籍、軍籍，同案還牽連了工委統戰部長陳競波、工委宣傳部長白雲峰等高官[16]。

從表面看來，這場大整肅是西藏工委內部一場沒有硝煙的「南北戰爭」，即西南局的張經武、張國華與西北局的范明之爭，但這場風波折射出中央，特別是毛澤東本人對西藏策略的猶疑。自視甚高的范明將軍顯然沒有意識到，他認為正確，並一再堅持的治藏方略，不管是出自何種動機，恰恰與毛澤東對西藏的總體設計相違。從某種意義上來說，雖然他至死堅持自己的想法是對的，但他的想法卻「打亂了毛澤東的計畫」。於是，借著這場「反右」運動，其實是「極左」的范明成了「極右」，被重震出局，不僅以往的功勞一筆勾銷，還搭上了自己的前途，賠進了一家人的命運。朝為功臣、夕為囚徒的劇烈轉變，帶給西藏工委諸官員的震撼，可想而知。

這場大整肅餘波未息，「拉薩事件」突然爆發。剛經歷過內部整肅的譚冠三將軍，對自己「打亂了毛澤東的計畫」這件事，內心的恐懼不難想像。現有資料無法判斷，譚冠三是寧肯對中央誇大情況，以保一旦戰敗自己有條退路，還是確實相信「叛亂武裝」的實際力量遠遠超過己方，無論如何，譚冠三明白：

> 打亂了毛澤東的戰略計畫，將給打開西藏局勢帶來極大的困難，這件事很難向毛澤東交待。現在已經打響，怎麼辦呢？譚冠三略一沉思後，他明白，目前他最能彌補這一錯誤的辦法是盡量全殲拉薩叛亂之敵，不使其漏網或盡量減少其外竄。最簡單的也就是說要打勝這一仗。但現在敵我力量還懸殊很大，誰勝誰負還難以決定。還打不打呢？只要一停止攻擊，叛亂武裝查明意圖後就會逃竄，到那時更難收場。打不打，現在得由中央來決定了。因此，他一面命令全部隊準備攻擊，一面立即將此情況上報中央及軍委。中央立即將此情況電轉毛澤東[17]。

---

16 范明，《西藏內部之爭》，頁369-394；另見《中共西藏黨史大事記》，頁79。
17 吉柚權，《西藏平叛紀實》，頁115。

根據吉柚權的描述：

> 毛澤東一看譚冠三亂了他的計畫，氣憤地說，這個譚冠三越來越糊
> 塗了。但戰幕已經拉開，停止是不利的，但一定要取勝，於是回電
> 同意打。但指示譚冠三只准勝不准敗。這就意味打不勝，譚冠三將
> 要聽從毛澤東的處置。
>
> 接到毛澤東的電報，譚冠三看出毛澤東給了自己一次機會，他把勝
> 利的關鍵放在對羅布林卡一戰，只要羅布林卡一拿下，拉薩大局可
> 定，他就穩操勝券。於是下達攻擊羅布林卡的命令，同時，命合圍
> 市區的部隊，要不惜一切代價阻擊市區及布達拉宮之敵增援羅布林
> 卡，命砲兵308團和155團的砲兵，要狠狠轟擊羅布林卡之敵，不給
> 叛亂武裝有喘息的機會[18]。

也就是說，譚冠三將軍明白，事到如今，要挽救自己的政治前途和身家
性命，只有放手一搏。仗打好了，他有望將功抵過；仗打壞了，他勢必面臨
軍法處置。而此時打仗的好壞，就是能殲滅多少「叛亂武裝」。殲滅得越
多，就說明仗打得越好。殲滅「叛亂武裝」的數量多到一定程度，他就功大
於過了。好在甲波日山已經占領，而且他得到了一柄「尚方寶劍」，准許他
在聖城拉薩大開殺戒。

這柄「尚方寶劍」是一份來自中央軍委的電報，該報告全文收錄在內部
出版的《平息西藏叛亂》中：

> 藥王山攻下以後，叛軍行動有兩種可能：一則仍在拉薩地區與我繼
> 續作戰，一則乘黑夜分散或者集中突圍，而後者可能性更大。
>
> 如果叛軍繼續在拉薩地區作戰，你們應該逐步攻克可能攻克的叛軍
> 據點，把叛軍壓縮到狹窄地區然後集中兵力火力圍殲之。

---

18 吉柚權，《西藏平叛紀實》，頁114-115。

如果叛軍乘黑夜突圍，無論集中或分散突圍，都應不顧一切疲勞堅
決殲滅之[19]。

《平息西藏叛亂》沒有註明這份電報發出或者收到的時間，在公開出版
的《中共西藏黨史大事記》中，這份電報的時間是「十八時」，即下午六
點，並且對電報的內容作了調整：

十八時，軍委電示，藥王山攻下後，如果叛軍繼續在拉薩市區作
戰，我應逐步攻克可能攻克的叛軍據點。遵照軍委指示，我軍又以
多路向羅布林卡發起攻擊，經過短促激戰，迅速攻占叛亂武裝的指
揮中心。隨即，部隊轉移，對市區進行合圍[20]。

這一敘述完全迴避了羅布林卡大轟炸。「多路攻擊」，「短促激戰」僅
指大轟炸之後的占領過程；更重要的是，這段話隱去了「如果叛軍乘黑夜突
圍，無論集中或分散突圍，都應不顧一切疲勞堅決殲滅之」這一命令。這個
命令意味著，「拉薩戰役」中，藏人不管是「集中」還是「分散」逃跑，統
統格殺勿論。

至於電報發出的時間，根據電文內容可知，這份電報是在甲波日，即電
文中的「藥王山」被攻占之後發出的。甲波日被占領的時間是北京時間中午
12點前後，這份電報是下午6點發出或收到，那就意味著，在「拉薩戰役」的
第一場戰鬥結束後，中央軍委等了整整6小時才發出下一步指令，這是有違常
識的。6小時的空檔時間內，足夠大批藏人逃出拉薩，到那時候才「不顧一切
疲勞堅決殲滅之」豈不是延誤戰機？

譚冠三既有背水一戰之需，又有來自最高層的「尚方寶劍」，只消給羅
布林卡內外的民眾統統貼上「叛匪」標籤，盡可以從容淡定將他們送上祭
台，哪怕殺得血流成河──1958年的青海「循化事件」已有先例。在這樣的

---

19 《平息西藏叛亂》，頁90。
20 《中共西藏黨史大事記》，頁95。

背景下，羅布林卡大轟炸勢在必然。

要麼不打，一旦開打就使用過度武力，為此不惜濫殺平民，這就是中方正史中要刻意迴避的事實。

（四）

德格麥宿人居欽圖丹和他的夥伴們趴在然馬崗旁邊的小山頂上。他們下方的山腰有個小型砲兵陣地，架設了幾門砲，每門砲之間還架著機槍。砲口對準羅布林卡，機槍對準拉薩河岸。

天亮後，幾十名在羅布林卡周邊的民眾朝拉薩河渡口奔去。159團副團長吳晨一聲令下，機槍立刻開火，將這些人全部射殺。不久，又一批人奔來，沒到河邊就全部被打死。

居欽圖丹等人只有老舊的英式步槍，既沒有機槍，也沒有手榴彈。他們朝山腰開了十幾槍，但毫無用處。

臨近傍晚時，數千人衝出羅布林卡，朝渡口狂奔，試圖渡過拉薩河，奪路逃生。羅布林卡到拉薩河的然馬崗渡口，是一大片空蕩蕩的河灘，河灘上到處是卵石、坑窪和小沙丘，間或長著一叢一叢的灌木。

這時，308砲團3連連長土國珍站在甲波日山側砲兵觀察所裡，看到了這些奔向拉薩河的人：

> 當第二、三批槍彈（按：原文如此，似應為「砲彈」）落下後，他們突然打開南門，吶喊衝擊，冒死向老渡口方向突圍。我即命令砲火迅速地轉移到叛匪衝擊方向之前，猛烈地進行攔阻射擊。叛匪懼怕這死亡的火牆，又轉變方向往回跑。我又將火力轉移到他們回跑的方向，下令「四發急促射放！」砲彈又呼嘯著回過頭來，在匪群中炸開了[21]。

---

21 王國珍，〈天降霹靂懲凶頑〉，《西藏革命回憶錄》第四輯，頁38-45。

吉柚權在《西藏平叛紀實》中也證實了在羅布林卡南門外的這場大屠殺：

> 拉薩河中1、2千叛軍騎兵和數百名步兵一齊向南渡口衝來，吳晨立即要求苗中琴趕快用最強的砲火支援南渡口，說：「老戰友，趕快支援南渡口，他媽的來了幾千哪。越猛越好。」
>
> 苗中琴立即命令全團的砲火支援南渡口，砲彈成排成排地在拉薩河中，在南渡口沙灘上爆炸，叛匪承受不住猛烈的砲火的轟擊而退回北岸[22]。

居欽圖丹在山頂上，看著一批一批的人從羅布林卡南門衝出來，跑到空蕩蕩的河灘上。這些從未見識過戰爭的民眾全然不知，他們恰好將自己置身於大砲和機槍的射程之中。無論是手握「尚方寶劍」的將軍，還是滿懷「階級仇恨」的士兵，等待的就是這樣的時刻。砲彈落處，血肉橫飛：

> 槍彈在匪群中大顯威風，撕裂了叛匪的胸腔，劈下了叛匪的頭顱，炸翻了叛匪的馬匹。在爆炸的塵煙裡，叛匪們人呼馬嘶，紛紛倒下。受傷的馬匹亂竄，驚慌的匪徒狂奔[23]。

堪穹達熱‧多阿塔欽回憶錄提到：

> 下午三點時[24]，羅布林卡南門的然馬崗渡口的這邊，砲彈像下雨一樣落到渡口對面的沙灘上，砲轟了大約兩個小時。砲彈的煙霧中，數百名人馬在煙霧裡來回亂跑，這些人就是自願守護羅布林卡的民眾，和剛才在羅布林卡裡面準備馬匹要逃走的人。在這次砲轟中，

---

22 吉柚權，《西藏平叛紀實》，頁104。
23 王國珍，〈天降霹靂懲凶頑〉，《西藏革命回憶錄》第四輯，頁38-45。
24 原文如此，應為拉薩時間下午3點，即北京時間下午5點。

　　羅布林卡南面那片無遮無擋的寬闊河灘，成了名副其實的屠殺場。有些逃跑的人騎著從御馬廄裡奪來的馬，爆炸聲裡，御馬揚起前蹄人立而起，嘶聲長嘯，隨即沉重地倒下。受傷的馬甩落背上的人，軀體上淌著殷紅的血，長鬃飛揚，在河灘上左奔右突。河灘上的人們受求生本能驅使，頂著砲火朝前方疾跑。他們的前方，一帶碧水靜靜流淌，猶如菩薩天衣上柔軟的綢帶，從空中悠然飄下，落在拉薩河谷。清澈的河水在聖城旁邊悠悠流過，世世代代滋養著在這裡生息繁衍的雪域子民。此刻，那條天衣般美麗的河，變成了一道生死線。河灘上的人群與死亡競賽，他們並不知道，即使衝過了河灘，也難以生還。只有譚冠三將軍明白，這場大轟炸不單是殺人立威，也是真正意義上的「你死我活」。

　　南岸山腰裡的機槍狂瀉子彈，砲彈布下一道道火牆。爆炸的煙塵裡，殘肢斷骸騰空而起，化做血雨灑落河灘。槍聲、砲彈聲、爆炸聲、馬嘶聲、瀕死者的呼號聲交織成慘烈的死亡進行曲。

　　1959年3月20日下午，在拉薩河北岸空闊的河灘上，「革命」與「屠殺」攜手狂歡，催生出名叫「解放」的「聖嬰」。在它日漸壯大的過程中，這個「聖嬰」將吞吃無數生靈，包括它的助產士。瘋狂傾瀉子彈和砲彈的軍人們不知道，一場慘絕人寰的大飢荒，正匍匐在歷史的暗角朝他們窺視；一連串事件將裹挾騰騰殺氣列隊而來，死亡將會同瘴氣一般四處蔓延。今後的幾十年中，恐懼將成為每個人的生存常態。殺劫之中，誰也別指望獨保自身，今日的歡呼將變成明日的呻吟，上至國家主席，下至平民百姓，所有的人都將成為「革命」和「解放」的祭品。

　　然而，此刻，歷史尚未洩露天機。砲兵連長還在盡情享受殺戮的快感：

---

25 達熱・多阿塔欽・《我的故事》。

這時，我又發現突圍逃竄得到北面的部分叛匪，正在接官亭附近集結，不知是要反擊還是要逃跑。我不管三七二十一，一頓砲火，照樣「前打後擊」，把他們就地消滅得乾乾淨淨，樂得步兵同志們跳起來叫好[26]。

群山無聲，長河寂寂。時間在這一刻靜止。震耳欲聾的轟鳴，終將化為寂靜。只有群山長河世代為證：在這裡，曾經有無數佛地生靈倒臥；在這裡，曾經發生過如此殘酷的慘劇。

此起彼落的爆炸聲裡，太陽漸漸西沉。高原早春的落日，壯麗一如既往。河谷兩邊的褐色山巒，被落日染成金紅；拉薩河的水面上跳動著億萬顆光點，彷彿是古往今來，恆河沙數的酥油燈火匯聚而成。

僥倖闖過火牆的人馬衝下拉薩河。山腰的機槍吐出串串火舌，子彈如同驟雨，在河面上濺起點點水花。人馬亂紛紛倒在河裡，鮮紅的血淌入潔淨的水中，一縷縷，一道道，漸漸融匯成殷紅一片。

居欽圖丹神情麻木。大難無懼，大悲無語。一陣砲火過後，河灘上已沒有一個直立的人，河水裡也沒有一個直立的人，整個世界都在他面前死去。槍砲聲突然停止，四周一片死寂。拉薩河裡，人和馬的屍體層層疊疊，在河中築起一道堤壩。來自雪山的淨水在屍壩一邊漸漸升高，漲成一個紅色的湖泊。生命之水越漲越高，忽地衝垮死亡之堤，紅色的浪捲著屍體沖向下游，數不清的屍體載浮載沉，從山腳下緩緩經過[27]。居欽圖丹雙目赤紅，所見之處皆為血色。紅色落日，紅色天空，紅色河水，紅色石灘。遠處的雪山，近處的山谷，都浸在鮮紅的色澤之中。

尖嘯聲打破短暫的寂靜，又一排砲彈在羅布林卡爆炸。居欽圖丹抬起

---

26 王國珍，〈天降霹靂懲凶頑〉，《西藏革命回憶錄》第四輯，頁38-45。根據《西藏平叛紀實》頁104，從羅布林卡衝向拉薩河渡口的人數有幾千人，與王國珍回憶文章中提到當時在羅布林卡的人數大致相符。

27 居欽圖丹訪談，2009年9月22日，2009年10月8日。

頭，遙望羅布林卡。漫天煙塵裡，寺院屋頂金碧輝煌，雙鹿法輪仍然在射出攝人心魄的金光。

（四）

在猛烈砲火的掩護下，西藏軍區155團、汽車16團和159團的部分士兵，從東、西、南和東北方向，逼近羅布林卡。

數千人衝出硝煙滾滾的夏宮，試圖往北奪路逃生。軍區副司令鄧少東命令308砲團火力攔阻，將他們逼回羅布林卡花園內，重砲擊殺[28]。

7點30分，155團2營4連從空無一人的東門攻入。羅布林卡大轟炸結束。

緊接著，其他部隊用炸藥爆破圍牆，從四面衝進羅布林卡。士兵們逐房搜索，對躺在地上的每個軀體狠狠踢上幾腳，以判斷是死是活。搜索期間遭遇零星反擊，但並未發生激戰[29]。

警衛營長色新・洛桑頓珠已經命令士兵們放下武器，將全部槍枝堆在營部的院子裡，等待解放軍前來受降。

丹巴索巴三度與死神擦肩而過。那天夜晚，他躺在橫七豎八的屍體中間，昏迷不醒。

圖丹格仲跟隨人群跑出南門，試圖渡河逃生，機槍突然開始掃射，他前面的人紛紛倒下。圖丹格仲回到羅布林卡，躲在御馬廏裡。當晚，御馬廏裡的人集體投降。

太陽落山，黑夜降臨。夜幕籠罩下，居欽圖丹和他的幾名夥伴悄悄下山，沿著小路翻過河邊的山嶺，朝山南走去。

離開羅布林卡後，達熱打算經過加拉林卡去功德林，從功德林後面經過拉魯濕地，往色拉寺方向逃跑，但是很快遇到追擊，與他的同伴們失散。往北的路走不通，他只能往南走。朦朧夜色裡，達熱獨自走向拉薩河。在羅布

---

28 吉柚權，《西藏平叛紀實》，頁115-116。
29 Tubten Khetsun, *Memories of Life in Lhasa Under Chinese Rule*. pp. 35-36.

林卡南門外，他遇到6、7個倖存者，幾個人一同走上河灘。身旁突然有人對他說：「快趴下！漢兵會開槍！」他這才注意到，許多人趴在河灘的淺坑裡，等待深夜渡河逃命。

長天深邃，明月當空，水面上銀光點點。達熱一遍又一遍虔誠祈禱，終於有片雲緩緩飄來，擋住了月亮。眾人立刻爬起來，沿河朝西走，在較淺的河段渡河。剛要下水，河灘上突然冒出近百人。大家脫下衣服，手拉著手涉水過河，安全到達南岸。

「珠寶花園」裡，硝煙漸漸飄散。北京時間晚上8點30分，羅布林卡之戰結束。藏人死傷人數不詳，約五、六百人被捕[30]。

進攻羅布林卡的主力部隊立即撤出，按照中共中央的命令，不顧疲勞趕赴市區。下一波遭到猛烈攻擊的地點，是小昭寺、布達拉宮，以及藏民族最神聖的寺院：大昭寺。

是夜，高原靜美的月亮如往常一樣，溫柔地照著拉薩河谷。河面水波粼粼，河水帶著沉重的質感，默默流向遠方。河灘上到處倒臥著屍體。沙礫卵石上，一片片鮮血早已凝固。

清冷的月光下，一匹受傷的馬揚起頭，發出長長的悲鳴。

---

30 此數字見黃少勇，〈鐵流滾滾‧丹心熠熠〉，《西藏革命回憶錄》第四輯，頁53。

第二十章　血火聖城

（一）

　　1959年3月21日，藏曆土豬年2月12日。

　　拉薩市民度過長長的夜晚，終於熬到了早晨。一夜之間，藏民族的聖城已然巨變。甲波日山頂的醫學利眾院灰飛煙滅，只剩幾縷淡淡餘煙，在沁涼的晨風裡飄蕩。夏宮羅布林卡彷彿被颶風掃過，樹木只剩下了斷枝殘幹，從哲蚌寺望去，宮殿佛塔一目瞭然。

　　「珠寶花園」被正式接管，財產被封存。在此過程中，一些貴重物品不翼而飛，其中包括部分達賴喇嘛的私人物品。士兵拖來斷落的樹枝和塌落的石塊，暫且堵住宮牆被爆破後留下的缺口。傷者、政府官員，以及其他被俘和投降者被分別送往臨時監獄關押。

　　在3月20日的作戰過程中，位於德吉林卡的印度領事館被流彈擊中，領館人員幸未受傷。領事館官員急電新德里，報告拉薩發生的戰事。

　　就在3月17日，達賴喇嘛出走的當天，印度首相尼赫魯在國會發表關於西藏問題的談話，仍然否認最近幾年來有關西藏發生武裝衝突的傳聞：「我並不是說，目前那裡有大規模的暴力行動——這裡或那裡有過暴力行動。……在目前與其說這是武力衝突，或者是肉體的衝突，毋寧說是意志的衝突。」[1]

　　尼赫魯話音剛落，拉薩戰事的消息傳來。但是，第二天消息即中斷，拉薩廣播電臺也停止廣播，拉薩完全與世隔絕。直到1959年5月，第一批西藏難民到達印度之後，外部世界才開始了解「拉薩戰役」的詳情。

　　拉薩發生的事件使印度舉國震驚。民眾大為激憤，議員們震怒，認為總

1　1959年3月18日《參考資料》下午版。

理沒有及時通報西藏的真實情況，強烈要求尼赫魯對此作出解釋。西藏局勢終於瞞不住了，通過在德里和加爾各答的媒體，「拉薩事件」的消息迅速傳播到全世界，國際輿論譁然。3月21日一早，全世界的主要報紙紛紛報導，在西藏首府拉薩爆發了藏人與「紅色中國占領軍」激戰的消息。

由於西藏長期封閉，西方民眾對西藏幾乎一無所知，許多報紙必須繪製地圖，標出西藏的地理位置，並提供這個爆炸性新聞的相關背景。此時，距蘇聯血腥鎮壓匈牙利民眾抗議的事件不到三年，西方各國民眾對「匈牙利事件」記憶猶新，這一事件立刻引起強烈關注。一時間，全世界的目光都轉向「世界屋脊」。在血和火的背景下，西藏及其年輕的統治者，被西方人稱為「神王」的達賴喇嘛，猛然出現在世界的視野中。

然而，拉薩民眾並不知道這些，也不知道他們的命運已經成為全世界的關注點。拉薩戰事尚未結束，槍砲聲取代了醫學利眾院的海螺聲，正在拉薩城裡城外暴響。

北京時間8點左右，西藏軍區召開作戰會議。副司令鄧少東宣布前日的戰況。甲波日、羅布林卡均已占領，「拉薩戰役」大局已定，下一步將實施「戰役」的第三階段，對拉薩市區的「叛匪」合圍。具體計畫是先包圍三大寺、布達拉宮和大昭寺，暫不動手，圍之待命，其他各處的反抗者則統統消滅。

上午10點左右，拉薩河谷裡又一次響起驚天動地的砲聲。砲彈從拉薩河南岸飛來，在拉薩城裡城外轟然爆炸，聖城硝煙四起，遮天蔽日。經過激烈的槍戰和砲擊，功德林、拉魯莊園、亞谿莊園等先後被占領。於此同時，拉薩城內發生激烈巷戰，裝甲車開進市區，達賴喇嘛副經師赤江仁波切的府邸、茶仁府、擦絨府等被先後攻占。在此過程中，一些房屋被解放軍用噴火器點著，部分民宅之間的隔牆被炸開，作為士兵們的通道[2]，拉薩城內多處著火，滿城濃煙滾滾。

戰事突發，城內的老弱婦孺、僧侶商賈等未及逃離，無可避免地捲入這

2　吉柚權，《西藏平叛紀實》，頁117。

場突如其來的戰爭中。當砲彈在花園中炸響的時候,當裝甲車駛入街道的時候,當帶著彈藥的士兵闖入家門、炸掉隔牆的時候,那些驚惶的婦女、恐懼的兒童、束手無策的老人、無處躲藏的乞丐,他們的遭遇如何?迄今為止,中方資料中未見隻字片語,一些藏人的回憶錄中略有提及[3]。拉薩四面被圍,加上「只准進、不准出」的命令,槍林彈雨,砲火連天,市民插翅難逃。

這天,小昭寺和布達拉宮相繼攻克。除了甲波日和羅布林卡大轟炸之外,「拉薩戰役」另一個激戰的地點是小昭寺。從兩方面的資料看來,小昭寺之戰是一場近乎短兵相接的激烈戰鬥。這兩個地點的作戰情況,《解放西藏史》幾乎略去了全部細節;《西藏平叛紀實》中對布達拉宮之戰有比較詳細的描述,但對小昭寺之戰只有簡略敘述。作戰過程中,這幾個地點的藏人是如何組織的,大約有多少人,使用了什麼樣的武器等細節,中方資料均未說明。

至今為止,有關小昭寺之戰的詳細資料,是藏文版《玉洛純淨的眼淚》。作者玉洛·達瓦次仁是拉薩人,生於1926年,為第五世玉洛仁波切。1959年3月「拉薩事件」發生時,他是上密院僧人,也是小昭寺之戰組織者之一。「拉薩事件」後,玉洛仁波切被捕,入獄20年。1979年出獄,1982年成為拉薩市政協委員,中國佛教協會西藏分會會員,拉薩市佛教協會常務委員;1988年3月再次被捕,1994年出獄。玉洛·達瓦次仁於2002年去世。他生前寫下的回憶錄手稿被秘密帶到印度,2006年在達蘭薩拉出版[4]。

(二)

3月20日凌晨,當槍砲聲震碎拉薩的寧靜時,在上密院修習的玉洛仁波切從熟睡中驚醒。他立刻跳下床,裹上袈裟,飛奔到小昭寺,一口氣衝上最高的房頂,朝四周張望。黑夜裡,砲彈拽著火光,在布達拉宮和軍區司令部之

---

3 玉洛·達瓦次仁,《玉洛純潔的眼淚》(藏文版)頁47:「中共不管是否參加了反抗,見到藏人就開槍。」並提到「中共在阿沛家的房子裡設了埋伏,打死了很多逃跑的藏人。」強巴丹增訪談中談到,在小昭寺一帶目睹逃跑的乞丐、兒童被打死;其他藏人回憶錄中也有提及。
4 該書有關小昭寺之戰的日期似乎有誤,本書作者參照中方資料勘正。

間飛來飛去，像一道道閃電。拉薩上空桑煙裊裊，市民在煨桑祈福。槍砲聲靜止後，寺院裡傳來讚頌聲。在聖城有史以來最大的劫難中，拉薩民眾只能以桑煙和讚頌來為自己、也為自己的親人和城市消災祈福。

小昭寺建於西元641年，為供奉文成公主攜帶入藏的釋迦牟尼12歲等身像而建，相傳文成公主親自奠基。西元8世紀金城公主入藏後，將原供奉在大昭寺，由尼泊爾尺尊公主攜帶入藏的釋迦牟尼8歲等身像請到小昭寺，兩尊佛像調換。自此，釋迦牟尼12歲等身像供奉在大昭寺，8歲等身像供奉在小昭寺。兩座寺院都是藏民族的聖地。千百年來，無數從西藏各地前來朝聖的信徒，一路風塵來到大、小昭寺，在這兩尊釋迦牟尼像前頂禮膜拜。小昭寺還是一座密教寺院，上密院這座格魯派著名學府就在小昭寺旁邊。

上密院始建於1485年。相傳那年拉薩河上游洪水氾濫，浩蕩大水沖向拉薩，聖城危在旦夕。德高望重的密宗大師杰貢・嘎頓珠應眾人祈請，前來拉薩，在河邊念經祈願。次日洪水果然下降，拉薩得以逃脫一場大水災。當時的帕竹政權為表謝忱，將小昭寺封賜給大師作為修行之所。杰貢・嘎頓珠大師原在拉薩河上游、衛堆窮木達的塞哇壟山洞中修習弘傳密教，得到小昭寺後，他以該寺為基地弘傳密法，故名之為「上密院」。

玉洛仁波切回到僧舍脫下袈裟，換上藏袍，扯過子彈帶纏在腰間，提著槍朝小昭寺走去。進了寺院，他徑直去找上密院管家更登嘉措，問他寺院裡有沒有槍枝彈藥。管家長歎一聲，回答說一槍一彈都沒有，並說他們日前曾到羅布林卡和雪印經院，要求發給武器彈藥，得到的回答是：絕對不能給上密院和下密院的僧人武器，還說這是達賴喇嘛的旨意。

做出此項決定的原因，可能是不願讓密院的僧人捲入戰事。進入密院修習是很不容易的事，必須先研習佛經多年，學有成績之後，通過嚴格考試，才能進入密院繼續深造。哲蚌寺有僧人上萬，上密院只有500，可見其難度非同一般。不管是出於什麼樣的原因，密院僧人加入戰事，難免殺生破戒，不僅意味著他們多年修行毀於一旦，對宗教傳承來說，也是相當大的損失。

然而，時局至此，拉薩已經沒有靜修之處。玉洛仁波切和一批上密院僧人痛下決心，不惜一切代價，保衛他們的寺院。

這天上午，甲波日砲火正酣，爆炸聲此起彼落，持續不斷。就在醫學利

眾院大殿中的佛像紛紛倒落塵埃的時候，120名上密院僧人聚集在小昭寺殿堂裡，舉行一個莊嚴的儀式。僧人們一排排站立在藏地最古老、最神聖的佛像前，在甘丹涅熱格西丹增群培的主持下，按照律宗儀軌，向佛祖交還戒律。

　　這是他們十分熟悉的殿堂。他們曾無數次在這尊神聖的佛像前念誦頂禮，習經打坐。此刻，倉促間不及敲響鈴鼓，吹起長號，五彩幢幡紋絲不動，眾人靜息佇立，心意合一，槍砲聲淡化成遙遠的背景。佛像前的酥油燈盞裡，一排排火苗忽閃搖曳，柔光遍灑大殿。融化的酥油猶如金液，倒映出佛像錦緞天衣的斑駁色彩。佛祖雙目低垂，微微含笑，注視這些資質過人的僧侶。

　　儀式畢，僧人如往常法會結束那樣，一聲不響，依次退出大殿。邁過門檻的那一刻，他們的命運陡然翻轉。這些自幼受戒出家，習經多年的僧侶，不再受宗教戒律的約束。他們將拿起武器，與「佛法的敵人」拚死一搏，誰也不知道，自己是否還能再次跨過這道門檻。

　　飽讀經書的僧人全無軍事概念，只憑直覺部署，全仗勇氣行動。戰事開始之後，玉洛仁波切和幾名僧人決定放火燒建設局。他們並不懂「以火代兵」之策，只是感到離寺院很近的建設局是直接的威脅，建設局早已修建了工事，而且有武裝民兵駐守，民兵會從那裡進攻寺院。他們弄來汽油、唧筒和棉花，趨到建設局的圍牆邊，用唧筒朝牆內噴射汽油，打算把汽油噴到院子裡，然後隔牆扔進燃著的棉花，可是牆太高，汽油噴不過去。兩名僧人用鎬在牆上挖出一個洞，不知保護自己，莽莽撞撞鑽過牆洞，立刻中彈身亡。其他人跟著鑽進去，打破倉庫的玻璃，用唧筒噴射汽油，點燃了建設局倉庫，濃煙冒起，幾個人在亂槍射擊下，居然全身而退。

　　《中共西藏黨史大事記》中，這樣描述這次行動：「盤踞小昭寺的叛亂武裝出動一千餘人向建築工程處進攻，並一度攻進院內，被建工出動一個民兵排英勇擊退。」[5]據玉洛仁波切回憶，當時小昭寺內只有幾十名藏軍士兵和兩百餘名僧人。

　　玉洛仁波切把還戒僧人分成一個個小組。他們武器不足，每6、7人才有

5　《中共西藏黨史大事記》，頁95。

一枝槍，有槍的人充當組長。他隨後分派幾名有武器的人到小昭寺辯經場四周察看，其他人有的到經堂去祈禱，有的幫藏軍燒茶煮飯，有的去幫忙搬運彈藥。午後，他們得到通知，派人到布達拉宮去拿武器，但在路上遭到阻擊，無功而返。後來駐防大昭寺的藏軍如本派人送來兩門砲和6箱砲彈。這天早上他已經得到達賴喇嘛出走的消息，但他沒有對眾人宣布。

這天，解放軍集中力量進攻甲波日和羅布林卡，沒顧得上小昭寺。深夜，戰事稍歇，拉薩河谷沉入詭異的寂靜之中。玉洛仁波切冒著寒風，一次次走上屋頂，四處巡視。

3月21日[6]，小昭寺與建設局，以及距離不遠的人民醫院之間，展開了一段時間的砲戰和槍戰。藏人相信一旦沾上血，護身符就會失效，因此在作戰過程中會盡量避免接觸死傷者。但在小昭寺之戰中，由於武器不足，僧人們必須使用死傷藏兵的武器。玉洛仁波切走進殿堂，取來供佛的水，沖洗槍上的血跡，擦拭乾淨，分發給沒有武器的僧人。僧人和民眾高喊「反抗侵略者」的口號，朝醫院方向衝去。正在這時，玉洛仁波切聽到一名藏軍甲本的聲音。他用擴音器高喊：「漢兵來啦！大家小心！」玉洛仁波切跟一些人爬上屋頂，只見密密麻麻的軍人朝小昭寺開來。

玉洛仁波切和幾名藏兵，以及一些僧人和市民趴在房頂上，居高臨下開槍阻擊，雙方發生激烈槍戰。中方資料如此描述：

> ……尤以盤踞小昭寺之青、康籍叛武較為頑固。21日1時06分，我軍對此進行砲火襲擊。叛亂分子依托小昭寺之堅固建築做垂死掙扎，在激戰中還打起「雪山獅子旗」，企圖頑抗到底，我軍即以爆破、噴火器、手榴彈、衝鋒槍等短兵武器，對敵展開猛烈攻擊[7]。

砲火擊中小昭寺頂層達賴喇嘛的臥室，金頂炸穿，僧舍坍塌。玉洛仁波切和藏兵撤下屋頂。這時，辯經場旁邊的印經院燃起熊熊大火。濃煙中，解

6　《西藏平叛紀實》中說占領小昭寺的時間為3月20日晚上9點，似有誤。
7　陳炳，〈叛國必亡〉，《西藏革命回憶錄》第四輯，頁23。他們都提到小昭寺之戰發生在3月21日。

放軍發起攻擊，小昭寺被四面包圍，裝甲車開到上密院大門口，朝院子裡推進。玉洛仁波切倒地佯死，一名解放軍士兵走過來，踢了他一腳。遍地死屍中，沒人注意到其中有個活人：

> 這些士兵走了後，我慢慢地爬起來，抖掉身上的土，拿起槍，隨時準備開槍，經過德賽的房子，來到甘丹康賽，剛好碰上很多人朝我跑來。這時候，四面八方朝我們開槍，彈如雨下，彈打到牆壁上，灰塵四起。小昭寺金頂的屋脊和管家房子所在的那一排房子，辯經場裡的印經院被共軍放火燒著，濃煙滾滾。因此，我方的警衛隊和上密院僧人等很多人沒法留在那裡，只好朝甘丹康賽這邊跑來。側穆林寺院階梯上滿地都是屍體，無處下腳[8]。

激戰兩個多小時後，3月21日下午3點30分，小昭寺終於被攻破。寺院遭到嚴重損壞，藏人死傷慘重。

（三）

拉薩陷入無政府狀態的時候，南捷扎倉的僧人江帕彭措正在閉關修行。時局越來越緊，此時閉關，一旦遭逢變故如何應對？無奈，堪布下令提前結束閉關，江帕彭措回到平常生活中，每日念經、作佛事。這些日子裡，他只去了一次羅布林卡，其餘時間都在布達拉宮[9]。

3月20日凌晨，拉薩槍聲大作，守在布達拉宮裡的藏兵和僧人紛紛起床，衝到窗口往外看。拉薩已經處於混戰狀態，各方都在糊裡糊塗地開槍開砲。布達拉宮的藏兵跟軍區司令部也互射了一陣，布達拉宮牆高壁厚，軍區射過來的砲彈沒有造成很大損失；藏兵火砲老舊，加上事先未作準備，發射的砲彈也沒有造成損失。你來我往幾個回合之後，轟炸甲波日開始。布達拉宮的

---

8 玉洛·達瓦次仁，《玉洛純潔的眼淚》（藏文版），頁45。桑杰嘉譯。
9 拉嘉晉巴編輯，《無畏的人生：江帕彭措傳》，西藏政治犯傳記第十八集，藏文版。

藏人不知如何是好，只能遠遠看著，完全無能為力，眼睜睜看著甲波日被「打得鴉雀無聲」。

偌大的宮殿，單憑少量藏兵，數百僧人，怎樣才能守住？戰事開始以來，他們一直在討論是逃走還是留下。羅布林卡攻占後的夜晚，一些僧人悄悄棄宮而逃。江帕彭措和一些僧侶左思右想，不知道應該怎麼辦。作為南捷扎倉的僧人，一直在布達拉宮生活，危難之時一走了之，他們於心不忍；但是要反擊，他們手無縛雞之力，連開槍都不會，又能做什麼？他們甚至不知道武器存放在哪裡。

他們正在七嘴八舌到處詢問存放武器的地點，一大群色拉寺僧人朝布達拉宮跑來。江帕彭措以為他們來增援，十分高興。色拉寺僧人頭上手上纏著布帶，拿著馬頭明王護法殿裡的刀和長矛。他們衝上布達拉宮，看到南捷扎倉僧人不知所措的樣子，破口大罵：「情況都到了這樣的地步，槍在哪裡？你們到現在做了什麼？！」

江帕彭措和幾個南捷扎倉僧人總算問到了武器庫的地點，趕快去搬來一些槍。江帕彭措出生在彭波，8歲在色拉寺出家，12歲被送到布達拉宮的南捷扎倉，從來沒有碰過槍，拿到槍不知怎樣擺弄，幾個藏兵現場教他和其他僧人怎樣拉槍栓。可是槍和子彈是分開存放的，有了槍卻沒有子彈。他們只好再去打聽，得知子彈在布達拉宮東側的夏青甲。

去搬運子彈必須下樓，經過德央夏廣場。德央夏已經遭到砲擊，左右的石階都被打斷，廣場上倒著許多屍體。一些藏兵和僧人冒死衝過去，江帕彭措搬上來兩箱子彈，但是立刻被色拉寺僧人奪去，他們拿到武器後馬上衝出布達拉宮，江帕彭措無奈，從視窗看到他們沒跑多遠就遭到砲擊，僧人們被打散，一部分往寺院方向跑，一部分往娘熱方向跑。

當晚，守護布達拉宮的藏兵和僧人開會，討論應該怎麼辦。有些人說應該進攻孜仲林卡[10]和澤[11]，把砲兵陣地打掉，但是誰去打？怎樣打？大家爭吵了半天，最後誰也沒去，只是宣布大家都不准逃跑，逃跑者格殺勿論。但

---

10 西藏軍區司令部所在地。
11 拉薩河南岸，軍區司令部斜對面的308砲團駐地。

是，夜晚還是有一些人悄悄逃跑了。江帕彭措和一些僧侶、藏兵沒有逃跑，他們等到了第二天。

3月21日上午，布達拉宮左右和前方下面的雪村遭到猛烈砲擊。砲擊的狀況，砲兵連長王國珍有如下描述：

> 我們首先對布達拉宮前沿的雪點地段進行了數群砲彈的射擊，將前沿之工事摧毀。叛匪不敢還擊，拋下死傷者，逃進布達拉宮。
>
> 布達拉宮左側，是叛匪的砲兵陣地。射向籌委、衛委以及炸壞我軍區俱樂部的砲彈，都是從這裡發射的，曾對我構成很大的威脅。當布達拉宮前沿守敵向宮內潰逃時，我們的砲火並未跟蹤，而是緊接著射擊這個陣地。叛匪不自量，亦開砲還擊。但我幾個砲彈群後，叛匪砲不響了，陣地寂然，似已被消滅。我們不及細想，又迅速將砲火轉移到右側[12]。

軍區警衛營長朱秀山更為簡略：「我營一連在裝甲分隊和砲兵309團的火力支援下，比較順利地攻占了布達拉宮山下的集群藏式樓。」這番軍事用語翻譯成每個人都能理解的文字，就是說，憑藉著大砲轟炸和裝甲車開路，警衛營一連占領了布達拉宮山下，可能已經無人生還的雪村。

CIA教員羅杰・麥卡錫在他所著的《蓮花的眼淚：1950-1962西藏抗擊中國入侵紀實》一書中，收入一幅受訓藏人手繪的畫。這幅未署名的畫描繪了布達拉宮被轟炸的情景，那是目前為止唯一的圖像[13]。

砲兵連長王國珍雖然詳細描述了甲波日砲戰和羅布林卡大轟炸，但在回憶「巧擊布達拉宮」時，卻頗為吝惜筆墨，並沒有詳談是怎樣「巧擊」的。他們都迴避了一個重要細節：砲轟的不僅僅是雪村和布達拉宮的兩側。促使駐守在布達拉宮內地藏兵和僧人投降的，是對布達拉宮主體建築的砲轟。

根據《西藏平叛紀實》的描述，小昭寺之戰結束後，教導營、159團、

---

12 王國珍，〈天降霹靂懲凶頑〉，《西藏革命回憶錄》第四輯，頁38-45。
13 Roger McCarthy E., *Tears of the Lotus*. p. 184.

155團和軍區警衛營合圍市中心，朝大昭寺步步緊逼。守在布達拉宮的藏軍士兵用小鋼砲朝軍區大院打了幾砲。譚冠三要求砲團壓住布達拉宮的火力，但不能損壞建築：

> 砲團參謀長苗中琴說那只能用無座力砲瞄準火力點打。譚冠三說這樣打對布達拉宮有沒有損傷，苗中琴說不會，它的爆炸力不大，但殺傷力強，於是譚冠三命159團、155團、軍區警衛營的無座力砲全部集中到軍區大院，組成無座力砲營，由苗中琴指揮。
>
> 苗中琴將砲陣地設在軍區大院臨近拉薩河北岸的空地上，砲一架好，扶廷修對苗中琴說給我打兩砲讓他們看看。苗中琴用望遠鏡朝布達拉宮觀察一陣，發現了一個窗口有火力射擊，立即命令一門無座力砲瞄準這個窗口打了一砲，這個窗口再也沒有火力射擊。
>
> 以後發現哪個窗口有火力射擊，苗中琴就朝哪個窗口射擊，一砲一個，百發百中，扶廷修不停地叫好，說打得準。一顆無座力砲彈就能消滅一間屋內的叛匪，停戰後苗中琴到布達拉宮觀看損傷情況，凡被砲彈擊過的房間，建築物沒有受任何損傷，每間房裡的六、七名叛匪經砲彈殺傷後無一倖存[14]。

「建築物沒有損壞」並不等於別的物品沒有損壞。不管砲彈的爆炸力有多大，在房間裡爆炸不可能只殺死室內的人，而不損壞諸如壁畫、唐卡、佛像等物品。對於扶廷修、苗中琴等人來說，砲彈射進布達拉宮，是只殺人不傷物的「巧擊」，但對藏人來說，紅山上的一草一木都是神聖的，更不用說布達拉宮。

在江帕彭措的記憶中，砲轟布達拉宮時，南捷扎倉的領誦師在作法事，其他人束手無策：「哪裡有人往哪裡開砲，沒有逃的地方，哪裡有人砲彈就會落到哪裡。眼睛什麼都看不到，所以什麼都做不了。」他們不願丟下布達拉宮逃跑，曾考慮堅守，因為宮裡有充足的食物和水，守一年也沒關係：

---

14 《西藏平叛紀實》，頁119-120。

「漢人雖然現在用大砲來轟，看不到人，但是他們進布達拉宮的時候，他們肯定要步行進來，那時候我們就有機會對抗。」[15]

剛剛學會射擊的僧人江帕彭措從窗口往外胡亂開槍：「我們為了抗擊，就從窗子裡面往外開了幾槍。有人說有漢人，我也不知道打中了沒有。」[16]

但是，當砲彈打進布達拉宮的時候，他們改變了主意：「我們丟下宮殿逃跑是非常可恥的。但是我們逃跑和堅守對比的話，逃跑更有利。繼續對抗的話，會把布達拉夷平。」

目睹了甲波日山頂醫學利眾院被炸平，羅布林卡「被打得沒有了形狀」的藏人，毫不懷疑解放軍會重砲轟炸布達拉宮。周恩來曾下令不准打壞布達拉宮，因為對漢人來說，布達拉是收藏了大量財寶的「重要文物古蹟」；而對於藏人來說，布達拉宮不是什麼文物古蹟，是聖地。布達拉宮裡有八座歷代達賴喇嘛的靈塔，是歷代達賴喇嘛居住的地方，它不僅是一座宮殿，還是藏民族文化傳承和歷史延續的象徵。他們寧願投降，不願讓布達拉宮遭到像羅布林卡那樣的重砲猛轟。

為了保全布達拉宮不受損壞，守在宮裡的藏兵和僧侶做出了棄守布達拉宮的決定。在這樣的情景下，有些人決定逃跑，有些人決定投降。決定逃跑的僧人、士兵從布達拉宮背後跑出宮殿，決定投降的人，次日上午在布達拉宮窗口挑出白色哈達。

看到表示投降的「白旗」，砲兵連長王國珍「激動得熱淚盈眶」，但是，兩天內在聖城拉薩先後轟炸了17個目標的砲兵們卻喊不出聲來，也無法揮動手臂：

> ……他們在戰鬥中，仇恨滿腔，情緒激昂，隨著大砲的怒吼也不停地怒吼「叫你叛亂！」「叫你跑！」「叫你頑固！」「叫你活不成！」喊啞了嗓子；有的戰士連續裝彈四百發，抬腫了手臂[17]。

---

15 拉嘉晉巴編輯，《無畏的人生：江帕彭措傳》（藏文版）。
16 同上。
17 王國珍，〈天降霹靂懲凶頑〉，《西藏革命回憶錄》第四輯，頁38-45。

建立在「階級鬥爭」理論基礎上的仇恨教育，就是為了在這樣的時候發揮作用。內心被灌滿了仇恨的士兵們完全不懂，也不想去理解，那些守在布達拉宮裡的藏人的感受。只有那挑出在窗口表示投降的潔白哈達，在爆炸激起的炙熱衝擊波裡不停地顫抖，不停地舞動，彷彿是這些站在死亡面前的藏兵和僧侶們，在對佛祖、對他們摯愛的聖地訴說心中無盡的悲憤和痛楚。

第二十一章 「投降吧，為了保護大昭寺！」

（一）

　　這些日子裡，強巴丹增跟平常一樣，每天早上到羅布林卡去參加「宗恰」，到夏丹拉康和雪村開會，然後回到帕廓街附近的家裡。他只是個20出頭的年輕人，剛加入政府不久的七品僧官，一個對局勢無能為力的小人物。他唯一能決定的，是在歷史的轉捩點上，作出「再也不到漢人那裡上班」的決定。風起雲湧的時候，小人物的命運，往往要到塵埃落定時才見分曉。

　　3月20日凌晨，強巴丹增睡得正香，猛然間被砲聲驚醒。緊接著槍聲大作，戰爭狂飆席捲拉薩。強巴丹增立刻跳下床，三下兩下裹上袈裟，下意識抓起步槍，剛要出門又停下腳步：他不知道該去哪裡。這些天裡，強巴丹增大部分時間在家裡待著，事情的發展他幾乎一無所知。強巴走出房門，一家人神色驚惶地站在院子裡，傾聽外面的動靜。街上很快響起奔跑的腳步聲，乒乒乓乓的推門聲，男女老少的叫喊聲，加上遠處的爆炸聲和近處的槍聲，空氣裡瀰漫著嗆人的火藥味。強巴提著槍，呆呆地站著，望著天空一團一團的紅光。母親站在門邊的桑煙爐前，躬著腰，一邊大聲念誦，一邊大把大把添加香料，火焰在煨桑爐裡燃燒，紅光射出小小的爐門，在她花白的頭髮上跳動。青白的桑煙裊裊升起，柏枝的清香，糌粑的焦香和槍彈的火藥味，交融成奇異的氣息。

　　天亮後，砲聲越來越響。布達拉宮方向爆炸聲連續不斷。全家人不知所措，只好到家中的佛堂裡跪拜禮佛，念經祈禱，祈求護法神保佑嘉瓦仁波切平安，保佑拉薩平安。爆炸聲裡，母親頻頻拭淚，父親沉默不語，強巴丹增坐立不安。

　　布達拉宮方向的爆炸聲停止後，街上又傳來亂紛紛的腳步聲，有人高喊

「快去保衛覺康[1]！」緊接著院門口傳來急促的敲門聲。強巴跳起來，衝到門口，打開大門，一個朋友提著槍站在門外，對他說：「走，去覺康！」強巴一句話也沒說，轉身回到房間，脫下袈裟裹上藏袍，抓起步槍，兩人朝大昭寺跑去。這時候，帕廓街一帶的市民紛紛跑出家門，從四面八方奔向大昭寺。甲波日山上的寺院已經毀了，他們毫不懷疑，不信教的共產黨幹部和軍人會毀掉大昭寺。市民們有的提槍，有的拿刀，有的拎著木棒，還有人扛著各式家具。他們把路邊攤販擺放貨物用的桌凳木板、石頭磚塊、糌粑包、貨物袋等等，凡是能找到的各種東西統統堆在街上，在大昭寺的西面和東面各築了一道路障，希望能夠阻擋進攻大昭寺的軍隊[2]。

強巴丹增和他的朋友跑進大昭寺，院子裡有一些藏軍和很多自願來保護大昭寺的民眾，大家雖有決心卻無組織，不知道應該怎麼辦，有些人七嘴八舌出主意，大多數人亂紛紛的各自找自己的位置。有的站在院子裡，有的上到屋頂，有的跑到樓上的走廊上。還有一大群人守在正門口，試圖以血肉之軀保衛神聖的大昭寺。

幾名在大昭寺的政府職員看到強巴，把他叫過去，幾個人開了個短會。他們認為解放軍會從各大門攻入大昭寺，因此各人分工，負責帶領藏兵和民眾把守各大門。正門口人最多，數百人拿著刀槍守衛在大門內外，準備阻擋進攻的軍隊。

強巴被指定負責看守南大門，還分派給他兩名藏兵。三人走到大昭寺南牆邊，打開門觀察帕廓街上的動靜。街對面的樓房正是工委公安處，房頂上築著工事，黑洞洞的槍眼對著大昭寺[3]。

不久，市區響起激烈的槍聲。帕廓街一帶斷斷續續遭到砲擊，砲彈落到大昭寺正門前，門前的石板被炸爛，在門口守護的民眾、藏兵和僧人死傷慘重。寺院西面煮茶的地方被砲彈擊中，堆在牆邊的柴草著火。附近樓房頂上的中方民兵朝大昭寺裡掃射，子彈打在金頂上，碎片劈劈啪啪地掉在院子裡。大昭寺內的藏軍只有幾挺機槍，民眾有一些英式步槍，顯然無法抵擋。

1　藏語，佛殿的意思，是藏人對大昭寺的稱呼。
2　大昭寺之戰示意圖見Noel Barber, *From the Land of the Lost Content* 扉頁。
3　強巴丹增訪談，2009年10月12日。

強巴不准藏軍還擊，因為附近有許多民眾，他擔心還擊會引來對方的手榴彈，導致民眾傷亡。

深夜，強巴丹增與一名政府官員外出察看，帕廓街上死傷狼藉，大昭寺正門前，橫七豎八倒著五、六十具屍體。

（二）

大昭寺是「拉薩二昭」之一，也是藏民族最神聖的地點。

正如許多民族的古代史一樣，西藏歷史的源頭早已消失在時間的雲霧之中，只留下許多傳說。然而，時光之水雖然沖去了無數細沙，卻更凸顯了歷史長河中的磐石。大昭寺和小昭寺，就是藏民族歷史中兩塊屹立一千多年的磐石。在這兩座神聖的寺院背後，是西藏歷史上兩位著名的外族女子。

西元631年，吐蕃第三十三代贊普松贊干布遣使前往尼泊爾，求娶尼泊爾國王盎輸伐摩之女赤尊公主。佛祖釋迦牟尼誕生地在後來的尼泊爾王國境內，尼泊爾人很早就接受了佛教信仰，因此，盎輸伐摩國王和他的女兒都是虔誠的佛教徒。赤尊公主入藏時，隨身攜帶父王所賜的一尊八歲等身不動金剛佛像，以及佛經、法輪和其他法物。

西元641年，即唐貞觀十五年，松贊干布迎娶大唐宗室之女文成公主。松贊干布求娶文成公主的經過，《新唐書》卷216〈吐蕃傳〉中有一段記載。從那段短短的記載來看，松贊干布娶文成公主為妃的過程堪稱一波三折。〈吐蕃傳〉中的「棄宗弄贊」即松贊干布，他從「太宗貞觀八年，使遣使者來朝，帝遣行人馮德遐下書臨撫。弄贊聞突厥、吐谷渾並得尚公主，乃遣使齎幣求婚，帝不許」開始，直到「十五年，妻以宗女文成公主，詔江夏王道宗持節護送，築館河源王之國」，歷時數年才如願以償。

在此期間，為了求婚松贊干布還大動干戈，跟大唐帝國打了一仗。由於唐太宗不肯許婚，松贊干布聽信使者之言，說是吐谷渾挑撥離間，導致太宗不肯許婚。松贊干布遷怒於吐谷渾，發兵攻打。吐谷渾無力抵抗，「走青海之陰」，逃到青海湖以北的地方躲避，任吐蕃軍隊「掠其人畜」。打敗吐谷渾之後，松贊干布還不肯善罷甘休，繼續進兵攻破党項、白蘭等諸羌，然後

「勒兵二十萬入寇松州，名使者貢金甲，且言迎公主，謂左右曰：『公主不至，我且深入。』」擺明了非娶大唐公主不可，若太宗不肯許婚，戰火就要燒大。

都督韓威偷襲未成，被吐蕃軍打敗。太宗「乃詔吏部尚書侯君集為行軍大總管，出當彌道，右領軍大將軍執失思力出白蘭道，右武衛大將軍牛進達出闊水道，右領軍將軍劉蘭出洮河道，並為行軍總管，率步騎五萬進討」。牛進達在松州夜襲吐蕃兵營，「斬首千級」，打了一場勝仗。這時，松贊干布部下大臣厭戰，八人自殺，以屍相諫，松贊干布只得退兵。退兵後，松贊干布派使者謝罪，並再次請婚。這回唐太宗答應了，松贊干布派大相祿東贊獻金五千兩，以及各類珍寶作為聘禮。

文成公主也是虔誠的佛教徒，入藏時，她攜帶一尊釋迦牟尼十二歲等身像，三百多卷佛經，以及大量卜算、工藝和醫學方面的書籍。兩位身為佛教徒的異國公主入藏，她們帶來的佛像和經書，促進了佛教在吐蕃的傳播。

有關她們的故事，以及大昭寺和小昭寺的故事，在更早的西藏史書《西藏的觀世音》中有許多饒有風趣的敘述。

《西藏的觀世音》，亦稱《松贊干布遺訓》、《大悲觀世音菩薩別記——遺訓淨金》等，史傳為來自古印度的阿底峽尊者（西元982-1054）在拉薩大昭寺釋迦牟尼佛殿寶瓶柱的頂端發現的「伏藏」，因此又稱為《柱間史》。這部史書相傳為松贊干布親自寫下的遺訓，其中的許多故事為後世史家引用。

這部藏文古書記錄了藏民族的早期歷史，以及吐蕃國王松贊干布以及他的兩位異族王妃的事蹟。書中詳細記載了迎娶赤尊公主和文成公主的經過。兩位公主修建大昭寺、小昭寺的過程也有詳細的敘述，敘述中還夾著類似說唱的詩文。這兩個故事前半部分相似，但在「迎請文成公主」這章中，對贏得公主的過程有一大段描述，是在「迎娶赤尊公主」一章中沒有的。值得注意的是，《柱間史》中，松贊干布向唐太宗請婚的過程，從〈吐蕃傳〉中記載的武力逼婚變成了吐蕃大臣噶爾東贊（祿東贊）以智慧戰勝天竺、大食、霍爾、沖木等國的幾百名求婚使臣，贏得大唐公主的故事。第五世達賴喇嘛所著的《西藏王臣記》中，也記錄了類似的故事，很有可能是沿用了《柱間

史》中的記載。

　　從史學角度來看，《柱間史》中雖然有一些史實，但書中所述的歷史事件並非信史，而更接近於一個民族的「神話歷史」。「神話歷史」的價值不在於史料的真實程度，而在於神話故事背後所隱含的思想和價值觀。松贊干布的請婚從武力強求變成以智力取勝，是一個富有深意的價值轉換。它意味著，在接受佛教的慈悲觀念之後，藏民族從崇尚武力轉變為崇尚智慧。這個轉化過程中，兩位異族王妃居功甚偉。因此，在藏人的心目中，她們是象徵慈悲與智慧的度母化身。她們主持修建的兩座佛殿，即大昭寺和小昭寺。小昭寺的大門朝東，面對文成公主的故鄉；大昭寺的大門朝西，面對赤尊公主的故鄉。這兩座寺院至今香火綿延。

　　此後，大昭寺數次遭到破壞，又經過幾度修復和擴建。第五世達賴喇嘛時期，大昭寺經過大規模擴建和裝修，具備了現在的規模和風貌。金城公主入藏後，將兩寺供奉的佛像調換，此後，佛祖十二歲等身像一直供奉在大昭寺。

　　大昭寺不僅是一座寺院，也是噶廈政府機構的所在地之一。從第五世達賴喇嘛開始，掌管財政、稅務、糧食、司法、外交等政府部門就設在大昭寺的二樓。在西藏歷史上有重大政治意義的活動，如「金瓶掣籤」也在大昭寺進行。可以說，大昭寺不僅僅是一座寺院，它凝聚了藏民族的歷史，文化和集體記憶，早已是藏民族文化和精神的象徵。

（三）

　　3月21日夜晚，「拉薩戰役」已近尾聲。羅布林卡大轟炸已經結束，大昭寺和布達拉宮被包圍。拉薩城區還在進行巷戰。深夜裡，激烈的槍聲離大昭寺越來越近。強巴丹增守衛的大昭寺南大門，已經被對街幾座樓房頂上的火力封鎖。機槍不時朝大門一帶掃射。帕廓街上的一座房屋被噴火器點燃，人火撕開沉沉黑夜，把天空燒得通紅，在火光的照耀下，大昭寺頂的法輪發出凜厲的金光。住在附近的民眾驚惶失措，紛紛朝大昭寺跑，試圖在寺院裡躲避。

守在門外的民眾死傷近百，不少人四散逃跑，大昭寺裡的人少了很多。強巴丹增和他的夥伴在寺院裡遇到一個熟人。這人名叫圖丹格夏，原是噶廈政府的孜仲，後來還俗到北京去學習了幾年，畢業後返回西藏。三人一同走進供奉釋迦牟尼十二歲等身像的正殿裡。寺院外烈焰沖天，在火光的映照下，佛像前的酥油燈顯得黯淡無光。他們站在佛像面前合十祈禱，為死難者祈福。就在殿堂裡，他們遇到一名曾被推選為民眾代表的哲蚌寺僧人，從他那裡得知一個驚人的消息：達賴喇嘛幾天前已經離開拉薩！強巴丹增當下喜笑顏開，彷彿放下了一副千斤重擔，心裡湧出前所未有的輕鬆和喜悅：「軍事上我們無能為力，根本看不到一個解放軍，他們的砲火就殺了我們那麼多人。實力相差太大，我們沒辦法抵抗。可是從另一個角度來說，達賴喇嘛走了，這場戰爭我們已經贏了！」[4]

既然達賴喇嘛已經安全脫險，強巴丹增開始考慮自己的安危。他們在「覺仁波切」像前打卦，決定是否應該投降。倉促間找不到紙筆，無法寫卦辭，他們在佛像前的供品碟裡拈出一黑一白兩顆穀粒，白色表示「不投降」，黑色表示「投降」；又從供佛的「多瑪」上捏下兩團糌粑，把穀粒分別包進糌粑團裡，放在裝護身符的盒子裡搖動。他們商量好，如果跳出來的是黑色穀粒，三人就各自帶上哈達出去投降。搖了一陣，跳出來的卻是白色穀粒。他們既不能投降，又無法抵抗，怎麼辦呢？唯一的出路是逃跑。跟強巴丹增一同來的夥伴家在大昭寺附近，他們決定先跑到他家去，下一步怎麼辦，以後再說。

凌晨兩點多，他們扔掉槍，離開正殿，曲曲折折地跑到度母殿，然後伺機衝出大昭寺，跑到帕廓街上。這時候，被噴火器點燃的房子燒塌，大火已經熄滅，軍隊從炸開隔牆的民房裡衝出來，朝大昭寺步步逼近。帕廓街一帶的樓房大多已經被占領。黑暗中，三條人影在空蕩蕩的街上閃過，街邊的房頂上，機槍和步槍的槍口追蹤而來，如同在黑暗中狩獵。猛然間，一顆照明彈沖天而起，爆出一團眩目的白光，彷彿舞臺前的聚光燈，把三個奔逃的人罩在強烈的光束裡。強巴丹增眼睛一花，不覺放慢了腳步。剎那間，屋頂上

4　強巴丹增訪談，2009年10月12日。

的機槍吐出一條火舌，噠噠噠一陣槍響，一梭子彈居高臨下朝他們掃來。強巴丹增眼角瞥到身邊的夥伴一個趔趄，跟蹌了幾步，仰天倒下。強光消失，帕廓街重又陷入黑暗之中。

強巴丹增像一頭被獵人追逐的鹿，失去了方向，也失去了目標，全憑著本能機械地奔跑。又一顆照明彈在空中炸開，他又一次被罩在慘白的光裡。槍聲彷彿死神的獰笑，子彈在他前後左右亂蹦亂跳。強巴感到一顆子彈穿過厚厚的棉袍，擦過內衣，皮膚似乎還能感到子彈的溫度。逃跑的三人中，一人受傷倒地，另一人不知所蹤，黑暗的帕廓街上，只剩強巴丹增，在照明彈的強光下，在空蕩蕩的帕廓街上與死神共舞。絕望中，強巴下意識地緊緊摀住胸口。隔著幾層衣服，他的手心觸到一個硬硬的物件——護身符。強巴丹增陡然升起信心，朝強光之外的暗處飛奔而去。

照明彈再一次亮起的時候，強巴衝出了帕廓街。這時，帕廓街附近已經被解放軍包圍。在小巷的轉角處，強巴猛然剎住腳步：他面前橫著一排黑洞洞的槍口。

（四）

拂曉時分，幾輛裝甲車駛入帕廓街。

裝甲車毫不費勁地推開了民眾設置的路障，開到大昭寺的大門前。荷槍實彈的軍人跟在裝甲車後，把大昭寺團團包圍。

街邊的樓房全被占領，輕重機槍居高臨下，從四面八方對準了大昭寺。

大昭寺被無數枝子彈上膛的槍環繞。面無表情的士兵們手指扣住扳機，只要大昭寺裡有一點反抗，子彈就會如暴雨一般傾瀉。此刻，士兵圍而不攻，原地待命。

拂曉前的夜色裡，大昭寺如往日一樣安詳。

槍聲靜止，天地沉寂。

神聖的大昭寺裡，隱隱傳來讚頌的聲音。正殿門口透出微弱的酥油燈光。

天邊漸漸現出晨曦，雙鹿法輪在晨光裡閃亮，五彩經幡在硝煙裡輕飄。

一個男人的聲音打破了寂靜。大昭寺前的裝甲車裡，冒出一名噶廈政府官員。他手持擴音器，對大昭寺喊話勸降。

官員喊了一陣，大昭寺裡沒有動靜。

官員退下，換了一名高層喇嘛，繼續喊話。大昭寺裡依然沒有動靜。

最後，一小隊軍人押來一個頭髮蓬亂、神情疲憊的男人。這是一名在羅布林卡被捕的民眾代表。在幾枝對準他的步槍下，他接過擴音器，面對大昭寺，用嘶啞的聲音喊道：「大昭寺裡的人，你們投降吧！你們不出來，解放軍會炸平大昭寺！你們投降了，就是保護大昭寺！」

大昭寺一片沉寂。

裝甲車上的男人一遍又一遍地高聲呼喊：「你們投降了，就是保護大昭寺！你們投降了，就是保護大昭寺！」

淡淡的霞光裡，大昭寺樓上探出一條像雪山那樣潔白的哈達。大昭寺投降了。

只有藏人能夠理解，他們奉上這條潔白的哈達，獻給他們慈悲的佛祖，獻給聖城，獻給尊貴的佛殿，內心裡一片莊重。在解放軍士兵的眼睛裡，這些忍受著疲憊和傷痛的藏人，頭上頂著的是投降的屈辱；只有他們自己明白，他們保護了大昭寺，頭上頂著的是佛地的尊嚴。

第二十二章　硝煙飄散之後

（一）

　　3月22日早晨，譚冠三將軍得到大昭寺和布達拉宮投降的消息，大大鬆了口氣，立刻電告中央報捷。四川和青海的經驗又一次生效，青海「循化事件」在拉薩複製成功，只是規模更大。此役譚冠三「歪打正著」，在藏人心目中的聖城進行了一場現代戰爭，不僅逼走了達賴喇嘛和噶廈政府，讓從未見識過現代戰爭威力的藏人切實認識到中共的實力，也讓舉棋未定的上層人士明白中共不惜一切代價占領並改造西藏的決心。下一步的行動計畫早已準備好，只需按部就班來執行。

　　3月21日，仗還沒打完，中共中央軍委總政治部就發出了〈關於堅決平定西藏叛亂的政治工作指示〉[1]。這份指示實質上是一份向西藏軍區官兵作出的政治動員令，並為「拉薩戰役」之後軍隊的政治和宣傳工作定下了基調。「指示」是3月21日發出的，在此之前應當有個討論、起草、審定的過程，也就是說，「戰役」還沒開始，結局已然知曉。這使得所謂「第一槍」的真實性更加可疑。

　　說到底，戰爭只是手段，不是目的。在拉薩大打一仗的最終目的，是為了以「平叛」為由，解除十七條協議的牽制，從此可以放手按照內地土改的方式和目標對西藏進行全方位的社會改造，從而把西藏納入「紅色大一統」之中，以此實現對西藏的永久占領。

　　總政治部的文件甚至比中央給工委關於「邊打邊改」的指示還早一天，這是頗有深意的。自從1951年進藏以來，西藏工委實際上是軍事政權，西藏

基本上是軍人當政。「拉薩戰役」開打，中方上下都明白此役穩操勝券，也都明白打的意義是為下一步行動鋪墊。因此，整套計畫，包括軍事、政治、宣傳工作，在打之前就已經安排妥當。

中央軍委總政治部的這份「指示」將拉薩事件定性為「西藏反動集團的叛國活動，是在美國等帝國主義和國外其他反動勢力的慫恿、支持和援助之下，有計畫、有組織的反革命行動。它的實質，是西藏反動集團在民族和宗教的旗幟掩護下，為維持其封建統治和農奴制度，違背西藏人民意志而進行的一場尖銳的階級鬥爭。」

軍委總政治部雖然代表「西藏人民意志」為這一事件定了性，但同時也承認「在叛亂開始，必然有一部分，甚至可能是一大部分的群眾，被迫或不自覺地參加叛亂」。對這一事實，該指示按照中共正統理論體系和思維方式，解釋為「西藏廣大人民長期遭受封建統治和宗教欺騙，加上歷史上形成的漢族與藏族之間的民族隔閡，他們中的大多數人還缺乏政治覺悟。」

《解放西藏史》中引用了這份文件中有關「邊打邊改」的部分：

> 過去，中央的打算是在適當的時機，採取和平的、逐步改革的方法解決西藏問題。現在，由於西藏的反動集團撕毀了和平解放西藏的協議，公開背叛祖國，就迫使我們不得不改變原來的方針，並且提前來解決西藏問題[2]。

「提前解決」的方式，就是1956年在四川藏區實行的「邊打邊改方針」。這一方針實質上就是在「階級鬥爭」理論的指導下，以戰爭的方式來摧毀原有的社會制度，包括少數民族原先享有的高度自治，在各社會階層之間製造仇恨與分裂，進而達到對全社會的嚴密控制。這是貫穿整個「中國革命」的基本理念和策略。

但是，在《解放西藏史》沒有引用的內容中，軍委政治部給軍區的指示還包括：

2　《解放西藏史》，頁375。

> ……各部隊必須按照中央「邊打邊改」的方針和改革方案，（我們的方針是在平亂的口號下，進行實際的民主改革，故在宣傳上，只提平亂，不提改革。）在地方黨委的統一領導下，密切協同地方幹部，大力進行發動群眾的工作。

由中央軍委總政治部給軍隊下達參與土改的命令，表明西藏的社會改造是直接在槍桿子下，以「平亂」為名來進行的。雖然在宣傳上強占了某種道德優勢，但在執行時卻仍顯得「底氣不足」。因為用軍隊來進行社會改造，在國際輿論看來是公開的軍事占領，在西藏民眾看來是武力強迫。因此「只提平亂，不提改革」，對內外的宣傳上都顯得更有利一些。

3月22日，中共中央發出〈關於在西藏平息叛亂中實行民主改革的若干政策問題的指示〉。這份指示一開頭就道明：

> 西藏地方政府已經撕毀十七條協議，背叛祖國，發動西藏的全面叛亂。局勢迫使我們提前同西藏上層反動分裂分子進行決戰，進行一次徹底解決西藏問題的平息叛亂的戰爭。在這種情況下，中央原來決定的六年不改的政策，自然不能再繼續執行下去。

而且，實行「民主改革」、「引導西藏地區走上社會主義的道路」的目的，是為了「從根本上消除叛國分裂活動的根源」。入藏八年之後，中共終於明白，只有把西藏改造成與中國其他地區完全一致，才能完全控制西藏。

這份指示同樣提出：「為了充分利用我們現在在政治上處於完全主動地位的有力條件，最大限度地孤立敵人，我們現在的公開口號，只提平息叛亂，不提實行民主改革。」[3] 但是這個「只提」和「不提」，顯然只是臨時的宣傳策略，即所謂「公開口號」。實際做的，恰恰和這個「只提」與「不提」的口號相反。正因為相反，才需要下達文件，一邊在西藏放手「邊打邊

3　《西藏的民主改革》，頁68。

改」，一邊在宣傳上統一「只提」和「不提」。這種行動和宣傳的截然區分，又反過來證明了宣傳中表達的用強大武力「平叛」的必要性和正當性其實是虛幻的，根本站不住腳。否則，就沒有必要做一套，說的是另一套了。

同日，當時在北京，兼任中南海主席辦公室主任的中央駐藏代表張經武將這份指示轉發西藏工委。拉薩硝煙剛散，血跡未乾，下一步行動即將開始。

3月23日，西藏軍區發布布告，撤銷拉薩朗子轄，即原噶廈政府所屬之拉薩市政府，成立拉薩市軍事管制委員會，接管拉薩地區政治、軍事、民政等事宜，對拉薩實行軍事管制，並在整個西藏實行軍管。

3月24日，「302部隊指揮所」先遣人員，包括陸軍第54軍軍長丁盛、政委謝家祥，以及部分機關成員乘飛機抵拉薩。「302部隊指揮所」，就是內部稱為「丁指」的成都軍區入藏作戰部隊指揮機關。

同日，行將頒布的「中華人民共和國國務院命令」定稿，交給中央民委翻譯成藏文[4]。

3月26日，西藏軍區司令員張國華乘飛機返回拉薩，主持工委工作[5]。工委的工作重點由原先的「統戰」轉為「平叛」和「發動群眾」，同時對各地藏軍繳械，接收基層政權，封存、沒收噶廈政府，以及參加「拉薩事件」的上層人士的財產。

3月27日，「丁指」其他成員從蘭州飛抵拉薩。新華社派專機將「國務院命令」送到西藏。

3月28日，周恩來發布「國務院命令」，解散噶廈政府，由西藏自治區籌委會行使政權，並撤銷18名原自治區籌委會委員的職務，任命十世班禪喇嘛代替達賴喇嘛的職務。

同日，「丁指」先頭部隊401團進入拉薩。

3月29日，《人民日報》刊登「國務院命令」。「拉薩事件」發生19天，國外首次報導8天之後，中國民眾才知道在本國發生的這一重大事件。這份

---

4 「翻譯家降邊嘉措回憶50年前譯西藏民主改革令」，CCTV《新聞會客廳》2009年3月24日播出。網路文本：http://www.chinatibetnews.com/zhuanti/2009-03/25/content_220559.htm
5 《西藏平叛紀實》中，張國華返藏日期是3月23日，與丁盛、謝家祥同機。

由國務院總理周恩來頒布的「命令」，堂而皇之地把虛構的「劫持說」公之於眾。從此，毛澤東對達賴喇嘛出走的宣傳口徑就被當作史實，至今還在流傳。

（二）

1959年3月28日，新華社發表公報，首次對外公布拉薩事件。公報把事件定性為「上層反動集團蓄意發動的武裝叛亂」，並且對國際社會提出「劫持說」：「他們在三月十七日悍然將達賴喇嘛劫出拉薩」。這時，「拉薩事件」在國際社會已經不是新聞。國外已經報導了達賴喇嘛安全無恙的消息，國際輿論對「劫持說」並沒有很大興趣。世界各國的200多名記者趕往印度，想要在第一時間裡聽到達賴喇嘛對拉薩事件的解釋。

公報隻字未提「拉薩戰役」雙方傷亡數字，只提到：「據初步統計：截至23日止，已俘虜了叛軍4,000餘名，繳獲了各種槍枝8,000餘枝，輕重機槍81挺，八一迫擊砲27門，山砲6門，子彈1千萬發。」[6]

既然在拉薩進行了一場「戰役」，遲早要對死傷人數作出交代，但是，在甲波日和羅布林卡的大轟炸是不能告訴公眾的。因此，幾十年來，對「拉薩戰役」的死亡人數，在不同時期有不同的說法。

「拉薩事件」公布之後，中國為了宣傳的需要，民族文化出版社在短短一個多月內就出版了《1949-1959西藏大事記》。其中關於當年3月發生的事件，完全照抄新華社公報，因此也沒有提供傷亡數字。

1993年出版的《西藏平叛紀實》中，被捕人數略有增加：「……殲滅叛匪司令洛珠格桑、雪苦巴·格桑阿旺、仁希夏格巴等以下官兵5,360名，繳獲火砲39門、擲彈筒49具、輕重機槍183挺、長短槍10,212枝。」書中首次提到「解放軍陣亡官兵63人，傷210人」，但沒有提到藏方的死傷人數[7]。

6　〈新華社關於西藏叛亂事件的公報〉，《關於西藏問題文選》第一輯，頁7。
7　吉柚權，《西藏平叛紀實》，頁121。

1995年5月出版的內部資料《平息西藏叛亂》提供了一個籠統的數字：「人民解放軍僅以1,000餘人的兵力，斃、傷、俘叛亂武裝5,300多人」[8]。

同年7月出版的《中共西藏黨史大事記》中，首次公布了藏人的死傷人數：「共殲叛亂分子5,300餘名，其中斃545名，傷、俘4,800餘名。」[9]

2008年出版的《解放西藏史》綜合了上述幾個資料，但藏方的傷亡人數更為精確：「人民解放軍殲滅了聚集在拉薩市區的絕大部分叛亂武裝及其指揮機構，包括叛亂武裝總司令雪苦門、格桑阿旺、拉魯等以下5,360人（其中斃545人，傷、俘4,815人）。」[10]

上述資料是目前為止官方提供的「拉薩戰役」藏人死傷資料。

但是，無論是《西藏平叛紀實》，還是《解放西藏史》中提供的資料，都與參與作戰的解放軍官兵回憶不符。《西藏平叛紀實》中提到，僅甲波日就有「九千名康巴叛匪」，並且暗示在一兩個小時的地毯式砲轟後，甲波日山上無人倖存。如果這個數字不是筆誤，或者嚴重誇大的話，光是這一處就不可能只有500多人死亡。然而，這個數字十分可疑，令人難以取信。相比之下，轟炸羅布林卡的情況更能說明問題。

羅布林卡大轟炸時，根據砲兵連長王國珍的回憶，當時羅布林卡「聚集著五千名以上的叛匪」[11]；轟炸過程中，有數千人往南逃跑，數千人往北逃跑，還有數千人躲在砲擊死角裡，這些成群的人都成為砲轟的重點目標。針對逃跑人群的密集轟炸，王國珍和吉柚權都相當自豪，兩人都詳細描寫了排砲轟炸他們的過程。

但在《解放西藏史》中，這些曾經被引以為豪的細節均被隱去。羅布林卡大轟炸被簡略成：

> 盤踞羅布林卡之叛亂武裝在藥王山失陷後，懾於解放軍的強大砲火威力而開始動搖，約有200餘叛軍騎兵渡拉薩河南逃，被159團七連

8　《平息西藏叛亂》，頁29。
9　《中共西藏黨史大事記》，頁96。
10　《解放西藏史》，頁373。
11　王國珍，〈天降霹靂懲凶頑〉，《西藏革命回憶錄》第四輯，頁38-45。

將其擊退；1,000餘人向北逃竄，在第308團強大火力攔阻下，大部分
被逼退回羅布林卡[12]。

　　這段敘述完全略去了解放軍在拉薩河岸對大批逃跑民眾的猛烈砲火攻
擊。159團7連即引發「第一槍」的連隊，該連當時的位置在然馬崗渡口旁
邊，中方資料中稱為「牛尾山」的制高點上。他們的主要作用是對僥倖逃過
砲轟，渡過拉薩河的人進行較近距離的掃射，確保他們不能逃過河。

　　至於試圖從羅布林卡北面逃走的人，根據王國珍的回憶，他親自下令用
「前打後擊」的砲轟戰術，將他們「就地消滅得乾乾淨淨」[13]。對幾千人的
密集砲火攻擊，死亡人數僅500多，除非大部分砲彈沒有爆炸，否則根本就是
違背常理的。甲波日和羅布林卡僅僅是308砲團在「拉薩戰役」中17個轟擊目
標中的兩個，其他被「強大砲火攻擊」的地點，如小昭寺、恩珠倉宅、功德
林、布達拉宮前的雪村等地情況不明，但是不可能沒有傷亡。

　　從目前公布的藏人死、傷、捕資料可以看出，這個資料是根據最初的那
個「7,000叛匪」的數字得出的。既然對外公布了「叛匪」的數字是7,000，死
傷和被捕人數自然只能在這個數字範圍內。而且，這些資料並不包括那些從
拉薩逃到彭波的人，這些人中有許多被「乘勝追擊」殲滅。

　　戰事結束後，拉薩隨即開始大搜捕。羅布林卡宮內的藏軍第一代本團，
即達賴喇嘛警衛團駐地，扎什軍營，即第二代本團駐地，還有一些貴族的莊
園，都變成了臨時監獄。被捕的犯人一部分留在拉薩一帶做苦工，一部分後
來被判「勞改」，押送內地墾荒[14]。拉薩體育館、納金水電站、軍區醫院等
許多設施，就是「拉薩事件」中被捕的犯人參與修建的。這些被判「勞改」
的藏人在獄中大量死亡。

　　因此，「拉薩事件」中，除了在作戰過程中被殺的人之外，還有數量不
明的人後來死在獄中，屬於「拉薩事件」中的間接死亡。整個「拉薩事件」
間接死亡的人數，迄今未見公布。許多人被關押了20年，直到1979年，達賴

12　《解放西藏史》，頁372。
13　王國珍，〈天降霹靂懲凶頑〉，《西藏革命回憶錄》第四輯，頁38-45。
14　《西藏的民主改革》，頁71。

喇嘛派出第一訪問團赴西藏訪問之前才被釋放。

「拉薩事件」之後,布達拉宮中噶廈政府的金庫,歷代達賴喇嘛的私人財物,許多價值連城的珍寶,包括第十四世達賴喇嘛的私人收藏,至今下落不明。許多貴族和上層僧侶的房屋和私人財產悉數被沒收,有的被充公,有的被各級幹部們「占用」。

《解放西藏史》中引用〈關於在西藏平息叛亂中實行民主改革的若干政策問題的指示〉中有關土地和財產分配的政策:「凡參加叛亂的分子,他們所有的耕地、房屋、牲畜、糧食和農具一律沒收,分給農民。」[15]但實際情況並非如此。

機關、部隊、國營農場普遍占用名義上分給農牧民的土地、牲畜和牧場,城市裡機關和部隊占用貴族的房屋,並未分給民眾。中央後來明文規定:「對於沒收原西藏地方政府四品官以上的叛亂貴族和居住在城市中的叛亂的土司、大頭人的房屋,已交機關、部隊使用者,仍可繼續留用,不再退出分給群眾。」[16]機關、部隊和幹部還占用了大量沒收的財物,以至於中央為此專門發出文件,要求「劃清哪些應該歸公,哪些應該分給群眾」:

> 對於大批的糧食、酥油、茶葉、金銀財寶或成批的商品、汽車、汽車材料、建築器材和手錶、收音機、照相機、自行車、海綿墊子等高級消費品,應作國家財政收入處理[17]。

國家財政在這樣的處理中到底有了多少收入,明細帳目如何,此後半個世紀沒有任何部門和個人有絲毫透露。這場以「解放農奴」為名的「打土豪、分田地」運動,沒收來的「高級消費品」先是被機關、部隊和幹部占有,後來又收歸國家財政,分給民眾的是什麼呢?是「衣服、被褥、墊子、家具等一般生活用品,無論新舊、好壞,均應分給群眾。」[18]沒有人能夠估

---

15 《解放西藏史》,頁408。
16 《西藏的民主改革》,頁251。
17 同上。
18 同上。

計出，聖城拉薩被占有、被沒收和被分給群眾的財產的價值。

（三）

　　拉薩硝煙未散，譚冠三將軍親自去羅布林卡察看戰場。大轟炸之後，羅布林卡滿目瘡痍，到處是殘磚斷瓦，屍體和血跡。戰場尚未打掃，士兵們草草堵住牆上的缺口，只把達旦明久頗章四周稍微整理打掃了一番，撿去被爆炸的氣浪掀翻摔碎的花盆，把院子裡東倒西歪的蘋果樹扶正，使宮殿區看上去不那麼凌亂。

　　現在，譚冠三將軍不必遵循藏人的禮儀，經過事先安排，再經過通報才能進入達賴喇嘛的寢宮。他走進空無一人的達旦明久頗章，以主人的姿態四處巡視。在宮殿的陽臺上，譚冠三看到兩盆半枯的牡丹花。他吩咐負責接管羅布林卡的幹部徐愛民，說這是達賴喇嘛心愛的花，要他們白天把花抱出去曬太陽，晚上抱進屋，一定要保護好[19]。這一剎那，歷史突然呈現了戲劇性的諷刺感。

　　與此同時，拉薩婦女滿城尋找她們未歸的丈夫、兒子、兄弟。每一批被俘的藏人被押送入獄或者轉移，大批婦女就會相約趕來，候在臨時監獄的街邊或大門旁，睜大眼睛急切張望，仔細辨認那些被綁縛的男人當中，是否有自己的親人。見到親人的女人，心裡一塊石頭落了地，看著他們的模樣，又忍不住傷心哭泣；找不到親人的女人，失望之餘依然懷著希望：或許他逃走了，去了山南？去了印度？

　　強巴丹增被捕後，被送到帕廓街的一座貴族宅院。抓的人太多，手銬不夠用，幾個人用繩子一串串地綁在一起。次日，他被押到小昭寺一帶。小昭寺的門前和牆邊到處倒臥著屍體，還有一些沒有爆炸的砲彈。小昭寺頂上被炸壞，周圍被焚燒的民宅還在冒煙，牆壁上彈痕累累[20]。

　　「拉薩戰役」期間，赤列朋措一直在林仁波切在拉薩的住宅裡。他並沒

---

19 降邊嘉措，《雪山名將譚冠三》，頁194。
20 強巴丹增訪談，2009年10月9日。

有參加作戰，但也同樣被捕。

圖丹格仲和幾名政府官員被送到軍區，關進一座小監獄。他的舅舅，以及當尼姑的姊姊也被逮捕。

羅布林卡大轟炸的次日早上，丹巴索巴從昏睡中醒來。搜捕還在繼續，他從地上爬起來，一瘸一拐地走到外面。大批被捕的人坐在院子的空地上。他的傷口還在滲血，於是被送到羅布林卡內的一座大經堂裡。經堂的地上躺滿了受傷的人，不少重傷的人就在裡面死去。他們在經堂裡過了一夜，第二天上午，有人來給他們包紮。丹巴索巴左腳嚴重骨折，被送到醫院。

居欽圖丹和十幾個人渡過藏布江，前往貢嘎。他們不知道要去哪裡，決定先在貢嘎休息幾天，再做決定。

達熱‧多阿塔欽渡過拉薩河後，連夜步行朝山南走去。第二天，他翻過沙山，渡過藏布江，休息一陣後，騎馬趕到吉雄莊園，一進門就遇到他妹妹。達熱在莊園裡給噶廈和「四水六崗」的領導人各寫了一封信。寫給噶廈的信裡，他報告了拉薩的戰事，並報告說達賴喇嘛目前仍然沒有脫離險境，還有被追擊的危險，最好設法去印度，並請求跟隨前往。給「四水六崗」的信裡，他說明了拉薩的情況，要求「四水六崗」派人去各渡口和主要路口駐守。信寫好後，他交給他妹妹，請她派人送去。

3月22日凌晨3點，達熱從吉雄出發。次日，他在卓扎碰到做後衛的功德林札薩和第四代本索南多杰，以及十幾名士兵。達熱得知達賴喇嘛有可能去印度，於是一行人直接朝靠近印度邊境的措那趕去[21]。

---

21 達熱‧多阿塔欽，《我的故事》。

第二十三章　永恆的翻越

（一）

　　1959年3月22日下午，理塘寺前僧人阿塔諾布帶著電臺和隨行保護的「四水六崗」游擊隊員趕到了瓊結地區。他騎馬跑上一座山坡，遙遙看到一隊人馬朝日烏德欽寺方向走去。阿塔急忙下山，策馬追趕。

　　日烏德欽寺位於青瓦達孜山西面，離拉薩約200公里。寺院創建於第一世達賴喇嘛時期，第二世達賴喇嘛曾多次在寺內居住講經。1617年，第五世達賴喇嘛羅桑嘉措出生在離日烏德欽寺不遠的地方，幼年時曾在寺院裡生活過一段時間。執政後，五世達賴喇嘛大規模擴建該寺；此後第七世、第八世達賴喇嘛也曾擴建和維修。日烏德欽寺擁有許多與歷代達賴喇嘛有關的收藏，是山南著名的寺院。

　　阿塔趕到日烏德欽寺附近，從望遠鏡裡看到一隊驟馬，洛澤從另一個方向也趕到了。在一座山坡上，阿塔遇到正在休息的噶倫。出生貧寒的還俗僧人和西藏的顯貴們席地而坐，促膝詳談。他們都沒有想到，來自貴族世家的噶倫們將成為西藏的末代貴族，從離開拉薩那天起，他們必須學著適應全然不同的環境。

　　這時，還有一騎孤獨的快馬正朝日烏德欽寺疾奔而來。

　　下午2點多，日烏德欽寺的600名僧人，以及當地官員和民眾排著長隊，手捧哈達和燃香，迎接達賴喇嘛一行。近百名擔任周邊警衛的「四水六崗」游擊隊員率先到達，隨後是第二代本帶領的警衛隊。3點左右，眾人看到森本堪布、曲本堪布、林仁波切、卓尼欽莫帕拉等人出現，知道達賴喇嘛就要到了。僧俗民眾和官員深深彎下腰，恭敬迎接。大多數人並沒有認出那位身穿棗紅色普通藏裝，頭戴皮帽，戴著眼鏡的年輕人，誤以為走在他後面，身穿

貴族服裝的大喇嘛絨郎色·土登洛桑是達賴喇嘛。隊伍最後是庫松代本和他帶領的50多名藏兵[1]。

達賴喇嘛走進日烏德欽寺，到頂樓的房間休息。離開策聶寺不久，他們在路上遇到一小隊疾奔的人馬。警衛們不知來者何人，立刻端槍做好作戰準備。人馬靠近後大家才認出其中有孜本朗色林。朗色林是1958年噶廈派到山南，向貢保扎西勸和的五人小組成員之一，那次他非但沒有完成使命，反而參加了「四水六崗」。朗色林匆忙趕來，向達賴喇嘛報告拉薩激戰的消息。朗色林當時不在拉薩，無法提供更詳細的情況。達賴喇嘛心懸幾萬民眾的安危，不知布達拉宮等是否保全，他看似不動聲色，心情卻十分沉重。

在日烏德欽寺，達賴喇嘛接見了阿塔和洛澤。兩個康巴漢子簡短報告了他們的使命。

疾奔的快馬趕到日烏德欽寺，原來是堪穹達熱派來的信使。信使跳下馬，急匆匆奔進寺院，從懷裡掏出一封信，雙手捧給卓尼欽莫帕拉，請他速交達賴喇嘛，說這是堪穹達熱送來的急件。讀過此信，達賴喇嘛才得知甲波日和羅布林卡大轟炸的詳情。幾年來的努力化為泡影，戰爭終於爆發。在西藏首府，藏民族的聖城進行大規模戰事，意味著中央政府的政策急轉直下，不再小心翼翼地「經營」西藏，既放棄了同達賴喇嘛和噶廈政府的合作，也不在意國際輿論的潛在壓力；戰爭也意味著一切商談的路徑都已堵死，西藏勢必步康區和安多的後塵，被洶湧的紅潮吞沒。在這樣的情形下，達賴喇嘛出走時的初步計畫也不得不隨之改變。

3月22日晚，阿塔向CIA發報，匯報他遇到達賴喇嘛的情況。電報發出後，他們馬上收到回電，向他們和達賴喇嘛表示祝賀。離開羅布林卡將近5天後，達賴喇嘛一行終於與外界建立了聯繫，美國方面此時才得到達賴喇嘛出走的準確消息[2]。

當晚，達賴喇嘛住在日烏德欽寺。這裡條件雖然比較好，但並不安全，

---

1 詳見〈原西藏山南基巧辦事處人員悅色格桑談達賴一行逃經山南的情況〉，《平息西藏叛亂》頁199-204。
2 阿塔諾布，《志願護教英雄理塘阿塔諾布的人生經歷》（藏文版）；另見John Kenneth Knaus, *Orphans of the Cold War*, p. 168.

山南最大的解放軍駐地就在距日烏德欽寺約30公里的澤當。因此,他們無意多留,決定次日就出發去隆子宗。

3月23日一早,山南地區四水六崗負責人,理塘阿魯達瓦等人前來拜見達賴喇嘛。這位年輕的政教領袖又一次遭遇道德困境。一方面是被嚴酷鎮壓屠殺的民眾,另一方面是提倡非暴力的宗教信仰;放棄反抗意味著束手就擒,繼續反抗意味著以卵擊石。達賴喇嘛無法給康巴反抗戰士任何實質性的指導和建議,只能叮囑他們盡量保護好自己,不要主動進攻。

接見後,噶廈以及主要隨行人員與「四水六崗」的人開會,討論有關在山南地區的保安,如何與中共軍隊周旋,以及達賴喇嘛一行後衛的安排等問題。這天,理塘人貢嘎桑天帶著他的小分隊告別達賴喇嘛返回貢嘎,準備阻擊可能出現的追兵。

諸事安排妥當,已近中午時分。一行人馬從日烏德欽寺出發,向南而行。前方是一座高山,名叫東噶山。人馬冒著嚴寒艱難攀登。走了兩小時,終於到了山頂。山頂是一片白皚皚的冰川,一行人馬踏冰而行,小心翼翼,步步維艱。彷彿是個奇蹟,雖然不時有人和馬在冰上滑倒,卻都沒有受傷,一行人安然無恙翻過東噶山。

人馬下了山,前往達爾吉林寺。這是林仁波切的寺院。之前林仁波切特地先行,為達賴喇嘛一行作好準備,因此當晚眾人得以好好地休息了一夜,養精蓄銳,準備翻越雅礱地區著名的高山亞堆札拉山。

3月24日早上5點,達賴喇嘛一行再次登程。亞堆札拉山海拔6,600多米,像一把寒光閃閃的寶劍,橫在天空下。山路極陡,風雪交加,一行人牽著馬,氣喘吁吁,一步一步朝山頂攀登。到了山頂,眼前豁然開朗,出現一片水草豐美的牧場,冰凍的湖泊反射著陽光,像一面亮閃閃的鏡子。

經過11小時騎馬翻山,一行人疲憊不堪地到達拉加里宗的邛多江[3]。這裡常年風暴肆虐,土地貧瘠,人口只有四、五百。邛多江以貧窮著稱,藏人甚至有句諺語:「生在邛多江為人,不如生在有水草的地方為獸」。

在這裡,阿塔和洛澤拿出了他們帶來的武器。這些武器隨後發放給150名

3　即現西藏自治區曲松縣邛多江鄉。

負責貼身保衛達賴喇嘛的藏兵，每人得到一枝步槍、100發子彈和一枝手槍、30發子彈。這批空投武器中還有兩門迫擊砲。阿塔和洛澤把其中一門砲送到四水六崗總部，另一門砲由達賴喇嘛的警衛隊攜帶同行[4]。

這天，噶倫索康、夏蘇和柳霞開會討論成立臨時政府，並派人趕赴隆子宗，做好準備。

當晚，出逃的人馬在小村裡找不到足夠住處，一些人只好在牲口棚裡過夜。

3月25日，出走的隊伍翻過塔格拉山口，到達山腳下的卡當寺。

雖然一路旅途勞頓，阿里仁波切仍然情緒高漲。自從阿塔和洛澤加入出走隊伍，他的注意力就被這兩個神秘的康巴漢子吸引。他們的武器裝備比別人的好，隨身還帶了個神秘的箱子。路途中，總有一群人走在他們身前身後，好像是專門保護他們。到了宿營地，別人都忙著休息喝茶，這兩個人卸下行李就不見了，神秘的箱子也跟著消失。過一會兒，兩人不知道從哪裡鑽出來，跟眾人一起喝茶聊天，神秘的箱子就放在他們身邊。阿里仁波切覺得他們很古怪，但一點也沒想到，自從這兩個康巴人加入逃亡隊伍後，遠在地球那一邊的美國中央情報局每天都會把一份簡報交給艾森豪總統，報告達賴喇嘛的行蹤。

（二）

1959年3月26日，藏曆土豬年2月17日，星期四。

達賴喇嘛率眾離開卡當寺，前往隆子宗。

隆子宗位於西藏南部，山南地區中部的雅礱河谷。雅礱河谷是吐蕃王朝的發祥地，吐蕃的第一位贊普就在這裡產生。河谷雪山環繞，水草肥美，物產豐富，西藏的第一塊青稞地、第一個村莊、第一卷佛經、第一座佛殿都出現在這裡。

---

4 阿塔諾布，《志願護教英雄理塘阿塔諾布的人生經歷》（藏文版）。

拉薩時間上午8點，即北京時間上午10點，離開西藏首都拉薩9天後，第十四世達賴喇嘛丹增嘉措到達隆子宗。與他同行的有甘丹頗章政府的三位噶倫、藏軍第一代本、第二代本、大喇嘛絨郎色‧土登洛桑，經師林仁波切、赤江仁波切等幾十名僧俗官員。拉薩城陷之後，這些追隨他們年輕領袖走上流亡之路的官員們，成為第五世達賴喇嘛於1642年建立、傳承317年的甘丹頗章政府碩果僅存的官員。得到拉薩戰事的消息，達賴喇嘛比以往任何時候都明白，此時此刻，藏民族的生死存亡繫於他一身。途中，達賴喇嘛與噶倫們反覆討論，決定在隆子宗建立臨時政府。

　　隆子宗政府所在地是座高大的城堡。城堡附近，數千僧俗民眾排著長長的隊伍，捧著哈達和各種供品，吹響長號和海螺，載歌載舞，以大型儀式歡迎達賴喇嘛。按照傳統吃過人參果和酥油飯之後，在場的僧人，以及達賴喇嘛的兩位經師在二樓的經堂舉行宗教儀式，誦經祈禱。儀式結束後，眾人下樓，換上官服的首席噶倫索康站在城堡大門的石階頂端，他身邊站著噶倫夏蘇、噶倫柳霞和卓尼欽莫帕拉等僧俗官員。面對山南總管、隆子宗宗本、隆子宗所屬的8座寺廟的喇嘛和堪布，以及藏軍官兵和數千民眾，索康宣布，由於拉薩發生的事件，奉達賴喇嘛之命，不再承認「十七條協議」，成立西藏臨時政府，同時宣布隆子宗易名「玉結隆子」[5]，定為臨時首都，並任命在印度的魯康娃和在拉薩的洛桑扎西為司曹。達賴喇嘛在臨時政府成立宣言上簽字。

　　索康言畢，民眾表演象徵吉祥如意的歌舞，洛澤在城堡旁架起迫擊砲，發砲三發以示慶賀。會後，隆子宗僧俗民眾為達賴喇嘛舉辦永駐長壽法會，祈願達賴喇嘛健康長壽，領導藏民族政教事業昌盛繁榮。

　　隆子宗所在的雅礱河谷是藏民族的發源地，甘丹頗章政府在這裡浴火重生，有著強烈的象徵意義。這些老一代官員自知無力對抗中共的強大軍事力量，也知道外部世界並不會給他們實質性的支持。在藏民族即將被紅色浪潮吞沒的情形下，未滿24歲的達賴喇嘛唯一能做的，是在西藏本土建立臨時政府，給大動盪中的民眾留下一線希望。此後的半個多世紀裡，當寺院被摧

5　「玉結」意為「戰勝」。

毀、經書被焚燒、佛像被融化、酥油燈被熄滅，語言被邊緣化的時候，這一線希望猶如孤懸天邊的一顆星，為藏民族指出心靈的方向。遠方微弱的星光透過鐵幕，成為無數藏人渡過苦厄的精神力量。

在隆子宗，達賴喇嘛給魯康娃、洛桑扎西和「四水六崗衛教志願軍」總指揮貢保扎西分別寫了一封信。

在給貢保扎西的信中，達賴喇嘛表彰了他的勇氣和為西藏政教事業所做的貢獻，賜予他札薩頭銜，並隨信帶去聖物和一尊護法神像。那段時間裡，貢保扎西忙於整合分散各地的反抗力量，對拉薩發生的事一無所知。3月22日這天，他在一個叫做杰索本卡的地方，從「全印度廣播電臺」的新聞節目中，聽到拉薩戰事和達賴喇嘛出走的消息[6]。

阿塔立即向CIA發報，報告達賴喇嘛宣布成立臨時政府。他很快收到回電，祝賀達賴喇嘛建立新政府，並詢問是否需要幫助，如果有具體計畫的話，可以派人協助。阿塔向帕拉匯報，帕拉問：「如果途中遇到麻煩，美國方面是否能派飛機來接？」阿塔回答說，他和洛澤已經選定了兩個地點，可以空投，也可以降落飛機。但由於噶廈至今沒有具體決定，所以無法做出任何行動。阿塔的話中不無沮喪。1956年康巴暴動之後，噶廈政府偏安一隅，一直未能做出任何決定。到了1959年3月，變動來得太快，也太突然，這些老貴族完全不懂現代政治，也全無國際政治經驗，面對巨變茫然無措，處處被動。

帕拉思索片刻，告訴阿塔說，達賴喇嘛原計畫與隨行人員在隆子宗停留，以此為基地，努力與中共談判。如今羅布林卡和布達拉宮都已遭到砲轟，這個計畫顯然不再可行。噶廈決定達賴喇嘛不可在此地久留，必須盡快去印度避難，請他向美國方面提出請求，由美國政府出面，與印度政府協商允許達賴喇嘛及隨行人員進入印度一事。阿塔立即向CIA發報，提出這一請求[7]。

---

6 Gompo Tashi Andrugtsang, *Four Rivers, Six Ranges: Reminiscences of the Resistance Movement in Tibet*, p. 96.

7 阿塔諾布，《志願護教英雄理塘阿塔諾布的人生經歷》（藏文版）；根據美國方面的資料，阿塔的電報是3月28日半夜收到的。考慮到時差因素，阿塔的電報應該是3月28日早晨，達賴喇嘛一行到達措那以後發出的。

這天，在美國華盛頓，中央情報局長杜勒斯向艾森豪總統報告說，他基本上可以斷定，達賴喇嘛不久將逃出國境。

（三）

　　儀式過後，達賴喇嘛一行離開隆子宗政府，前往直列寺。

　　在這裡，噶廈開會討論下一步行動方案。堪仲大喇嘛日前曾建議進入不丹，但拉薩發生戰爭後，情況變得十分緊急。討論後決定，為保達賴喇嘛的安全，必須盡快取道措那去印度。離開拉薩前，帕拉已經派人到印度領事館，告知領事達賴喇嘛有可能去印度避難，但出走途中無法得知印度政府的答覆，噶廈遂派四品官帕拉色旺修和倉青‧格桑圖丹前往印度，通過印度邊防軍向印度政府申請，允許達賴喇嘛一行進入印度。噶廈指示他們盡快往返，中途不得停留。

　　既已明確了要去印度，大家認為應當盡快啟程，以免遭到中國軍隊的攔截。達賴喇嘛安排母親和姊姊輕裝先行。

　　3月27日，天亮之前，達賴喇嘛一行從直列寺出發。這是一段極艱難的旅程。大雪覆蓋山野，茫茫雪原中找不到路，有時走了一兩個小時，看不到路在何方，只好踩著來時的腳印返回原處。隨行人員中很多人沒有雪鏡，留長髮的人散開頭髮，用長髮遮住眼睛；有的人設法找一小片黑布蒙在眼睛上，防止雪盲。呼出的氣息立刻結凍，留鬍鬚的人鬍子上結滿白霜。此行必須翻越拉果拉山口。烏雲籠罩著雪山，山風凜冽，嚴寒侵骨。在這樣的低溫下不能騎馬，否則很容易凍傷，大家牽馬步行。過了山口，天氣漸漸好轉，積雪開始融化。天黑前，一行人到了覺拉。這裡離印度邊境已經很近了，大家稍稍鬆了口氣。

　　第二天，3月28日，星期六。天剛亮，一行人離開覺拉，翻越卡波拉山口，前往措那。這天天氣晴朗，山上冰封雪蓋，寒風刺骨，陽光照著雪地，反射出強烈的光。碧藍的天空下，一支單薄的隊伍在蒼茫雪域裡艱難前行。此時，這些真正意義上的當事人還不知道，就在這天，中國總理周恩來發布國務院命令，解散西藏噶廈政府；他們也不知道，就在這天，美國《紐約時

報》報導了一條來自印度噶倫堡的消息：「據報導，西藏首府的民眾暴動失敗，達賴喇嘛逃亡。」拉薩實行宵禁，電臺恢復廣播，前噶倫阿沛·阿旺晉美和桑頗·次旺仁增通過電臺對拉薩市民廣播喊話，要求民眾與中共合作。報導還說：「據今日（按：1959年3月27日）得到的消息，中國軍隊在拉薩河邊焚燒屍體，此項行動持續了12小時。」[8]

　　一行人緩慢地翻越卡波拉山口，正在雪地上行走，西南方的天空突然傳來嗡嗡聲，眾人抬起頭，碧藍的天空裡，一架沒有任何標識的銀白色雙引擎飛機，從西南方向飛來。有人大喊：「飛機！飛機！」眾人驚慌失措，四散躲藏。有的躲到岩石後，有的趴在沒有雪的地上。

　　達賴喇嘛、阿里仁波切、基巧堪布、庫松代本恰好在一起。他們站在一個雪融後留下的淺坑裡。大家束手無策，只能向三寶虔誠祈禱。幾個「四水六崗」游擊隊員甩下肩上的槍，推上子彈，準備朝飛機射擊。帕拉大叫：「不許亂開槍！」在眾人的緊張注視下，飛機徑直朝東北方向飛去，頃刻之間消失得無影無蹤，彷彿一道幻影。驚懼過後，眾人再度上馬繼續前行，一路議論這架神秘的飛機。有人說一定是印度人前來尋找他們的行蹤；有人肯定是中共的飛機來追蹤達賴喇嘛，但是，不管這架飛機來自何方，並無跡象顯示機上人員發現了他們。由於飛機沒有任何標識，無法判斷其來源，這架神秘的飛機成了「拉薩事件」中的疑案之一。半個多世紀之後，仍然沒有任何國家對此做出說明。

　　翻過卡波拉山口，雪地上出現一群人。措那的官員和當地有名望的人士在此恭候達賴喇嘛，並在雪地裡舉行了一個歡迎儀式。拉薩戰事的消息已經傳遍各地，見到遇難的領袖，他們個個淚流滿面，哽咽難言。

　　3月28日午夜，美國首都華盛頓。一份急電送到中央情報局遠東部負責人德斯蒙·菲茨杰拉德手中。菲茨杰拉德展開電報一看，是CIA派往西藏的電報員發出的急電，請求美國向印度政府協商，讓達賴喇嘛入境避難。按照正常程序，這項請求必須得到政府高層，甚至是總統本人的批准才能採取行動。然而，這天正是周末，如果按照程序層層匯報，有可能耽誤時間，造成誰也

8　《紐約時報》1959年3月28日，首頁。

無法預料的後果。菲茨杰拉德下令將電報內容轉發美國駐新德里大使館，要求他們立即採取行動。歷史常常會有意外的巧合：8天前，譚冠三將軍先斬後奏，血洗拉薩；而地球另一邊，這個美國人同樣先斬後奏，卻是為了讓逃出拉薩的達賴喇嘛盡快脫離險境。

6小時後，菲茨杰拉德收到回電：印度總理尼赫魯歡迎達賴喇嘛及隨行人員入境[9]。

（四）

到達措那的當晚，三位噶倫和其他主要隨行人員召開會議。從措那到達旺有五條路，應該選擇那條？達賴喇嘛離開措那後，後衛如何安排？拉薩將會有大批藏人逃到山南，解放軍可能會跟蹤而至，應該如何防守？他們雖然不懂軍事，但必須對這些可能出現的情況作出安排。他們還要做出另一個決定：哪些人應該跟隨達賴喇嘛去印度。討論後，決定政教人士跟隨達賴喇嘛，軍事人員留下。會後，首席噶倫索康在房間裡，點燃七支蠟燭，在燭光下，他親自草擬達賴喇嘛到達印度後，將要發表的聲明[10]。

通往印度邊境的五條路中，有條路經過一個叫芒芒的村子。其他的路比較近，但不好走，本地人大多在夏天走那幾條路；秋天、冬天和春天裡，芒芒這條路比較好走，因此決定走芒芒那條路。為了防止追兵，第一代本和第二代本帶領的300名士兵，除少部分跟隨達賴喇嘛貼身護衛之外，其他人暫時駐守措那作後衛。

3月29日，星期日。達賴喇嘛一行離開措那，朝印度邊境走去。地上覆蓋著厚厚的大雪，但當地民眾自願清理道路，一路還算順利。人馬一路南行，海拔越走越低，逐漸從高山走下山谷。一行人從銀白的高山走進草木蔥蘢的綠色世界。

9　John Kenneth Knaus, *Orphans of the Cold War: America and the Tibetan Struggle for Survival*. p.168.

10　瑪般覺・旦增加措，〈達賴喇嘛及其屬下官員經措那逃往印度時代若干見聞〉，《西藏文史資料選輯》（十七），頁147-149。

措那管轄之下的芒芒是西藏境內最後一個村莊。該地民眾大多數是門巴人。「門巴」指的是居住在「門」這個地區的人，他們的語言、文字和宗教信仰都與藏人相同。一到芒芒，大家就見到之前派到印度邊境的四品官帕拉色旺修和倉青格桑圖丹。他們帶來一個好消息：印度政府同意達賴喇嘛進入印度，並將派印度邊防負責人在邊境小鎮曲當木舉行歡迎儀式。聽到這個消息，所有的人都鬆了口氣。

走出芒芒有五條路，進來的路卻只有一條，因此護送達賴喇嘛的各路人馬都匯集到了這裡。小村由幾百名康巴人和藏軍士兵嚴密守衛。到了這裡，解放軍已經無法攔截，也無法追上他們了。離開拉薩之後，達賴喇嘛第一次感到安全。

小村坐落在一個山谷裡，這裡海拔降低，氣溫升高，空氣很潮濕。當晚達賴喇嘛住在一座帳篷裡，半夜突降大雨，帳篷四處漏水，無法睡覺。次日達賴喇嘛因著涼生病，發燒腹瀉。這時大家才意識到，出走時竟然忘記了安排御醫同行。正在束手無策的時候，庫松代本朋措扎西突然想起來，1958年底，達賴喇嘛在甘丹寺考試的時候得過同樣的病。當時他恰好帶了兩粒藥丸，一粒當時在甘丹寺給達賴喇嘛服下，效果很好。另一顆藥丸還在身邊。他趕忙取出藥丸，讓達賴喇嘛服下，然後把他送到一間小木屋去休息。這是座藏式農家小屋，底層是畜欄，屋頂上有雞舍，雞鳴犬吠聲中，達賴喇嘛又是一夜無眠。

芒芒雖然安全，畢竟不能久留。

西元1959年3月31日，藏曆土豬年2月22日，星期二。

邊境線北邊，四水六崗游擊隊員和藏兵列隊站立，向他們的領袖致以最後的敬禮。

理塘寺前僧人阿塔諾布從懷裡掏出一個布包，交給卓尼欽莫帕拉，這是他和洛澤身上攜帶的幾乎全部經費。在他凝重的目光下，達賴喇嘛的背影漸漸消失在遠方。

阿塔取出隨身攜帶的電臺，坐在山坡上，發出最後一份電報：

達賴喇嘛及官員於3月31日安抵印度邊境。……某某和某某[11]將於4月1日從邊境返回措那宗。……請把西藏人民的苦難告訴世界。請幫助我們擺脫中共強加於我們的困厄。……

這一天是歷史的分水嶺。藏民族的歷史之河從此分為兩道，一道在中共的控制下，成為紅色大一統的一部分，與整個中國一起，在血與火的痛苦中，掙扎著走上「具有中國特色的社會主義道路」；另一道在達賴喇嘛的領導下異國求存，經過幾十年艱苦卓絕的努力，在異國他鄉進行真正意義上的民主改革，為藏民族融入現代社會提供了寶貴經驗，並把藏傳佛教傳播到全世界。

第十四世達賴喇嘛丹增嘉措病體虛弱，臉色蒼白，騎著一頭犏牛走向國境線。喜馬拉雅之南，那裡是佛祖成道的地方，是佛祖三轉法輪，將慈悲之道傳向世間的地方。

在他身後，聖城拉薩硝煙剛散，藏民族歷史上最大的劫難尚未結束；在他面前，展現著遼闊而陌生的宏大世界。

---

11 CIA的解密原件此處塗黑，應為CIA電報員阿塔和洛澤的名字。資料來源：美國中央情報局網路資料庫。http://www.foia.cia.gov.

後記

（一）

「拉薩戰役」結束後，按照中央的既定治藏方略，幾萬野戰軍進入西藏各地展開「平叛」。

1959年4月14日，達賴喇嘛入境印度兩周之後，解放軍某部趕到措那，封鎖了從措那到印度的邊境。4月下旬，四水六崗總指揮貢保扎西帶領40名藏軍第二代本士兵，以及120多名「四水六崗」游擊隊員撤離西藏，進入印度。

1960年10月1日，西藏軍區政治部宣傳部印了一本小冊子，題為「西藏的形勢和任務教育基本教材」。根據這份被列為「機密」的文件中提供的數字，從1959年3月到1960年10月，不到兩年內，平叛部隊「消滅」了八萬七千多「叛匪」[1]，戰爭的慘烈不難想像。

在此過程中，軍隊和地方幹部結合，在西藏進行「邊打邊改」。1959年4月20日，國務院宣布撤銷昌都解放委員會，5月底，西藏工委制訂十三項政策，重劃行政區域、取消藏幣、改造寺廟、收繳槍枝等。西藏工委從黨政機構抽調120名幹部組成12個工作隊，進入各宗接管政權；西藏軍區抽調了5,700多名幹部和士兵組成工作隊參加土改，並先後輸送800多名幹部轉業到地方工作[2]。

西藏社會改造的方式與中國內地相同，是通過一系列運動來完成的。這些運動包括鎮反、三教、四清、五反等等。首先開展的是「土地制度改革」運動。土改的具體方法包括訴苦、鬥爭貴族和上層喇嘛、沒收財產（包括寺

1　《西藏的形勢和任務教育的基本教材》，頁6。
2　《中共西藏組織史資料1950-1987》，頁480。

院財產）、劃分階級、重分土地等等。由於西藏的傳統社會結構與內地有很大不同，內地「劃成分」的方式並不完全適用於西藏。「階級鬥爭」的基本理論是不能改變的，但是在具體掌握的時候可以靈活辦理，因此，根據「階級」理論，西藏必須被劃為「剝削階級」和「被剝削階級」這兩個相互對立的階級，根據西藏的社會形態，即「農奴主」階級和「農奴」階級；但在「農奴階級」中，卻包括奴隸、貧苦農奴、貧苦喇嘛、中等農奴、富裕農奴等五個階層[3]。

按照中共傳統，凡是運動，無不「擴大化」，在西藏進行的這些運動同樣如此：「在平叛改革中，個別地區發生鎮反打擊面偏寬，以及過早提出辦合作社試點等問題，截止1961年1月，邊民外流二萬餘人，損失牲畜十萬餘頭（隻）。」[4]根據土改時期的調查，衛藏地區的貴族和大頭人共634戶，「外流」的「邊民」顯然以「翻身農奴」為主體。

在「平叛改革」過程中，西藏的寺院遭到極大破壞。1959年之前，西藏有大小寺廟2676座，至1961年剩下553座[5]。僥倖逃過1959年拉薩事件的西藏上層人士，上至班禪喇嘛，下至與中共合作的各級「統戰對象」，均受到不同程度的迫害。

1965年3月15日，中央書記處決定開始在西藏試辦人民公社，到1966年底，先後在農牧區堆龍德慶，達孜、乃東、日喀則、江孜、波密、那曲、安多等19個縣試辦了150多個人民公社。1965年9月1日，屬於省級行政單位的西藏自治區成立。至此，西藏終於被納入「紅色大一統」之中，成為紅色極權帝國的一個行省。

西藏三區的社會改造始於1956年，期間除了戰爭，還引發了一場西藏歷史上絕無僅有的大飢荒。在這些巨大的災難中，成千上萬藏人死於戰爭、監獄、勞改、飢餓。那段經歷成為藏民族歷史中一個難以癒合的傷口。

1966年，「公社化」尚未結束，「文化大革命」風暴席捲西藏。「文革」期間，土改後保留的553座寺院中，只有布達拉宮逃過一劫，其餘均受到

---

3 《西藏革命史》，頁159。
4 《中國共產黨西藏自治區組織史資料 1950–1987》，頁69。
5 《西藏革命史》，頁198。

不同程度的破壞。藏語文處於消失邊緣，達賴喇嘛的照片被禁，宗教崇拜被禁，甚至連藏服也被禁。

經過這樣的改造，中共認為西藏已經被牢牢控制，同化政策奏效，藏人的漢化似乎指日可待。班禪喇嘛入獄近10年。

1979年，中央政府與西藏流亡政府開始接觸，流亡印度20年的達賴喇嘛派出第一訪問團來到西藏。訪問團所到之處，成千上萬藏人湧上街頭，慟哭著呼喚他們的領袖。直到這時，中共才明白，雖然經歷了20年的全面改造，藏人還是藏人，他們並沒有被中共的意識形態徹底轉化。在無數藏人的心靈深處，達賴喇嘛才是他們的領袖，是他們生生世世，不可改變的信仰。

時至今日，每年仍有2,000多名藏人翻越喜馬拉雅，前往印度朝觀他們的嘉瓦仁波切。

雖然已經流亡51年，雪域之魂從未離開西藏。

（二）

強制性的社會改造，戰爭，領袖出走等一系列事件，使藏民傳統的社會結構分崩離析。傳統生活方式在外力作用下發生突變，導致大批藏人南逃。難民潮一波波湧入鄰國尼泊爾、錫金和印度，形成了不亞於「出埃及記」的民族集體大逃亡。

從1959年5月中旬開始，每天都有大批西藏難民進入印度。到6月底，難民人數已近兩萬。若從1959年5月13日，第一批難民到達印度那天算起，至6月底，短短一個半月內，平均每天有400多難民進入印度，還不算進入尼泊爾、不丹和錫金的人數。倉皇逃亡的藏人對將要面臨的一切既無精神準備，更無物質準備，他們不知道，當他們進入印度時，次大陸濕熱的夏季即將開始。流亡之初，大批難民在印度北方以修築公路維生，數千難民死於氣候不適和各種傳染病。

面對西藏發生的巨大人道災難，世界各國政府和民眾迅速行動，捐錢捐物，幫助西藏難民在異國他鄉生存。在印度政府的幫助下，經過艱苦卓絕的努力，八萬多西藏難民逐步定居，形成分布在印度、尼泊爾、不丹的西藏難

民社會。

　　出走印度之後，年僅24歲的達賴喇嘛面對的第一個挑戰，是大批西藏難民的生存。當中共在西藏實行全方位社會改造的同時，西藏難民在他們年輕領袖的帶領下，開始探索藏民族的現代化之路。達賴喇嘛以達蘭薩拉為基地，建立西藏流亡政府，隨即開始創辦學校，派官員們到一個個築路營去，說服難民把孩子交給流亡政府照顧，讓孩子們接受現代教育。1960年代中期，第一批西藏青年去西方大學留學，他們不僅學習外語、科技、管理，還學習政治學。

　　當鐵幕後的西藏被捲入「文革」這新一波災難的時候，西藏難民已經定居在20多個定居點裡，西藏流亡社會基本形成。在流亡的自由環境中，達賴喇嘛自上而下推動政治體制、現代教育和宗教教育等方面的改革，一步步實現他對藏民族現代化的設想。那時，從幼稚園到高中的教育體制已經初步建成，位於印度南方的三大寺落成，成立經學院，按照現代大學的方式，改革傳統寺院教育，培養既精通佛學，又具備現代知識的新型僧侶。

　　達賴喇嘛於1989年12月獲得諾貝爾和平獎，成為舉世公認的精神領袖，贏得全世界的尊崇。西藏文化浴火重生，走向世界，藏學成為西方學術界的顯學，藏傳佛教傳播到世界各國，永久改變了世界宗教和文化版圖。隨著中共對西藏軍事占領和改造而誕生的「自由西藏運動」，半個世紀以來經久不衰，贏得幾代西方民眾的同情和支持。

　　1959年1月22日，毛澤東指示西藏工委準備用「總決戰」來「解決西藏問題」。經過「拉薩戰役」這場慘烈的「總決戰」之後，以達賴喇嘛為代表的「慈悲和平」理念與中共的「鬥爭哲學」抗衡了半個多世紀。其結果是，「西藏問題」非但沒有解決，反而成了威脅中共政權穩定的「核心利益」之一。

　　這一切，迷信暴力，擅長權謀的毛澤東及其追隨者們始料未及。

（三）

　　1959年3月的拉薩事件，不僅改變了西藏歷史，改變了漢藏關係史，改變了世界政治和文化版圖，也改變了許多人的命運。

羅布林卡大轟炸後，丹巴索巴被捕，入獄20年，於1979年3月14日釋放。出獄後，丹巴索巴換上一套乾淨衣服，陪老父到照相館拍了一張照片。1980年5月，丹巴索巴獲准去印度探親。7月25日，丹巴索巴帶著與老父此生唯一的合影，離開拉薩前往印度覲見達賴喇嘛。他遵從尊者的指示，留下為流亡政府服務多年。現居達蘭薩拉，已退休。

　　強巴丹增在大昭寺之戰中被捕，入獄12年。期間他被關押在拉薩一帶的監獄裡，參與修建拉薩體育館和軍區醫院。1971年刑滿釋放後，在勞改農場「監管」10年。這位在帕廓街頭逃過射殺的青年僧侶，重回帕廓街時，已是45歲的中年人。1983年，強巴丹增獲准去印度探親。此後，他加入流亡政府服務，並恢復僧侶身分，現在達賴喇嘛私人辦公室擔任藏文翻譯。

　　達熱·多阿塔欽在措那追上達賴喇嘛一行。達賴喇嘛離開措那時，他留在措那防衛。幾天後他跟隨達賴喇嘛的入境路線進入印度。此後，達熱一直在達賴喇嘛身邊，擔任達賴喇嘛私人秘書多年，現已退休，依然生活在達賴喇嘛身邊。

　　1959年3月20日夜晚，居欽圖丹走出然馬崗渡口邊的小山，在西藏山南轉戰、逃亡數月。1959年6月，他帶領70多人進入印度，後來輾轉來到達蘭薩拉。居欽圖丹為西藏流亡政府服務多年，曾擔任噶倫。1979年8月，居欽圖丹作為西藏流亡政府第一訪問團成員前往西藏考察，見到闊別多年的妻兒。二十多年音訊不通，居欽圖丹在印度已經另有家庭。退休後，他定居達蘭薩拉。

　　目送達賴喇嘛一行進入印度之後，CIA發報員阿塔諾布和嘉賽洛澤返回山南，繼續配合CIA武器空投。反抗失敗，阿塔和洛澤離開西藏。嘉賽洛澤於1960年代去世。阿塔在尼泊爾和印度大吉嶺生活多年，曾在美國科羅拉多州海勒CIA訓練基地協助訓練西藏特工，並參與木斯塘游擊隊的外援活動。阿塔於1990年代移居美國，2001年8月因肝癌在紐約皇后區艾姆赫斯特醫院去世。阿塔諾布是CIA第一批受訓者中最年輕的，也是最後一個辭世的。遵照他的遺願，阿塔諾布的骨灰一部分灑在達蘭薩拉，一部分被帶回理塘，灑在他家鄉的土地上。

　　「拉薩戰役」的第二天，即1959年3月21日，林仁波切在拉薩的住宅被占領。當時赤列朋措恰好住在那裡。當日他被逮捕，關押了一段時間，接受調查後釋放。1970年，赤列朋措以「反革命」罪被捕，判刑10年，1980年出

獄。他於1983年逃亡印度，進入西藏流亡政府工作至退休。赤列朋措於2008年移民美國。

阿里仁波切隨達賴喇嘛流亡印度，隨即被安排到大吉嶺的一所英文學校學習。畢業後，阿里仁波切參加印度藏軍，終於有機會體驗真正的軍旅生活。他曾參與西藏青年大會的早期工作。阿里仁波切定居達蘭薩拉，是唯一長期在達賴喇嘛身邊生活的家族成員。

桑頗‧次旺仁增在1959年3月10日被石塊打傷，從印度領事館的醫院轉送至西藏軍區醫院。此後，他的情況所知不多。資料顯示，桑頗擔任西藏軍區副司令至「文化大革命」初期。1966年9月，桑頗被撤職，原因不詳。根據「百度百科」提供的資料，文革期間桑頗「受到批判，遭到紅衛兵的批鬥，被打倒。」他於1973年去世，原因不詳。6年後被宣布平反。

達賴喇嘛及三噶倫出走後，西藏噶廈政府前噶倫阿沛‧阿旺晉美留在西藏。1959年3月28日頒布的國務院命令中，阿沛‧阿旺晉美被提升為西藏自治區籌委會副主任委員兼秘書長。此後，他歷任籌委會代主任、西藏自治區人民委員會主席、自治區革委會副主席、人民政府主席等職，並擔任第一屆至第七屆全國人大代表、第三屆至第五屆全國人大常委會副委員長、第五屆至第七屆全國人大民委會主任委員，第一、三屆全國政協委員，第八至十一屆全國政協副主席。文革期間，阿沛‧阿旺晉美因得到周恩來的特別關照，未受衝擊。在這幾十年裡，他一直定居北京。阿沛‧阿旺晉美於2009年12月23日在北京去世，享年100歲。他生前在噶廈政府和北京政府均享有高位，去世後，西藏流亡政府和北京政府均發表文章表示哀悼。

1964年，流亡政府在瑞士成立辦事處，具有非凡組織才能的卓尼欽莫帕拉‧土登維丹奉派前往日內瓦，擔任達賴喇嘛駐瑞士辦事處第一任代表。出生於西藏老貴族世家，早年出家為僧，擔任達賴喇嘛侍從長的帕拉，成為西藏第一代真正意義上的外交家。

（四）

服從和執行毛澤東和中共治藏方針的西藏工委和軍區主要負責人，不管

他們在「平叛」之時怎樣展望西藏的未來，大概都沒有想到，他們為西藏，為藏文明製造了一場持續長久的災難，更不會料到，他們自己的生活從此也不得不改變。

雖然未能將「四水六崗衛教志願軍」吸引到拉薩一舉全殲，導致整個「平叛」持續了3年之久，但因「拉薩戰役」大勝，譚冠三將軍未因「打亂毛澤東的計畫」而受處置。1966年，他擔任最高人民法院第一副院長。文革期間，譚冠三被打成「走資派」，遭到迫害，1978年任成都軍區顧問。譚冠三將軍於1985年12月6日病逝，骨灰葬在羅布林卡大轟炸砲兵陣地之一的八一農場。

原西北人民解放軍進藏部隊司令員兼政委、西北軍政委員會駐班禪行轅代表、中共西藏工委副書記范明將軍於1958年遭到整肅，被定為「極右分子」和「反黨集團頭子」，撤銷黨政軍的一切職務，開除黨籍、軍籍，押往東北長白山勞動改造，後因病被轉到陝西大荔的勞改農場。1962年9月，范明因「彭德懷反黨集團」案牽連，被關進北京秦城監獄。范明先後入獄22年，於1980年平反，擔任陝西省政協常務副主席。范明於2010年2月23日病逝於西安。去世前幾個月，他的自傳《西藏內部之爭》在香港出版，書中披露了他被整肅的細節，並透露了許多鮮為人知的內幕，為西藏現代史研究提供了不可多得的第一手資料。

曾任中共西藏工委副書記、西藏軍區司令員、軍區黨委第一書記的張國華將軍，文革期間調任四川工作，先後任四川省革命委員會主任、省革委會核心小組組長，中共四川省委第一書記、成都軍區第一政委。1972年2月20日，張國華在成都主持會議時，因心臟病突發猝逝，時年58歲。

中央駐藏代表張經武將軍身兼西藏黨政軍最高職務，並於1955年擔任中南海主席辦公室主任。張經武主持了西藏土改，參與制定了與土改有關的各項政策。1965年，西藏自治區成立之後，張經武調任中共中央統戰部副部長。不久，文革開始，張經武遭到殘酷迫害，其妻楊崗在秦城監獄被逼供至精神失常。1967年，張經武被中央統戰部群眾組織送往北京衛戍區交通部幹校實行「監護」，不久後關押秦城監獄，在獄中遭到毒打。張經武以自殺、絕食抗爭。1971年10月27日，張經武在獄中絕食身亡，遺體秘密火化，骨灰

下落不明，家屬在兩年後才得到通知。8年後，中共中央及中央軍委為他平反，並召開追悼會。在沒有遺體，也沒有骨灰盒的追悼會場上，張經武的大幅照片下擺放著各級官員送來的花圈。

中央政府首任「駐藏大臣」張經武，是達賴喇嘛見到的第一位中共高官和解放軍將軍。1951年7月16日，剛滿16歲的達賴喇嘛與45歲、身經百戰的張經武將軍在亞東初次會見。兩人除了年齡、閱歷的巨大差異，信仰和理念也有天壤之別。在達賴喇嘛的記憶中，張經武將軍性情暴躁，心直口快，但「內心裡很可能是個好人」。

張經武將軍是一位堅定的共產黨人，始終堅守「階級鬥爭」理念。1960年，張經武發表題為「西藏民主改革的勝利」一文，其中提到：「叛亂和平息叛亂絕不是什麼『民族戰爭』，而是一場階級戰爭，是一小撮最反動的封建農奴主為了反對共產黨領導廣大農奴階級翻身而發動的一場戰爭，這是一場不可調和的階級戰爭。」[6]

那時，張經武將軍怎會想到，僅僅11年之後，他自己也被「不可調和的階級戰爭」吞沒？

2009年5月27日，在印度達蘭薩拉法王府，我為研究1959年「拉薩事件」採訪達賴喇嘛尊者。談到那段歷史時，我問尊者對范明將軍的印象，尊者淡淡一笑，說：「他是個很保守的人。」

我對尊者說，范明出獄後，重拾岐黃之術，晚年常常義務為人診病。尊者笑道：「很好很好。」

我又告訴尊者，文革期間，張經武將軍遭受迫害，慘死獄中。剛說兩句，尊者打斷我的話，低聲說：「我知道，我知道。」隨即緘默不語。

我抬頭仰望。尊者神情黯然，眼睛裡閃出淚光。

在場的阿里仁波切、丹巴索巴、強巴丹增，以及尊者的三位秘書都沉默無言，會客室裡一片肅然。

2010年3月17日完稿於美國紐約

6　《人民日報》1960年3月1日；《紅旗》，1960年第5期。

附錄　書中人物

巴什・阿旺丹均：噶廈政府孜仲。

王國珍：西藏軍區308砲團三連連長，砲轟中波日、羅布林卡、布達拉宮的指揮者之一。

功德林札薩：拉薩貴族，「札薩」為官名。

玉洛仁波切：上密院僧人，小昭寺之戰指揮者之一。

吉美茶仁：錫金王室成員，與拉薩貴族擦絨家族聯姻後定居拉薩，達賴喇嘛的攝影師。

多卡色・索朗多杰：藏軍第四代本。

朱秀山：西藏軍區警衛營營長。

次仁卓瑪：達賴喇嘛的姊姊。

江帕彭措：布達拉宮南捷寺僧人，布達拉宮之戰親歷者。

色新・洛桑頓珠：藏軍第一代本，即達賴喇嘛警衛團如本。

吳晨：解放軍159團副團長。

李佐民：西藏工委統戰部處長。

赤列朋措：達賴喇嘛經師林仁波切的僕人兼文書。

赤江仁波切：達賴喇嘛的副經師。

居欽圖丹：德格麥宿人，四川藏區暴動和「拉薩事件」參與者。

帕拉・土登維丹：卓尼欽莫，即達賴喇嘛的侍從長。

拉魯・次旺多吉：前昌都總管，「拉薩事件」中當選的協調小組負責人之一。

朋措扎西：藏軍第一代本，即達賴喇嘛警衛團長，達賴喇嘛的姊夫。

林仁波切：達賴喇嘛的經師。

阿沛・阿旺晉美：西藏噶廈政府噶倫。

阿里仁波切（丹增秋杰）：達賴喇嘛的弟弟。

阿塔諾布：前四川甘孜理塘寺僧人，美國中央情報局（CIA）第一批訓練人員之一，第一空投小組成員之一。

俊巴・多杰才旦：藏軍第二代本。

柳霞・土登塔巴：噶廈政府代理噶倫。

洛桑扎西：前噶廈政府司曹，僧官。

洛桑珊丹（洛桑三旦）：達賴喇嘛的三哥。

范明：原西北人民解放軍進藏部隊司令員兼政委，西北軍政委員會駐班禪行轄代表，中共西藏工委原副書記。

桑頗・次旺仁增：噶廈政府噶倫、藏軍總司令，兼任西藏軍區副司令。

益西隆珠：噶廈政府孜仲。

索南嘉措：昌都解放委員會委員，西藏自治區籌委會委員，在1959年3月10日事件中被民眾打死。

索朗扎西：藏軍第一代本團如本。

索康・旺欽格列：噶廈政府首席噶倫。

貢保扎西：「四水六崗衛教志願軍」總指揮。

貢嘎桑天：「四水六崗衛教志願軍」所屬一支小分隊的隊長。

張國華：中共西藏工委副書記、西藏軍區司令兼軍區黨委第一書記。

張經武：中央政府駐藏代表兼中共西藏工委書記。

強巴丹增：西藏自治區籌委會財務處職員，兼噶廈政府七品官員，大昭寺之戰親歷者。

陳炳：解放軍軍官。

雪苦巴：噶廈政府孜本，「拉薩事件」中當選的協調小組負責人之一。

塔澤仁波切：達賴喇嘛的大哥。

達熱・多阿塔欽：四品僧官，達賴喇嘛的文書。

嘉措林仁波切：達賴喇嘛的辯經師，時任中國佛教協會西藏分會副會長。

嘉樂頓珠：達賴喇嘛的二哥。

嘉賽洛澤：美國中央情報局（CIA）第一批訓練的電報員之一，阿塔諾布的搭檔。

圖丹格仲：在羅布林卡任職的噶廈政府七品官，羅布林卡大轟炸親歷者之一。

德吉次仁：達賴喇嘛的母親。

鄧少東：西藏軍區副司令。

魯康娃：前噶廈政府司曹，俗官。

噶章‧洛桑仁增：基巧堪布，即達賴喇嘛近侍中的三品僧官，負責管理達賴喇嘛全體近侍人員，為達賴喇嘛的日常生活服務，接轉臣民想達賴喇嘛的稟奏等。

譚冠三：中共西藏工委常委、西藏軍區政委。

主要參考書目

中文參考資料

〈1959：西藏平叛——世界屋脊上的槍聲〉，《今古傳奇・紀實版》，2007年第1期。

丁盛口述，齊心整理，〈丁指部隊的西藏平叛作戰〉，丁盛口述，金光談話紀錄，余汝信整理編注，《落難英雄——丁盛將軍回憶錄》（香港：星克爾出版公司，2008），頁298-314。

人民出版社編輯，《關於西藏問題（一九五九年三月—五月的文件、資料）》（北京：人民出版社，1959年7月）。

十世班禪喇嘛，《七萬言書：班禪喇嘛文論選集》（達蘭薩拉：西藏流亡政府外交與新聞部，1998）。

上海國防戰略研究所，〈新中國國防大事記1955-1960〉，http://www.gf81.com.cn/index.html

土登次仁，〈藥王山醫學利眾院簡史〉，《中國藏學》2008年第4期。

中共中央文獻研究室、中共西藏自治區委員會、中國藏學研究中心編，《毛澤東西藏工作文選》（北京：中央文獻出版社、中國藏學出版社，2001）。

中共中央文獻研究室、中共西藏自治區委員會編，《西藏工作文獻選編（一九四九—二〇〇五年）》（北京：中央文獻出版社，2005）。

中共中央文獻研究室編，逢先知、金沖及主編，《毛澤東傳1949-1976》（北京：2003）。

〈中共中央關於今冬明春在農村中普遍展開社會主義和共產主義教育運動的

指示〉，中共中央文獻研究室編，《建國以來重要文獻選編》第十一冊
（北京：中央文獻出版社，1995），頁451-454。

〈中共中央關於在農村建立人民公社的決議〉，《人民日報》，1958年9月10
日。

中共西藏自治區委員會組織部、中共西藏自治區委員會當時資料徵集委員
會、西藏自治區檔案局編，《中國共產黨西藏自治區組織史資料1950-
1987》（拉薩：西藏人民出版社，1993）。

中共西藏自治區委員會黨史研究室著，《天寶與西藏》（北京：中共黨史出
版社2006）。

中共西藏自治區委員會黨史資料徵集委員會編，《西藏革命史》（拉薩：西
藏人民出版社，1991）。

中共青海省委統戰部匯集，《民族宗教工作文件匯集1949-1959》上、下冊
（內部發行，1959）。

中國人民解放軍西藏軍區政治部編印，《西藏的形勢和任務教育的基本教
材》（試用本）（1960年10月1日）。

中國少數民族社會歷史調查資料叢刊、青海省編輯組編著，《青海省藏族蒙
古族社會歷史調查》，中國少數民族社會歷史調查資料叢刊（西寧：青
海人民出版社，1985）。

中國少數民族社會歷史調查資料叢刊、四川省編輯組編，《四川省甘孜州藏
族社會歷史調查》（成都：四川社會科學院出版社，1985）。

扎西次仁，〈為十四世達賴喇嘛製作新寶座的情況紀略〉，西藏自治區政協
文史資料研究委員會編，《西藏文史資料選輯》（十七）（北京：民族
出版社，1995），頁125-129。

文鋒，〈譚冠三將軍指揮拉薩平叛始末〉，《文史精華》2009年第5期，頁
4-12。

王力雄，《天葬：西藏的命運》（香港：明鏡出版社，1998）。

王中興、劉立勤編著，《國防歷史》（北京：軍事科學出版社，2003）。

王起秀，〈親歷1959年西藏平叛〉，《百年潮》2008年10月號，頁62-66。

王貴，〈西藏叛亂始末〉，張曉明編著，《見證百年西藏：西藏歷史見證人

訪談錄（上）》（北京：五洲傳播出版社，2003），頁182-194。

四川甘孜州志編纂委員會編，《甘孜州志》（成都：四川人民出版社，1997）。

四川省人口普查辦公室編，《四川藏族人口》（北京：中國統計出版社，1994）。

四川省甘孜藏族自治州新龍縣志編纂委員會編，《新龍縣志》（成都：四川人民出版社，1992）。

〈尼赫魯在人民院發表的關於西藏問題的講話〉（1959年3月17日），1959年3月18日參考資料下午版。

〈尼赫魯在人民院就西藏局勢發表的聲明〉（1959年3月23日），1959年3月27日參考資料上午版。

〈尼赫魯在人民院答覆就西藏局勢所提的問題時發表的講話〉（1959年3月30日），1959年3月31日參考資料下午版。

民族出版社編輯，《中華人民共和國國務院關於西藏工作的幾項決定》（北京：民族出版社，1955）。

——，《民族政策的偉大勝利——慶祝西藏自治區籌備委員會成立》（北京：民族出版社，1956）。

——，《穩步前進中的西藏》（北京：民族出版社，1958）。

甘南藏族自治州地方史志編纂委員會編，《甘南藏族自治州志》（北京：民族出版社，1999）。

吉柚權，《白雪——解放西藏紀實》（北京：中國物質出版社，1993）。

——，《西藏平叛紀實》（拉薩：西藏人民出版社，1993）。

尖扎縣地方志編纂委員會編，《尖扎縣志》，青海省地方志叢書（蘭州：甘肅人民出版社，2003）。

江熱‧阿旺次白，〈達賴喇嘛出行儀式〉，西藏自治區政協文史資料研究委員會編，《西藏文史資料選輯》第八輯（內部發行，1986），頁1-9。

色新‧洛桑頓珠，〈我所知道的藏軍情況〉，西藏自治區政協文史資料研究委員會編，《西藏文史資料選輯》第八輯（內部發行，1986），頁21-32。

——，〈原藏軍警衛團警衛營的建制及有關我任警衛營長時發生叛亂的情況〉，西藏自治區政協文史資料研究委員會編，《西藏文史資料選輯》（十七）（北京：民族出版社，1995），頁132-142。

西藏自治區政協文史資料研究委員會編，《西藏文史資料選輯》第四輯（內部發行，1985）。

——，《西藏文史資料選輯》（十三）（北京：民族出版社，1991）。

西藏自治區黨史資料徵集委員會編，《中共西藏黨史大事記1949-1994》（拉薩：西藏人民出版社，1995）。

——，《西藏的民主改革》，中國西藏黨史資料叢書（拉薩：西藏人民出版社，1995）。

西藏自治區黨史資料徵集委員會、西藏軍區黨史資料徵集領導小組編，《平息西藏叛亂》，中共西藏黨史資料叢書（拉薩：西藏人民出版社，1995）。

西藏流亡政府外交與新聞部編輯，《中共對藏政策與策略：對中國侵占西藏五十年的回顧》（達蘭薩拉：西藏流亡政府外交與新聞部，2002）。

西藏軍區黨史資料徵集領導小組編，《和平解放西藏》，中共西藏黨史資料叢書（拉薩：西藏人民出版社，1995）。

吾金多吉，〈和平解放前的拉薩〉，西藏自治區文史資料研究委員會編，《西藏文史資料選輯》（十七）（北京：民族出版社，1995），頁103-113。

宋月紅編著，《中央駐藏代表張經武與西藏》（北京：人民出版社，2007）。

李巧寧，〈新區土改中的「鬥地主」〉，《二十一世紀》網路版二○○七年六月號。

李里峰，〈土改中的訴苦：一種民眾動員技術的微觀分析〉，《南京大學學報》2007年第5期，頁97-109。

赤仲・洛桑土登，〈羅布林卡建築和堅賽頗章修建始末〉，西藏自治區政協文史民族宗教法制委員會編，《西藏文史資料選輯》（二十一）（北京：民族出版社，2004），頁110-115。

拉魯‧次旺多吉，西藏自治區政協文史資料研究委員會編，《西藏文史資料選輯（十六）── 拉魯家族及本人經歷》（北京：民族出版社，1995）。

果洛藏族自治州志編纂委員會編，《果洛藏族自治州志》（北京：民族出版社，2001）。

林照真，《喇嘛殺人：西藏抗暴四十年》（臺北：聯合文學出版社，1999）。

阿沛‧阿旺晉美，〈談1959年「3月10日」事件真相〉，張曉明編著，《見證百年西藏：西藏歷史見證人訪談錄（上）》（北京：五洲傳播出版社，2003），頁172-179。

阿旺堅贊，〈羅布林卡內外馬廄始末〉，西藏自治區政協文史資料研究委員會編，《西藏文史資料選輯》第八輯（內部發行，1986），頁179-186。

阿媽阿德口述，喬伊‧布雷克斯莉著，《記憶的聲音》，黑色文庫第十五集（華盛頓：勞改基金會，2006）。

阿壩藏族羌族自治州地方志編纂委員會編，《阿壩州志》（成都：民族出版社，1994）。

青海省人口普查辦公室編，《青海藏族人口》（北京：中國統計出版社，1994）。

青海省社會科學院藏學研究所編，陳慶英主編，《中國藏族部落》（北京：中國藏學出版社，1990）。

青海剛察縣志編纂委員會編，《剛察縣志》（西安：陝西人民出版社，1997）。

恰白‧次旦平措執筆，〈大昭寺史實述略〉，拉薩市政協文史資料組編，《西藏研究》創刊號，1982年12月，頁36-50。

洛珠曲增，〈十四世達賴喇嘛新宮修建情況〉，西藏自治區政協文史資料研究委員會編，《西藏文史資料選輯》第四輯（內部發行，1985）。

約翰‧F‧艾夫唐，尹建新譯，《雪域境外流亡記》（臺北：慧炬出版社，1991）。

胡岩，〈西藏問題中的蘇聯因素〉，《西藏大學學報》2006年第3期。

范明，《西藏內部之爭》（香港：明鏡出版社，2009）。

降邊嘉措，《雪山名將譚冠三》（北京：中國藏學出版社，1996）。

——，《李覺傳》（北京：中國藏學出版社，2005）。

——，《十世班禪喇嘛傳記》（香港：開放出版社，2008）。

——，《毛澤東與達賴班禪》（香港：新大陸出版社有限公司，2008）。

孫子和著，《西藏史事與人物》（臺北：臺灣商務印書館，1995）。

徐燦，〈西藏平叛的五年歲月〉，西藏新聞網，2008年12月12日，http://www.
　　chinatibetnews.com/xizang/lishi/2008-12/12/content_181416.htm

格吉巴・旦增多吉，卓瑪譯〈原西藏地方政府機構〉，《西藏研究》總第31
　　期，1989年第2期，頁51-54。

格杰巴・丹增多吉，〈分裂主義分子在拉薩發動武裝叛亂的情況〉，西藏自
　　治區政協文史資料研究委員會編，《西藏文史資料選輯》（十二）（北
　　京：民族出版社，1990）。

益西門朗口述，杰登班覺整理，〈拉薩發生叛亂時我的作為〉，西藏自治區
　　政協文史資料研究委員會編，《西藏文史資料選輯》（十七）（北京：
　　民族出版社，1995），頁159-161。

秦和平，《四川民族地區民主改革資料集》（北京：民族出版社，2008）。

馬洪昌，〈馳騁疆場38個春秋──英雄的解放軍騎兵第一師〉，http://cpc.
　　people.com.cn/GB/64162/64172/85037/85038/6036998.html

梁勁泰、李碧憲，〈十四世達賴喇嘛出走記〉，香港《文匯報》，1997年10
　　月13日──10月22日連載。

許家屯，《許家屯香港回憶錄》（香港：香港聯合報公司，1982）。

郭茲文，《西藏大事記1949-1959》（北京：民族出版社，1959）。

陳炳，〈藏軍史略〉，西藏自治區政協文史資料研究委員會編，《西藏文史
　　資料選輯》第四輯（內部發行，1985），頁85-99。

章立凡，〈西南土改發諍言──先父章乃器與梁漱溟佚事之二〉，《二十一
　　世紀》2004年8月號。

彭學濤、鄭瑞峰，〈中俄解密檔案──毛澤東四會赫魯雪夫〉，《文史精
　　華》2009年第3期，頁4-12。

湟中縣地方志編纂委員會編，《湟中縣志》（西寧：青海人民出版社，1990）。

黃宗智，〈中國革命中的農村階級鬥爭：從土改到文革時期的表達性現實與客觀性現實〉，《中國鄉村研究》第二輯（2003）。

黃南藏族自治州地方志編纂委員會編，《黃南州志》（蘭州：甘肅人民出版社，1999）。

楊奎松，〈中共土改政策變動的歷史考察（1946-1958）〉，《東方學報》，京都第81冊，頁258-191。

《當代中國的民族工作》編輯部編，《當代中國民族工作大事記1949-1988》（北京：民族出版社，1989）。

《解放西藏史》編委會著，《解放西藏史》（北京：中共黨史出版社，2008）。

達杰，《果洛見聞與回憶》（內部發行，2008）。

廖東凡，《拉薩掌故》（北京：中國藏學出版社，2008）。

瑪吾覺·且增加措，〈達賴喇嘛及其屬下官員經措那逃往印度時的若干見聞〉，西藏自治區政協文史資料研究委員會編，《西藏文史資料選輯》（十七）（北京：民族出版社，1995）。

劉少奇，〈關於土地改革問題的報告〉，中共中央文獻編輯委員會編輯，《劉少奇選集》下卷（北京：人民出版社，2004）。

熱地等編著，《西藏革命回憶錄·紀念西藏實行民主改革三十周年專輯》第四輯（拉薩：西藏人民出版社，1989）。

鄧小平，〈關於西北地方的民族工作〉，《鄧小平文選》（北京：人民出版社，1994）。

噶瑪曲央，〈達賴喇嘛的膳食機構〉，西藏自治區政協文史資料研究委員會編，《西藏文史資料選輯》第八輯（內部發行，1986），頁94-127。

興海縣志編纂委員會編，《興海縣志》（西安：三秦出版社，2000）。

鐵穆爾，〈在庫庫淖爾以北〉，《西湖》2007年第6期。

英文參考資料

Arpi, Claude, "We cleared the route for the Dalai Lama". www.phayul.com

Atar, "Last Message to CIA dated April 2, 1959". *CIA Declassified Documents*. http://www.foia. cia.gov/browse_docs. asp

Andrugtsang, Gompo Tashi, *Four Rivers, Six Ranges: Reminiscences of the Resistance Movement in Tibet*. Dharamsala, India: Information and Publicity Office of the Dalai Lama, 1973.

Barber, Noel, *The Flight of the Dalai Lama*. London, Hodder & Stoughton, 1960.

Chhaya, Mayank. *Dalai Lama: Man, Monk*, Mystic. New York: Doubleday, 2007.

ChogyamTrungpa, Born in Tibet. Boston: Shambhala, 1995.

Conboy, Kenneth J. and James Morrison, *The CIA's Secret War in Tibet*. Lawrence, Kansas: The University Press of Kansa, 2002.Dalai Lama, *Freedom in Exile: the Autobiography of the Dalai Lama*. New York: HarperPerennial, 1991.

——. *My Land and My People*. New York: Potala Corp., 1983.

Dawa Norbu, *Red Star Over Tibet*. New York: Envoy Press, 1987.

——.China's Tibet Policy. Richmond, Surrey: Curzon Press, 2001.

Dewatsshang, Dorjee Wangdi, *Flight at the Cuckoo's Behest: the Life and Times of a Tibetan Freedom Fighter*. New Delhi: Paljor Publications, 1997.

Dunham, Mikel, *Buddha's Warriors: the Story of the CIA-Backed Tibetan Freedom Fighters, the Chinese Invasion, and the Ultimate Fall of Tibet*. New York: Jeremy P. Tarcher/Penguin, 2004.

From the Roof of the World: Refugees of Tibet. Dharma Publication, 1992.

Goldstein, Melvyn C. *A History of Modern Tibet, 1913-1951: the Demise of the Lamaist State*. Berkeley: University of California Press, 1989.

Goldstein, Melvyn C., Sherap, Dawei, and Siebenschuh, William, *A Tibetan Revolutionary: The Political Life and Times of Bapa Phuntso Wangye*. Berkeley: University of California Press, 2004.

Jamyang Norbu, *Warriors of Tibet: the Story of Aten and the Khampas' Fight for the*

Freedom of their Country. London: Wisdom Publications, 1986.

Knaus, John Kenneth, *Orphans of the Cold War: America and the Tibetan Struggle for Survival*. New York: PublicAffairs, 1999.

Lobsang Tubten Jigme Gyatso. 2010. *Surviving the dragon: a Tibetan lama's account of 40 years under Chinese rule*. [Emmaus, Pa.]: Rodale.

Marcello, Patricia Cronin, *The Dalai Lama: a Biography*. Westport, CT: Greenwood Press, 2003.

McCarthy, Roger E., *Tears of the Lotus: Accounts of Tibetan Resistance to the Chinese Invasion, 1950-1962*. Jefferson, North Carolina: McFarland & Company, Inc., 1997.

McGranahan, Carole: *Arrested History: Between Empires and Exile in 20th Century Tibet*. Unpublished Dissertation, 2001. *South Asian Survey* 2007; 14; 283.

Nehru, Jawaharlal, *Selected works of Jawaharlal Nehru. Second series*. New Delhi: Jawaharlal Nehru Memorial Fund, 1984. Vol. 35, 36, 40.

Palden Gyatso, *The Autobiography of a Tibetan Monk*. New York: Grove Press, 1997.

Patterson, George N., *Tibet in Revolt*. London: Faber and Faber Limited, 1960.

Phuntsok Wangyal, Baba, Tenzin Losel, and Jane Perkins. *Witness to Tibet's History*. New Delhi: Paljor Publ, 2007.

Shakya, Tsering, *The Dragon in the Land of Snows: a History of Modern Tibet*. New York: Columbia University Press, 1999.

Strong, Anna Louise, *When Serfs Stood up in Tibet*. Marxists Internet Archive (2008) http://www.marxists.org/reference/archive/strong-anna-louise/1959/tibet/index.htm

Taring , Rinchen Dolma, *Daughter of Tibet*. London: Wisdom Publications, 1986

Thomas, Lowell, Jr., *The Silent War in Tibet*. New York: Doubleday & Company, 1959.

Thubten Jigme Norbu, *Tibet Is My Home: the Autobiography of Thubten Jigme Norbu, Brother of the Dalai Lama as Told to Heinrich Harrer*. Trans. By Edward Fitzgerald. New York: E.P. Dutton & Co. Inc., 1961.

Trungpa, Chogyam, *Born in Tibet*. Boston: Shambhala Publications, Inc. 1995.

Tsering, Diki, *Dalai Lama, My Son: A Mother's Story*. Edited and introduced by Khedroob Thondup, New York: Compass Books, 2001.

Yuthok, Dorje Yudon, *House of the Turquoise Roof*. Revised Edition. Ithaca, New York: Snow Lion Publications, 1995.

藏文參考資料

扎楚阿旺，《理塘歷史資料集》第I、II冊（達蘭薩拉：西藏文化研究所，2006）。

玉洛達瓦次仁，《玉洛純淨的眼淚》（達蘭薩拉：913運動出版發行，2006）。

《西藏鏡報》總第13期，1956年10月12日，頁4。

那倉・努旦洛桑，《一個藏人的童年》（西寧：內部出版，2007）。

帕拉・土登維丹，《人生簡歷》，口述歷史第二集（達蘭薩拉：西藏檔案圖書館，1983）。

拉莫次仁，《抗擊護國史》第二冊（達蘭薩拉：西藏文化研究所，1998）。

拉嘉晉巴編輯，《無畏的人生：江帕彭措傳》，西藏政治犯傳記第18集（達蘭薩拉：913運動出版發行，2009）。

阿塔諾布，《志願護教英雄理塘阿塔諾布的人生經歷》（德里：彭措曲珍出版，2004）。

達拉朋措扎西，《人生的經歷》第二冊（達蘭薩拉：西藏圖書檔案館，1995）。

達熱・多阿塔欽，《我的故事》，口述歷史第18輯（達蘭薩拉：西藏圖書檔案館，2005）。

圖丹格仲，《艱難的經歷》（達蘭薩拉：流亡政府教育部，1998）。

採訪名單

東堯・嘉噶倉（前CIA訓練人員），2008年10月2日，印度喜馬偕爾郡比利西藏難民定居點。

強巴（前四水六崗志願兵），2008年10月7日，尼泊爾加德滿都。

扎央，2008年10月7日，尼泊爾，加瓦拉克爾西藏難民手工藝中心。

洛桑（前四水六崗志願兵），2008年10月13日，錫金崗托克。

赤列朋措（達賴喇嘛經師林仁波切的文書），2009年4月19日，美國新澤西州。

次仁卓嘎，2009年4月19日，美國新澤西州。

次仁卓瑪（阿塔諾布長女），2009年5月3日，美國紐約州。

卓瑪諾布（阿塔諾布次女），2009年5月3日，美國紐約州。

格桑・嘉妥倉（四水六崗總指揮貢保扎西的侄子），2009年5月10日，美國新澤西州。

洛第嘉日（達賴喇嘛特使），2009年5月14日，美國華盛頓。

達賴喇嘛尊者，2009年5月27日，5月28日，6月30日，達蘭薩拉。

阿里仁波切（達賴喇嘛尊者的弟弟），2009年7月18日，印度達蘭薩拉。

洛桑貢保（原甘孜塔杰寺僧人），2009年9月10日，印度達爾豪斯西藏難民定居點。

洛桑益西（原甘丹寺僧人），2009年9月11日，印度達爾豪斯西藏難民定居點。

居欽圖丹（1959拉薩事件親歷者），2009年9月22日；2009年10月8日，印度達蘭薩拉。

丹巴索巴（原噶廈政府改革局職員），2009年9月8日；2009年10月9日，印度達蘭薩拉。

強巴丹增（大昭寺之戰親歷者），2009年10月9日，印度達蘭薩拉。

洛桑夏加，2009年11月21日，印度達蘭薩拉。
扎楚阿旺，2009年12月3日，印度德里。

1959：拉薩！—— 達賴喇嘛如何出走

2010年7月初版　　　　　　　　　　　　　　　定價：新臺幣390元
2015年8月初版第五刷
2016年9月二版
2017年12月二版二刷
有著作權・翻印必究
Printed in Taiwan.

著　　者	李	江	琳	
校　　訂	廖	本	聖	
校　　對	陳	龍	貴	
封面設計	蔡	南	昇	
內文組版	陳	健	美	

出　版　者　聯經出版事業股份有限公司　　　　總編輯　胡　金　倫
地　　　址　新北市汐止區大同路一段369號1樓　　總經理　陳　芝　宇
編輯部地址　新北市汐止區大同路一段369號1樓　社　長　羅　國　俊
台北聯經書房　台北市新生南路三段94號　　　　發行人　林　載　爵
　　　電話　(0 2) 2 3 6 2 0 3 0 8
台中分公司　台中市北區崇德路一段198號
暨門市電話　(0 4) 2 2 3 1 2 0 2 3
郵政劃撥帳戶第 0 1 0 0 5 5 9 - 3 號
郵撥電話　(0 2) 2 3 6 2 0 3 0 8
印　刷　者　世和印製企業有限公司
總　經　銷　聯合發行股份有限公司
發　行　所　新北市新店區寶橋路235巷6弄6號2F
　　　電話　(0 2) 2 9 1 7 8 0 2 2

行政院新聞局出版事業登記證局版臺業字第0130號

本書如有缺頁，破損，倒裝請寄回台北聯經書房更換。　ISBN　978-957-08-4809-0 (平裝)
聯經網址 http://www.linkingbooks.com.tw
電子信箱 e-mail:linking@udngroup.com

本書黑白圖片由李江琳提供

國家圖書館出版品預行編目資料

1959：拉薩！——達賴喇嘛如何出走/
李江琳著 . 二版 . 臺北市 . 聯經 . 2016年9月
424面 . 17×23公分 . 參考書目：12面
ISBN 978-957-08-4809-0（平裝）
[2017年12月二版二刷]

1.西藏問題　2.歷史　3.西藏

676.62　　　　　　　　　　　　　105017173